結社の自由の法理

井上武史

結社の自由の法理

学術選書
131
憲 法

信山社

　　　　　　　　は　し　が　き

　本書は，基本的人権の1つである結社の自由について，その独自の展開を遂げてきたフランス法を検討することで同法理の内実を明らかにし，それに基づいて日本法の分析を行うことによって，わが国の結社の自由論に新たな地平を切り拓こうとするものである。

　従来，日本において結社の自由は，同じ憲法条文で規定されている表現の自由の一環として論じられるか，宗教団体，政党，労働組合などの特定の団体を対象とする個別条文の解釈論に解消されるのが一般的であり，結社の自由それ自体についての議論が十分に展開されてきたとは言い難い。このことは，最高裁における結社の自由判例が現在に至るまで1件も存在しないという事実によっても裏付けられるであろう。

　しかし，比較憲法的に見て，結社の自由はいまや独立した基本権として確立しており，日本国憲法もそれを前提とした規定になっている。そうすると，結社の自由は，他の基本権に還元・解消されない固有の問題構造を抱え，それに応じた保障の内容と制約の論理を備えていると見るべきであろう。

　それでは，結社の自由に固有の問題構造とは何か。本書は，結社の自由が「個人」と「国家」の他に「団体」を主体として想定する基本権であり，この点に，他の基本権とは異なる同自由の特徴があると考えている。それゆえ，その解釈論では，本来，「個人」，「団体」，「国家」の3者を念頭に置き，それぞれの主体間で生じる問題類型や権力関係に応じた内容が盛り込まれるべきである。

　ところが，従来の通説は，結社の自由の保障内容として，対国家を照準とした個人の自由と団体の内部自律権を示すのみで，個人と団体が対立する場面や，公共社会の中で団体が自立的に活動する場面などの重要な問題領域を捕捉できていない。それゆえ，現実に多数の訴訟が存在する団体・構成員間の内部紛争や，団体の活動や運営に大きな影響を及ぼす非営利法人制度のあり方の問題は，これまで結社の自由論の対象外とされ，憲法論の及ばない領

はしがき

域として放置されてきた。実際，2006年の公益法人制度改革は，非営利法人の設立方法や活動内容に抜本的な変更を加えるものであったが，この改革論議に憲法学が寄与することはなかった。また，上記の通説を前提とする限り，最高裁が団体の内部紛争の事件で結社の自由を援用しなかった（できなかった）ことにも，十分な理由が認められるであろう。

　このような日本の結社の自由論と対照をなすのが，フランスの議論である。フランスでは，1789年の革命以来続いてきた反結社主義政策が，20世紀初頭にようやく転換された。その画期となったのが1901年7月1日の結社法である。同法は，結社の自由を認めるにあたって，個人・結社関係の基本原理や結社の法的能力を定めるなど，団体を法認することに伴う新たな問題領域に対応した規定を備えている。したがって，結社の禁止から結社の自由への転換をもたらした1901年結社法がいかなる理念に基づき，どのような法制度によって結社の自由保障を図ったのかを検討することは，結社の自由の固有の問題構造やそれに応じた保障と限界の内実を把握しようとする本書の課題に有益な示唆を与えてくれるものと思われる。また，同法に関する判例の展開や学説の議論は，結社の自由の実例に乏しいわが国にとって，結社の自由が直面する問題状況とその解決への道筋を窺い知る重要な手がかりとなるであろう。

　本書のもとになったのは，2008年1月に京都大学大学院法学研究科に提出した課程博士論文「結社の自由の基本構造と実効的保障」と，その後に公表したいくつかの論文である。一書にまとめるにあたり，相当量の加筆を行ったほか，章節を改めるなどして全体を体系的に整序しなおした。

　筆者にとって，本書の公刊は大学院以来取り組んできた研究への1つの区切りとしての意味がある。ここに至るまでには，多くの方々のご指導とご助力に与った。とりわけ，大学院時代の指導教授である大石眞先生（京都大学教授）には，これまでのご指導に厚く御礼申し上げたい。本書は先生から受けた学恩に報いるにはあまりに拙いものであるが，本書での経験を糧として，今後は一層の精進を重ねて行きたい。同じく京都大学大学院在籍中からご指導頂いている初宿正典先生（京都産業大学教授，京都大学名誉教授），土井真一先生（京都大学教授），毛利透先生（京都大学教授）にも，心より御礼申し上げたい。

　　　　　　　　　　　　　　　　　　　　　　　はしがき

　また，岡山大学法学部に赴任してからも，同僚の先生方から多くの励まし
やご支援を頂いている。本書の執筆を終えたいま，これまで良好な研究環境
に恵まれてきたありがたさに改めて思いを致している。
　本書の刊行にあたっては，信山社の袖山貴氏，稲葉文子氏，今井守氏にた
いへんお世話になった。数々のご厚情に深く感謝申し上げる。また，出版に
際して，京都大学大学院法学研究科から多大な援助（平成25年度京都大学総
長裁量経費として採択された法学研究科若手研究者出版助成事業による補助）を
頂いたことについても，ここに記して謝意を表したい。
　最後に，私事にわたるが，私が研究者の道に進み，今日までその歩みを続
けてこられたのは，両親の深い理解と物心両面にわたる支援があったからで
ある。これまでの愛情に心からの感謝の気持ちを込めて，本書を父母に捧げ
たい。

　　2014年1月

　　　　　　　　　　　　　　　　　　　　　　井 上 武 史

〈目　次〉

はしがき (v)

◇ はじめに ─────────────────────── 3

1　従来の議論の問題点 ……… (3)
　(1)　「結社観」論議の過剰 (3)／(2)　解釈論の過小とその原因 (5)
2　本書の問題意識と課題 ……… (7)
　(1)　本書の問題意識 (7)／(2)　通説の問題点と本書の課題 (8)
3　検討素材としてのフランス法 ……… (9)
　(1)　1901 年結社法の位置づけ (9)／(2)　フランス結社の自由論の視点 (11)／(3)　フランス法を参照する意義 (13)
4　本書の構成 ……… (14)

◆ 第1部 ◆　フランスにおける結社の自由法理の成立と展開

◆ 第1章　ワルデック＝ルソーの結社法構想 ───── 17

第1節　1901 年結社法の理念 ……………………………… 17

1　1901 年結社法以前の法状況 ……… (17)
　(1)　反結社の法制度 (17)／(2)　反結社の法思想 (21)
2　ワルデック＝ルソーの「結社観」……… (23)
　(1)　結社の必要性 (23)／(2)　個人主義の理念に基づく結社 (25)／(3)　ワルデック＝ルソーの「結社の自由」理解 (27)

第2節　結社の自由保障の法制度 ……………………………… 30

1　結社立法のあり方 ……… (30)
　(1)　結社を規整する 2 つのシステムとその問題──「放任型」と「特別法型」(30)／(2)　一般法型の採用 (32)
2　1901 年結社法の基本的枠組み ……… (33)

目 次

　　　　(1) 結社契約の創設(33)／(2) 結社契約の性格(35)／
　　　　(3) 小　括(40)

　第3節　国家に対する結社の自由保障 ………………………………… 41
　　1　結社の自由の内容 ……… (41)
　　　　(1) 届出制の廃止(41)／(2) 憲法上の原理としての「結
　　　　社の自由」——1971年結社の自由判決の意義と射程(43)
　　2　結社の自由の制約 ……… (47)
　　　　(1) 制約事由(47)／(2) 権限機関(48)／
　　　　(3) 第1章のまとめ(51)

◆ 第2章　結社の自由と個人の保護 ——————————— 53

　第1節　団体関係の問題構造 …………………………………………… 53
　　1　結社契約への2つの視点 ……… (53)
　　2　問題となる場面 ……… (54)

　第2節　結社外の個人と結社との関係 ………………………………… 55
　　1　結社の「構成員選択の自由」 ……… (55)
　　2　個人の「加入する自由」 ……… (57)

　第3節　結社内の個人と結社との関係 ………………………………… 59
　　1　結社から脱退する権利
　　　　——脱退の自由の法理 ……… (59)
　　　　(1)「脱退する権利」の趣旨(59)／(2)「脱退する権
　　　　利」の内容(62)／(3) 判例の展開(64)／(4) 学説の
　　　　反応(67)
　　2　結社の統制権と裁判所のコントロール
　　　　——統制処分の法理 ……… (69)
　　　　(1) 結社の統制権(69)／(2) 統制権行使の条件(71)／
　　　　(3) 裁判所による統制——手続審査から実体審査へ(74)／
　　　　(4) 学説の反応(76)／(5) 取消の効果(78)

　第4節　「結社からの自由」 ……………………………………………… 79
　　1　「結社の自由」と「結社からの自由」 ……… (79)
　　2　「結社からの自由」論の背景 ……… (81)
　　3　第2章のまとめ ……… (82)

第2部　結社の自由と法人理論

はじめに —————————————————————— 87

第1章　フランス法人論争の展開 ————————— 89

第1節　擬制説の誕生とその背景 ……………………………… 89
　1　「団体」と「法人格」の一致から分離へ ……… (89)
　　(1)　「団体」と「法人格」との一致——アンシャン・レジーム期の団体制度 (89)／(2)　「団体」と「法人格」との分離——革命以後の団体制度 (90)
　2　擬制説の理論的基礎とその帰結 ……… (92)
　　(1)　サヴィニーによる理論化 (92)／(2)　擬制説の帰結 (95)／(3)　小　括 (96)

第2節　擬制説と結社の自由との関係 ……………………… 97
　1　擬制説における結社の自由 ……… (97)
　2　1899年法案における擬制説の明文化 ……… (98)
　　(1)　1899年法案における結社制度 (98)／(2)　背景理論としての擬制説 (99)／(3)　小　括 (100)

第3節　法人実在説の展開とその限界 ……………………… 101
　1　法人実在説の展開 ……… (101)
　　(1)　生物学的アプローチ (101)／(2)　社会学的アプローチ (103)
　2　法人実在説の限界 ……… (104)
　　(1)　実在説の問題点 (104)／(2)　意思説を前提とすることの問題 (105)

第2章　ミシューの法人理論 ————————————— 107

第1節　ミシューの法学方法論 ……………………………… 107
　1　ミシュー『法人理論』の位置と「序論」の意義 ……… (107)
　　(1)　ミシューの法人理論とその影響——日仏比較 (107)／(2)　「序論」の意義 (110)
　2　ミシューの法学方法論 ……… (111)
　　(1)　基本的前提 (111)／(2)　ミシュー理論の実践的性格 (114)

目 次

　第 2 節　権利主体論の再編 …………………………………………… 116
　　　1　法人制度の必然性 ……… (116)
　　　　(1)　団体に適用される法制度 (116) ／(2)　「法人格」の
　　　　観念 (117)
　　　2　権利主体論の再編 ……… (118)
　　　　(1)　「権利」概念の再構成 (118) ／(2)　「権利主体」概
　　　　念の再構成 ── 保護すべき 2 つの「利益」(121)
　　　3　結社の自由観念の射程 ……… (123)
　　　　(1)　従来における「結社の自由」の妥当領域 (123) ／
　　　　(2)　「団体」と「法人格」との分離状況の克服 (124) ／
　　　　(3)　小　括 (125)

　第 3 節　技術的実在説の内容とその受容 …………………………… 125
　　　1　技術的実在説の内容
　　　　　　── 法的実在性の 2 要件 ……… (126)
　　　　(1)　「集団的利益」の存在 (126) ／(2)　意思を表明する
　　　　「組織体」の存在 (128) ／(3)　国家による「承認」(129)
　　　2　技術的実在説の受容
　　　　　　── 破毀院 1954 年判決 ……… (130)
　　　　(1)　判決の内容 (130) ／(2)　判決の意義 (131) ／
　　　　(3)　小　括 (133)

　第 4 節　憲法秩序における結社の自由 ……………………………… 133
　　　1　フランス法人論争と結社の自由 ……… (133)
　　　2　憲法秩序における結社の自由の意義 ……… (135)
　　　3　非営利法人制度への視点 ……… (136)

◆　第 3 章　フランスにおける非営利法人制度の展開 ──── 139

　第 1 節　1901 年結社法と法人制度
　　　　　　── 法律上の能力の明文化と権利化 ── ……………… 139
　　　1　1901 年結社法の 2 つの側面
　　　　　　── 団体制度と法人制度 ……… (139)
　　　　(1)　団 体 制 度 (139) ／(2)　法 人 制 度 (140)
　　　2　法人格取得権の確立 ……… (141)

(1)　制定過程での議論 —— グルシエ修正の意義(141)／
　　　(2)　1930 年コンセイユ・デタ判決(143)

第 2 節　1971 年憲法院判決と公法学説
　　　　—— 法人格取得権の憲法化と理論化 —— ………………………… 144
　　1　1971 年憲法院判決 ……… (144)
　　　(1)　事件の概要(144)／(2)　判決の内容(146)
　　2　公法学説による理論化 ……… (148)
　　　(1)　リヴェロ教授(148)／(2)　コンセイユ・デタ報告書(149)／
　　　(3)　モランジュ教授(150)

第 3 節　1987 年メセナ法の意義
　　　　—— 法律上の能力の拡大 —— ……………………………………… 151
　　1　受贈能力の制限問題 ……… (151)
　　　(1)　1987 年以前の法状況(151)／(2)　学説による批判(153)
　　2　財政基盤の拡大 ……… (154)
　　　(1)　受贈能力の制限の実質的緩和策(154)／(2)　1987年
　　メセナ法とその後の展開(156)／(3)　小　括(158)

◆ 第 3 部 ◆　フランス非営利団体法の制度と理論

◆ 第 1 章　1901 年法に基づく非営利団体制度 ──────── 163

第 1 節　1901 年非営利団体法（結社法）の位置づけ …………………… 163
　　1　公法と私法の結節点としての 1901 年法 ……… (163)
　　2　1901 年非営利団体法（結社法）と結社の自由との関係：
　　　　検討の視角 ……… (164)
　　3　用語の問題 ……… (165)

第 2 節　1901 年非営利団体法の基本原理 …………………………………… 165
　　1　根 拠 法 令 ……… (165)
　　2　基本的枠組み ……… (166)
　　　(1)　非営利社団契約による設立（1 条，2 条）(166)／
　　　(2)　未成年者の結社の自由（2 条の 2）(168)／
　　　(3)　消極的結社の自由（4 条）(169)

第 3 節　非営利社団の法制度 ……………………………………………………… 172

目　次

　　　　1　無届非営利社団（associations non déclarées）……… (172)
　　　　2　届出非営利社団（associations déclarées）……… (172)
　　　　　(1)　届　出　手　続 (172)／(2)　法律上の能力 (173)／
　　　　　(3)　運　　　営 (174)／(4)　残余財産の帰属 (175)
　　　　3　公益認定非営利社団（associations reconnues d'utilité
　　　　　publique）……… (176)
　　　　　(1)　公益認定手続 (176)／(2)　公益認定の基準 (176)／
　　　　　(3)　運　　　営 (178)
　　第4節　非営利団体の税制 …………………………………………… 180
　　　　1　基本的視点 ……… (180)
　　　　2　商業課税の基本的枠組み ……… (180)
　　　　3　商業課税の個別的検討 ……… (182)
　　　　　(1)　法人税（Impôt sur les sociétés）(182)／(2)　付加価
　　　　　値税（Taxe sur la valeur ajoutée）(184)／(3)　地域経済
　　　　　税（Contribution économique territoriale）(184)／(4)　手
　　　　　続的側面 (185)
　　　　4　その他の税制 ……… (185)
　　　　　(1)　無償譲渡税（移転登録税, droits de mutation）(185)／
　　　　　(2)　固定資産税 (taxe foncière) (186)／(3)　住居税 (taxe
　　　　　d'habitation) (186)
　　　　5　寄附についての優遇税制 ……… (186)
　　　　　(1)　寄附者が個人の場合 (187)／(2)　寄附者が企業の
　　　　　場合 (187)

◆　第2章　団体に対する公的規制 ── 解散制度を中心に ──────── 189

　第1節　1901年法が予定する解散制度 ……………………………………… 189
　　　　1　任意解散と司法解散 ……… (189)
　　　　2　共和政体に対する攻撃を目的とする団体の解散 ……… (191)
　第2節　戦闘団体等禁止法（1936年）に基づく行政解散 ……………… 192
　　　　1　1936年法の概要 ……… (193)
　　　　　(1)　解散の要件 (193)／(2)　解散の手続 (195)／
　　　　　(3)　解散命令の効果 (196)
　　　　2　1936年法の適用例 ……… (196)

　　　　(1)　解散命令と理由付記 (197)／(2)　具体的な解散事例 (197)／(3)　解散の取消 (201)

　　3　結社の自由との関係 ……… (202)

　　　　(1)　1936 年法の合憲性 (202)／(2)　1936 年法の合理性 (203)

第 3 節　フーリガン禁止法 (2006 年) に基づく行政解散 …………… 204

　　1　制 定 経 緯 ……… (204)

　　2　法律の内容 ……… (205)

　　　　(1)　解散の実体的側面 (205)／(2)　解散の手続的側面 (206)

　　3　欧州人権条約適合性 ……… (208)

　　　　(1)　「ブーローニュ・ボーイズ」事件 (208)／(2)　コンセイユ・デタの判断 (210)／(3)　欧州人権裁判所の判断 (211)／(4)　その後の判決 (212)

　　4　憲法適合性 ……… (213)

　　5　解散命令の効果 ……… (214)

　　　　(1)　刑 事 制 裁 (214)／(2)　入構禁止措置 (Interdiction de stades) (214)

第 4 節　フランス団体解散制度の特徴 ………………………………… 215

　　1　行政解散制度の目的の変化 ……… (215)

　　2　司法裁判所への信頼 ……… (216)

　　3　司法解散回帰論の登場 ……… (216)

◆ 第 3 章　その他の非営利団体制度 ──────────── 219

第 1 節　宗教団体 ── 修道会・信徒会 …………………………… 220

　　1　修道会 (congrégations religieuses) ……… (220)

　　　　(1)　総　説 (220)／(2)　設　立 (221)／(3)　法律上の能力 (222)／(4)　運　営 (222)／(5)　解　散 (222)

　　2　信徒会 (associations cultuelles) ……… (223)

　　　　(1)　総　説 (223)／(2)　設　立 (224)／(3)　法律上の能力 (225)／(4)　運　営 (225)／(5)　解　散 (226)／(6)　政教分離法の改正問題 (226)

第 2 節　財団型の非営利法人 ………………………………………… 228

　　1　財団法人 (fondations) ……… (230)

目 次

　　2　寄附基金法人（fonds de dotation）………（231）
　　　(1)　総　　説 (231) ／(2)　制度創設の背景 (232) ／(3)　従来の法人制度の問題点 (233) ／(4)　新制度の概要 (235) ／
　　　(5)　新制度の現況 (239)

◆ 第4部 ◆ 日本における結社の自由保障

◆ 第1章　結社の自由の憲法問題 ──────── 245

　第1節　結社の自由論の再構成 ……………………………… 245
　　1　結社の自由論の問題構造 ………（245）
　　　(1)　結社の自由の体系上の位置づけ──結社の「表現性」と「団体性」(245) ／(2)　3つの緊張関係 (248)
　　2　結社の自由の憲法解釈 ………（249）
　　　(1)　通説的見解の問題点 (249) ／(2)　結社の自由論の再構成 (251) ／(3)　小　　括 (253)

　第2節　団体に対する公的規制の問題 ……………………… 254
　　1　構成員規制とその根拠 ………（254）
　　　(1)　団体規制の3つの類型 (254) ／(2)　構成員規制 (254)
　　2　破防法をめぐる憲法論議 ………（256）
　　　(1)　総　　説 (256) ／(2)　「事前規制」か「事後規制」かという視点 (258) ／(3)　「表現規制」か「団体規制」かという視点 (260) ／(4)　手続の問題 (264)
　　3　団体規制法への展望 ………（266）
　　　(1)　破防法の今後 (266) ／(2)　団体規制法への視点 (267)

◆ 第2章　「結社からの自由」の憲法問題 ──────── 271

　第1節　問題の所在 …………………………………………… 271
　　1　従来の議論の問題点 ………（271）
　　2　憲法学での議論 ………（272）
　　3　民法学での議論 ………（274）

　第2節　脱退の自由の問題 …………………………………… 275
　　1　総　　説 ………（275）

xvi

2　脱退の自由の法制度………(276)
　　　　(1)　組　合(276)／(2)　一般社団法人(280)
　　　3　判例における「脱退の自由」………(281)
　　　　(1)　新座市県営住宅自治会脱退事件(最高裁平成17年4月26日判決)(281)／(2)　東芝労働組合事件(最高裁平成19年2月2日判決)(284)

第3節　統制処分の限界問題……………………………………………290
　　　1　従来の議論の問題点
　　　　　──「司法権の限界」から「統制処分の限界」へ………(290)
　　　2　司法審査のあり方………(293)
　　　3　裁判例の動向………(294)
　　　　(1)　処分手続について判断したもの(294)／(2)　弁明の機会の有無について判断したもの(295)／(3)　処分事由の存否について判断したもの(296)／(4)　処分の程度にまで踏み込んで判断したもの(296)
　　　4　法律の規定………(297)

第4節　団体の活動と構成員の協力義務………………………………300
　　　1　問題の所在………(300)
　　　2　国労広島事件の先例的意義………(300)
　　　　(1)　事案と判旨(300)／(2)　検　討(301)／(3)　本判決の意義・射程(305)

◆　第3章　憲法と非営利法人制度 ───────────── 309

第1節　問題の所在………………………………………………………309
第2節　公益法人制度改革の位置づけ…………………………………311
　　　1　従来の非営利団体制度………(311)
　　　　(1)　公益法人制度の時代：民法典制定からNPO法制定まで(1896年〜1998年)(311)／(2)　非営利法人立法の黎明期：特定非営利活動促進法(NPO法)と中間法人法の制定(1998年〜2006年)(313)／(3)　一般的な非営利法人制度の創設：公益法人制度改革以降(2006年〜)(315)
　　　2　公益法人制度改革の意義………(316)

目 次

　　第 3 節　一般社団法人制度の憲法的意義 ……………………………………… 318
　　　　1　法人格取得の憲法問題 ……… (318)
　　　　　(1)　通説的見解の問題点 (318) ／(2)　結社の自由と法人格取得権 (322)
　　　　2　一般社団法人制度の憲法上の位置づけ ……… (324)
　　　　　(1)　法人格取得権の具体化としての一般社団法人制度 (324) ／(2)　結社の自由保障法としての位置づけの明確化 (325) ／(3)　一般法人法の憲法上の効力 (327) ／(4)　小　括 (328)

　　第 4 節　一般社団法人制度の問題点 …………………………………………… 328
　　　　1　「非営利性」の問題 ……… (329)
　　　　　(1)　結社の自由と「非営利性」：「非営利性」は結社の自由保障の前提なのか (329) ／(2)　「一般社団法人」の定義――「非営利性」を明確化する必要 (330) ／(3)　残余財産の帰属問題――「非営利性」を徹底化する必要 (331)
　　　　2　「自律性」の問題 ……… (337)
　　　　　(1)　詳細な内部規律 (337) ／(2)　フランス法の視点 (338) ／(3)　一般法人法の場合 (339) ／(4)　内部規律の問題――「法人法」と「団体法」の区別 (341)

◆　おわりに――「結社法」の可能性 ──────────────── 345

　　　　1　フランスの結社の自由論から ……… (345)
　　　　2　日本の結社の自由論へ ……… (347)

◇　資　料
　1　結社法（非営利社団契約に関する 1901 年 7 月 1 日法律）(353)
　2　結社法施行令（非営利社団契約に関する 1901 年 7 月 1 日法律の執行のための行政規則を定める 1901 年 8 月 16 日デクレ）(357)

文　献　一　覧（巻末）
索　　　引（巻末）

〈凡　例〉

1．引用文中の傍点は，特に断りのない限り引用者（井上）が付している。
2．本書で引用する外国文献のうち，主要なものについては，以下の略称を用いている。

    AJDA：Actualité juridique de droit administratif
    Bull. civ.：Bulletin des arrêts des chambres civiles de la Cour de cassation
    D.：Recueil Dalloz
    GP：Gazette du Palais
    JCP：Juris-Classeur périodique（La semaine juridique），édition générale
    J.O.：Journal officiel
    Lebon：Recueil des arrêts du Conseil d'État
    LPA：Les petites affiches
    RDP：Revue du droit public et de la science politique en France et à l'étranger
    Rev. Soc.：Revue des sociétés
    RTDciv.：Revue trimestrielle de droit civil
    RTDcom.：Revue trimestrielle de droit commercial
    S.：Recueil Sirey

〈初出一覧〉

＊本書では，既発表の下記の諸論稿と博士論文「結社の自由の基本構造と実効的保障」に大幅な修正を加えた上で，体系的に整序するために章節の組み替えを行っている。このため，本書各部分と初出論文との厳密な対応関係を示すことができないことにつき，ご海容願えれば幸いである。

・「結社の自由保障の理念と制度——フランス結社法における個人と結社(1)～(2・完)」法学論叢155巻4号（2004年）76-103頁，156巻1号（2004年）91-117頁
・「憲法秩序における結社の自由(1)～(3・完)」法学論叢159巻6号（2006年）28-47頁，161巻1号（2007年）68-92頁，161巻3号（2007年）55-71頁
・「第3章フランス〔宗教団体法制・宗教団体税制〕」文化庁『海外の宗教事情に関する調査報告書』（2008年）93-137頁
・「『結社からの自由』の憲法問題——結社の自由原理のもうひとつの側面」岡山大学法学会雑誌58巻4号（2009年）429-487頁
・「労働組合からの脱退の自由と結社からの自由——東芝労働組合小向支部・東芝事件」岡山大学法学会雑誌59巻2号（2009年）273-280頁
・「憲法から見た一般社団法人制度——結社の自由の視点からの検討」大石眞＝土井真一＝毛利透編『各国憲法の差異と接点 初宿正典先生還暦記念論文集』（成文堂，2010年）611-635頁
・「フランスの新たな非営利法人制度——fonds de dotation（寄附基金法人）の創設」岡山大学法学会雑誌60巻1号（2010年）222-230頁
・「結社の自由論の諸相——アメリカとフランス，そして日本へ」小谷順子ほか編『現代アメリカの司法と憲法——理論的対話の試み』（尚学社，2013年）136-149頁
・「労働組合の政治活動と組合費納付義務——国労広島地本事件」長谷部恭男＝石川健治＝宍戸常寿編『憲法判例百選Ⅱ〔第6版〕』（有斐閣，2013年）320-321頁

結社の自由の法理

はじめに

1 従来の議論の問題点
(1) 「結社観」論議の過剰

　日本国憲法21条は，基本的人権の1つとして，結社の自由を保障している。しかし，1947年の憲法施行以来，最高裁で結社の自由の問題が正面から争われた事件はない[1]。最高裁が結社の自由について説示したことはなく，もちろんその判例法理も存在しない。その意味で，結社の自由は憲法の明文で規定されているにもかかわらず，現実には「忘れられた自由」である。

　このような状況の原因の一端は，憲法学での結社の自由論議に求められるであろう。もちろん，これまで憲法学が結社の自由に無関心であったわけではない。しかし，同自由をめぐる従来の議論には，次の2つの特徴があったように思われる。

　第1の特徴は，憲法解釈論の前提として，そもそも近代憲法において「結社」はどのように位置づけられるべきかという「結社観」が盛んに議論されたことである。これは，他の基本権論議には見られない結社の自由論に特有の事情である。自然権を保有する「個人」と政治権力を独占する「国家」との二極構造からなる近代憲法体制にとって，そのあいだに位置する結社（団体）は，本来，異質な存在である。このことは，実際にも，1789年のフランス人権宣言や1791年のアメリカ合衆国憲法の修正条項といった近代最初期の法文書に，明文の結社の自由条項が置かれなかった事実からも裏付けられる。そこで，このような結社の自由がもつ憲法史的意義を知る日本憲法学にとっては，実定憲法が規定する結社の自由の内容に先んじて，そもそも憲法が「結社」に対してどのような態度をとっているのかを明らかにすることが，何よりの関心事であったと考えられる。

---

(1) 実際，代表的な判例集である戸松秀典＝初宿正典『憲法判例〔第6版〕』（有斐閣，2010年），長谷部恭男＝石川健治＝宍戸常寿編『憲法判例百選Ⅰ・Ⅱ〔第6版〕』（有斐閣，2013年）において，結社の自由の判決は1つも掲載されていない。

はじめに

　そして、この点に関して佐藤幸治教授は、「基本的な結社観」として次の4つの類型を提示した[2]。

① 反結社主義　結社が国家による公益の追及を害しあるいは国家の存続を危うくするものとみて、国家の強い統制下に置こうとするもの
② 全体主義的結社観　国民を動員する手段としての団体の有用性に着目し、国家が団体を操作・監視しようとするもの
③ 個人主義的結社観　あくまで個人の権利・自由の保障を第一義とする立場から、結社の意義を消極的に容認するもの
④ 多元主義的結社観　団体に個人の場合と同様の独自性・実在性を認め、個人の場合と同様の権利を付与しようとするもの

　このような類型化を行った上で、佐藤教授自身は、日本国憲法が「個人の尊重」原理を中核に据えつつ（13条）、結社の価値を重視する姿勢を示している（21条）ことから、上記③と④とを折衷する「修正多元主義的結社観」に立脚するものであるとの診断を下している[3]。そして、このような認識に基づき、日本国憲法は団体の自律性や団体（法人）の人権享有主体性を容認するものであるとの帰結を導いている。

　他方でこのような結社観に一貫して異議を唱えてきたのは、樋口陽一教授である。「近代憲法史の出発点で結社からの自由を強調することによって個人が析出された、ということの重要性[4]」を指摘する樋口教授にとって、結社の自由は「市民革命期には近代立憲主義の成立によって克服される対象[5]」であったことが強調される。また、フランスを例として、結社の自由が結社からの自由の貫徹を経た近代憲法の確立期になってはじめて近代的自由として承認されることになったとの認識に基づき、たとえ憲法典に「結

---

(2) 佐藤幸治「集会・結社の自由」芦部信喜編『憲法Ⅱ人権 (1)』（有斐閣、1978年）563-565頁。また、同『国家と人間——憲法の基本問題』（放送大学教育振興会、1997年）23-25頁も参照。
(3) 佐藤幸治『現代国家と司法権』（有斐閣、1988年）203頁。また、同「法における新しい人間像——憲法学の領域からの管見」芦部信喜ほか編『岩波講座・基本法学1——人』（岩波書店、1983年）281頁以下を参照。
(4) 樋口陽一『憲法〔第3版〕』（創文社、2007年）162頁。
(5) 樋口・前掲注(4)162頁。

社の自由」条項が置かれている場合でも，それは「結社をとりむすぶ諸個人の自由[6]」として理解されるべきであるとする。これは，前記の類型化でいえば，「個人主義的結社観」に立脚するものと言えるであろう。そして，このような認識から，樋口教授は，団体の役割を肯定的に評価する法人の人権論や部分社会論には批判的な態度を示している。

(2) 解釈論の過小とその原因

結社の自由をめぐる議論の第2の特徴は，こうした「結社観」論争にもかかわらず，学説において結社の自由の「解釈論」が低調だったことである。このことは，上記の「結社観」の如何が，必ずしも結社の自由の憲法解釈と結びつくものではなかったことを示しているであろう[7]。

もちろん，憲法学の通説が結社の自由解釈を提示していないわけではない。その内容としては一般に，国家に対する①個人的自由（個人の結社する自由・しない自由など）と②団体的自由（団体の内部自律権）の2つが必ず挙げられてきた。

しかし，これらはほとんど原則を宣言するだけにとどまっており，紛争解決の基準を提供したり，現実の法制度を批判的に分析できるほどの洗練された内容を備えているようには思われない。その意味で，以前，大石眞教授が指摘したように，「従来『結社の自由』に関する研究は十分でなく，その保障の内容と限界は必ずしも明らかでない[8]」という状況は，今でもなお妥当するであろう。実際，体系書や教科書における結社の自由の扱いは総じて小さく，また，結社の自由違反が正面から争われた裁判例も，ほとんど確認されていない[9]。

それでは，結社の自由の解釈論が低調なのは何故なのか。その理由としては，次の3つの要因を指摘できるように思われる。

第1は，結社の自由が表現の自由の一環として捉えられてきたことである。

---

(6) 樋口・前掲注(4)235頁。
(7) もっとも，佐藤教授は，結社の捉え方如何によって「結社に関する具体的法制度のあり方が変わってくる」（佐藤・前掲注(2)565頁）とされているが，その内実は，具体的なかたちで示されていないように思われる。
(8) 大石眞「結社の自由」高橋和之＝大石眞編『憲法の争点〔第3版〕』（有斐閣，1999年）122頁。

はじめに

　このことは，解釈論上は，結社の自由が表現の自由と同一条文（21 条 1 項）で規定されていること，また理論上も，戦後の日本憲法学に影響を与えたアメリカにおいて結社の自由が表現の自由論を通じて確立してきたこと[10]に由来している。この考え方によれば，結社を表現形態の 1 つと見る観点から，「結社の自由も表現の自由の枠組みで考察する方が妥当である」[11]とされる。それゆえ，団体規制に関する合憲性判断は，「団体性」それ自体についてではなく，団体の「表現性」に着目して論じられる。実際，破壊活動防止法の団体規制に対する批判の多くは，「事前抑制禁止の法理」，「明確性の理論」，「明白かつ現在の危険」などの表現の自由の法理に違反することをその根拠としている[12]。

　第 2 に，従来の議論では，個別団体の特殊性が重視されて，団体一般を対象とする結社の自由の解明に焦点があたらなかった。憲法が予定する任意団体としては宗教団体（憲 20 条），政党（同 21 条），労働組合（同 28 条）が考えられるが，これらの団体に関する問題については，団体の性質の特殊性を勘案する必要から，それぞれの根拠条文の解釈論で対処されてきており，結社の自由が想定する団体一般の問題としては捉えられてこなかった。つまり，一般法としての結社の自由ではなく，特別法としての個別基本権への依拠である。たとえば，宗教法人「オウム真理教」解散命令事件[13]では，法人の

---

(9)　税務調査との関係で結社権の侵害が問題となった中野民商事件（東京地判昭和 43 年 1 月 31 日下民集 19 巻 1・2 号 41 頁）があるが，下級審での事例という事情もあって，教科書などでこの裁判例に言及するものはほとんどない。数少ない例外として，参照，高橋和之『立憲主義と日本国憲法〔第 3 版〕』（有斐閣，2013 年）234 頁。

(10)　参照，岡田順太「アメリカ合衆国における『表現的結社の自由』」法学政治学論究 54 号（2002 年）119 頁以下，同「結社の自由の過去・現在・未来——アメリカ憲法裁判の視点から」大沢秀介＝小山剛編著『東アジアにおけるアメリカ憲法——憲法裁判の影響を中心に』（慶應義塾大学出版会，2006 年）255 頁以下，毛利透「結社の自由，または『ウォーレン・コート』の終焉と誕生」（2004 年）同『表現の自由』（岩波書店，2008 年）73 頁以下。

(11)　松井茂記『日本国憲法〔第 3 版〕』（有斐閣，2007 年）489 頁。

(12)　参照，右崎正博「破防法団体規制条項をめぐる憲法問題」奥平康弘編『破防法でなにが悪い？』（日本評論社，1996 年）141 頁，市川正人「結社の自由・適正手続の保障と破壊活動防止法」法学教室 189 号（1996 年）20 頁，川崎英明＝三島聡「団体規制法の違憲性——いわゆる『オウム対策法』の問題性」法律時報 72 巻 3 号（2000 年）53 頁。

解散の可否という世俗的側面が争点であったにもかかわらず、学説では信教の自由（同20条）に着目した議論に終始し、同事件を法人の強制解散という一般的な法人制度の問題として受けとめた上で、結社の自由又は団体法論の観点からその要件や手続に検討を加えるものはほとんど見られなかったように思われる。

第3に、任意団体に関する議論は公法学（憲法学）ではなく、本来、私法学（民法学）に属すると考えられてきた。団体の内部関係が私人間の問題であることはもちろん、団体の活動・運営のあり方は非営利団体・法人制度を扱う民法学の主題であると位置づけられてきたため、それらが結社の自由論の枠組みで論じられることはなかった。このため、2006年の公益法人制度改革は、非営利法人の存立・活動・運営に関して抜本的な変更をもたらす改革であったにもかかわらず、憲法学がその論議に寄与することはなかった。

これらの諸要因から、従来の憲法学では、結社の自由論は他の基本権の議論に還元・解消されるか、あるいは、団体の問題は本来憲法学の守備範囲に属さないとして、そもそも議論の俎上に載らなかったのである。

2　本書の問題意識と課題
(1)　本書の問題意識

しかし、比較憲法的に見れば、結社の自由はいまや独立した憲法上の権利として確立しており、日本国憲法もそれを踏まえた規定になっている。こうした事実を踏まえるならば、結社の自由は、他の基本権論に還元・解消できない固有の問題構造を抱え、それに応じた保障の内容と制約の論理を備えていると見るべきではないか。そして、このような観点に立てば、従来の議論は、結社の自由に固有の問題構造を踏まえていないため、本来、結社の自由論に位置づけられるべき問題領域を捕捉できていないのではないか。本書の問題意識は、まさにこの点にある。

それでは、結社の自由に固有の問題構造とは何なのか。本書は、結社の自由は「個人」と「国家」の他に「団体」を主体として想定する基本権であり、この点に、他の基本権とは異なる結社の自由の特徴があると考えている。し

---

(13)　最1決平成8年1月30日民集50巻1号199頁。

はじめに

たがって，その解釈論では，本来，「個人」，「団体」，「国家」の3者関係を取り上げて，それぞれの権力関係や問題類型に応じた内容が盛り込まれるべきであろう。

(2) 通説の問題点と本書の課題

ところが，通説が結社の自由の保障内容として掲げるのは，国家との関係での「個人の自由」と，同じく国家との関係での「団体の自由（団体の内部自律権）」だけである。そして，このような通説の理解には，次の3つの問題があるように思われる。

第1に，通説によると，個人と団体との関係については，何もふれられていない。ここには，上記のように，個人と団体との関係は本来私人間の問題であって，憲法学の対象ではないという考え方があるのかもしれない。もちろん，こうした立場を貫き，憲法学が無関心を装うことも理論上は可能である。しかし，結社の自由が団体の存在を承認するものである以上，団体と構成員たる個人との関係をめぐる紛争が発生するのは不可避である。そしてこの場面において，通説が提示する2つの自由は両立せず，むしろ衝突することになる。それゆえ，私人間で表現の自由と名誉権・プライバシー権とが衝突する場面において憲法上の諸原理を調整した一定のルールが確立されているように，団体と個人との関係についても，何らかの憲法上の法理（あるいは公序）が存在すると考えるべきではないか。少なくとも，憲法学は，個人・団体関係の問題を結社の自由に伴う構造上の問題として捉えた上で，その解明に取り組むべきであろう。

第2に，結社の自由を認めた意義が，団体の内部自律権に限定されるべきかどうかという問題がある。もちろん，団体活動が国家の干渉を受けないという側面は，結社の自由の保障効果として重要な意味がある。しかし，諸個人が団体を設立することの意味は，団体の内部活動だけでなく，団体が自立した存在として対外的に活動する場面にも及ぶであろう。それゆえ，結社の自由が団体を独立の主体として認める以上，それに応じた法的能力が団体に付与されるべきではないか。この点，許可主義に基づく旧来の公益法人制度の下，多くの非営利団体が事実上の団体としてしか活動できなかったこと，NPO法（1998年），中間法人法（2001年），公益法人制度改革（2006年）に

至る一連の非営利法人制度改革が結社の自由論の視座で捉えられなかったことは、通説の限界を示すものであるように思われる。

第3に、上記とも関係するが、通説の理解では、結社の自由が団体という法的実体を生み出すことの意義が過小評価されているように思われる。つまり、通説がかかげる個人的自由は、個人の1度きりの結社行為で終了するわけではない。同自由が行使された結果として団体が新たに生み出されるのであるから、結社の自由論の射程は、1度設立された団体のその後における存立や活動の場面にまで及ぶはずである。それゆえ、設立された団体がいかなる条件で存立し続けることができるか、さらに団体にはいかなる活動が許されないのかが、結社する諸個人の利益と、団体が国家や公の秩序にもたらす影響（公共の福祉）との考量に基づいて判断されなければならない。これは、団体に対する公的規制の合憲性判断にかかわるが、この点についても、通説はその判断枠組みや考慮すべき要素を何ら示していない。前記のように、わが国では破壊活動防止法の合憲性の問題が表現の自由論の文脈で論じられてきたが、それはこれまで憲法学が団体に対する公的規制のあり方を結社の自由論として論じる枠組みを獲得していなかったことに大きな原因があるように思われる。

以上の通説の問題点を踏まえた上で、本書は、結社の自由に固有の問題構造に着目した分析を行うことによって、日本の結社の自由論議に新たな光を投げかけるだけでなく、これまで見落とされてきた問題を結社の自由論の中に位置づけることを課題とする。このため、本書は、従来の議論に反省を迫るだけでなく、わが国の結社の自由論に新たな地平を切り拓く試みにもなっている。

3　検討素材としてのフランス法
(1)　1901年結社法の位置づけ

上記の課題を究明するにあたり、本書は、比較法的素材として、フランス法の議論を参照することにする。具体的には、フランス近代において初めて一般的に結社の自由を確立した1901年結社法（正しくは、「非営利社団契約に関する1901年7月1日法律」。以下、「1901年法」という）を取り上げる。

フランスでは2006年に結社の総数が110万に達し[14]、その後も毎年6〜

はじめに

7万の結社が新たに設立されている[15]。これらの結社は，160万人の労働者を抱えており，これは，フランスの雇用全体の5％に相当する（そのうち90万人はフルタイムの労働者である）[16]。これに結社が行う現実の社会活動を考えあわせると，結社がもたらす社会への影響ははかり知れない。このような意味で，いまや結社は，フランス社会にとって不可欠なアクターとなっている。

そして，学説においても，このような結社の設立と活動を可能とする1901年法は，結社の自由を承認した「第3共和制期の偉大な法律（Une grande loi de la Troisième République）[17]」（J=F・メルレ）として，あるいは「結社の自由の隅石（la pierre angulaire de la liberté d'association）[18]」（G・ルブルトン）としての評価を受けている。また，結社の自由の裁判例も非常に多く，人権書でも結社の自由の概説には多くの紙数が割かれている。

さらに現在では，結社に関する法令を集成した「結社法典[19]」が編纂されているほか，公法学者によって結社法の概説書[20]が公刊されるなど，結社の自由を体系化した「結社法（droit des associations）」なる法分野が確立されるまでに至っている。

ところが，フランス近代法史において，結社の自由は，決して自明のものではなかった。周知のとおり，1789年の人権宣言に結社の自由条項は置か

---

(14) Viviane Tchernonog, *Le paysage associatif français 2007 : Mesures et évolutions*, Juris associations, Dalloz, 2007, p. 25.

(15) Conseil national de la vie associative (CNVA), *Bilan de la vie associative 2008-2010*, La documentation française, 2011, p. 89.

(16) Voir, Michel Doucin (dir.), *Guide de la liberté associative dans le monde : 183 législations analysées*, La documentation française, 2007, p. 622 ; Dominique Turpin, *Libertés publiques & droits fondamentaux*, Seuil, 2004, p. 575.

(17) Jean-François Merlet, *Une grande loi de la Troisième République :La loi du 1er juillet 1901*, LGDJ, 2001.

(18) Gilles Lebreton, *Libertés publiques & droits de l'Homme*, 8e éd., Armand Colin, 2009, p. 534.

(19) Xavier Delsol et al., *Code des associations*, Éditions Groupe Juris, 1998, Stéphanie Damarey et al., *Code des associations et fondations, commenté*, Édition 2014, 6e éd., Dalloz, 2013.

(20) Alain-Serge Mescheriakoff, Marc Frangi et Moncef Kdhir, *Droit des associations*, PUF, 1996; Karine Rodriguez, *Le droit des associations*, Harmattan, 2004; Jean-Michel Ducomte et Jean-Marc Roirant, *La liberté de s'associer*, Éditions Privat, 2011.

れず，その後も中間団体を敵視する反結社主義政策によって，結社の自由は，19世紀の終わりに至るまで法制度上認められてこなかったのである。それは，20世紀初頭に成立した1901年法によってようやく確立された。このため，「結社の禁止」体制から「結社の自由」体制への転換をもたらした1901年法が，どのような理念と制度に基づいて結社の自由保障を企図しているのか，さらに，その後の解釈や運用を通じてどのような歩みを辿ってきたのかを検討することは，わが国における結社の自由保障の内実を探ろうとする本書の課題にとって有益な示唆を与えるものと考えられる。

(2) フランス結社の自由論の視点

もっとも，フランスにおいて，結社の自由は上記のような歴史的な意味をもっているほか，同自由が団体に関する人権であることに基づく特殊性が指摘されている。ここでは，結社の自由論に関するフランスの自己理解を窺うためにも，非営利団体法の第1人者であるE・アルファンダリ教授が示す2つの分析軸を確認しておこう。

① 結社の自由論の対象

最初の軸は，結社の自由論の対象にかかわる[21]。これには，結社の自由が及ぶ問題領域に応じて，以下の3つの側面がある。

第1は，政治的自由（liberté politique）としての側面である。上記のように，フランスでは長らく中間団体は国家の存在を脅かすとして禁止の対象となってきた。したがって，その禁止を解除する結社の自由は，何より政治的に重要な意味をもつ。1901年結社法による禁止の解除後も，結社の活動は完全に自由ではなく，目的規制や活動規制などの公法的規制に服する。このため，結社の自由は，何よりも公法学（あるいは政治学）の対象となる。そして，この意味での結社の自由は，公法学上，公的自由（liberté publique）の1つに数えられており，人権論・基本権論の一角を構成している。

第2は，法的自由（liberté juridique）としての側面である。これは，政治的自由・公的自由としての結社の自由が，契約および財産などの法的手段を

---

(21) Élie Alfandari, « La liberté d'association », in Rémy Cabrillac (dir.), *Libertés et droits fondamentaux*, 19ᵉ éd., Dalloz, 2013, p. 511 et s.

はじめに

通じて確保されることを意味する。1901年法は，結社を利益の分配以外を目的とする約定（契約）と定義している（1条）。結社を契約と捉えることによって，公法上の結社の自由が私法上の契約の自由と結びつくことになり，同自由の基礎にある意思自治（autonomie de la volonté）を根拠として，結社設立の自由，結社の組織・運営の自由が導かれることになる。それゆえ，こうした契約制度および財産制度のおかげで，「結社は自由に設立できるだけでなく，自らが選択した活動を自由に行うことができる[22]」とされる。そして，こうした制度を規定するのが民法であるため，結社の自由は民法学の対象にもなる。

第3は，経済的自由（liberté économique）としての側面である。これは，設立された結社が1つの経済主体（企業）として活動する場面を捉えたものである。ここでは，結社が企業・商業活動・競争の自由を享有するかどうかが問題となり，それゆえ，結社の自由は経済法とも関係を有することになる。

② 結社の自由の問題構造

第2の分析軸は，結社の自由の法的構造に関するものである[23]。これには2つの側面があり，第1は，個人的自由（liberté individuelle）としての側面であり，第2は，団体的自由（liberté collective）としての側面である。前者では，加入の自由，脱退の自由，団体活動参加への自由が挙げられるなど個人・団体関係の場面が想定されており，日本の結社の自由論が個人の自由としてもっぱら国家を対象としているのとは事情が異なっている。また，後者についても，設立の自由，目的・対象の自由，運営の自由，訴訟の自由が挙げられているが，その内容は公法・私法の双方にわたるものであり，この点でももっぱら公法的規制を対象とする日本の結社の自由論とは様相を異にしている。

このように，アルファンダリ教授によると，フランスにおいて結社の自由は，政治的自由，法的自由，経済的自由の3つの自由が「共存（coexistence）[24]」又は「遭遇（rencontre）[25]」する自由として捉えられているが，

---

(22) Alfandari, *op.cit.* (n. 21), p. 515.
(23) Alfandari, *op.cit.* (n. 21), p. 517, p. 523.
(24) Alfandari, *op.cit.* (n. 21), p. 516.
(25) Alfandari, *op.cit.* (n. 21), p. 532.

はじめに

このうち本書が着目するのは，主として政治的自由と法的自由の側面である。それは，本書の関心が，フランスにおいて結社の自由を認めた1901年法が，いかなる問題状況を克服しようとして，そのためにどのような制度化を図ったのかを探求することにあるからである。

他方で，結社の自由が個人を主体とする自由と，団体を主体とする自由を包含する基本権であることについては，結社の自由の問題構造を解明し，それに応じた保障のあり方を探求する本書にとって有益な視点であり，それぞれの内実の究明が課題となる。

(3) フランス法を参照する意義

フランスでは現在でも憲法典で結社の自由が規定されているわけではない。結社の自由の法源となっているのは1901年法である。ところで，よく考えてみると，憲法典に結社の自由条項をもたないフランスでの議論が日本国憲法における結社の自由論に示唆を与えるというのは，本来，奇妙なことなのかもしれない。しかし，1901年法（法律）を通じて結社の自由保障を企図するフランス法のあり方は，わが国の結社の自由論のあり方そのものに対して，以下の点で有益な示唆を与えてくれるものと思われる。

第1は，結社の自由の具体的な保障内容を示してくれることである。フランスにおいて「結社の自由」の観念は，1901年法が創設した結社制度の解釈と運用によって形成されてきた。このような法制度レベルでの具体的な議論が活発に展開されてきたことにより，フランス公法学では実に豊かな結社の自由論が展開されている。

他方，憲法典に結社の自由条項をもつにもかかわらず，これまでのわが国の結社の自由論が質量とも十分に展開されてきたとは思われない。その証拠に体系書・教科書での結社の自由についての記述はきわめて少なく，また，その内実や射程が詳しく検討されているとも言い難い。したがって，1901年法の規定とそれをめぐる判例法理の展開を辿ることは，憲法典の抽象的な文言からは決して得ることのできない視点や着想をもたらしてくれる点で，わが国の結社の自由論に対して多くの知見を与えてくれるであろう。

第2は，結社の自由保障における具体的法制度の重要性を示してくれることである。先に見たように，フランスでは「結社の自由」の観念が1901年

はじめに

法の具体的な制度を基礎として形成されてきたこともあり，公法学での結社の自由論と私法上の非営利団体論とは密接に関連している。現に公法学上の「association（結社）」の概念は，「contrat d'association（非営利社団契約）」のように私法でも用いられているのであり，結社の自由とそれを保障する法制度とが法分野を超えて連続的に捉えられている。このことは，先に指摘したように，私法上の団体・法人制度を考慮してこなかったわが国の結社の自由論に対して重要な示唆を与えるであろう。

4　本書の構成

上記の課題に取り組むにあたり，本書では，以下の4部で検討を行うことにする。

まず第1部では，1901年法の起草者ワルデック＝ルソーの構想を手がかりとして，同法が結社の自由を認めるにあたり，どのような理念に基づいて，いかなる制度を設計したのかを検討する。

続く第2部では，まず，19世紀末から20世紀初頭において展開されたフランス法人論争を素材に，結社の自由と法人格取得との関係を理論的に検討した上で，その後，実際のフランスにおける非営利法人制度の展開を概観する。

そして第3部では，現行のフランス非営利団体法の制度と理論を詳しく取り上げて，結社の自由の法理の全体を見渡すことにする。

最後の第4部では，フランス法の検討から得た知見と示唆をもとにして，従来の日本憲法学における結社の自由論を再構成し，それに基づき，個別の具体的問題について若干の試論を展開することにしたい。

# 第1部
フランスにおける結社の自由法理の成立と展開

第 1 章

ワルデック゠ルソーの結社法構想

第 1 節　1901 年結社法の理念

1　1901 年結社法以前の法状況
(1)　反結社の法制度
① 　フランス革命期

　フランスでは 1789 年の大革命以来，結社の自由は，第 2 共和制期[(1)]を除いて，法制度上認められてこなかった。そもそも，1789 年 8 月 26 日の人権宣言に，結社の自由は盛り込まれていない。もちろん，このことは，起草者が結社の自由を規定し忘れたということを意味しない。結社の自由は意図的に忌避されたのである。このことを示すのが，人権宣言 3 条の次の規定である。「あらゆる主権の根源は，本質的に国民に存する。いかなる団体 (Corps) も個人 (individu) も，国民から明示的に発したのでない権力を行使することはできない」。このように，革命期のフランスでは，中間団体 (corps intermédiaires) に対するあからさまな敵視が見られた[(2)]。そこでまず，後の説明に必要とされる限りにおいて，1901 年法以前の結社に関する法状況を簡単に概観することにしよう[(3)]。

　大革命直後の規制方法は，特定の目的をもった団体を個別に禁止するとい

---

(1)　1848 年 7 月 28 日デクレにより，単純届出制によるクラブの設立が認められ，続く 1848 年 11 月 4 日の第 2 共和制憲法 8 条は，「市民は，結社する権利 (droit de s'associer) を有する」と規定していた。しかし，1852 年以降の第 2 帝政期において，再び結社の自由は否定される。これらの点については，voir, Georges Pichat, *Le contrat d'association*, Arthur Rousseau, 1908, pp. 5-6.

(2)　Conseil d'État, « Réflexions sur les associations et la loi de 1901, cent ans après », *Rapport public 2000*, La documentation française, 2000, p. 251. この 2000 年のコンセイユ・デタの報告書は，1901 年法制定 100 周年となる 2001 年を目前に，「結社と 1901 年法の 100 年」と題する特集を組んでいる。また，樋口陽一『比較憲法〔全訂第 3 版〕』（青林書院，1992 年）75 頁も参照。

第 1 部　フランスにおける結社の自由法理の成立と展開

うものであった。たとえば，1791 年のダラルド法（3 月 2 - 17 日デクレ, décret d'Allarde）[4]によって同業組合（corporations de métiers）が廃止され，同年のル・シャプリエ法（6 月 14 日デクレ）[5]では労働者の団結が禁止された。さらに，1792 年にはすべての修道会が廃止された（8 月 18 日デクレ）[6]。また，大革命の立役者となった政治クラブについても，革命当初は認められていたが[7]，1795 年憲法によって禁止された（360 条～363 条）[8]。

この時期における反結社の立場を最も端的に示しているのが，ル・シャプリエ法である。同法案を提出するにあたり，ル・シャプリエは次のように述べていた。

「もはや国家の中に同業組合（corporation）は存在しない。各人の個人的な利益（intérêt particulier）と一般的な利益（intérêt général）以外には何も存在しない。市民に中間的な利益（intérêt intermédiaire）を吹き込んだり，同業組合の精神によって公共の事柄から市民を引き離すことは，何人にも許されない[9]」。

---

(3) 1789 年の革命から 1901 年法に至るまでの結社法制については，村田尚紀「フランスにおける結社の自由史試論」関西大学法学論集 49 巻 1 号（1999 年）52 頁以下，糠塚康江「第三共和制の確立と共和主義的改革（5・完）」関東学院法学 11 巻 2 号（2002 年）5 頁以下を参照。また，コリン・コバヤシ「フランス・アソシエーション活動の歴史的変遷――大革命から今日まで」同編著『市民のアソシエーション――フランス NPO 法 100 年』（太田出版，2003 年）13 頁以下も参照。

(4) ダラルド法の法文については，河野健二編『資料フランス革命』（岩波書店，1989 年）254 頁以下を参照。

(5) ル・シャプリエ法の法文については，河野編・前掲注(4)256 頁以下を参照，また，同法については，中村紘一「ル・シャプリエ法研究試論」早稲田法学会誌 20 号（1970 年）1 頁以下を参照。また，ル・シャプリエの言説をもとに，革命期の反結社思想を検討するものとして，高村学人「フランス革命期における反結社法の社会像――ル・シャプリエによる諸立法を中心に」（同『アソシアシオンへの自由――＜共和国＞の論理』（勁草書房，2007 年）第 1 章所収，初出 1998 年）も参照。

(6) 18 = 18 août 1792, Décret relatif à la suppression des congrégations séculières et des confréries, J. B. Duvergier, Collection complète des lois, décrets, ordonnances, règlements, et avis du Conseil-d'État, 1824, p. 382.

(7) 1790 年 8 月 21 日法律は，法律の遵守を条件としながらも，「平穏に集会する権利及び市民が自由に組合を結成する権利」を宣言していた。

(8) 1795 年憲法（共和暦 3 年フルクチュドール 5 日憲法）360 条は，「公の秩序に反する組合及び結社を設立することはできない」と定める。法文については，中村義孝編訳『フランス憲法史集成』（法律文化社，2003 年）84 頁を参照。

18

そして，こうした立場に基づいて，同法は，あらゆる種類の同業組合の廃止が「フランス憲法の根本的な基礎の1つである」と規定した（第1条）。

このような考え方は，「一般意志が十分に表明されるためには，国家のうちに部分的社会が存在せず，各々の市民が自分自身の意見だけを言うことが重要である」というルソーの『社会契約論』[10]と親和的である（同書第2編第3章）。とりわけ，ルソーが「部分的団体が大きい団体を犠牲にして作られるならば，これらの団体の各々の意志は，その成員に関しては一般的で，国家に関しては特殊的なものになる」（同上）と述べたように，この時期において中間団体が敵視されたのは，それが一般意志あるいは公論を歪曲すると考えられたからであった[11]。そして，この中間団体否認論に基づく団体結成の禁止は，その後1世紀以上にわたって，フランスの法状況を刻印することになる[12]。

② ナポレオン期

前記のように，フランス革命後は，団体の禁止は個別の法律に基づいて行われていた。ところが，ナポレオン期になると，結社は，より一般的な方法で禁止されることになる[13]。すなわち，1810年のナポレオン刑法典は，「公共の平和に対する重罪及び軽罪」（第3編第1部第3章）として，「不法な結社又は集会（Des associations ou réunions illicites）」（第7節）の表題の下に，結社罪を定めていた。具体的には，結社の許可制（291条），結社指導者の処罰（292条），集団煽動罪（293条）および結社に場所を提供した者の処罰（294条）に関する規定が置かれていた[14]。

---

(9) *Archives parlementaires*, XXVII, p. 210.
(10) ルソー（桑原武夫・前川貞次郎訳）『社会契約論』（岩波書店，1954年）。
(11) 中間団体が解体される1791年における一連の言説を跡付けるものとして，富永茂樹「中間集団の声と沈黙──1791年春─秋」同『理性の使用──ひとはいかにして市民となるのか』（みすず書房，2005年）第2章（70頁以下）参照。
(12) Conseil d'État, *op.cit.* (n. 2), p. 251.
(13) ナポレオン期における結社禁止は，革命期とは異なり「公序への配慮」を目的とするものであったという見方を提示するものとして，高村学人「ナポレオン期における中間団体政策の変容──『ポリスの法制度』の視点から」（1999年）（高村・前掲注(5)第2部第1章69頁以下）を参照。
(14) 1810年刑法典の法文の邦訳については，中村義孝編訳『ナポレオン刑事法典史料集成』（法律文化社，2006年）258頁を参照。

19

第1部　フランスにおける結社の自由法理の成立と展開

　他方，私法においても，市民社会の基本法たる1804年の民法典に，法人（団体）に関する規定は，置かれなかった。

　これらのなかで，結社禁止の象徴としての意味をもつ刑法典291条と292条を，以下に掲げておこう。

　　第291条〔結社の許可〕① 宗教，文芸，政治又はその他の事柄を行うために，毎日又は特定の日に集合することを目的とする20人以上の結社はすべて，政府の許可を受けて，かつ，公的機関が課す条件に従う場合に限り，結成することができる。（第2項省略）
　　第292条〔結社の解散〕① 前条に掲げられた性質を有する結社の中で，許可を受けないで結成された結社，又は許可を受けた後，課された条件に違反した結社はすべて，解散するものとする。
　　② また，結社の代表者，指導者又は管理者は，16フラン以上200フラン以下の罰金に処する。

　さらに，これらの団体規制はその後，1834年4月10-11日の「結社に関する法律[15]」によって，厳罰化されることになった。同法では，要件面において，結社罪が20人以下の分派にも適用されること，また，指導者以外の構成員も処罰の対象となるなど処罰範囲が拡張されるとともに，他方，違反行為に対する罰則についても，従来の罰金刑だけではなく懲役刑（2カ月以上1年以内）が導入されるなど，結社に対する取締りがより一層強化されることになった。

　③　反結社体制の特徴

　以上が19世紀の反結社立法の概要であるが，ここには，反結社体制について2つの特徴を見て取ることができる。第1に，上記刑法典の規定の仕方によると，特定目的の結社だけではなく，非営利目的を有するあらゆる結社が禁止の対象となったことである。その意味で，同法律は，一般的な結社禁止法としての性格をもつ。このことは，後述のように，営利目的の団体が民法において営利組合（société）として認められていた（仏民1832条）ことと

---

　(15)　10 = 11 avril 1834, Loi sur les associations, J. B. Duvergier, *Collection complète des lois, décrets, ordonnances, règlements, et avis du Conseil-d'État*, 1835, p. 58.

第1章　ワルデック＝ルソーの結社法構想

対照的である。

　第2に，結社の設立には，政府の事前の許可が必要とされたことである。つまり，「行政機関」による，「事前規制」が行われるという点で，結社の存立は，二重の意味で制限されている。これは，後で見るように，1901年結社法が，結社の規制については，裁判所による事後審査しか認めていないことと対照的である。

　このように，19世紀のフランスにおける反結社体制は，あらゆる非営利目的の団体が行政機関による事前の許可に服さなければならないことをその特徴としている。そして，これら結社罪を定める刑事法は，1901年法において結社の自由が認められるまで，結社に関する基本法となっていた[16]。実際，1810年刑法291条から294条の規定および1834年法は，1901年法21条によって明示的に廃止されるまで，法的効力をもっていたのである。

(2)　反結社の法思想

　それでは，このような反結社体制は，どのような思想的背景に基づいていたのだろうか。『フランス公法における結社の自由』(1977年) の著者で知られるJ・モランジュ教授 (1946〜) は，反結社立法の先駆をなすル・シャプリエ法が制定された理由として，次の2つを挙げている[17]。

　第1は，哲学的理由である。具体的にはフランス革命の根底にある個人主義の考え方である。これによると，団体は個人の自由を妨げるものと看做されるため，団体に敵対的な態度がとられることになる。つまり，個人の自由を保護するためには，団体の存在は望ましくないとされる。個人主義はまた，団体 (社団) からの個人の解放という文脈でも捉えられる。このことを，公

---

(16)　Jean-François Merlet, *Une grande loi de la Troisième République: La loi du 1er juillet 1901*, LGDJ, 2001, p. 28. 後に見るように，1901年法の起草者であるワルデック＝ルソーは，その原案となる1899年法案の冒頭において，同様の認識を示している。Voir, *J.O.*, Chambre des députés, séance du 14 novembre 1899, p.123; *L'avènement de la loi de 1901 sur le droit d'association: genèse et évolution de la loi au fil des Journaux officiels*, Les éditions des Journaux Officiels, 2001, p. 243 (同書は，1901年法制定過程における議会資料を集成したものである。以下では，「*Avènement*」として引用する)。もっとも，これらの結社罪の規定は，実際にはほとんど適用されていなかったようである。

(17)　Jean Morange, *La liberté d'association en droit public français*, PUF, 1977, p. 50.

第1部　フランスにおける結社の自由法理の成立と展開

法学者のG・ビュルドー教授は,「革命によって中間団体が消滅した結果,人間はただ理性にだけ導かれて行動できるようになった[18]」と評している。

他方で,団体は,個人に影響をもたらすだけでなく,国家に対する関係でも危険であると考えられていた。つまり,団体の存在は,国家の主権を脅かすものであると考えられたのである。これは,ルソーの思想の影響[19]によるところで,これによると,団体はその部分的社会への忠誠を個人に対して強いることとなり,そのため国家レベルでの一般意志の形成を妨げると考えられた[20]。

第2は,経済的理由である。これは,資本は自由に流通することが望ましいという経済的自由主義(libéralisme économique)の考え方である。団体それ自体が財産をもつことになると,構成員の変動・死亡によっても,団体財産は影響を受けることなく存続する。その意味で,団体財産は,死手財産(mainmorte)と呼ばれる。この死手財産は諸個人の経済活動を阻害し,さらに,国家に対抗できる強大な権力となるので,団体が財産を保持することは国家にとって脅威であると考えられていた。もっとも,保険会社や百貨店などの商事会社には財産保有が認められることとの比較から,死手財産の危険はフィクションであるとするL・デュギーのような批判[21]もないわけではない。しかし,慈善団体や教育団体のような公役務を担う団体が,強固な財産的基盤を獲得して影響力を行使することは,本来,国家が担うべき役務を侵害するものと考えられていた。

このように,フランスにおける反結社思想には,中間団体たる結社がもたらす,個人と国家の双方への脅威があったと見ることができ,そして,こうした認識は,大革命の1世紀後,1901年法が制定される段階においても,基本的に変わらなかった[22]。したがって,同法で結社の自由が認められる

---

(18)　Georges Burdeau, *Les libertés publiques*, 4ᵉ éd., LGDJ, 1972, p. 187.
(19)　Jean-Jacques Rousseau, *Du Contrat social*, liv. II, chap. III.（桑原＝前川訳・前掲注(10)第2編第3章）
(20)　Jean Rivero et Hugues Moutouh, *Libertés publiques*, t. 1, 9ᵉ éd., PUF, 2003, pp. 45-46; Morange, *op.cit.*, (n. 17) p. 51.
(21)　Léon Duguit, *Traité de droit constitutionnel*, t. 5, 2ᵉ éd., Éditions Cujas, 1925, pp. 623-624.
(22)　Maurice Hauriou, *Principes de droit public*, 2ᵉ éd., Sirey, 1916, pp. 549-550.

第1章　ワルデック＝ルソーの結社法構想

には，個人の自由が確保されるとともに，さらに，団体が国家にとって脅威にならないことが要請されたのである。

2　ワルデック＝ルソーの「結社観」
(1)　結社の必要性
①　問　題　意　識

以上のような状況のもと，1901年法の起草者P・ワルデック＝ルソー（Pierre Waldeck-Rousseau, 1846-1904）[23]は，どのような問題意識のもとで，結社の自由を認める結社法を構想したのであろうか。

ワルデック＝ルソーは，内相時代の1884年には，労働組合結成の自由を認める法律（1884年3月21日）の制定に尽力した人物であるが（同法は，ワルデック＝ルソー法とも呼ばれる），結社の自由を認める結社法の制定にも以前から関心を示していた。すなわち，彼は，すでに1882年に議員提出法案として，結社法案を提出していた。さらに，内相時代の1883年法案および首相在任中の1899年法案を合わせると，彼は，合計3度にわたって結社法案を提出している。この最後者の1899年法案が最終的に1901年法へと結実するのであるが，彼の基本構想は，最初の1882年法案以来，ほとんど変わっていない。そこで以下では，これらの法案を素材として，ワルデック＝ルソーの結社観および結社法構想を検討することにする。

まず，結社法案を初めて議会に提出した1882年法案の提案理由説明[24]において，彼は，当時のフランス団体法の状況を次のように診断している。

19世紀のフランスでは，利益を引き出し，それを分配する目的で資本を共同にすることについては，何らの障害もない。それは，民法典が営利組合の設立を認めているからである（仏民旧1832条）。しかし，知的・社会的・政治的な利益を引き出す目的のために，活動・労力・能力を共同のものにしようとすれば，刑法が介入することになる。また，民法典も，営利を目的と

---

(23)　フランスの政治家。内相（1881-82年，1883-85年），首相（1899-1902年。内相を兼務）を歴任。彼の政治家としての側面を扱った研究として，Pierre Sorlin, *Waldeck-Rousseau*, Armand Colin, 1966. がある。

(24)　*J.O.*, Chambre des députés, séance du 11 février 1882, pp. 345-347; *Avènement*, pp. 83-85.

23

しない団体の設立を認めていない。

このように，営利組合を設立することは民法典により法認されているが，他方，営利を目的としない団体を設立する一般的な法規定が19世紀末においてもなお存在しないこと，それどころか，そのような団体の設立が刑法により犯罪として扱われている状況を，ワルデック＝ルソーは問題視したのである。

② 結社が必要とされる理由

しかし，彼は，団体に対するこのような態度が，19世紀後半のフランス社会においては，もはや適当ではないという。その理由は，次の2点にまとめることができる。

第1に，このようなシステムは，団体の意義を適切に評価していないということである。諸個人からなる集団は，「われわれの社会が変遷することに伴う必然の帰結であり，また，われわれの時代に何よりも必要とされるものの1つである[25]」という記述がこのことを示している。いまや，団体活動から力を引き出すことが求められており，それゆえ，団体こそが時代に何よりも必要とされているのに，目下の政治システムは団体を抑圧するものである。このような認識から，先に見た団体を禁止する刑法291条以下の結社罪は廃止されなければならない，という帰結が導かれる。

第2の理由は，人間にとって結社がもつ意味にかかわる。その後の審議過程において，ワルデック＝ルソーは，「結社とは，自然で，原初的で，自由な人間活動の実践のように思われる[26]」と述べている。また，上記の提案理由説明においても，「教養を発展させ主義を広める」ために，個人は結社を設立するものであるとされている。そのためには，市民は自らの「財産を結合する権利（faculté d'associer leurs biens）」とともに，「人格を結合する権利（faculté d'associer leurs personnes）」をもたなければならない[27]。ところが，従来，「財産からなる組合（société de biens）」である営利組合は認められているのに対して，「人からなる結社（association de personnes）」[28]がいま

---

(25) *J.O.*, Chambre des députés, séance du 11 février 1882, p. 345; *Avènement*, p. 83.

(26) Pierre Waldeck-Rousseau, *Associations et congrégations*, Bibliothèque-Charpentier, 1901, p. 6.

(27) *J.O.*, Chambre des députés, séance du 11 février 1882, p. 346; *Avènement*, p. 84.

だ認められていないことは,「極めて特殊な状況[29]」であるという。

　もっとも,いまだ認められていないというのは,「法的には」という意味である。現実の社会では,多数の団体が事実上存在している。ワルデック＝ルソー自身も,団体結成を禁止する刑法291条以下の規制が長い間「死文 (lettre morte)」と化していることを認めている。これは法案提出者としてはあるまじき認識かもしれないが,そうであるからこそ,社会に存在する事実上の団体の処遇問題が切実であることを示している。その意味で,彼にとって結社の自由を認めることは,「既存の事実状態を刷新する (innover) のではなく,承認する (reconnaître) こと[30]」に他ならなかった。

(2) 個人主義の理念に基づく結社
① 共和政の基本原理

　そこで,「財産の団体」ではない「人の団体」を,どのように法的に承認するかが課題となる。しかし,反教権主義政策 (anti-cléricalisme) を推し進める共和派ワルデック＝ルソーにとって[31],結社の自由を認める結社法が,同時にカトリックの修道会 (congrégations) の存在と活動を正当化することは許されなかった[32]。そこで,結社法を構想するにあたっては,共和主義に基づく2つの原理に従う必要があった[33]。

　第1は,個人に備わった権利を放棄させるものであってはならない,ということである。すなわち,結社に加入することによって,個人の所有権や結

---

(28) このような団体の区分は,現在においても維持されている。Voir, Maurice Cozian, Alain Viandier et Florence Deboissy, *Droits des sociétés*, 14e éd., Litec, 2001, p. 11.
(29) *J.O.*, Chambre des députés, séance du 11 février 1882, p. 345; *Avènement*, p. 83.
(30) *J.O.*, Chambre des députés, séance du 11 février 1882, p. 345; *Avènement*, p. 83.
(31) むしろ,共和派は,結社法を最終的規制立法として位置づけていた。「共和政防衛内閣」と称されるワルデック＝ルソー内閣の反教権主義政策については,石原司「ワルデック＝ルソー内閣の教会政策」山本桂一編『フランス第三共和政の研究――その法律・政治・歴史』(有信堂,1966年) 37頁以下参照。
(32) 共和派の教会政策としては,① カトリック勢力の拠点たる修道会の廃止,② カトリシズムの浸透した教育の改革,③ 教会と国家の分離の3つが指摘されている。参照,大石眞『憲法と宗教制度』(有斐閣,1996年) 23頁。
(33) *J.O.*, Chambre des députés, séance du 11 février 1882, p. 346; *Avènement*, p. 84. これは,修道会を念頭に置いたものである。なお,1899年法案にも類似の記述が見られるが,1882年のように修道会を名指ししてはいない。

婚する権利を放棄させること，つまり，個人を隷属状態に置くことは許されない。この点，修道会のように，個人の権利の全部又は一部の放棄を要求すること，また個人を抑圧することは認められない。この考えに基づき，1882 年法案 3 条は，次のような規定を置いていた。

> 「誓願又は何らかの取り決めで，個人に備わった諸権利の自由な行使を全面的又は部分的に放棄させること，あるいはそれらの権利の行使を第三者の権限にゆだねることを目的とする契約又はそのような結果をもたらす契約はすべて，公の秩序に反し違法である。(34)」

これは，明らかに修道会を念頭に置いた規定である。このように，修道会規制の観点から，結社を認めるにあたっては，個人の権利を保護するように配慮しなければならなかった。

第 2 は，第 1 の点にも関連するが，個人が負うあらゆる義務は一時的でなければならない，ということである。結社を認めるにあたっては，個人が永続的に義務を負うことは許されず，一度入った義務関係から解放されること，すなわち，いつでも結社から離脱する権利が保障されることが重要であった(35)。この観点から，1899 年法案 3 条は，「結社契約は，期限の定めがある場合にしか，締結することができない。期限に関する規定がない場合，結社契約は，構成員の 1 人の意思によって解除される(36)」と規定していた。

② 個人主義理念による再構成

「もし，結社が違法であるとすれば，それはまさしく結社が構成員たる個人を破壊するからである(37)」と述べるように，ワルデック＝ルソーが注意

---

(34) *J.O.*, Chambre des députés, séance du 11 février 1882, p. 347; *Avènement*, p. 85. なお，修道会の規制という観点から 1901 年法を扱ったものとして，徳永千加子「修道会規制法の発展と結社の自由」早稲田政治公法研究 36 号（1991 年）185 頁以下，斎藤（徳永）千加子『行政争訟と行政裁判権』（成文堂，2004 年）256 頁以下（第 3 章第 3 節修道会規制法）参照。

(35) Jean-Claude Bardout, *L'histoire étonnante de la loi 1901: Le droit des associations avant et après Pierre WALDECK-ROUSSEAU*, Éditions Juris Service, 2001, p. 158.

(36) *J.O.*, Chambre des députés, séance du 14 novembre 1899, p. 124; *Avènement*, p. 244.

(37) *J.O.*, Chambre des députés, séance du 11 février 1882, p. 346; *Avènement*, p. 84.

第 1 章　ワルデック = ルソーの結社法構想

を払ったのは，結社の構成員になることによって，個人の有する権利が侵害されてはならないということである[38]。このことは，結社法の制定時においても，反結社法思想の 1 つである個人主義の理念が，なお維持されていることを意味するであろう。

しかし，こうした認識に立ちながらも，ワルデック = ルソーは，革命時のように結社を禁止する方向にではなく，逆に個人主義に基づく結社のあり方を構想する。つまり，革命時には反結社の思想的背景として援用されていた同じ個人主義の理念が，いまや結社の設立を根拠づける理念として提示されている[39]。そして，この個人主義の理念は，次に見るように，ワルデック = ルソーの「結社の自由」の構造理解において，明確に表れている。

(3)　ワルデック = ルソーの「結社の自由」理解
①　結社の自由の構造

ワルデック = ルソーが「結社」の法的性格を述べているのは，1901 年 1 月 21 日の代議院（下院）での審議においてである[40]。そこにおいて，彼は，結社の自由の固有の構造を明らかにしている。

まず，ワルデック = ルソーは，「結社の自由（liberté d'association）」という言葉の分析から始めている。すなわち，「よく用いられる結社の自由という言葉は，真理を含むものではあるが，ただ，少し曖昧な用語であるように思われる」と述べた上で，結社の自由を他の自由と比較する。そして，思考する自由（liberté de penser）および書く自由（liberté d'écrire）においては，「正確かつ十分な言葉」が用いられているという。なぜなら，これらの自由を行使するにはもっぱら個人の行為しか必要とされず，ここでは，他の諸個人とのあいだで交わされる合意（accord）は，問題とはならないからである。

しかし，結社の自由の場合，これとは様相が異なる。というのも，結社するためには，その個人の行為だけではなく，他の個人の行為が論理必然的に必要となるからである。つまり，結社するには，他人と共同で行為を行わな

---

(38)　Bardout, *op.cit.* (n. 35), p. 145.
(39)　参照，樋口陽一「社会的権力と人権」芦部信喜ほか編『岩波講座・基本法学 6——権力』（岩波書店，1983 年）355 頁。
(40)　Waldeck-Rousseau, *op.cit.* (n. 26), p. 67; *Avènement*, p. 300.

ければならないのであって，まさにこの点において，結社の自由は，思考する自由などとは異なった特殊な構造を有するとされるのである。

もっとも，結社の自由の構造の特殊性を強調することによって，それ特有の問題点も見出される。すなわち，結社するのに他の個人の行為が必要とされるとしても，その個人に行為を強制することがあってはならない。一方の個人に「結社する自由」があるとしても，相手方の個人には「結社しない自由」が認められるはずであろう[41]。

しかし，このような問題点についても，ワルデック＝ルソーは，考察を及ぼしている。先の結社の用語に関する説示に引き続いて，彼は，次のように述べている。すなわち，「結社の自由について語るとすれば，それは，ある人に対して結社への加入を禁じることができないのと同様に，加入を強要することもできないことを意味する言葉が適切である[42]」。それゆえ，結社の自由保障を考えるにあたっては，他の自由とは異なり，相手方の自由を侵害しないような工夫が必要とされる。そして，そうした手段として，彼は，結社する当事者で交わされる合意（entente）に着目する。このように，ワルデック＝ルソーにとって，結社の自由を保障するということは，他の個人との合意を保障することであった。

② 法制度の必要性

しかし，諸個人の合意を結社の自由として「法的に」保障しようとする以上，そこには何らかの制度的な裏づけがなければならない。この点につき，ワルデック＝ルソーは，次のように述べている。

「もし，ある者が，この権利〔結社する権利のこと〕を行使しようとすれば，その者は，他の人々に訴えかけなければならない。すなわち，彼は，他の人々とともに合意の基礎を築くこと，つまり，一語で言えば，契約（con-

---

(41) この点，シェルドン・リーダーは，結社するには少なくとも2人がかかわることとなり，一方の結社の自由と他方の結社しない自由とが対抗関係に立つことを指摘する。See, Sheldon Leader, *Freedom of association : A Study in Labor Law and Political Theory*, Yale University Press, 1992, p. 12, 15. 結社の自由の構造に関して，19世紀末のフランス結社法起草者と20世紀末の英米の法学者との間で，共通の思考が見られることは興味ぶかい。なお参照，浅野有紀『法と社会的権力——「私法」の再編成』（岩波書店，2002年）102-103頁。

(42) Waldeck-Rousseau, *op.cit.* (n. 26), p. 67; *Avènement*, p. 300.

第1章　ワルデック=ルソーの結社法構想

trat）を締結しなければならないのである[43]」。

このように，ワルデック=ルソーは，諸個人の合意を私法上の「契約」に見立てることによって，結社を法的に規律することを構想していたのだった。このことの法的意義については次節で見ることにするが，結社を契約と定義する彼の構想は，結社に特有の法構造に基づくものであった。

この点について，ワルデック=ルソーは，すでに1882年法案の提案理由説明において，「結社は，契約であり，それ以上でもそれ以下でもない[44]」という，有名な一節を残していた。さらに，結社を私法上の契約に見立てる自らの構想の意義について，ワルデック=ルソーは，次のように述べている。

「2人以上の個人が政治的，経済的，芸術的，教育的，組織的又は労働者保護の目的のために，努力，知識，活動を結合するように取り決めること，これは，契約（convention）である。この契約は，他のそれと同じように，適法な目的をもち，個人の自由を尊重しなければならない。それはもはや，人又は市民の資格に備わっている諸権利の放棄を認めるものではない。自由な合意によって契約は締結されるべきであり，それは，永続的なものであってはならない。[45]」（1899年法案の提案理由説明）

ここには，契約という法制度によって，先に見た個人の権利保護と永続的義務の禁止という要請がみたされることが，見事に示されている。ここからも，ワルデック=ルソーにおいては，私法上の契約制度が結社の自由保障にとっていかに重要であったかを窺い知ることができるであろう。

しかし，先に見たように，1901年法制定当時のフランスにおいては，「人の団体」を設立する一般的な法制度が存在しなかった。したがって，ワルデック=ルソーの構想の下で結社を構成するとすれば，それを認める新たな契約類型，すなわち結社契約（contrat d'association）を創設しなければならなかった。そこで次節では，結社契約による結社の自由保障の方法について検討することにしよう。

---

(43) Waldeck-Rousseau, *op.cit.* (n. 26), p. 67; *Avènement*, p. 300.
(44) *J.O.*, Chambre des députés, séance du 11 février 1882, p. 346; *Avènement*, p. 84.
(45) *J.O.*, Chambre des députés, séance du 14 novembre 1899, p. 123; *Avènement*, p. 243.

第2節　結社の自由保障の法制度

1　結社立法のあり方

(1) **結社を規整する2つのシステムとその問題——「放任型」と「特別法型」**

　結社の自由が認められるには，その前提として，これまで結社禁止の基本法となっていた諸法令，すなわち結社罪を定めていた1810年刑法291条以下の諸規定と1834年法が廃止される必要がある。もっとも，結社の自由を認めようとする以上，こうした措置は当然であるとしても，しかし，それは，結社がいかなる規律にも服さないということを，直ちには意味しないであろう。そこで，結社罪を廃止した後の結社立法は一体どのようにあるべきか，という問題が生じることになる。

　この点について，ワルデック＝ルソーは，1899年法案の提案理由説明[46]において言及している。そこにおいて彼は，「刑法第291条，第292条が廃止されるべきことに，すべての人は容易に同意する。より一層意見が分かれるのは，結社が今後どのような規範に従うべきかを探求することについてである」，という見通しを示している。そのうえで，彼は，次の2つのシステムを提示していた。

　第1は，従来の結社禁止の諸法令を，単に廃止・削除するというものである。これは，結社に関する法規定を，まったく設けないということを意味する。したがって，このシステムによると，結社に対して不利な規定はもちろん，結社の利益になるような規定も置かれないことになる。結社は，2人以上の行為が必要となる点で，契約と多くの類似点があるのであるが，売買契約や賃貸借契約などの契約においては，もっぱら財産（bien）にかかわる行為であるので，公益又は当該契約に固有の規律の必要から，国家が必然的に介入する。しかし，これに対して，多様な人間活動を表明させるものとしての結社は，財産ではなく人格（personne）にかかわる極めて重要な合意であ

---

(46) *J.O.*, Chambre des députés, séance du 14 novembre 1899, p. 123; *Avènement*, p. 243. 逐一頁を示さないが，以下の記述はこの部分を筆者なりにまとめたものである。なお，ワルデック＝ルソーは，すでに1883年法案において同様の考え方を示していた。Voir, *J.O.*, Sénat, séance du 23 octobre 1883, p. 1018; *Avènement*, p. 173.

第1章　ワルデック゠ルソーの結社法構想

るので，何らの制約も受けてはならないのである。

　これは，ワルデック゠ルソー自身が言うように，結社権を「絶対的自由（liberté absolue）」として扱うものである。つまり，以前の法制度では例外的に認められるに過ぎなかった結社が，一転して，何らの法の規律を受けない特権的地位へと転換してしまうことになる。しかし，結社に対していかなる法規定も設けないとすることには，逆に，国家のコントロールが及ばなくなるという重要な問題を生じさせることになる[47]。それゆえ，このシステムは，結局のところ，結社を放任するものであるといえるであろう（放任型）。そして，こうした考え方は，初期の法案においてしばしば見られた。たとえば，最も早く提案された1871年のトラン法案では，結社の自由を認めるにあたって，「刑法第291条，第292条及び1834年4月10日法律は，廃止する」という1カ条だけで構成されていた[48]。

　第2は，結社の目的に応じて，特別の規整を設けるというシステムである（特別法型）。各々の結社の目的・性質に応じて異なる規律が妥当することになるので，このシステムによると，様々な特別法が存在することになる。ワルデック゠ルソーは明確に示してはいないが，おそらく19世紀後半に相次いで制定された個別的な団体容認立法がこれにあたるであろう。それは具体的には，高等教育機関の設置を認めた1875年7月12日法律（デュパンルー法），職業組合の設立を認めた1884年3月21日法律および共済組合の組織化を容認した1898年4月1日法律などである。

　しかし，あらゆる結社を，その目的に応じて個別に規定することはできないであろう。また，結社に関して一般的な自由を認めようとしたワルデック゠ルソーにとっては[49]，まさに個別的に結社の自由を解禁する従来の方法を克服して，一般的なかたちで結社の自由を承認することに大きな意味があったのである。

---

(47)　Jean-François Merlet, « L'abrogation du délit d'association suffit-elle à établir la liberté d'association? », *Avènement*, p. 3.
(48)　*J.O.*, Séance du 28 mars 1871 rapport sommaire de M.Bertauld, pp. 472-473; *Avènement*, pp. 7-8.
(49)　Jean-François Merlet, « Hommage à Waldeck-Rousseau », in CSA, *L'image de la vie associative en France 1901-2001*, Sondage exclusif, INGEP , 2001, p. 14.

第1部　フランスにおける結社の自由法理の成立と展開

(2) 一般法型の採用

　上記のように，ワルデック＝ルソーは，結社の自由を認める立法方法として「放任型」と「特別法型」の2つがあるとしながらも，「真理は，これらの解決策の何れにも見出されない[50]」と言うのである。これら2つのシステムにおいて，結社は，実体的事実（fait matériel）として捉えられている。すなわち，結社行為が独自の（*sui generis*）現象として，あるいは相互の同意によって達成されるその他の行為（たとえば契約）とは何ら共通点をもたない行為として捉えられている。そして，おそらくこうした考えから，特別法（droit exceptionnel）の適用を断念すると，その論理的帰結として結社があらゆる立法から免れてしまうという帰結に至ると考えられたのであろう。

　しかし，ワルデック＝ルソーは，これら2つのシステムとは別に，第3のシステムが存在すると言う。それは，一般法（droit commun）による規整である。これは，既存の私法によって，結社を規律しようとするものである（一般法型）。そして，この構想は，以下で見るように，結社を契約と捉えることにより可能となる。

　このような，一般法の制度に基づいて結社を規律しようとするワルデック＝ルソーの結社法構想は，極めて独創的なものである。このことは，彼が1899年に提出した法案名が「結社契約に関する法律（Loi relative au contrat d'association）」とされていたところに，すでにあらわれている。先に見た1871年のトランの法案以来，トゥルイヨによると合計33の結社法案が議会に提出されているが[51]，その多くは，「結社権に関する法律（Loi sur le droit d'association）」[52]又は「結社の自由に関する法律（Loi sur la liberté d'association）」[53]という名称を掲げており，法律名の点からも，ワルデック＝ルソーの構想の独自性を窺うことができるであろう。

---

(50) *J.O.*, Chambre des députés, séance du 14 novembre 1899, p.123 ; *Avènement*, p. 243.

(51) Georges Trouillot et Fernand Chapsal, *Du contrat d'association*, Bureaux des lois nouvelles, 1902, p. 23; Pichat, *op.cit.* (n. 1), p. 8.

(52) 1880年デュフォール法案，1895年および1898年のクネオ・ドルナーノ法案，1898年のシャルル-グラ法案がこれにあたる。

(53) 1886年および1889年のクネオ・ドルナーノ法案，1888年のフロケ法案，1894年および1898年のルミール法案がこれにあたる。

2　1901年結社法の基本的枠組み
(1)　結社契約の創設

　先に見たように，ワルデック＝ルソーの結社の自由の構造理解において，結社は「諸個人の合意」として捉えられていた。そこで，彼は，この「合意」を基にして，結社を法的に規律することを構想した。それを実現したのが，1901年結社法である。そこで，以下では同法の内容を検討することにする。

　フランスの結社制度を形作るのは，1901年7月1日結社法——正しくは「結社契約（非営利社団契約）に関する法律」（以下「1901年法」という）——と，1901年8月16日結社法施行令——正確には「結社契約に関する1901年7月1日法律の執行のための行政規則を定めるデクレ」（以下「1901年デクレ」という）——である。制定当時，1901年法は第1章総則，第2章公益認定社団，第3章修道会の全3章21カ条で構成されていた[54]。以下ではまず，制定当初の条文を確認しておこう。

> 第1条〔定義〕　結社（association）は，2人以上の者が，利益を分配すること以外の目的で，知識及び活動を恒常的に共有しようとする約定（convention）[55]である。結社は，その効力について，契約及び債権債務に適用される法の一般原則によって規律する。
>
> 第2条〔設立〕　諸個人からなる結社は，事前の許可も届出も要することなく，自由に設立することができる。ただし，結社は，第5条の規定に従う場合にのみ，法的能力を享受する。
>
> 第3条〔結社の無効〕　不法な動機から若しくは不法な目的のために設立される結社，法令若しくは善良な風俗に反するもの，又は領土保全及び共和政体に対する攻撃を目的とするものは，無効とする。
>
> 第4条〔退会〕　期限を定めずに設立された結社の構成員はすべて，過年

---

(54)　1939年4月12日デクレ＝ロワによって，外国社団に関する特則を定める「第4章　外国社団」（22条～35条）が導入されたが，1981年10月9日法によって全面的に削除された。

(55)　フランス法辞典によると，本来，債務関係の発生，消滅，変更を目的とする複数者の意思の合致に基づく約定を〈convention〉と呼び，そのうちの発生を目的とするものを〈contrat 契約〉と呼ぶ，とされる。山口俊夫編『フランス法辞典』（東京大学出版会，2002年）127頁。

第1部　フランスにおける結社の自由法理の成立と展開

度及び当該年度の会費を支払った後は，契約条項の如何にかかわらず，いつでも退会することができる。

第21条〔廃止法令等〕　① 刑法典第291条，第292条及び刑法典第294条の結社に関する規定，1820年7月5－8日オルドナンス第20条，1834年4月10日法律，1848年7月28日デクレ第13条，1881年6月30日法律第7条，1872年3月14日法律，1825年5月24日法律第2条第2項，1852年1月31日デクレ，並びにおよそ本法に反するすべての規定は，廃止する。

② 職業組合（syndicat professionnel），商事会社（société de commerce）及び共済組合（société de secours mutuels）に関する特別法は，引き続き効力を有する。

　まず，1901年法の最終条文である第21条において，これまで結社を禁止してきた法文の廃止が宣言されている。本来，これにより結社禁止が解除されるのであるから，結社の自由を容認するにはこの条文1カ条だけで十分なはずであった。実際，前述したように，結社の自由導入を認める最初期の法案（1871年のトラン法案）では，結社禁止法令の廃止を宣言する1カ条だけで構成されていた。また，「およそ本法に反するすべての規定」の廃止が謳われているように，同条によって結社設立を妨げるあらゆる法的措置は禁止される。したがって，障害を除去された状態という消極的意味で「自由」を捉えるとすれば，同条だけによって，結社の自由は容認されるはずである。

　しかし，起草者ワルデック＝ルソーは，そのようには考えなかった。彼は，より積極的な方法で，結社の自由が保障されるべきことを提唱した。結社の自由が他の自由とは異なる構造を有することに着目し，それを一般法の制度で規律しようとした。

　第1条から第4条までは，一般的な結社の自由原理を表明した規定である。しかも，この冒頭の4カ条は，1901年法の制定以来，2012年の改正に至るまで1度も変更されることはなかった（2012年改正については，第3部第1章第2節参照）。

　そこで，1901年法の具体的な内容を見ていくこととするが，その際，第2条以下については，後に取り上げることとして，ここではまず，第1条の

掲げる結社の性質について検討することにしよう。

(2) 結社契約の性格

1901年法1条は，「結社は，2人以上の者が，知識及び活動を恒常的に共有しようとする約定（契約）である」，と規定している。この結社の定義は，営利組合を定義した民法旧1832条と対をなすものである[56]。すなわち，同条は，「営利組合（société）とは，2人以上の者が利益を得る目的で，財産を共同にする契約（contrat）である」と規定している。したがって，1901年法1条には，「財産の団体」に関する一般法たる営利組合契約と並んで，「人の団体」の一般法たる非営利団体契約（結社契約）を創設する必要を説いていたワルデック゠ルソーの意図を見出すことができるであろう[57]。

そこで結社契約制度について少し詳しく見ていくことにする。1901年法1条が規定する結社の定義については，通常，① 契約性（convention），② 恒常性（permanence），③ 非営利性（but non lucratif）といった特徴を指摘されることが多い[58]。このうち，② の恒常性は，結社を集会（réunion）と区別する指標として挙げられる特徴である。そこで，ここでは，営利組合契約との関連を意識して，とくに① 契約性と③ 非営利性とを取り上げて詳しく検討することにしよう。これらは，それぞれ営利組合と共通する点と異なる点である。

① 結社の法形式 ── 契約性

第1の特徴は，法形式に関するものである。それは，結社を私法上の「契約」という形式によって，法的に定義していることである。そしてこれは，営利組合と共通する点である。前節で見たワルデック゠ルソーの結社の構造理解に照らせば，諸個人の「合意」に私法上の「契約」という法的性質を与えたということになる。こうして，結社を諸個人の契約と捉えることにより，次の2つの法的帰結を導き出すことができる。

---

[56] Morange, *op.cit.* (n. 17), p. 85.
[57] Merlet, *op.cit.* (n. 49), p. 14.
[58] たとえば，Claude-Albert Colliard, *Libertés publiques*, 8ᵉ éd., Dalloz, 2005, p. 506; Gilles Lebreton, *Libertés publiques & droits de l'Homme*, 8ᵉ éd., Armand Colin, 2009, p. 535 など。

(a) 契約自由の原則の適用　　第1は，契約のもつ自由主義的な側面にかかわる。それは，契約という法形式を採用することによって，私法上の原理である「契約自由の原則」が妥当することである。これにより，個人が結社を設立するかどうか，又は結社に加入するかどうかは，「契約する個人の自由」の問題に置き換えられることから，個人の自由な意思にゆだねられることになる。すなわち，個人は，自らの権利を行使することによって，契約に参画する[59]のであり，このことは，フランス革命以来の個人主義の伝統に適合する[60]。

また，1901年法は，後述する構成員の脱退に関する規定を除き，内部組織および構成員の権利義務に関する規定を置いていない[61]。しかし，契約自由の原則によれば，契約内容は，原則として，当事者が自由に定めることができるはずである[62]。そこで，結社の内部関係については，構成員が団体規約（pacte social）という形で自由に定めるものとされているのである[63]。これは，規約の自由（liberté statutaire）[64]と呼ばれることがあり，これにより結社の活動は，後述する1901年法3条所定の事由に基づく制限を除き，国家の干渉を受けることなく構成員の自律的決定にゆだねられることになる。その意味で，規約の自由の原則により，結社は，その内部の自律性が保障されるのである。

このように，結社を契約という法形式で定義し，その帰結として契約自由の原則が適用されることで，「個人の結社する自由」と「結社活動の自律性」という法的帰結が，同時に導かれるのである。これは，結社の自由保障の実

---

(59) Maurice Hauriou, *Précis de droit administratif et de droit public*, 12ᵉ éd., Sirey, 1933, p. 302.

(60) Gilles Pellissier, « L'esprit de la loi », in Jérôme Pellissier et al., À *but non lucratif 1901-2001 : cent ans de liberté d'association*, Éditions Fischbacher, 2001, p. 66.

(61) 1899年法案では，結社の代表者に関する定めがあった（法案5条）。*J.O.*, Chambre des députés, séance du 14 novembre 1899, p. 124 ; *Avènement*, p. 244. もっとも，1901年法9条に「総会（assemblée générale）」という語が登場するが，これが必置なのかどうかは定かでない。

(62) Alain-Serge Mescheriakoff, Marc Frangi et Moncef Kdhir, *Droit des associations*, PUF, 1996, p. 125.

(63) Trouillot et Chapsal, *op.cit.* (n. 51), p. 133.

(64) Mescheriakoff et al., *op.cit.* (n. 62), p. 124.

質的内容を構成するものであろう。

　こうして，1901年法が結社契約制度によって結社の自由を保障している点について，J＝F・メルレは，次のような評価を下している。すなわち，1901年法は，「結社の自由は承認されなければならない」ことと，「この承認は契約自由を通じて可能になる」という2つの命題を接合するものであること[65]，また，「1901年法で確立された自由の原理は，契約という法技術を通じてあらわれている[66]」，とされている。

　(b)　**団体関係への拘束**　第2に，結社を契約と捉えることは，個人が契約上の義務を負うことを意味する[67]。契約自由の原則により，個人は自由に結社を設立し加入することができるが，他方，個人の自由意思の存在はまた，個人が法的義務を負う根拠となる[68]。すなわち，諸個人は結社契約を締結することにより，相互に法的義務を負う関係に入るのである[69]。

　さらに，前述したように，第1条の結社の定義では，「恒常的に」という要件が定められている。そして，この要件は，結社を一時的かつ事実的な集まりである集会（réunion）と区別するメルクマールであるとされている[70]。これを，契約であるという性質と組み合わせれば，結社とは，諸個人のあいだで，恒常的な法関係を創出するものである。したがって，結社契約は，通常の契約とは異なる継続的契約としての意味をもつ。こうして，結社契約を

---

(65)　Merlet, *op.cit.* (n 16), p. 28.
(66)　Merlet, *op.cit.* (n 16), p. 34.
(67)　Trouillot et Chapsal, *op.cit.* (n. 51), p. 33. また，この特徴を挙げる公法学説として，voir, Jacques Robert et Jean Duffar, *Droits de l'homme et libertés fondamentales*, 8ᵉ éd, Montchrestien, 2009, p. 855.
(68)　Gérard Aubin et Jaques Bouveresse, *Introduction historique au droit du travail*, PUF, 1995, p. 98.
(69)　Trouillot et Chapsal, *op.cit.* (n. 51), p. 34.
(70)　このことは，集会の自由がコンセイユ・デタの判例上認められた1933年のバンジャマン（Benjamin）事件における論告（いわゆる「ミシェル論告」）が確認したところである。「結社が構成員間に恒常的関係を含むという点で，集会は結社と区別される」という。Conseil d'État, 19 mai 1933, D. 1933, III, p. 354. もっとも，起草者の理解では，賃貸借契約のような継続的契約という類型があることから，「契約」概念自身によって「恒常性」の性質は示されているとされていたが，下院での審議で「恒常的に」という文言が付け加えられた。この審議過程については，voir, *J.O.*, Chambre des députés, séance du 31 janvier 1901, p. 240; *Avènement*, p. 385.

第1部　フランスにおける結社の自由法理の成立と展開

締結することによって，諸個人は，相互に継続的義務を負う法関係に入る[71]。

もっとも，すでに見たように，結社を設立する際には，構成員の同意のもとに結社の規約が作成されることから，通常，個人が負う義務内容は，この規約において定められる[72]。その意味で，個人は，結社契約を締結することにより，団体たる「結社」との関係で義務を負うと見ることもできるのである。そして，次章で見るように，フランスでは，「結社」との継続的団体関係からの個人の解放が，結社の自由保障にとっての重要な課題となっている（第2章「結社の自由と個人の保護」参照）。

② 結社の目的──非営利性

(a) 規定方法の問題　　第2の特徴は，結社の目的についてである。この点について，初期の法案では，結社の定義規定に目的を個別に列挙するものが見られた。たとえば，1880年のデュフォール法案では，「宗教的，文学的，科学的，政治的又はその他の目的を有する結社はすべて，次の要件の下で，設立することができる」というように規定されていた[73]。

たしかに，個別の目的を列挙することによって，設立の許される結社を明確化することに，まったく意味がないわけではない。また，禁止される目的を列挙していた1810年刑法291条からの訣別を象徴的に示すことができるであろう。しかし，こうした列挙方式では，条文に掲げられていない目的をもつ結社が，保護の対象から外れてしまうおそれがある。実際，個別列挙方式をとっていた法案においては，上記デュフォール法案のように，結社の目的を列挙した末尾に「その他の目的」と付け加えられていることが多い。このことは，列挙方式が不十分であることを図らずも示している。

これに対して1901年法は，結社の目的を「利益を分配すること以外」と消極的に定義している。そして，これには2つの意義があるように思われる[74]。

---

(71) Trouillot et Chapsal, *op.cit.* (n. 51), p. 35.
(72) Mescheriakoff et al., *op.cit.* (n. 62), pp. 178-179.
(73) *J.O.*, Séance du 17 juin 1880 proposition de M. Dufaure, p. 7747; *Avènement*, p. 70. また，1877年のカンタグレルの法案も同様である。*J.O.*, Séance du 16 janvier 1877 proposition de M. Cantagrel, p. 634; *Avènement*, p. 55.
(74) Merlet, *op.cit.* (n. 16), p. 35.

第1に，およそ団体は営利目的か非営利目的かに区分されるという二分論を前提とすれば，利益分配を行わない結社は，利益分配を目的とする営利組合とは，明確に区別されるという点である。これにより，結社は，先に述べた「財産の団体」と区別された「人の団体」であることが，明らかにされるのである。第2に，このような消極的定義により，結社は，営利を目的としないあらゆる団体を含むことができるという点である。つまり，規律対象について，結社契約は，営利組合契約と表裏の関係にあるのであり，これによると，列挙方式とは異なり，非営利目的の団体を網羅的に包摂することができることになる。したがって，結社契約は，営利組合契約とまさしく対をなすものであり，両者あいまって，結局のところ，あらゆる目的の団体をカヴァーすることができる。この意味で，結社契約という新たな契約類型を定めた1901年法は，非営利目的の団体をすべてカヴァーする法，すなわち一般的な結社法としての性格をもつことになる。

(b) 「非営利性」要件の内容　さて，具体的な目的の内容について検討する。結社は，第1条の定義において，構成員に利益を分配することを目的としてはならないものとされる。これは，結社が営利を目的としてはならないことを意味する。この「非営利性」要件は，結社の存立期間において妥当することは当然であるが，結社の解散時においても貫徹されていることが重要である。

解散時の残余財産の帰属については，1901年法9条に規定がある。それによると，「任意解散，規約に基づく解散又は裁判所の宣告による解散の場合には，当該結社の財産は，規約に従って帰属し，規約に規定がないときは総会で決定した規則に従って帰属する」とされている。もっとも，この規定だけを見ると，規約および総会での決定によって，構成員への分配が可能であるようにも読めるであろう。

しかし，1901年法の直後に制定された結社法施行令（1901年デクレ）は，より具体的に次のような定めを置いている。同デクレ15条は，「総会は，財産帰属の方式の如何にかかわらず，財産の帰属を決定するために招集されたとき，1901年7月1日法律第1条の規定に従い，出資（apport）の回復の場合を除き，結社の財産のいかなる部分も構成員に分与することができない」と規定しており，残余財産の分配を禁止している。ここに結社の「非営利

性」要件は，結社の設立から解散までにおいて，徹底されているということができる。

同デクレが，わざわざ1901年法1条に言及していることは示唆的である。前記のように，結社契約はそもそも利益を分配する目的をもってはならない。これとの関係で，結社の構成員が共同にするものも，営利組合のように財産ではなく，知識（connaissance）と活動（activité）であるとされている。このことは，営利組合とは異なって，結社が「人の団体」であることを示す重要な指標である。

もっとも，結社が活動する上で財産的基盤は必要不可欠であることから，会費（cotisation）を集めることまでは排除されていない（1901年法4条）[75]。しかし，このような会費の支払いは，「人の団体」たる結社における本質的義務ではなく，あくまで二次的なものに過ぎないと考えられている[76]。

(3) 小 括

このように，結社はその定義から見れば，営利を目的としない諸個人の契約的結合であり，その帰結として，結社において諸個人は相互の恒常的な法関係によって結びついているという理解が示される。

もっとも，結社を契約制度によって規律する1901年法のあり方に問題がないわけではない。実際，結社の設立行為を法的にどのように把握するかについては，当時からすでに争いがあった[77]。たとえば，デュギーは，結社行為は双方の利害が対立する契約ではなく，全員が同じ目的に向かって行動する合同行為（acte collectif）であると主張していた[78]。また，現在でもＣ＝Ａ・コリアール教授によって，「結社契約という表現は……法的には誤りである[79]」とまで言われている。

---

(75) もっとも，第6条1項1号において，会費の額には上限が定められており，制定当初は500フラン，その後は16ユーロを越えてはならないとされていた。しかし，この制約は，2012年改正時に削除された。

(76) Hauriou, *op.cit.* (n. 59), p. 303.

(77) Marc Réglade, *De la nature juridique de l'acte d'association*, Bordeaux Imprimerie de l'université, 1920, p. 29.

(78) Duguit, *op.cit.* (n. 21), p. 627; Léon Duguit, Collective acts as distinguished from contracts, Yale Law Journal 27, 1918, pp. 753ff.

しかし，結社を「契約」と捉えるのか，それとも「合同行為」と捉えるのかということに，真の問題があるのではない。重要なことは，1901年法によって，従来，事実的なものとしてしか捉えられてこなかった結社という現象が，結社契約という法制度を通じて法の言語に翻訳されたことであろう。この点をフランス法の山本桂一教授は，1901年が「その契約性を明言したことは，きわめて重要で，これにより立法者が非営利社団を民法の諸規定に従わせようとする趣旨が明確になった[80]」，と述べている。つまり，契約という法制度を用いることによって，法形式上，既存の私法の法的枠組みを利用できるのであり，かつ，それによって，実質的にも個人の自由と結社の自律とが保障されるのである。その意味で，結社契約制度は，結社の法システムとして妥当であるように思われる。

　以上では，1901年法の結社制度について，とりわけその定義規定を中心に見てきた。そこで次節では，このような結社を契約と捉える構成（さしあたり「結社＝契約構成」と呼ぶ）が，結社の自由保障に及ぼす実際上の意義について検討しよう。

第3節　国家に対する結社の自由保障

1　結社の自由の内容

　結社＝契約構成が，結社の自由保障において有する意義は，①国家に対する関係と②私人に対する関係との2つに分けて考えることができる。このうち，②については第2章で見ることにして，ここではまず，①国家に対する関係について検討する。

(1)　届出制の廃止

　1901年法2条は，「諸個人からなる結社は，事前の許可も届出も要することなく，自由に設立することができる」と規定し，結社が公権力の一切の関与なしに設立されることを，明確にしている。このことは，結社行為を契約

---

(79)　Claude-Albert Colliard, *Libertés publiques*, 7ᵉ éd., PUF, 1989, p. 751.
(80)　山本桂一『フランス企業法序説』（東京大学出版会，1969年）91頁。

41

と性質決定することの当然の帰結とも考えられるが，実は，起草段階においては，これとは異なる理解が示されていた。

ワルデック＝ルソーが提出した1899年法案には，この第2条にあたる規定は見当たらない。これとは逆に，あらゆる結社契約は，設立に際して行政機関（県庁等）への届出を要するという規定が存在していた（1899年法案4条）。そして，こうした届出制を伴う結社の自由という考え方は，当時において，とくに珍しいものではなかった。実際，ワルデック＝ルソー法案を別として，もっとも有力であった1880年のデュフォール法案も，結社の設立者は，直ちに，結社の目的，名称，本拠などの届出を行わなければならない旨定めていた（1880年デュフォール法案2条）[81]。

このような届出制は主として，秘密結社を禁止する目的に出たものである[82]。つまり，結社を管理する必要から，いかなる結社が設立されたかを国家が事前に知るために届出が要請され，また，そのような届出は，別段，個人の自由を制限するものではないという理由で正当化されていた。そして，この届出義務違反は，結社の解散事由とされていたのである（1899年法案6条）。

しかし，1901年2月4日の代議院での審議において，様相は一変することになる。すなわち，A・グルシエ（Arthur Groussier, 1863-1957）の提案により，このような届出義務は，結社を一般法の原理に従わせることと相容れないという理由から削除され，その代わりに現行の第2条の規定が新設された[83]。つまり，1901年法2条は，国家がまったく関与しないで設立される結社の存在を認めるものであるが，それは起草者ワルデック＝ルソーさえも想定していなかった事態なのであった。これは，結社の設立に行政機関の許可を必要とした1901年法以前の法状況と決定的に異なるものである。まさにこのような届出さえも必要としない無届結社（association non déclarée）の承認が，1901年法の最も自由主義的な側面の1つである[84]といわれるゆえ

---

(81) *J.O.*, Séance du 17 juin 1880 proposition de M. Dufaure, p. 7747; *Avènement*, p. 70.

(82) Mescheriakoff et al., *op.cit.* (n. 62), p. 60.

(83) 届出制度を維持したい政府は，これを法人格取得要件に転用した。この経緯については，voir, Trouillot et Chapsal, *op.cit.* (n. 51), pp. 58-59. なお，詳しくは第2部第3章を参照。

(84) Jean Rivero et Hugues Moutouh, *Libertés publiques*, t. 2, 7ᵉ éd., PUF, 2003, p. 257.

んである。つまり，1901 年法により，結社の設立そのものは，国家の関与を必要とすることなく，諸個人の行為だけで行えるようになったのである。

(2) 憲法上の原理としての「結社の自由」——1971 年結社の自由判決の意義と射程
① 憲法院 1971 年判決の意義

このように，結社の設立が国家への届出なしに認められるとしても，そのような法制度はいまだ法律上認められているに過ぎず，効力上は，法律の改廃により影響を受ける。しかし，この点については，その後の憲法院の判決が重要な役割を果たすこととなった。

1971 年 7 月 16 日憲法院判決（いわゆる「結社の自由」判決）は，憲法院が初めて人権保障の観点から法律を違憲無効とした点で，フランス憲政史上画期的な意義を有する判決である[85]。この判決については，その後の違憲審査の活性化を方向づけた側面が強調されることが多いが，しかし，本書にとって重要なのは，同判決が結社の自由に関するものであり，かつ，結社の自由原理に憲法上の効力を承認した点である[86]。

同判決で，憲法院は次のように述べた。

---

[85] 同判決の意義については，1958 年憲法における憲法院の役割から説明することも可能である。フランス現行憲法である 1958 年憲法には，国民の権利・自由保障に関する規定（いわゆる権利章典）は存在しない。それゆえ，違憲審査機関である憲法院は 1958 年の創設以来，違憲審査の参照規範（normes de référence）が存在しないため，人権侵害を理由として法律を違憲と判断することができなかった。

しかし，このことはフランス違憲審査制の制度的な欠陥を示すものではない。そもそも発足当初のフランス憲法院は，人権保障機関としての役割を期待されたわけではないからである。1958 年の第 5 共和政憲法は，第 4 共和制までの議会優位から行政権優位の政治体制への転換を図る目的で制定された。1958 年憲法では，一般的な規範制定権限は行政権に属し（憲 37 条），議会の立法は憲法 34 条が列挙する事項に限定されていた。このような統治システムで憲法院に与えられた任務は，議会立法が憲法 34 条を侵害しないかどうか，すなわち行政権を侵害しないかどうかを審査することであった。実際，第 5 共和制憲法制定に大きな役割を果たしたミシェル・ドゥブレ首相は，「憲法院は，議会の逸脱行為に対抗する武器」であると述べており，憲法院は議会監視機関としての役割を期待されていた。このような歴史的経緯に照らしてみれば，1971 年結社の自由判決は，憲法院が当初の議会監視機関から人権保障機関へと変容することを憲法院自らが宣言した画期的な判決として位置づけられる。

「共和国の諸法律により承認され，かつ，憲法前文によって厳粛に再確認された基本的諸原理の中には，結社の自由原理が含まれなければならない。この原理は，結社契約に関する 1901 年 7 月 1 日法律の総則の基礎にある。」〔判決理由第 2 段〕

この憲法院の判示の意義を理解するには，多少の説明が必要であろう。まず，第 1 文についてである。現行のフランス 1958 年憲法には体系的な権利保障規定がない[87]。しかし，同憲法前文は，1789 年人権宣言，1946 年憲法前文，そして 2004 年環境憲章に言及しており，フランス人はこれらの法文書で定められた人権に対する愛着（attachement）を厳粛に宣言するものであると規定している。同判決は，前文を通じて言及されたこれらの法文書を憲法法源として承認することによって，それらに規定されている権利・自由が違憲審査の参照規範（normes de référence）になることを肯定した[88][89]。

しかし，上記何れの法文書においても，結社の自由は規定されていない。それでは，どのようにして結社の自由原理は導かれたのか。その手がかりを，憲法院は 1946 年憲法前文で言及されている「共和国の諸法律により承認された基本的諸原理（principes fondamentaux reconnus par les lois de la Républi-

---

(86) Conseil Constitutionnel, n° 71-44 DC du 16 juillet 1971, *J.O.*, 18 juillet, 1971, p. 7114; *Avènement*, p. 999. フランス憲法院が初めて法律を違憲としたこの判決を紹介する邦語文献は多いが，結社の自由の観点から検討を加えるものとして，野村敬造「第五共和国憲法と結社の自由」金沢法学 18 巻 1・2 号（1973 年）57 頁以下，山元一「憲法院の人権保障機関へのメタモルフォーゼ——結社の自由判決」フランス憲法判例研究会編（辻村みよ子編集代表）『フランスの憲法判例 II』（信山社，2013 年）132 頁以下を参照。

もっとも，本判決は，結社が届出のみで法人格を取得できることが憲法上保障されるとし，通常，この側面が強調される。参照，樋口陽一「『からの自由』をあらためて考える——1901 年結社法（フランス）100 周年の機会に」法律時報 73 巻 10 号（2001 年）94 頁。なお，この側面については，第 2 部で詳しく取り上げる。

(87) 平等原則（1 条），選挙権（3 条），政党結成の自由（4 条），人身の自由（66 条）など個別の権利保障規定は存在する。

(88) 憲法院 1971 年判決の参照法令では，伝統的な表現とは異なり，「憲法，とりわけその前文に鑑みれば（Vu la Constitution, et notamment son Préambule）」（傍点筆者）と記されている。

(89) 1958 年憲法，1789 年人権宣言，1946 年憲法前文（「共和国の法律で承認された基本的諸原理」を含む），2004 年環境憲章を中核とする審査規範は，その後学説で「bloc de constitutionnalité（合憲性のブロック）」と呼ばれている。

que)」に求めている。そして，この基本的諸原理の中に 1901 年結社法で確立された「結社の自由原理（le principe de la liberté d'association）」を読み込む，という論法を展開した。このように，「結社の自由原理」は，2 つの段階を経由することで初めて憲法上の効力を獲得した。

② 憲法原理としての「結社の自由」

ここで注意が必要なのは，憲法院が憲法上の効力を承認したのは 1901 年結社法そのものではなく，「結社の自由原理」だったことである。それでは，この「結社の自由原理」とは何なのか。判決によると，この原理は「結社契約に関する 1901 年 7 月 1 日法律の総則の基礎にある（à la base）」という。そして，この「結社の自由原理」の内容として，憲法院は具体的に次のように述べている。

> 「この原理によると，結社は自由に設立することができ，また，事前に届出を提出するという条件のみによって，結社は公示されることができる。特別のカテゴリーに属する結社に対してとられる措置を別とすれば，たとえ結社に無効のおそれがある場合又は結社が違法な目的を有すると思料される場合であっても，結社の設立の適法性につき，行政機関が又は司法機関でさえ事前に介入することはできない」〔判決理由第 2 段〕。

第 2 部で詳しく取り上げるように，本判決で違憲審査の対象となったのは，届出結社について事前審査制度を導入する法律である。結社は届出を行えば法律上の能力を獲得することができるが（1901 年法 5 条），問題となった法律は検察官の請求により裁判所が届出の受理を延期する仮処分を命じること，または場合によって裁判所が結社の無効・解散を宣告できるという内容であった。判決が「結社の自由設立」や「事前審査禁止」の原則を述べているのはこのためである。

しかし，この判決については，2 つの問題点を指摘できる。第 1 に，結社の自由原理は上記 2 つの内容に尽きるのかという問題である。憲法上の効力を認められる原理として何が含まれるかは，大きな問題である。第 2 に，判決の言う「結社の自由原理」と 1901 年結社法とはどのような関係にあるのかである。同判決は，結社の自由設立と事前審査禁止の原則を宣言しているが，それを具体的に定める 1901 年法 2 条については言及していない。法的

にみれば，同判決によって第2条は実質的に憲法化されたことになるが，このことを法理論的にはどう理解すべきか。そもそも，結社の自由原理と1901年法とはいかなる関係にあるのか。

これらの問題について，Y・ゴドメ教授は，1971年憲法院判決により「結社の自由原理」が憲法上承認されたことについて，① なぜ結社なのか，② どこまでが憲法上の自由なのかという2つの問いを立てて検討している[90]。そこで以下では，結社の自由保障における結社契約制度の役割という観点から，同判決の意義をゴドメの議論に即して検討する。

まず，第1の点に関して，結社の自由が憲法的効力をもつとされたのは，それ自体が重要であるというよりも，むしろ他の自由の手段又は条件としての意味があるからだとゴドメは指摘する[91]。たしかに，このような結社の自由のもつ現実の価値や役割を考慮することも大切である。しかし，ここで注目すべきなのは，ゴドメが指摘しているように，営利団体（société），集会（réunion），財団（fondation）の設立が，いまだ憲法上の権利であると認められていないことである。この意味で，1901年法が第1条において結社を定義していることは，その設立が憲法上保障される結社を他の集団・団体と区別する点において，極めて重要な意義を有しているということができるであろう。

しかし，より重要なのは第2の点である。立法者によっても侵害できない結社の自由の射程はどこまでかという問いに対し，ゴドメは，1971年の憲法院判決によって憲法上の原理とされたのは結社契約自体ではなく，憲法院が判示したように，文字通り「結社が自由に設立されること」だけであるという[92]。つまり，ゴドメは，結社の自由保障から結社契約制度をひとまず分離しているのである。ゴドメによれば，「結社契約に自由にアクセスできること[93]」が憲法上の保障を受けるものとされ，他方で，結社契約自体は，このアクセスする権利が侵害されない限りにおいて，法律による規制を受けるというのである。これは，憲法上の保護を受けるのは，公法上の「公の自

---

(90) Yves Gaudemet, « L'association vue de la Constitution », *LPA*, n° 50, 24 avril 1996, p. 25.
(91) Gaudemet, *op.cit.* (n. 90), p. 26.
(92) Gaudemet, *op.cit.* (n. 90), p. 27.

由（libertés publiques）」についてであり，私法の分野にはかかわらないという考え方に基づいている。つまり，公権力との関係で問題となるのは，「結社契約にアクセスする権利」なのであって，これが「公の自由」としての結社の自由の内容を構成し，憲法上の保護を受けるというのである。

もっとも，ゴドメは，結社契約そのものの意義を否定しているわけではない。現に 1901 年法が結社契約を規定している以上，「公の自由」としての結社の自由もこの観点から検討されなければならないであろう。この点，ゴドメは「厳密な意味での結社の自由」とは，「結社契約の当事者に自由になれることである[94]」と述べて，1901 年法 2 条は，結社契約を締結する自由を定めたものだと解釈している。そして，このような内容を有する第 2 条が 1971 年判決により憲法上の原理とされた，という理解を示すのである[95]。

以上，ゴドメの理解に従えば，結社契約を前提としながらも，憲法上の原理としての結社の自由は，結社契約にアクセスできることであるとされている。その意味で，憲法上意義を有するのは第 2 条なのであり，結社を契約と定義する第 1 条そのものではない。それでは，結社契約という法形式は，国家に対する結社の自由保障について，何らの意味をもたないのであろうか。

2　結社の自由の制約
(1)　制約事由

国家との関係において，結社の設立が諸個人の自由な合意にゆだねられるとしても，そのことにより，結社の自由が無制限に認められるわけではない[96]。ワルデック＝ルソーは，1899 年法案の提案理由説明において，結社の「合意が犯罪になることはないものの，国家の保持（conservation de

---

(93)　コンセイユ・デタの 2000 年度報告書も同様の立場をとっている。Voir, Conseil d'État, *op.cit.* (n. 2), p. 263. もっとも，オーリウはすでに，「結社する権利は，結社契約に参画する権利である」と述べており，結社契約を締結する可能性そのものが，結社する権利の本質であることを示していた。Voir, Hauriou, *op.cit.* (n. 59), p. 303.
(94)　Gaudemet, *op.cit.* (n. 90), p. 27.
(95)　Gaudemet, *op.cit.* (n. 90), p. 27.
(96)　契約である以上，結社契約も能力や意思表示などについて，私法の一般的規律に服することとなるが，ここでは扱わない。これについては，Mescheriakoff et al., *op.cit.* (n. 62), pp. 101 以下に詳しい。

l'État）を侵害することはまったく許されない[97]」と述べて，国家保護の観点から結社の自由に限界があることを認めている。

このことは，具体的には1901年法3条において結実している。それによると「不法な動機から若しくは不法な目的のために設立される結社，法令若しくは善良な風俗に反するもの，又は領土保全及び共和政体に対する攻撃を目的とするものは，無効とする」とされている。ワルデック＝ルソーによると，これに該当するものとして，たとえば，「法律の妨害を企図すること，共和国の諸法律および諸制度への抵抗を企てること，家族，良心の自由，個人の自由の放棄を扇動する目的」（1899年法案提案理由説明〔法案2条の解説〕）を有する結社が挙げられている[98]。

そして，ワルデック＝ルソーによると，このような制限は，結社に対する「本質的な制限であり，それにより個人の自由が縮小するとは言えない[99]」とされる。それは，「各人の自由を基本的共同体の利益と調和させること以外の目的をもたないからである[100]」というのである。こうして，国家保護目的による制限を受けることは，結社の自由を認めるワルデック＝ルソーの結社法構想においても容認されていた。

(2) 権限機関
① 司法解散の原則とその論理

このように，結社の自由も国家保護の観点からの制限を受けることが，起草者意思から確認できた。そこで，問題となるのはその違反の効果であり，さらに，そのような権限を行使するのはいかなる機関であるのかである。

ここで着目すべきなのは，第3条に該当する結社は，その契約が「無効」

---

(97) *J.O.*, Chambre des députés, séance du 14 novembre 1899, p. 123 ; *Avènement*, p. 243.

(98) 1899年法案2条では，結社の目的が公の秩序や憲法典に違反する場合にも，無効であるとされていた。*J.O.*, Chambre des députés, séance du 14 novembre 1899, p. 124 ; *Avènement*, p. 244.

(99) *J.O.*, Chambre des députés, séance du 14 novembre 1899, p. 123 ; *Avènement*, p. 243.

(100) *J.O.*, Chambre des députés, séance du 14 novembre 1899, p. 123 ; *Avènement*, p. 243.

第 1 章　ワルデック＝ルソーの結社法構想

とされていることである。そして，このとき，結社は第 7 条により「解散」されることになる。要するに，第 3 条に該当する違法目的の結社は，強制的に解散させられることになるが，それは法的観点から見た場合，結社契約の無効という論理に従う。

　さらに問題となるのは，いかなる国家機関が結社の無効を宣言し，強制的に解散させることができるかである。このような国家による強制的解散は，コリアール教授の言葉を借りると，「結社の死（la mort de l'association）[101]」を意味することから，どのような制度を採用するのかは結社の自由保障にとって重要な意味をもつ。

　この点については，第 3 条に該当すると判断される場合，公益を代表する検察官の請求又は利害関係者の申立に基づいて，司法裁判所（大審裁判所）が結社の解散を宣告する[102]（7 条）。これはワルデック＝ルソーが構想していた通り，「解散は，行政機関ではなく，もっぱら裁判機関によって宣言される[103]」という原則に基づくもので，これにより，1901 年法以前のような行政的解散は排除されることになる。こうして，公の秩序の保護という国家の役割は，結社契約という法技術を媒介として，原則として司法裁判所にゆだねられることになった[104]。そして，J・リヴェロ教授によると，行政的解散を排斥している点において，1901 年法には自由主義的な性格が表れていると評価される[105]。

　しかも，この場合の結社の違法判断および解散宣告は，結社設立後の段階で行われていることが重要である。このことは，結社が，先に見た 1901 年法以前のような行政権による事前審査にではなく，司法裁判所による事後審査にのみ服することを意味するのであって，この点においても結社の自由保障は，以前と比べて格段に促進されたといえるであろう。

　要するに，1901 年法において，結社の強制的解散は，結社契約の無効と

---

(101)　Colliard, *op.cit.* (n. 79), p. 767.
(102)　具体的適用状況については，小野善康「フランス憲法における政党の地位（1）」北大法学論集 27 巻 1 号（1976 年）38 頁以下に詳しい。
(103)　*J.O.*, Chambre des députés, séance du 14 novembre 1899, p. 123 ; *Avènement*, p. 243.
(104)　Merlet, *op.cit.* (n. 16), p. 35.
(105)　Rivero et Moutouh, *op.cit.* (n. 84), p. 260.

いう構成により，司法裁判所が事後的に宣告する。このことを評してリヴェロ教授は，結社の解散は「たとえそれが公権力によりなされる時でも，完全に契約の論理に支配されている[106]」と述べている。

② 行政解散制度の導入（1936年戦闘団体等禁止法）

もっとも，全体主義に対抗する目的から特定の団体に対する規制を強化するために，1936年，戦闘団体及び私兵に関する法律（1936年1月10日法，いわゆる「戦闘団体等禁止法」）が制定された。この法律は，大統領デクレによる行政的解散制度を導入するもので，その意味で，1901年法の特別法として位置づけられるものである。同法では，迅速な解散手続だけでなく，それに対応する緊急救済手続が整備されている（同条2項）。しかも，その後の法改正によって対象団体の範囲が当初よりも大幅に拡大されたことから，近年ではむしろ，この1936年法に基づく行政的解散の方が重要な役割を果たしている（詳しくは，第3部第2章第2節参照）[107]。

しかし，ここで指摘すべきことは，「結社の禁止」から「結社の自由」への転換を図った1901年法において，こうした行政的解散制度が，起草者においても立法者においても，考案されていなかったことである。これを同法の意義と見るか限界と見るかについては評価が分かれるところであるが，少なくとも，結社契約制度を基盤とした1901年法の結社の自由保障構想は，リヴェロ教授が述べるように，私法上の契約の論理に忠実であり，かつ，それで十分であると考えられていたのである。

以上，国家に対する関係における，結社契約の意義について見てきた。ここまで検討してきたことによると，たしかに，結社契約それ自体は，憲法上の保護を受けるものであるとはされていない。しかし，結社契約という法制

---

[106] Rivero et Moutouh, *op.cit.* (n. 84), p. 260.

[107] 1936年法について詳しくは，大石眞「結社の自由の限界問題──立憲民主制の自己防衛か自己破壊か」京都大学法学部百周年記念論文集刊行委員会編『京都大学法学部創立百周年記念論文集・第2巻』（有斐閣，1999年）175頁以下，とりわけ187頁以下を参照。また，同「フランスの団体法制と結社の自由」佐藤幸治＝平松毅＝初宿正典＝服部高宏編『現代社会における国家と法 阿部照哉先生喜寿記念論文集』（成文堂，2007年）505頁以下も参照。

なお，1936年法は2012年3月12日オルドナンス（国内治安法典の立法の部に関するオルドナンス）により廃止され，現在，同法の規定は国内治安法典（code de la sécurité intérieure）に編入されている（L212-1条）。

度は，国家（公権力）との関係での結社の自由保障にとって重要な意味を有していることを確認できるであろう。

(3) 第1章のまとめ

本章での検討の結果から，フランス1901年結社法は，個人主義の理念に基づき，結社契約という法制度を通じて結社の自由保障を図っていることが，確認できるであろう。

この点，1901年法で認められた結社の自由が「契約自由の原則への信頼[108]」に基づくものであると評価する論者が，「契約自由により，結社に対する個人の自律，構成員に対する結社の自律，そして，国家に対する個人・結社の自律が保障される[109]」（傍点筆者）と指摘していることは，示唆的である。なぜなら，ここでは，結社契約という法制度が「国家に対する」結社の自由保障にとって重要な役割を果たしていることを意味するからである。

しかし，結社＝契約構成が意味をもつのは，「国家に対する関係」だけに限られるわけではない。契約が本来私人どうしを規律する法技術である以上，それは，私人たる「結社に対する関係」においてこそ，威力を発揮するはずである。そこで次章では，結社の自由保障が問題となるもう1つの場面である個人と結社との関係について，検討を加えることにしよう。

---

(108) Merlet, *op.cit.* (n. 16), p. 33.
(109) Merlet, *op.cit.* (n. 16), p. 37.

第2章

結社の自由と個人の保護

第1節　団体関係の問題構造

1　結社契約への2つの視点

　私法上の契約が私人間を規律する法制度である以上，結社＝契約構成が意味をもつのは，本来，国家との関係においてではなく，個人と個人との関係，又は個人と結社との関係においてであろう。この点，「結社する権利は，結社契約との関係から検討されなければならない[1]」というM・オーリウの指摘は，この結社＝契約構成がもつインパクトを適確に捉えるものということができる。

　その際，結社契約にアプローチするには，J＝F・メルレの指摘する次の2つの視点[2]が有益であるように思われる。第1は，個人を集団と結びつける個別の関係として，結社契約を捉える視点である。これは，個人が同意によって団体関係に服する，又はそれから離脱するという場面にかかわるものであり，結社契約を個人の観点から把握するものである。第2は，結社契約を個人と集団の個別関係としてではなく，それらの関係を全体として捕捉するという視点である。これは，結社契約を団体の規約として把握するものであり，その規約が構成員すべてに影響を与えるという点に着目するものである。

　もっとも，第1章で見たように，団体の規約は，諸個人の契約自由，すなわち契約内容決定の自由の所産なのであり，その意味で，規約への拘束は，個人の自律的決定に基づいているといえる。しかし，実際の運営上，団体の決定が構成員の権利侵害をもたらす場合があることも否定できない。この場

---

[1] Maurice Hauriou, *Principes de droit public*, 2ᵉ éd., Sirey, 1916, p. 550.
[2] Jean-François Merlet, *Une grande loi de la Troisième République: La loi du 1ᵉʳ juillet 1901*, LGDJ, 2001, p. 37.

合，規約を通じた「全体としての団体」の行動に対して，「個としての構成員」が対峙することとなる。

このような2つの視点は，結社契約をそれぞれ「全体」と「個」の観点から捉えるものであり，それゆえ，結社関係については，全体としての「結社[3]」と個としての「構成員（個人）」のそれぞれの立場から分析することができる。

2　問題となる場面

以上から，結社契約においては，個人と結社とをそれぞれ独立したアクターとして観念することができる。これを前提とするならば，個人と結社との関係が問題となる場面は，次の3つの場合に分けられるであろう。

① 個人と個人の関係 —— 個人と個人が結社を設立する場面
② 個人と結社の関係 —— 個人がすでに設立された結社に加入する，又は加入しない場面
③ 構成員と結社の関係 —— 結社内の個人が結社にとどまる，又は離脱する場面

このなかで，①結社を設立する場面については，第1章で検討したように，1901年法の制定過程において，起草者ワルデック＝ルソーが述べていたことがあてはまる。したがって本章では，②個人が結社に加入する際の問題（第2節）と，③構成員が結社と対峙する際の問題（第3節）について検討することにしよう[4]。

---

(3)　ここでは，「結社」が権利(法)主体であることを意味するのではなく，観念的な「諸個人の契約的結合体」を，表現の便宜上，このように呼んでいるだけである。
(4)　この区分は，わが国においても，結社の自由の限界又は法人の人権保障の限界問題が論じられる際にも採用されている。参照，佐藤幸治『憲法〔第3版〕』（青林書院，1995年）551頁，野中俊彦ほか『憲法Ⅰ〔第5版〕』（有斐閣，2012年）235-236頁〔中村睦男執筆〕，「＜シンポジウム＞団体論・法人論の現代的課題」私法66号（2004年）47頁〔大村敦志発言〕。また，この区分のもとで問題を整理したものとして，初宿正典「社会的権力と内心の自由」ジュリスト1222号（2002年）55-59頁を参照。

第2節　結社外の個人と結社との関係

1　結社の「構成員選択の自由」

すでに設立されている結社に個人が加入する場面では，個人と結社がそれぞれ，独立の当事者として表れる。ここで，結社を契約と捉える観点からは，個人が結社に加入するには，契約を締結して結社（あるいは，その構成員）と契約関係に入らなければならない。具体的には，加入希望者が加入の申込みを行い，結社がそれを受諾することにより，加入行為は成立する。このように，個人が結社に加入するには，双方の合意が必要なのである[5]。

しかし，問題なのは，このような合意が当事者の意に反して行われる場合である。それは，さらに，結社が個人の受入れを強制される場面と，個人が結社への加入を強制される場面との2つに分けることができる[6]。

まず，結社が個人を受け入れる場合について検討する。結社は，加入の条件とその手続を規約で定めることができ[7]，この条件に照らして希望者の加入の承認，又は拒否を決定する。加入の可否は，規約で定められた権限のある機関が決定するのであるが，規約に規定がない場合には，結社の契約的性質から，全構成員からなる総会が行うものとされる[8]。

ここで重要なのは，結社は，希望者の加入を一方的に，しかも理由を告げることなく拒否することができることである[9]。これは，たとえ加入希望

---

(5)　したがって，ある市町村の住民であることによって，自動的に結社に加入されてしまうということはない。Voir, Cass. civ., 8 nov. 1978, *Bull. civ.*, I, n° 336, p. 261; *RTDcom.*, 1979, p. 484.

(6)　ここでの問題設定は，わが国の憲法学において通常想定されている弁護士会や税理士会などのいわゆる「強制加入団体」の場面とは異なる。それは，公権力との関係で問題とされるものであり，結社契約の観点から個人と結社との関係を問題とする本章の対象からは外れる。むしろ，企業が従業員に労働組合への加入を義務付ける「ユニオン・ショップ協定」の問題に近似している。もっとも，フランスにおいても専門職業団体（ordre professionnel）につき強制加入問題は存在するが，それについては法律や判例の変遷も含めて第3部第1章第2節で検討する。

(7)　Cass. civ., 14 mars 1927, *D.* 1928, I, p. 9. note Robert Beudant.

(8)　Alain-Serge Mescheriakoff, Marc Frangi et Moncef Kdhir, *Droit des associations*, PUF, 1996, p. 164.

者が結社の提示する条件をみたしていても，結社はその者を受け入れる義務を何ら負わないことを意味している。

この問題についてのリーディングケースは，破毀院1987年4月7日判決（射撃クラブ事件）[10]である。事案は，次のようなものである。1901年法に基づいて設立された射撃クラブが新規加入者を公募したところ，原告女性が応募したが，女性であることを理由に，当該射撃クラブへの加入を拒否された。なお，射撃クラブの規約には，会員は男性に限られるという旨の加入条件は，定められていなかった。この事案につき破毀院は，「結社契約は私法上の契約であり，法律又は規約で定められた制限を除いては，契約自由の原則に従う」という一般論に引き続いて，当該射撃クラブに「構成員を選択する自由が認められなければならない」とし，原告女性の加入を拒否した射撃クラブの主張を認めたのである。

このような，構成員選択の自由は，契約自由の原則のコロラリーとしての契約締結の自由，具体的には「契約を締結しない自由[11]」として，法的観点から説明することができる。さらに，このような結社側の自由は，次の実質的な観点からも正当化されるであろう[12]。

第1に，結社は，特定の目的を達成するために設立されるものであるから，結社にはその設立当初の性格との同一性が確保されなければならない。これは，株式会社と違い「人の団体」たる結社においては，人に関する（*intuitus personnae*）結びつきが重要であるため，ある構成員の資格を他の者と取り替えることはできない，という考え方に基づいている[13]。そこで，結社に誰を加入させるかは，結社が目的を達成する上で，決定的に重要な意味をもつことになる。

---

(9) Gérard Sousi, note, sous Lyon, 2 juillet 1985, *Rev. Soc.*, 1985, p. 661, Xavier Bioy, *Droits fondamentaux et libertés publiques*, Montchrestien, 2011, p. 706.
(10) Cass. civ., 7 avr. 1987, *Bull. civ.*, n° 119 ; *RTDcom.*, 1988, p. 87. note Alfandari et Jeantin
(11) Mescheriakoff et al., *op.cit.* (n. 8), p. 165.
(12) Merlet, *op.cit.* (n. 2), p.167.
(13) したがって，構成員が死亡しても，その地位が相続人に引き継がれることはない。逆に，相続人は，自らの意思によらずに結社に加入させられることはない。Voir, Francis Lemeunier, *Associations*, 10ᵉ éd., Delmas, 2003, p. 77, 80.

第 2 章　結社の自由と個人の保護

　第 2 に，こうした積極的な理由のほか，構成員選択の自由は，結社を外部からの侵害から保護するという消極的理由からも正当化される。つまり，希望者をすべて受け入れなければならないとすれば，設立目的を転換しようとする者によって，結社が侵害されてしまうかもしれないからである。これらの理由から，契約自由の原則から導かれる「結社の構成員選択の自由」は，実質的に結社を保護するという役割をも果たすことになる。
　このことは逆に言えば，個人は，ある特定の結社の構成員になる「権利」をもたないことを意味する[14]。つまり，個人には，特定の結社に「加入を求める権利（droit à adhésion）[15]」が存在しないのである。これは，次に見る結社に「加入する自由（liberté d'adhésion）」とは，異なるものである。

2　個人の「加入する自由」

　結社する個人の自由が実効的であるためには，個人が結社に加入するかどうかが，個人の意思にゆだねられることが必要である。そこで，結社を個人主義的に捉える観点からは，個人は自らの意思に基づき結社を選択する権利とともに，ある結社に加入する自由，あるいは加入しない自由が認められなければならない。この点について，1901 年法は何も定めていないが，これもまた，結社を契約として捉えたことの論理的帰結として説明することができる。それは，契約自由の原則によれば，個人が結社に加入することの明示の同意がなければ，結社契約は成立しないからである。また，第 1 章で見たように，結社契約の締結によって，個人は，結社に対して法的義務を負うことになるので，そうした義務を負う根拠としても，民法上同意が必要とされるのである[16]。
　このような個人の「結社に加入しない自由」は，破毀院 1960 年 2 月 23 日判決（農業協同組合事件）によって明示的に確立されるに至った。しかも，この破毀院判決は，結論を導く過程で「結社の自由原理」という文言を用い

---

(14)　Merlet, *op.cit.* (n. 2), p. 167; Mescheriakoff et al., *op.cit.* (n. 8), p. 163; Sousi, *op.cit.* (n. 9), p. 662.
(15)　Mescheriakoff et al., *op.cit.* (n. 8), p. 165.
(16)　フランス民法 1108 条は，契約の有効要件として，「義務を負う当事者の同意」を挙げている。

ているため，結社の自由保障の内実を探る上でも重要な意義を有している。

同判決の事案は，次の通りである。ある農業協同組合（Société coopérative agricole, SCA）が，その総会において，農産物の取引価格の維持のために設立された団体である農業総連合（Confédération Générale de l'Agriculture, CGA）に，すべての構成員が加入する旨の決議を行い，さらに，その団体に会費を納入する旨の決議をした。そこで，ある農民が会費の納入を拒んだところ，農業協同組合（SCA）の構成員資格に備わっているすべての利益を剥奪する旨の通告を，当該組合から受けたというものである。

この事案について破毀院は，次のように述べて，農民の主張を認めた。すなわち，農業協同組合（SCA）と農業総連合（CGA）とは区別された２つの団体であるから，正当な利益を喪失させるという制裁のもとに，対象・目的・活動について無関係な結社への加入を義務づける本件農業協同組合の決議は，「結社の自由原理（principe de la liberté d'association）に反する違法なもので，何ら効力を持たない」とした[17]。

この判決については，次の２つの点が重要である。第１は，個人が第三者によって特定の結社への加入を強制されないこと，つまり，「個人の加入しない自由」が破毀院の判例で認められた点である。もっとも，事案の解決そのものについては，上記の契約自由の原則を適用した結果に過ぎない。しかし，事実上の拘束力しかもたないとはいえ[18]，このような「個人の加入しない自由」が私人たる第三者からも保障されることが破毀院によって認められたことは，重要な意味をもつであろう。

第２に，より重要なのは，本判決では，そのような「個人の加入しない自由」の侵害が，「結社の自由原理」に違反すると判断された点である。換言すれば，この「加入しない自由」は，「結社の自由原理」の内容を構成する

---

(17) Cass. civ., 23 févr. 1960, D. 1961, p. 55. note Fr. G. その後，商事賃貸借契約条項において，賃借人が特定の結社に加入しなければならならず，また契約期間中はそこにとどまらなければならないと定められていた事例につき，破毀院は，1901年法４条を引き合いに出して，そのような条項は絶対的無効（nullité absolue）であると判断した。Cass. civ., 12 juin 2003, D. 2003, p. 1694, note Yves Rouquet. この判決については，「脱退する権利」を扱う本章第３節で詳しく取り上げる。

(18) 破毀院の判例に先例拘束性はなく，事実上の拘束力しかもたないことにつき，参照，山口俊夫『概説フランス法・上』（東京大学出版会，1978年）346頁。

ということである。もっとも，本判決において破毀院は，「結社の自由原理」という文言を用いているものの，これを1901年法の規定に結びつけているわけではない。したがって，この原理が，法体系上どのような効力をもつのかは定かでない[19]。

しかし，「個人の加入しない自由」が私人である第三者からも保護されるという文脈で，破毀院が「結社の自由原理」に言及していることの意味は重要である。なぜなら，このことは，「結社の自由」という原理が，公権力との関係のみならず，私人との関係をも射程に入れた原理であることを示すからである。そして，このような，「個人の自由」を保護するという意味において，「結社の自由原理」が私人間においても妥当することが承認されたことは，結社の自由の「実質的保障」を考える上で，重要な視点を与えてくれる。フランスにおいて「結社の自由原理」は，国家に対する関係だけではなく，私人間の関係をも射程に入れた法原理であることを，本判決から窺い知ることができるからである。

以上，結社とその外部の個人との関係においては，「個人の加入する自由」とともに，「結社の構成員選択の自由」が，結社＝契約構成の論理から説明することができ，しかも，これらの自由の保障は，実質的にも個人と結社のそれぞれを保護するという意味を併せもっているのである。

ところが，次節で見るように，ひとたび個人が結社に加入し団体関係に入れば，両者の衝突は，より先鋭的なかたちであらわれることになり，そこでは，一層困難な問題が生じることになる。

第3節　結社内の個人と結社との関係

1　結社から脱退する権利 ── 脱退の自由の法理
(1)　「脱退する権利」の趣旨
①　終身義務の禁止の原則
すでに見たように，結社＝契約構成によれば，結社を設立すること，およ

---

(19)　Merlet, *op. cit.* (n. 2), p. 208. また，この判決が，結社の自由原理に憲法上の効力があるとした1971年の憲法院判決以前のものであることにも注意が必要である。

び結社に加入することは同時に，諸個人が相互に継続的義務を負う法関係に入ることを意味している。具体的には，構成員は，結社に対して会費を支払う義務のほか，規約で定められた義務を負う。その際，結社契約に期限が定められている場合には，期限の到来によって構成員の義務は消滅する。それでは，もし期限が明確に定められていない場合，構成員は，無期限に義務を負い続けることになるのだろうか。

この点について，当時のフランス民法によれば，期限の定めのない営利組合は，構成員の1人の請求によって解散するものとされており（仏民旧1869条），これにより構成員は，営利組合関係から離脱することができたのだった。本来，合法的に締結された契約は，相互の同意（consentement mutuel）があるときにしか解消されないというのが，民法上の原則とされている（仏民1134条）。

しかし，フランスでは伝統的に，期限を定めずに締結された契約に個人が長期にわたって拘束されることは，個人保護の観点から好ましくないものとされてきた。これは，終身義務の禁止（interdiction des engagements perpétuels）の原則と呼ばれ，フランス私法上，公の秩序（ordre public）をあらわす原則として，古くから認められてきたものである[20]。この原則は，たとえば，長期又は継続的な契約関係が問題となる役務賃貸借契約においても表れている（仏民旧1780条）。

この終身義務禁止の原則は，団体関係（lien social）においては，脱退する権利（droit de retrait）として表れる。この権利は，個人が極めて長期にわたって団体関係に拘束されることから個人を解放し，もって構成員の自由を保護することを目的としている。実際，期限の定めのない組合から脱退する権利は，すでに古法の時代においても承認されていたようである[21]。

そして，この終身義務禁止の原則は，先に見た営利組合契約のみならず，構成員が相互に継続的義務関係に入る結社契約においても，あてはまるであろう。それは，構成員は，自らの意に反して決定や運営が行われた場合に，会費の支払義務のほか，結社関係から課される義務から解放される余地が認

---

(20) Merlet, *op.cit.* (n. 2), p. 11.
(21) Georges Trouillot et Fernand Chapsal, *Du contrat d'association*, Bureaux des lois nouvelles, 1902, p. 134.

められなければならない，という実質的な観点から説明できる。たとえば，加入当初とは異なる目的の活動を行なった場合に，構成員に対してその運営費の支払いを強要することは，正当化できないであろう。そこで，こうした団体関係からの解放が必要とされるのである。

そして，結社を法認するにあたって，このような，個人が結社に対する終身義務から解放されることの重要性は，第1章で述べたように，起草者にも意識されていた。ワルデック＝ルソーの提出した1899年法案3条は，次のように定めていたからである。「結社契約は，期限の定めがある場合にしか，締結することができない。期限に関する規定がない場合，結社契約は，構成員の1人の意思によって解除される[22]」。そして，提案理由説明において，この法案3条の規定は，契約から生じる「無期限の義務から，構成員の自由を保護することを目的とする[23]」ことが，明確に述べられていた。

② **離脱の方法**

このように，1901年法が結社の自由を認めるにあたっても，個人が結社の永続的義務から解放されることの必要性は，起草者にも意識されていた。そこで，そのような個人の団体関係からの離脱をどのような方法で実現するかが問題となるが，これについては，次の2つの方法が考えられる。

第1は，先に見た営利組合の場合および1899年法案のように，構成員の1人の請求によって，契約を解除するというものである。しかし，1901年法の制定議会において，この考え方は採用されなかった。というのも，この解散方式は，構成員の1人の事情によって，結社自体を解消させることになるのであり，これは，結局のところ，他の構成員の結社する利益をも消滅させるものだからである。

そこで第2の方法は，結社の解散を請求するのではなく，結社からの脱退を認めるというものである。それは，たとえ構成員に解散を要求する権利を与えなくても，いつでも脱退することが認められさえすれば，構成員の自由は確保することができると考えられたためである。また，この方式は，1人

---

[22] *J.O.*, Chambre des députés, séance du 14 novembre 1899, p. 124 ; *Avènement*, p. 244.

[23] *J.O.*, Chambre des députés, séance du 14 novembre 1899, p. 124 ; *Avènement*, p. 244.

の意思によって結社自体が消滅するという不都合を回避することもできる。つまり，この脱退の権利は，一方で，構成員の保護を確保しつつ，他方で，結社の存続をも図ることができるという利点がある。このような脱退方式を採用したのは，労働組合の結成を認めた1884年3月21日法律である。同法7条は，「労働組合の構成員はすべて，いつでも組合から脱退することができる」と定めていたのである。

そして，結社の設立を認める1901年法についても，議会においてこの脱退方式が採用され，結局，次に見るような第4条が置かれることになった。

(2)「脱退する権利」の内容

1901年法4条は，「期限を定めずに設立された結社の構成員はすべて，過年度及び当該年度の会費を支払った後は，契約条項の如何にかかわらず，いつでも退会することができる」と定めている。以下では，各々の要件について，少し詳しく検討することにしよう（なお，上記要件中，「期限を定めずに設立された」との文言は，2012年法改正によって削除されたが，これについては第3部第1章第2節参照）。

① 適 用 対 象

第1に，第4条によると，脱退する権利が認められるのは，期限の定めのない結社についてだけであり，期限の定めのある結社については認められない。これはすでに述べたように，同条が結社の終身義務から構成員を解放することを通じて，個人の自由を保護するという趣旨に基づくからである。したがって，期限の定めがある結社でも，それが極めて長期にわたる場合には，脱退する権利が認められることになる[24]。

もっとも，これらの場合以外に，結社からの脱退が一切認められないわけではない。規約で脱退の要件と手続が定められていれば，構成員は，それに従って結社から脱退することができる。さらに，規約に定めがない場合でも，構成員と結社との双方の同意があれば，脱退は認められる[25]。これは，加入に双方の同意が要求されることの裏返しである。

---

(24) Merlet, *op.cit.* (n. 2), p. 37.
(25) Mescheriakoff et al., *op.cit.* (n. 8), p. 167.

② 脱退する権利の効力

これに対して，期限を定めずに設立された結社については，第4条が適用されるのであるが，ここで注意すべきことは，当該結社においては，「契約条項の如何にかかわらず（nonobstant toute clause contraire）」，脱退する権利が認められていることである。つまり，脱退する権利は当事者の同意によっても排除することができず，それゆえ，この権利を制約する規約の定めは無効であるとされる[26]。このことは，第4条が強行法規であることを示している。この点で，結社の構成員の保護は，法的効力において強化されているということができる。

これは，先に見たように，終身義務禁止の原則が公の秩序（ordre public）としての意味をもつことに由来している。実際，1901年法制定当時においても，そのことは意識されていたのであり[27]，このことは現在においても同じである。たとえば，Y・ギヨン教授は，この第4条が「1901年法の諸規定のなかでも公の秩序の性格をもつ例外的な規定の一つ」[28]であると指摘しており，さらに別の論者からも，第4条の保障する脱退する権利は，「結社から離脱する公の秩序としての自由[29]」と評されている。

③ 脱退の条件

もっとも，構成員の脱退は，同時に結社の存立および運営を危うくする可能性がある。実際，結社は，構成員が履行する義務，とりわけ構成員が支払う会費をある程度予測に入れて運営を行っているのが通常である[30]。そこで，1901年法は，結社の財政基盤を安定させるために，構成員の脱退に際しては，過年度および当該年度までの会費の支払い，つまり，脱退時までの会費の支払いを構成員に義務づけている[31]。

---

(26) Mescheriakoff et al., *op.cit.* (n. 8), p. 167.
(27) Trouillot et Chapsal, *op.cit.* (n. 21), p. 137.
(28) Yves Guyon, « La liberté de se retirer d'une association gérant le club sportif d'un lotissement », note sous l'Assemblée plénière, 9 février 2001, *Rev. Soc.*, 2001, p. 359.
(29) Jacques Mestre et Bertrand Fages, « Liberté mais aussi, nécessairement, loi contractuelle: l'exemple du contrat d'association », note sous Cass. civ. 1er, 25 juin 2002, *RTDciv.*, 2003, p. 289.
(30) Robert Brichet, *Associations et syndicats*, 6e éd., 1992, p. 217.
(31) このことは，構成員の相続人に対して，死亡の時点までの会費を請求できる点で徹底されている。Voir, Mescheriakoff et al., *op.cit.* (n. 8), p. 179.

第1部　フランスにおける結社の自由法理の成立と展開

　他方，構成員の側からすれば，結社から脱退するためには，脱退時までの会費さえ支払えば足りるのであり，解約告知および結社による脱退の受諾が必要とされることはない。つまり，期限の定めのない結社においては，構成員の一方的なイニシアティブにより，結社から脱退し団体関係の義務から離脱できることが認められている。

(3)　判例の展開

　そして，「公の秩序」としての脱退の自由は，2000年代になってフランスの最高裁判所たる破毀院で相次いで出された判決において，確認されることになった。

①　破毀院大法廷2001年判決

　第1は，2001年2月9日の破毀院大法廷判決（ランベルリュー・スポーツクラブ事件）である[32]。事案は極めて複雑であるが，単純化すれば次のようになる。元構成員である被告Yは，1979年スポーツクラブ施設を管理する結社X（原告）に加入したが，会費がきわめて高額であり，また，そこから十分な便益を得ていないとして，1985年1月に脱退する旨の意思表示を結社Xに表明した。しかしそれにもかかわらず，脱退後3年分の会費（1988年までの会費）の支払いを，後になってXから求められた。というのも，Yの会費は，当該結社の運営にとって重要な資金源となっており，構成員のひとりの脱退は，他の構成員の利害に密接にかかわるからである。実際，本件において構成員の脱退に反対したのも，その他の構成員であった。

　この事件について，最初の上告審である破毀院（民事第3部）は，1997年3月12日判決において，会費の支払義務を認めた控訴審判決（アミアン控訴裁判所1993年7月1日判決）を退けて，1901年法の脱退する権利を根拠にYの主張を認めた。しかし，破毀院のこのような態度決定にもかかわらず，差戻審判決（ドゥエ控訴裁判所1999年5月17日判決）は脱退の権利を認めなかったので，Yが破毀院に再度の上告を行ったのが本件である。

　2度目の上告を受けた破毀院大法廷は，まず判決の冒頭で1901年法4条を引用した上で，次のように判示した。すなわち，「法律に別段の定めがあ

---

(32)　Cass. ass. plén., 9 févr. 2001, *Bull. civ.*, II, n° 3, p. 7.

る場合を除き，何人も1901年法により定められた結社に加入することを強制されてはならない，また，結社に加入した者であってもその構成員にとどまることを強制されてはならない」とし，当該年度までの会費さえ支払えば，構成員は一方的に結社から脱退できることを認めたのである。

　この判決について，ギヨン教授は，1901年法4条が「公の秩序」であるから，本件において破毀院大法廷が同条を適用することができたのだとしている[33]。また，本件の評釈を担当したE・アルファンダリ教授は，財政の安定性や団体の円滑な運営といった要請に対して，結社法の一般原理が犠牲にならなかったことには大きな意義がある，と述べている[34]。

② **破毀院2003年判決**

　第2は，2003年6月12日の破毀院第3民事部判決である[35]。この事件の事案は，以下のとおりである。会社Yは，商業地区の中心にある土地をXに賃借したのであるが，その契約条項には，当該賃貸借契約期間中，借主たるXは当該地区の商店組合に加入しつづけなければならない旨定められていた。商店組合に加入すれば，当然，会費を支払わなければならない。Xも契約当初は，商店組合に加入していたが，その後当該組合から脱退した。そこで，Xは，そもそも本件契約条項は無効であるとして，これまで支払った会費の返還をYに求めたというのが本件である。つまり，この事件では，「結社から脱退する権利（droit de retrait d'une association）」が契約によって制限されていることの可否が問題となっていた。

　この事件について，原審（ニーム控訴院2001年10月30日判決）は，商店組合への加入義務を定める本伴契約条項は当事者の自由な合意に基づいて行われたものであるとして，原告Xの主張を退けた。しかし，原告の上告を受けた破毀院は，集会・結社の自由を規定する欧州人権条約11条と1901年法4条を根拠とした上で，「（賃貸借契約の）借主を商業組合へ加入させ，その契約期間中当該組合の会員でありつづけることを義務づける契約条項は，

---

(33) Guyon, *op.cit.* (n. 28), p. 359.
(34) Élie Alfandari, « Les liaisons dangereuses du droit associatif et du droit immobilier. L'issue : la liberté », *D.* 2001, jur, p. 1495.（破毀院2001年2月9日判決の評釈）
(35) Cass. civ., 12 juin 2003, *D.* 2004, p. 367, note C. -M. Bérnard.

絶対的に無効（nullité absolue）である」と述べて，Xの主張を認めたのである。この事件の判例評釈も指摘するように，本判決では，結社からの脱退の自由が契約の自由に対して法的効力の面で優位することが示されている[36]。ここでも脱退の自由規定は，強行法規としての効力をもつことが確認された。

③　破毀院2010年判決

第3の判決は，破毀院2010年5月20日第1民事部判決である[37]。事案は，2003年判決とほとんど同じである。賃借人である会社X（Société Sorfoval）が賃貸人 Y₁（SCI Secovalde）から Val d'Europe Disneyland Paris 内の商業施設を借り受ける契約を締結したが，その契約には同施設内の商業組合 Y₂（association des commerçant de l'espace commercial international Val d'Europe）への加入義務を定める条項が含まれていた。そこで，Xは，当該条項の取消と既払いの会費の返納を Y₁・Y₂ に求めた。この事件について原審は，強制加入条項の取消と，不当に支払われた会費の X への返納を認めたが，X の Y₂ への協力義務は否定せず，賃貸契約が存続する限り，契約で定められた会費相当額の支払義務があるとした。

この事件において，Y₂は，次のように主張した。第1に，商業組合が当該商業施設の管理と広報活動を目的とする団体であり，しかも，当該組合への加入は当事者の自由な意思に基づいているので，それへの加入義務は欧州人権条約が保障する結社の自由に違反しない。第2に，1901年法4条（2012年改正前）は，「期限の定めのない非営利社団」からの退会を定めているが，本商業組合は75年という期限を定めて設立された非営利社団であるため，同条の対象ではない。第3に，賃借人は賃借権を第三者に譲渡したり，契約を更新しないことによって，契約を終了させることが可能なのであるから，本件加入義務は永続的なものではなく，それゆえ，欧州人権条約11条および1901年法4条に違反しない。

しかし，破毀院は，Y₂の上記主張に対して，「商業組合への加入を義務づけ，かつその契約期間中当該組合に加入し続けることを求める契約条項は，絶対的に無効である」とし，原審判決を破毀した。なお，本破毀院判決では，

---

(36) Bérnard, *op.cit.* (n. 35), p. 368.
(37) Cass. civ., 20 mai 2010, n° 09-65.045, Xavier Bioy, *Droits fondamentaux et libertés publiques*, Montchrestien, 2013, p. 633-635（コメント付）．

その末尾で,「賃借人の結社しない自由（liberté du preneur de ne pas adhérer à l'association）」が判例理論として承認されている，との認識が示されたことが注目される。

④ 評　価

これらの一連の破毀院判決からは，2つの判例法理を確認することができる。第1に，1901年法4条が，当事者の合意にもかかわらず妥当する強行法規としての意味をもつことである。これは，同条が団体関係における「公の秩序」を構成することを示すものであろう。

第2に，1901年法4条の規定は，期限の有無にかかわらず，すべての結社に適用されることである。そして，この趣旨は，2012年3月22日法律（第387号。法の簡素化及び行政手続の軽減に関する法律）125条で法文上の「期限を定めずに設立された」という表記が削除されたことにより，法律上認められることになった。これは，2001年の破毀院判決以降の確立した判例法理を立法上確定したものと考えられている[38]。この改正によって，個人を長期間にわたり拘束する終身義務を禁止するという当初の規定趣旨が一層推し進められ，期限の有無にかかわらず，個人はいつでも結社から脱退できることが法律で正式に認められることになった。

(4) 学説の反応

先に見たように，1901年法は結社の内部関係，すなわち結社と構成員との権利義務関係を契約の自由（規約の自由）にゆだねている。しかし，そうであるからこそ，敢えて脱退する権利が規定されており，しかもそれに強い法的効力が与えられていることには重要な意味があると言えるのではないか。それは，結社から離脱する可能性が残されているということは，団体的拘束によって構成員の権利・利益が侵害されるという事態を最終的に回避できるということである[39]。そしてこのことは，結社との関係において構成員たる個人の自由を確保する意味をもつことになる。

それでは，1901年法4条が規定する脱退の自由は，結社の自由論とどの

---

(38) Patrice Macqueron et al., *Associations 2012-2013*, Éditions Francis Lefebvre, 2012, p. 1457.

(39) Mescheriakoff et al., *op.cit.* (n. 8), p. 179.

ような関係にあるのだろうか。この点について、学説では近時、脱退の自由を結社の自由論のなかに位置づけようとする試みが見られる。

まず、非営利団体法を専門とする私法学者のE・アルファンダリ教授は、結社の自由論を①個人的自由としての側面と②団体的自由としての側面に分説する[40]。その上で、前者には(a)結社に加入する自由、(b)結社に加入しない自由又は結社から離脱する自由、(c)結社活動に参加する自由があるとし、また後者には(d)結社設立の自由、(e)結社の目的・対象の自由、(f)結社運営の自由、(g)訴訟提起の自由が含まれるとする。そして、1901年法4条の脱退の自由は、(b)の内容を成すものとして位置づけられている。

また、公法学者のJ・リヴェロ教授は、結社の自由には①結社の設立・加入の自由、②結社の活動の自由、③結社内部での個人の自由の3つの内容が含まれるとする[41]。そして、1901年法4条の脱退の自由は、③が保障する「結社内における構成員の自由」にあたるとして、結社自体の活動の自由（上記②）への制約になるとされている点が注目される[42]。

さらに、公法学者のG・ルブルトン教授は、結社の自由を①結社を結成する自由、②結社の活動の自由、③結社に対する個人の自由の3つの内容によって体系化した上で、1901年法4条の脱退の自由を③の中に位置づけている[43]。

このように見ると、現在フランスの学説において「脱退の自由」は、単に法制度上認められた自由であるのみならず、結社の自由の内容を成すものとして捉えられていることがわかる。しかも、ここで注目すべきは、ルブルトン教授が「結社に対する個人の自由」と明確に述べているように、フランス公法学において、「結社の自由」は必ずしも対公権力のみで保障されるものでなく、個人対結社という水平関係をも念頭においてその保障が観念されていることである。つまり、フランスの結社の自由論において、個人の権利や自由は、「公権力」からだけでなく、「結社」からも確保されなければならな

---

(40) Élie Alfandari, « La liberté d'association », in Rémy. Cabrillac et al. (dir.), *Libertés et droits fondamentaux*, 19e éd., Dalloz, 2013, pp. 517 et s.
(41) Jean Rivero et Hugues Moutouh, *Libertés publiques*, t. 2, 7e éd., PUF, 2003, p. 255.
(42) Rivero et Moutouh, *op.cit.* (n. 41), p. 260.
(43) Gilles Lebreton, *Libertés publiques & droits de l'Homme*, 8e éd., Armand Colin, 2009, p. 536.

いと考えられている。こうした視点は，わが国の結社の自由論とは異なるものであるだけに，日本法の理解に重要な示唆を与えるものと思われる。

　しかし，結社からの個人の保護が一層問題となるのは，次に見るように結社が構成員に対して統制処分を課す場合である。

2　結社の統制権と裁判所のコントロール ── 統制処分の法理
(1)　結社の統制権
①　問題の所在

　結社は，目的を達成するために，構成員に対して会費の支払義務およびその他の義務を課すのが通例である。しかし，構成員が義務を履行しない場合，さらに，より積極的に結社の活動を妨害又は結社の名誉を傷つける行為をした場合，その構成員に何らかの制裁を課すことが認められなければ，結社の活動は阻害されることになる。そのため，結社にはその自律性を確保するために，統制権（pouvoir disciplinaire）が認められなければならない[44]。そして，結社はこの統制権に基づき，構成員に対して譴責（avertissement），戒告（blâme），さらには構成員に重大な不利益を及ぼす罰金（amende），権利停止（suspension），除名（exclusion）などの統制処分を行うことができる。

　しかし他方で，結社の統制処分によって，それを課される構成員は一定の不利益を被ることになる。たとえば，権利停止処分は，構成員の結社活動への参加を認めないことであり，さらに，除名処分はそれを終局的に失わせることである。したがって，結社が統制権を行使するにあたっては，処分を課される構成員の権利・利益の保護についても十分な考慮が必要である。

　このように，統制権が行使される場面では，「結社自体の自律性確保」の要請と「構成員の権利保護」の要請とが衝突することになる。そこで以下では，構成員の結社する利益を終局的に断ち切る結果をもたらす「除名」の場合を念頭に置き，結社の自律性と構成員の保護のあり方について検討する。

　この結社の統制権の問題は，モランジュ教授がその教科書において，「結

---

(44)　ギヨン教授は，統制権の存在は，結社に特有のダイナミックスから要請されるものであり，それがなければ結社は，非効率・退廃・転覆に見舞われる，と述べる。Voir, Yves Guyon, « Le contrôle judiciaire du pouvoir disciplinaire des associations », note sous Cass. civ., 3 déc. 1996, 22 avr. 1997, *Rev. Soc.*, 1997, p. 552.

社の構成員の保護[45]」という題目で論じているように，結社の多数者による恣意的決定の危険から構成員を保護するために，司法裁判所によるコントロールが要求される場面である。ところが，従来，この問題についての裁判例は少なく，また提訴がなされた場合でも多くは第1審で終結し，破毀院判決まで至るのは一握りに過ぎないとされる[46]。というのも，このような訴訟は，原告にとってたいへん苦痛を伴うものであり，また，たとえ勝訴しても，他の構成員との関係が改善されるわけではないからである。ここには，「人の団体」であることに基づく，結社特有の問題を見ることができるであろう。

しかし，後述のように，この問題について裁判所は，厳正なコントロールを及ぼしており，しかも近時においては，より踏み込んだコントロールを行っている。

② 統制権の根拠

そもそも，1901年法は，結社の統制処分に関する規定を置いていない[47]。そこで，結社の統制権の根拠が問題とされることがある。実際，これについては，その根拠を契約に求める考え方（契約説）と「制度が存在するという事実」に求める考え方（制度説）とが，学説上古くから対立してきた[48]。

しかし，後述するように，結社を制度と捉えたとしても，具体的にどのような場合にどのような統制処分が課されるのかについては，結局のところ，規約で定められなければならないのであり，制度であることから具体的な統制処分を引き出すことはできない[49]。また，破毀院自身も，統制処分の当否を判断するにあたって，「当事者により自由に採択された団体規約に従って[50]」と述べており，これは，統制権の根拠が契約にあることを前提とし

---

(45) Jean Morange, *Droits de l'homme et libertés publiques*, 5ᵉ éd., 2000, p. 268.
(46) もっとも，後にとり上げる1972年の破毀院判決以降，統制処分に関する裁判例は，破毀院のものも含めて，飛躍的に増大している。
(47) このことは逆に，1901年法は，統制処分における構成員の権利を何ら定めていないことをも意味する。Voir, Yves Chartier, « Exclusion d'une association et droits de la défense », note sous Cass. civ., 19 mars 2002, *Rev. Soc.*, 2002, p. 737.
(48) Voir, Élie Alfandari (dir.), *Associations*, Dalloz action, 2000, p. 209.
(49) Mescheriakoff et al., *op.cit.* (n. 8), p. 181.
(50) Cass. civ., 14 févr. 1979, *GP*, 1979, II, p. 546.

第2章　結社の自由と個人の保護

たものであると理解されている[51]。

(2) 統制権行使の条件

すでに述べたように，結社は，原則として，構成員に対して統制権を行使することができる[52]。しかし，それは構成員に対して不利益を及ぼすものである。そこで，処分を受けた構成員は，裁判所において制裁の当否を争うことができることが，古くから確立されている[53]。そして，この裁判所への提訴を制限する規約は，公の秩序に反し無効とされる[54]。

このように裁判所は，被処分者の提訴を受けて，結社の統制権行使を審査することにより，結社が遵守すべき一定のルールを確立してきた[55]。それらのルールは，①統制処分を行う機関に関するもの，②手続に関するもの，そして③防御権に関するものの3つに分けられる。

① 権限機関

結社が統制処分を課すには，規約によって権限を与えられた機関によらなければならない。したがって，統制処分が，権限のない機関又は不適切に構成された機関によってなされた場合，その処分は無効である。たとえば，規約において，総会のみが除名をすることができると定められているのに，理事会が除名の決定をしてもその処分は効力を有しないとされる。通常，権限機関は規約で定められていることが多いが，もし規約に定めがない場合，その権限は，構成員を加入させることができる機関にあるとされ，さらに，それも定めていない場合は，理事会にあるとされている[56]。

② 統制処分の手続（規約適合性）

また，結社が統制処分を課すには，規約で定められた手続に従わなくては

---

(51) Robert Plaisant, note sous Cass. civ., 14 févr. 1979, *Rev. Soc.*, 1980, p. 141.
(52) Gérard Sousi, *Les associations*, Dalloz, 1985, p. 128.
(53) Georges Pichat, *Le contrat d'association*, Arthur Rousseau, p. 145.
(54) Angers 21 mai 1935, *GP*, 1935, II, p. 205.
(55) Sousi, *op.cit.* (n. 52), p. 128.
(56) Mescheriakoff et al., *op.cit.* (n. 8), p. 188.; Lemeunier, *op.cit.* (n. 13), p. 82. もっとも，規約に定めがない場合は，総会に権限があるとした裁判例がある。Voir, Trib. corr. Seine, 24 avr. 1913, *RTDciv.*, 1913, p. 842. これと同様の見解をとるものとして，Jean Morange, *La liberté d'association en droit public français*, PUF, p. 241.

ならない。このルールは，さらに2つに分けられる。

　第1に，構成員に課される制裁は，規約で予定されたものでなければならない。規約に具体的な処分内容が定められている場合は，その規定を適用することにより統制処分が行われる。これらには，除名，罰金，投票権の剥奪などの現実に不利益を及ぼす処分はもちろん，戒告などの精神的な処分も含まれる。ただし，構成員の権利および人間の尊厳を侵害するような制裁[57]，並びに犯罪となるような制裁[58]が許されないことは，当然である。

　問題なのは，規約に統制処分に関する規定がない場合である。この場合，原則として結社は，構成員に対して制裁を加えることができない。というのも，この場合には，結社は統制権を用いることを放棄したと看做されるからである[59]。

　ただ，このような場合でも，構成員の除名に限っては，統制処分が可能であるとされる。なぜなら，民法の原則に従い，結社には義務を履行しない構成員に対して，債務不履行を理由とする契約解除が認められ（仏民1184条），その結果，構成員と結社との関係は，切断されるからである。構成員にとって最も重大な処分たる除名が規約に規定がない場合でもなされることは，構成員の保護という点から見れば問題を含んでいるように見えるが，これは結社が契約であることから導かれる帰結として，一般に正当化されている[60]。

　第2は，統制処分が課される手続にかかわる。統制処分の手続は，規約において任意に定めることができる。そのような例として具体的には，関係者の出頭，出頭の様式，統制機関の組織，被処分者の防御手段，決定の宣告方法および執行方法，そして救済手続などがある。このような統制処分の手続は，必ず定めなければならないというものではないが，規約で定められた以上，手続違反でなされた処分は無効とされる[61]。

　しかし，仮に規約に手続が定められていない場合でも，結社の統制処分に

---

(57)　Mescheriakoff et al., *op. cit.* (n. 8), p. 185.
(58)　これには例えば，傷害（coups et blessures），監禁（séquestration），性的虐待（sévices sexuels），詐欺（escroqueries）などがある。Voir, Guyon, *op. cit.* (n. 44), p. 552.
(59)　Mescheriakoff et al., *op. cit.* (n. 8), p. 184.
(60)　Lemeunier, *op. cit.* (n. 13), p. 82.
(61)　Sousi, *op. cit.* (n. 52), p. 132.

は一定の手続上の原則が存在する。それが，次に見る防御権の尊重である。

③　**防御権の尊重**（respect des droits de la défense）

　処分を受ける構成員が，統制処分に対して防御を準備しそれを表明することができることは，基本的な原理であるとされる[62]。この原理の核心にあるのは，被処分者が防御を提示する権利であり，これには，処分対象となる事実および具体的な処分内容が被処分者に事前に告知される権利，そして，処分が宣告される以前に聴聞される権利が含まれる[63]。もっとも，この権利は，処分を決定する総会の招集方法，被処分者への通知，防御する準備期間など，具体的には様々な場面で問題となりうる。その一例として，除名するための総会の招集の通知が，構成員の居住しない市庁舎の入口に掲示されたことが，防御権違反と判断された判例[64]がよく挙げられる。

　この防御権は，基本的な権利であるとされ[65]，たとえ規約に手続の定めがない場合でも尊重されなければならず，また，規約でこの権利を排除することもできない。その意味で，この防御権尊重の原理は，規約の有無にかかわらない法の一般原理（principe général du droit）[66]としての意味をもち，統制処分手続に関する最小限の手続保障を形成している[67]。また，裁判所は，この防御権の尊重に関して相当な注意を払っており，防御権侵害がある場合には，その他の点を審理するまでもなく，当該統制処分は，無効と判断される[68][69]。

---

[62]　防御権に加えて，反論（抗弁）の原理（principe de la contradiction）が説かれることもある。Voir, Cass. civ., 29 mars 1989, *Bull.civ.* I, n° 141; Guyon, *op.cit.* (n. 44), p. 552; note sous Paris 9 déc. 2002, *Rev. Soc.*, 2003, p. 163.

[63]　Merlet, *op.cit.* (n. 2), p. 164.

[64]　Cass. civ., 13 juin 1979, *Bull.civ.*, I, n° 176; *RTDcom.*, 1979, p. 766 note Alfandari et Jeantin.

[65]　Trib. grande inst. Seine, 15 mai 1961, *D.* 1961. jur, p. 21.

[66]　Yves Guyon, « Respect des droits de la défense dans les procédures disciplinaires », *Rev. Soc.*, 2002, p. 335.

[67]　Morange, *op.cit.* (n. 56), p. 242; Sousi, *op.cit.* (n. 52), p. 132.

[68]　Mescheriakoff et al., *op.cit.* (n. 8), p. 187.

[69]　破毀院2002年3月19日判決は，「1901年法及防御権尊重の原理」に依拠して，防御権違反を認めた。Cass. civ., 19 mars 2002, *Rev. Soc.*, 2002, p. 333 note Yves Guyon; p. 736 note Yves Chartier.

第1部　フランスにおける結社の自由法理の成立と展開

(3)　裁判所による統制 ── 手続審査から実体審査へ

先にも述べたように，統制権が行使される場面では，結社の自律性確保の要請と構成員の権利保護の要請とが対立する。そこで，結社の統制処分について構成員がその有効性を争うといった紛争が持ち込まれた場合，裁判所はどのような態度をとるのか。

① 従来の裁判所の態度 ── 手続的統制

この問題について，従来，フランスの裁判所は，もっぱら処分の手続的な事項についてのみ審査するとの立場をとってきた。すなわち，統制処分が①それを行う権限をもつ機関によって下されたかどうか（機関適合性），②規約で定められた要件と手続に従って行われたかどうか（規約適合性），③処分を受ける構成員に告知・聴聞の権利が確保されていたかどうか（防御権の尊重）である。もっとも，②の判断を行うには，処分対象事実が存在するかどうか（事実認定），当該事実が規約の要件に該当するかどうか（あてはめ），あるいは，問題となっている規約がどのような意味をもつのか（規約解釈）についても判断しなければならないが，これらの権限も当然に行うべきものとされている。

以上から，「法の一般原理」から当然に認められるとされる防御権の尊重を別とすれば[70]，裁判所のこれらの権限は，あくまでも結社が行った統制処分がその自主的規範である規約に適合しているかどうかを事後的にチェックするというものである。それゆえ，処分自体の当否を検討するものではない[71]。こうした裁判所の従来の態度は，「制裁のコントロール[72]」と呼ばれており，原則として，統制処分の要件を審査するにとどまるものであった。

しかし，このことは逆に，かかる条件をみたしている限り，結社は，裁判

---

(70)　Morange, op.cit. (n. 56), p. 241.
(71)　後述の1972年破毀院判決以前における裁判例の状況は，1972年判決の評釈においてまとめられている。Voir, note sous Cass. civ., 16 mai 1972, GP, 1972, II, p. 724.
(72)　Gérard Sousi, note, sous Cass. civ., 28 oct. 1981, D. 1982, p. 382. これは，次の「違反行為の統制」(ibid., p. 383) と対比する意味で用いられている。なお，モランジュ教授は，行政法上の，外的適法性 (légalité externe) と内的適法性 (légalité interne) という枠組みで分析している。Voir, Morange, op.cit. (n. 56), pp. 240-247. このモランジュ教授の議論に即して，統制処分の判例を詳細に検討した邦語文献として，高作正博「フランスにおける〈association〉と〈pouvoir〉(2)(3)」琉大法学69号（2003年）40頁，71号（2004年）1頁以下を参照。

所の統制に服することなく，構成員に対していかなる統制処分も課すことができることになる。その意味で，こうした裁判所の態度は，一定の範囲で構成員の保護を図るものの，基本的には，結社の自律性を尊重するものである[73]。

② 処分の妥当性審査——実体的統制

ところが，1972 年 5 月 16 日の破毀院判決（ドゥニ事件判決）[74]によって，裁判所の審査範囲は，結社の統制処分が妥当か否かという点についてまで拡大されることになった[75]。この事案は，ゴルフスポーツクラブから除名された原告が，その処分の取消を求めたというものである。この事件において原審（エクサン・プロヴァンス控訴院 1970 年 10 月 26 日判決）は，除名の決定が規約で定められた機関によってなされたことを確認した後，次のように述べていた。

「結社構成員に対して宣告された除名処分及び懲罰は，当該処分が規約で定められていない事由についてなされた場合か，あるいは，防御権の侵害がある場合にしか，司法裁判所の救済の対象となることができない。これらの場合を除き，司法機関は，処分事由が定められている以上，それ自体の価値を評価すること，又は行われる制裁の妥当性を審査することができない」。（傍点筆者）

この控訴院の判示は，先の① 機関適合性，② 規約適合性，③ 防御権の尊重という，従来裁判所が行ってきた審査を踏襲したものである。

これに対して，破毀院は，新たな態度を示すことになった。すなわち，問題となる事実が規約の文言にあてはまるかどうかだけではなく，「原告への当該除名が，原告に対してとられる統制処分として正当化できる事由に基づいたものであったかどうか」についてまで控訴院は判断すべきであったとし，原審の判決を破毀したのである。この破毀院判決は，これまで裁判所が行ってきた審査範囲を超えて，④ 非行行為の重大性（gravité de la faute）および

---

(73) Morange, *op.cit.* (n. 56), p. 242 note 20.
(74) Cass. civ., 16 mai 1972, Affaire Denis, *Bull. Civ.*, Ⅰ, n° 127, p. 113 ; *JCP*, 1972. 2. 17285 ; *GP*, 1972. Ⅱ, p. 723.
(75) Merlet, *op.cit.* (n. 2), p. 165.

⑤ 非行行為と制裁との比例性（proportionnalité de la sanction à la faute）についてまで裁判所の審査が及ぶとするものである。これは，裁判所が結社の統制処分の妥当性判断を行うことを認めたものであると理解されている。つまり，裁判所は，従来行ってきた統制処分の手続審査のみならず，実体審査まで行うという態度に方針を転換したのである。そして，破毀院はその後も同様の判断を行っていることから[76]，本判決はいまや「確立した判例[77]」であると言われている。

こうした裁判所の態度の変化は，「結社の自律性確保」の要請と「構成員の権利・利益保護」の要請が対立する状況のもとで，かつては前者に重きを置くかたちで統制処分の審査が行われてきたものを，爾後，前者を一定程度犠牲にしてまでも後者の要請を確保しようとするものとして捉えることができる。

(4) 学説の反応

こうした裁判所の立場について，学説の評価は分かれている。まず，変化後の裁判所の態度を肯定的に評価する立場がある。たとえば，C・ドゥバシュ教授とJ・ブルドン教授は，このような裁判所の積極的な態度により，結社の構成員が結社の多数者による統制権の濫用から保護されると指摘する[78]。また，G・スーズィ教授も，このような裁判所の態度は，結社の自律性に踏み込んでまでも，結社の制裁から構成員の利益を保護しようとするものであるとして，肯定的に受けとめているようである[79]。さらに，破毀院名誉裁判官のY・シャルティエは，このようにして確保される個人の権利・利益保護は，「結社の構成員に認められる自由の条件[80]」であるとして，

---

(76) Cass. civ., 14 févr. 1979, Affaire Aéro-Club de Lorient, *Bull. civ.*, 1979, n° 60, p. 50; *Rev. Soc.*, 1980, p. 140; Cass. civ. 1re, 28 octobre 1981, Affaire Bachaud, *Bull. civ.*, 1981, n° 316, p. 266 ; *D.* 1982, p. 381, note Gérard Sousi.

(77) Gérard Sousi, « Le pouvoir disciplinaire dans les associations », *Juris-Associations*, 1983, n° 6, p. 7.

(78) Charles Debbasch et Jacques Bourdon, *Les associations*, 8e éd., PUF, 2002, p. 72.

(79) Sousi, *op.cit.* (n. 52), p. 136.

(80) Yves Chartier, « La liberté d'association dans la jurisprudence de la Cour de cassation », *Rapport de la Cour de cassation 2001: Les libertés*, La documentation française, 2002, p. 75

裁判所の態度を擁護する。

ところが，こうした裁判所の変化に対して批判的なのは，Y・ギヨン教授である[81]。同教授は，裁判所の審査が適法性審査（contrôle de la régularité）から妥当性審査（contrôle de l'opportunité）へと変化したと位置づけた上で，裁判所が結社の統制処分の判断について妥当性審査を行うことは，結社の内部運営に関して裁判所が干渉することになり，「結社自体の自由という憲法原理（principe constitutionnel de liberté des associations）」を侵害することになるというのである。

しかし，ここにおいて注目すべきなのは，結社の自律性を重視する同教授においても「構成員の基本権保護（protection des droits fondamentaux des sociétaires）」の視点が見られることである。ここには，ギヨン教授においても結社の統制処分からの個人の権利・利益保護が考慮されていることを確認することができる。もっとも，その場合であっても，「結社自体がもつ自由の尊重（respect de la liberté associative）」との関係で均衡が保たれていなければならない。そして，同教授によれば，判例の態度は結社の自律性への配慮に欠ける点で問題があるとされるのである。

それでは，統制処分からの個人の保護は，結社の自由とどのような関係にあるのだろうか。この点について，J・モランジュ教授が，体系書の結社の自由の項目において「結社における構成員の保護」の問題を取り上げていることが注目される[82]。そこでは，結社の統制処分に対する裁判所の介入の必要，司法的コントロールの方法と実例が記述されている。同教授が「結社の自由」に対する制約として，「公の秩序の保護」とともに「結社における構成員の保護」を挙げていることを考えれば，モランジュ教授が，結社の自由論においても，団体活動の自由および団体の自律性との関係で構成員の権利利益が確保されるべきであると考えていることがうかがわれるであろう。

以上の検討により，結社の統制処分をコントロールする場面において，裁判所は近時，結社の自律性に踏み込んでまで処分の当否を審査する姿勢を示していること，また，学説はこの問題を「結社の自律性」と「構成員の権

---

(81) Guyon, *op. cit.* (n. 44), p. 552.
(82) Morange, *op. cit.* (n. 45), pp. 268-269.

利・利益」の対立と捉えた上で，おおむね裁判所の態度を肯定的に評価していることが了解されたであろう。

(5) 取消の効果

最後に，結社の統制処分が裁判所により取消された場合における，事後処理について検討しよう。被処分者が財産的・精神的損害の賠償を求めうることは，もちろんである[83]。問題となるのは，結社への復帰（réintégration）が認められるかである[84]。原則論としては，処分取消の効果は遡及するのであるから，被処分者は，法的には断絶なく結社の構成員にとどまっていたことになる[85]。

しかし，除名処分が取消された場合でも，裁判所は，構成員の復帰を命じることはできず，構成員が実質的に復帰するまで，罰金強制（アストラント）[86]を結社に課すという解決が1939年の裁判例[87]において示され，これが今日まで長く認められてきた[88]。これは，法的観点からすれば，債務者の協力を要する「為す債務」については，強制履行ができないという民法1142条に基づく解決である[89]。

さらに，こうした間接強制による解決は，実質的な観点からも正当化されるものである。まず，結社の側から見ると，この裁判例を評釈した民法学者のJ・カルボニエ教授は，結社契約に特有の性格から，構成員の復帰を結社に命じることは結社に対する不当な干渉になるとして，判例の態度を支持し

---

(83) Brichet, *op.cit.* (n. 30), p. 210; Mescheriakoff et al., *op.cit.* (n. 8), p. 195.

(84) この問題について，かつて裁判所の判断は分かれていた。簡潔にまとめた記述として，voir, Merlet, *op.cit.* (n. 2), p. 165 note 99.

(85) Mescheriakoff et al., *op.cit.* (n. 8), p. 196 ; Trib. civ. Seine, 1 mai 1914, *D.* 1917, II, p. 96. （除名決議が防御権違反とされた事件）はこの考え方に立ち，損害賠償及び復帰を命じる必要はないと判断した。評釈者のR・ドゥモーグも，本件のような手続違反の場合には，被処分者と他の構成員との不和は生じないとしてこの結論を正当化している Voir, René Demogue, « Effets de l'expulsion irrégulière d'un membre d'une association », *RTDciv.*, 1914, p. 657.

(86) アストラントについては，さしあたり，山口俊夫『フランス債権法』（東京大学出版会，1986年）211-212頁を参照。

(87) Trib. civ. Seine, 1 juin 1939, *JCP*, 1939, 1176. note R. D. この事件では，履行の遅延につき1日当たり1フランの支払いを命じた。

(88) Brichet, *op.cit.* (n. 30), p. 209.

第2章 結社の自由と個人の保護

ている[90][91]。

　他方で，構成員の側から見た場合でも，除名された結社に強制的に復帰させることが，当該構成員にとって適切な解決であるとは，必ずしもいえないであろう[92]。このように考えると，除名処分が取消されても，復帰まで求めるかどうかを構成員の選択にゆだね，さらにその場合でも，結社に対して間接的強制しか認めない裁判所の解決は，構成員と結社の双方の事情に配慮した方法であると評価することができるであろう。

　もっとも，この効果の問題については，復帰を命じる裁判例が見られることもあり[93]，現在でも，なお未解決の問題であるともいわれていることに注意が必要である[94]。

第4節　「結社からの自由」

1　「結社の自由」と「結社からの自由」

前節までで見てきたように，フランスの法律および判例において展開して

---

[89]　Sousi, *op.cit.* (n. 52), p. 137. 民法1142条は，「為す債務又は為さざる債務はすべて，債務者側の不履行の場合には，損害賠償に転化する」と定める。これは，債務者の協力が必要な場合に，現実履行を強制することは，人格的自由及び尊厳を侵害するという考え方に基づいている。詳しくは，山本桂一「フランス法における債務のastreinte（罰金強制）について」川島武宜編『我妻榮先生還暦記念・損害賠償責任の研究・下』（有斐閣，1965年）117頁以下，とりわけ125, 173-174頁を参照。

[90]　Jean Carbonnier, « Un tribunal peut-il ordonner la réintégration d'un membre exclu à tort par l'association ? », note sous Trib. civ. Seine, 1 juin 1939, *RTDciv.*, 1942, p. 212.

[91]　なお，Trib. civ. Grasse, 8 mai 1911, *RTDciv.*, 1912, p. 208. note Demogue.（正当な理由なく除名された事例）は，単なる手続違反でない場合には，復帰を命じても将来的に他の構成員と協同することが困難であるとの理由から，損害賠償しか認められないと判断した。

[92]　結社への復帰が法的に認められても，実際に他の構成員との関係を修復するのは困難であるからである。これは，「人の団体」たる結社特有の問題である。Voir, Morange, *op.cit.* (n. 56), pp. 238-239. このことが，結社の統制処分に関する判例が少ないことの一要因であることは，すでに述べた通りである。

[93]　Paris, 25 oct. 1988, *D.* 1988, IR, p. 286. 除名手続が明白に規約に違反していた事例で，裁判所は，当該構成員の復帰を命じることができると判断した。

[94]　Mescheriakoff et al., *op.cit.* (n. 8), p. 197.

第1部　フランスにおける結社の自由法理の成立と展開

きた「脱退の自由の法理」と「統制処分の法理」は，それぞれ結社の団体的拘束から個人を解放する，あるいは，団体自律権の濫用から構成員の権利利益を保護するものである。そして，この2つの法理は，ともに結社に対して個人の権利・自由を確保することを企図する点で共通している。その意味で，それら2つはあわせて「結社からの自由」と呼ぶことができるのではないか。実際，先に見たように，リヴェロ教授およびルブルトン教授は，結社の自由の体系化の際に，それぞれ「結社内部での構成員の自由」，「結社に対する個人の自由」をその主要な柱として挙げた上で，「脱退の自由」をその中に位置づけている。また，統制処分の法理についても，アルファンダリ教授は，結社の自由の個人的自由としての側面の中で，統制処分（とくに除名処分）の問題に触れており[95]，それを自由の問題として捉えていることを考えると，これらの2つの法理は「結社からの自由」と言いあらわすことが適切ではないかと思われる。

　そして，このように理解された「結社からの自由」については，次の2つの特徴を指摘することができる。第1は，「結社からの自由」は個人と公権力との関係ではなく，個人と結社との関係について妥当する原理であることである。つまり，「結社からの自由」は，私人間の関係を規律する原理である。これは，本来，私人間関係は対等な当事者が自由に設定できるとする私的自治の原則への，団体関係における例外として位置づけられる。

　第2に，フランスにおいて「結社からの自由」は，結社の自由論の体系に位置づけられている点である。このことは，「結社の自由」が必ずしも公権力との関係だけでなく，結社との関係においても観念されていることを示している。

　ただ，注意が必要なのは，ここにいう結社の自由の体系化が，必ずしも憲法論として行われているわけではないことである。実際，先に述べた1971年の憲法院判決においても，憲法的効力が承認された「結社の自由原理」のなかに「結社からの自由」が含まれているのかどうかは，明らかでない。したがって，フランスの結社の自由論では，憲法上の自由としての「結社の自由」が論じられているのではなく，「結社の自由」概念それ自体の内実と射

---

(95)　Alfandari, *op.cit.* (n. 40), pp. 439-440.

程が問題とされていることになる。

　以上の考察から，フランスの結社の自由論が対公権力のみならず，結社に対する関係にも及ぶこと，そしてこの後者に対する原理としての「結社からの自由」が結社の自由論の体系の中に位置づけられていることが，確認されたであろう。

2　「結社からの自由」論の背景

　それでは，フランスにおいて「結社からの自由」が確立された背景には，どのような事情があるのだろうか。それには，以下の3点を挙げることができると思われる。

　第1は，歴史的な事情である。フランスでは結社の自由は1789年の大革命で明確に禁止され，その後1世紀のあいだ正式に認められなかった。それは，個人と国家のあいだに位置する中間団体は，一方で国家作用を脅かす存在として，他方で団体内部の個人を搾取する存在として，脅威であると考えられていたからである。こうした事情から，1901年法が結社の自由を承認するにあたっては，個人主義の理念が見失われてはならなかった。同法が結社の設立を諸個人の契約として捕捉することにより，個人を基点として結社を法的に組み立てているのは，その何よりの証拠である。このように，結社の問題を個人の視点から考えるのであれば，その自由に対する侵害者が国家であるか結社であるかは，それほど重要な意味をもたないであろう。したがって，1901年法が団体の存在を認めるにあたっては，国家に対してはもとより，結社に対しても個人の自由が確保されなければならなかったのである。

　第2は，理論的な事情である。第1章で見たように，1901年法は，結社契約という私法上の法制度を通じて結社の自由を企図している。これは，結社の自由をめぐる問題を公法と私法の両面から規律しようとするもので，同法の特徴を示すものである。そして，結社の自由保障の手段である結社契約が「個人」と「個人」，あるいは「個人」と「結社」の関係を規律するものである以上，「結社の自由」の観念に私人間を規律する原理が含まれるのは，理由のないことではない。

　第3は，制度的な事情である。同じく第1章で示したように，フランスで

は結社の自由は憲法典において抽象的に宣言されているのではなく，1901年法という法律により具体的な制度として保障されている。したがって，そこには，「結社の自由」を保障したといえるためには何が認められなければならないのか，あるいは逆に，「結社の自由」が認められればどのような不都合が生じるのか，という立法者の具体的な問題意識を垣間見ることができる。たとえば，1901年法が①結社設立の自由（2条）を認めると同時に，②設立された結社の活動方法（3条，7条）や法律上の能力（5，6条）についての規定を置いていること，あるいは，③設立された結社からの任意退社（4条）を認めているように，同法は，結社の自由を認めるにあたって，その問題構造を的確に押さえた規定を用意している。そして，注意深く見ると，これらは，先の歴史的な事情について見たように，「結社」を認めること（上記①）の「国家」に対する関係（同②）と「個人」に対する関係（同③）の双方を十分意識したものとなっている。つまり，フランスの公法学説が「個人・結社・国家」の三者関係を念頭において結社の自由論を体系化できたこと，さらに「結社からの自由」を結社の自由の体系の中に位置づけることができたのは，1901年法自体の中にその萌芽を見出せるからではないかと思われる。

　以上の検討から，本章では，フランスでは1901年法とその後の判例を通じて，「脱退の自由の法理」や「統制処分の法理」が確立し，結社に対する構成員の権利利益の保護が図られていること，そして，学説において，これらは「結社からの自由」の問題として結社の自由論の中で捉えられていることが，確認されたであろう。

3　第2章のまとめ

　以上本章では，結社契約における個人と結社との関係について見てきた。1901年法の結社制度において，結社は，規約自由の原則の下で自律的な活動を保障されるが，他方，個人の結社する自由を保障する観点から，一定の場合につき，個人の保護が図られることが法律およびその後の判例を通じて認められている。このように，フランスの法制度において，個人の結社の自由は，「公権力から」だけではなく，さらに「結社から」も保護されることが，結社の自由保障にとって重要な意味をもつと考えられている[96]。

第 2 章　結社の自由と個人の保護

　　　　　　　　＊　　　　　　＊　　　　　＊

　(1)　第 1 部では，フランスで初めて一般的に結社の自由を承認した 1901 年結社法を素材として，結社の自由保障の理念と具体的な法制度を検討した。フランスでは，個人主義の理念のもとに，結社契約制度によって結社の自由保障が図られている。ここには，結社（団体）制度を構築するにあたっても，個人を出発点とすべきであるとの考えが，見て取れるであろう。

　こうして，個人を基点として結社の自由を捉えるならば，それは，国家との関係で保障されるだけではなく，さらに，結社との関係でも保障されるべきものであることが視野に入ってくるのは，当然である。実際，フランスでは，「結社の自由原理」が個人と結社との関係においても，すなわち，私人間の関係においても妥当することが 1901 年制定当初から現在に至るまで，法律・判例を通じて認められてきていることを確認できた。その意味で，結社契約制度は，個人の「結社する自由」だけでなく，個人の「結社からの自由」を確保する制度としても機能していることになる。

　(2)　しかし，1901 年法の意義は，これら結社内部の問題に限られるわけではない。特定の目的達成のために設立された結社は，それ自体として活動できなければ意味がないであろう。そこで，第 2 部では，結社自体が活動する場面に焦点をあてることにしよう。

---

(96)　Élie Alfandari, « Rapport de synthèse », in *L'association, 7èmes Journées René Savatier*, PUF, 2002, p. 204 は，個人と結社が衝突する場合でも，個人が結社に搾取されてはならないと明確に述べる。

第２部
結社の自由と法人理論

はじめに

(1) 第1部では，1901年法が導入した結社契約という法制度に着目して，主として個人と国家との関係，および個人と結社との関係における結社の自由保障の内実を確認してきた。

ところで，1901年法は，結社契約制度についての規定のみを置いているわけではない。それは同時に，設立された結社が法人格を取得し，それ自体独立した権利主体として活動できるための法人制度をも整備している。果たして，1901年法の規律対象のなかで，法人制度について定める部分は，結社の自由との関係でどのように位置づけられるのだろうか。より具体的に言えば，結社の法人格取得は，結社の自由の内容を構成しているのか，それとも，単に，結社の自由を支援する法制度としての意味しかもたないのかが問題とされるのである。

(2) そこで，第2部では，上記問題の解明に取り組むことにするが，ここでは，この問題に理論面と制度面の両方からアプローチすることにしたい。

第1に，理論的な観点からは，この問題は，「結社の自由」保障には「結社の法人格取得」が含まれるのかと定式化することができる。そして，本書は，この問題を考えるにあたっての手がかりを，法人の本質をめぐって19世紀末から20世紀初頭にかけてフランスで華々しく展開された法人論争に求めることにする。しかも，その過程で提唱された様々な法人学説の中から，とくにレオン・ミシュー（Léon Michoud, 1855-1916）の法人理論を取り上げる。後に詳しく見るように，ミシューの提唱した技術的実在説は，フランスでの法人論争に終止符を打ち，またその後，破毀院判決において採用されるまでに至っている[1]。そこで，ミシューの法人理論を検討することは，「結社の自由」と「結社の法人格取得」との理論的関連性を解明しようとする本書にとって有益な示唆を与えてくれるであろう。この理論面の検討は，第1

---

(1) ミシューの技術的実在説を受容した1954年の破毀院判決は，フランス裁判史における「判例上の革命」と評されている。詳しくは，第2章で扱う。

第 2 部　結社の自由と法人理論

章と第 2 章において行うことにする。
　第 2 の制度面からのアプローチについては，1901 年法の整備した非営利法人制度が，制定過程およびその後においてどのように位置づけられてきたかを，実際の法律・判例の展開や公法学説の評価を通じて検討することにする。

　(3)　以下では，まず第 1 章において，19 世紀までのフランスの団体・法人制度を概観した上で，その法状況を理論的に正当化した法人擬制説と，それが惹起した問題を克服するべく主張された法人実在説の考え方を検討する。
　続く第 2 章では，実在説が陥った困難を従来の法理論の前提を覆すことにより回避し，独自の法人理論を展開したミシューの技術的実在説を取り上げて，さらに，フランスの法人論争において「結社の自由」がどのような意義を担っていたのかを確認する。
　そして，最後の第 3 章では，1901 年法が定めた法人制度を概観した上で，その後，結社の法律上の能力が，法的効力の面で強化され（権利化，憲法化），その範囲が拡大して行く過程を詳細に検討することにする。

第1章

フランス法人論争の展開

第1節　擬制説の誕生とその背景

1　「団体」と「法人格」の一致から分離へ

(1)　「団体」と「法人格」との一致 —— アンシャン・レジーム期の団体制度

アンシャン・レジーム期のフランスには，結社の自由（liberté d'association）が存在しなかった。私的団体（groupement du droit privé）の設立は禁止されており，それゆえ，基本的にその存在は違法であるとされた。私的団体は，国王の許可（autorisation）があるときに初めて適法とされ，その存在が認められていた。ただ，ここで注意すべきなのは，私的団体の設立を許可する国王の免許状（lettres patentes）は同時に，団体に法人格を付与するものであったことである。つまり，許可により適法とされた団体は，当然に法人格をもつことができたのだった[2]。

このような，団体の「適法性（licéité）」から自動的に団体の「人格性（personnalité）」が導かれるという考え方は，アウグストゥスが提案したユーリウス法（lex iulia de collegiis）以来のローマ法の伝統を引き継ぐものである。同法によれば，団体（collegia）の設立は元老院の許可がない限り禁止されるが，ひとたび許可されれば，当然に団体には法的な活動手段が認められた[3]。もっとも，ローマ法の時代には，いまだ権利主体という意味での

---

[2]　Georges Pichat, *Le contrat d'association*, Arthur Rousseau, 1908, pp. 1-2. また，アンシャン・レジーム期の法人制度及び立法の変遷については，小西美典「フランス法人論序説」大阪市立大学法学雑誌6巻4号（1960年）123頁以下を参照。

[3]　H., L. et J. Mazeaud et F. Chabas, *Leçon de droit civil: Les personnes, la personnalité, les incapacités*, t. 1, vol. 2, 8e éd., Montchrestien, 1997, n° 760, p. 320. なお，船田享二『ローマ法・第2巻〔改版〕』（岩波書店，1969年）222頁，およびマックス・カーザー（柴田光蔵訳）『ローマ私法概説』（創文社，1979年）150-151頁も参照。

「人格（personne）」概念は存在していなかったが[4]，許可された団体には，構成員とは区別される財産的独立（autonomie patrimoniale）および訴権（droit d'ester en justice）という法人格の2つの基本的属性[5]が認められていた。このように，アンシャン・レジーム期までのフランスでは，団体の「法的存在（existence légale）」と団体の「法的能力（capacité juridique）」とは結びついており，両者を分離する考えは見られなかった。

　もっとも，設立許可の基準には，その後，「適法性」に加えて「一般利益性（intérêt général）」あるいは「公益性（utilité publique）」が要求されることになる。これは，国家にとって有益な団体にのみ法人格という特権（privilège）を付与するという考えである。つまり，有益でないと判断すれば，国家はいつでも法人格を剥奪することができたのであり[6]，それゆえここには，私的団体への法人格付与は，基本的に国家任務の分掌を意味していたと見ることができる[7]。以後，「法人格」は「公益性」と結びつけられることになるのであるが，しかし何れにしても，団体の設立許可の判断が，同時に団体への法人格付与を認めるものであったことに変わりはなかったのである。

(2)　「団体」と「法人格」との分離 —— 革命以後の団体制度
　「団体」と「法人格」とが分離されるのは，フランス革命期においてである。政治クラブおよび民衆協会（sociétés populaires）が果たした役割から，革命初期において一時的にではあるが結社の自由が認められていた。しかし，集会の権利と混同されていたことからもわかるように[8]，それはかつてのような中間団体を形成するものではなく，あくまで表現および思想の自由といった個人の自由として理解されるべきものである。したがって，結社の自

---

(4)　Jean Gaudemet, *Droit privé romain*, 2ᵉ éd., Montchrestien, 2000, p. 31.
(5)　Nathalie Baruchel, *La personnalité morale en droit privé: Éléments pour une théorie*, LGDJ, 2004, p. 4.
(6)　チュルゴーによると，「有益でなくなれば，団体は存在することをやめるべきである」とされた。Cité par H., L. et J. Mazeaud et Chabas, *op.cit.* (n. 3), nº 761, p. 321.
(7)　H., L. et J. Mazeaud et Chabas, *op.cit.* (n. 3), nº 761, p. 321.
(8)　1790年11月13-19日のデクレは，「市民は，法律を遵守する条件のもとで，平穏に集会する権利及び自由な協会を設立する権利を有する」と規定し，また，1793年6月24日憲法122条は，「この憲法は，フランス人に対し，……民衆協会において集会する権利……を保障する」と定めている。

由は，結社の法人格付与までを認めるものではなかった。

　このことには，別の理由も存在した。すなわち，アンシャン・レジーム期以来，中間団体が保有する死手財産（bien de mainmorte）に対して，国家は敵対的な態度を取ってきたのである。それゆえ，団体が法人格を取得し独自の財産を持つことは，原則として許されなかった。実際，市民社会の基本法たる1804年の民法典においても，法人の規定は置かれていない。このように，革命期において，「団体の存在」と「団体の法人格」とは分離されることになったのである。

　そのうえ，革命の反結社主義が波及するにつれて，一度は認められていた結社の自由も消滅させられることになる。すなわち，1791年のダラルド法とル・シャプリエ法により(9)，それぞれ同業組合と職人団体が廃止され，1792年には修道会と宗教団体が禁止される。また，1795年のデクレにより政治クラブが解散され，さらに1797年にはあらゆる政治団体が禁止された(10)。そして，1795年には，憲法において，団体および結社の設立が禁止されたのである(11)。

　この中間団体敵視の政策は，1810年の刑法典により一応の完結を見る。すなわち，同法291条によって，20人以上からなる結社（association）の設立には，政府の許可を得なければならないものとされた。これにより，法人格はもとより，団体設立自体が刑事罰をもって禁止されたのである。つまり，団体の存在自体が原則として違法であると評価されたのである。

　しかも，政府による団体の設立許可は，かつてのように当該団体の法人格の承認までを意味しないものとされた。団体が法人格を取得するには，さらにコンセイユ・デタによる公益認定を受けなければならなかった(12)。つま

---

(9)　これらの立法が，同業組合と労働組合の禁止にとどまらず，文字通り団体（corporation）一般の禁止を意図していたと指摘するものとして，参照，富永茂樹「中間集団の声と沈黙――1791年春－秋」同『理性の使用――ひとはいかにして市民となるのか』（みすず書房，2005年）71-72頁。

(10)　19世紀の結社法制については，村田尚紀「フランスにおけるアソシアシオンの自由――1901年7月1日法までとそれから」日仏法学23号（2004年）25頁以下に詳しい。

(11)　1795年8月22日憲法（共和暦3年フリュクチドール5日憲法）360条は，「公の秩序に反する団体（corporation）及び結社（association）は，設立することができない」と定めている。

り，許可を得て適法に設立された団体であっても，法人格取得には別途の許可が必要とされたのである。ここでは，「団体の適法性」の判断と「団体の法人格」の判断とが，明確に分離されている[13]。革命によってもたらされた，この「団体の存在」と「団体の法人格」とを分かつ法制度は，以後19世紀を通じて妥当することになる。そして，このような団体・法人制度を理論的に正当化したのが，次に見る擬制説である。

2 擬制説の理論的基礎とその帰結
(1) サヴィニーによる理論化

先に見たように，ローマ時代において，権利主体を意味する「法的人格」という抽象的概念はいまだ存在せず[14]，財産権，訴訟権および契約締結権といった個別の権能が観念されるに過ぎなかった。「法的人格」の概念が確立するには，13世紀のローマ法学者およびカトリック法学者の登場を待たなければならなかった[15]。すなわち，古法時代になりようやく，団体を「人格 (*persona*)」と捉える考えが出現するようになる[16]。具体的には，13世紀においてインノケンティウス4世 (Innocentius Ⅳ, 1180/90-1254) が，団体について「仮想的人格 (*fingere una persona*)」という表現を初めて用いたとされ，また14世紀においてバルトルス (Bartolus, 1313-1357) は，団体を「擬制的人格 (*persona ficta*)」と呼んだのである[17]。しかし，この時代を含むアンシャン・レジーム期における「擬制」とは，19世紀末の法人論争に

---

(12) 公益認定の基準としては，(1) 目的，(2) 資金状況，(3) 活動実績が考慮されていたようである。目的についてはさらに，① 孤児救済事業，② 共済互助事業，③ 福祉増進事業，④ 科学芸術文芸振興事業，⑤ 軍事活動促進事業の5つに分類されている。Voir, Ministère de l'Intérieur, « Notes de jurisprudence », in *Révue générale d'administration*, 1893, t. 3, pp. 21-31.

(13) Margat, « De la condition juridique des associations non déclarées », *RTDciv*., 1905, p. 237 ; H., L. et J. Mazeaud et Chabas, *op.cit*. (n. 3), n° 762, p. 322.

(14) Gaudemet, *op.cit*. (n. 4), p. 33.

(15) Gaudemet, *op.cit*. (n. 4), p. 31.

(16) Basile Eliachevitch, « La personnalité juridique d'après la conception romaine et les théories modernes », in *La personnalité juridique en droit privé romain*, Sirey, 1942, p. 354.

(17) Anne Lefebvre-Teillard, *Introduction historique au droit des personnes et de la famille*, PUF, 1996, p. 89.

おけるのとは異なり、単に団体がその構成員とは区別される存在であることを意味するにとどまっており、法人の本質が「擬制」か「実在」かという問題はいまだ生じていなかったようである[18]。

このように、中世以降、団体の「人格」を法的擬制として説明する考え方は存在していたが、その「擬制性」を本格的に理論化したのは、19世紀ドイツの法学者サヴィニー（Friedrich Carl von Savigny, 1779-1861）である。彼の権利および権利主体についての基本的な考え方は、彼の主著『現代ローマ法体系・第2巻』（1840年）の冒頭に示されている[19]。そこにおいてサヴィニーは、権利主体（Rechtssubject）について次のように述べている。

「あらゆる権利は、人間（Menschen）に内在している道徳的自由のために存在する。それゆえ、人格（Person）又は権利主体の本来の概念は、人間の概念と一致しなければならず、両概念の本来的同一性は、次のように定式化される。すなわち、各々の人間が、そして人間のみが権利能力を有する[20]」。

ここには、自然人のみが権利主体になることができるという、いわば「権利主体＝自然人」の公理を見出すことができる。

これは、同書第1巻冒頭で展開されている彼の「権利」についての考え方に基づいている[21]。そこでは、次のように述べられている。

「法律上の状態を、それがどれほど現実の生活においてあらゆる側面から我々を取り囲み、また、我々に浸透しているままに観察すれば、そこにおいてまず目に映るのは、各人に属している力（Macht）、すなわち、人の

---

(18) Anne Paynot-Rouvillois, « Personne morale », in Denis Alland et Stéphane Rials (dir.), *Dictionnaire de la culture juridique*, PUF, 2003, p. 1154.

(19) サヴィニーの法人論の全容については、福地俊雄「サヴィニーの法人理論について」（1956年）同『法人法の理論』（信山社、1998年）53頁以下を参照。

(20) Friedrich Carl von Savigny, *System des heutigen Römanischen Rechts*, Bd. 2, 1840, S. 2.〔訳出する際、小橋一郎訳『現代ローマ法体系・第2巻』（成文堂、1996年）7-8頁を参考にした。〕

(21) サヴィニーの権利論の詳細は、戦前のものではあるが末川博「サヴィニーの権利論」（1927年）同『不法行為並に権利濫用の研究』（岩波書店、1933年）145頁以下を参照。

意思が支配している領域である。この力を我々は権利（Recht）と呼ぶが，これは権能（Befugnis）というのと同義である。そして，多くの者は，これを主観的意味における法（Recht）と呼んでいる[22]」。

このように，サヴィニーは，主観的権利の本質を「意思の力」に求めるいわゆる意思説（Willenstheorie）を理論的基礎とし，そこから，意思を有する人間は当然に法人格を認められ，かつそれは人間のみに限られるという権利主体論を展開するのである。

しかし，サヴィニーにおいても，現実の必要性から，権利主体性は実定法により2つの方向において修正される。第1は，人間の権利主体性を制限する方向においてであり，これは一定の身分に属する者（たとえば奴隷など）の権利主体性についてである。第2は，人間以外の何か（Etwas）に権利主体性を拡張する方向においてであり，それは人為的に形成される法人（juristische Person）のことである。ところが，先の「権利主体＝自然人」の公理によると，自然人を超える集団の法人格は，当然に認められるものではない。それゆえ，「単なる擬制（Fiction）によって認められた人為的な主体」として，法人には権利能力が認められることになる[23]。

権利主体の本質を人間の本性，とりわけ意思に求めるこの理論は，そのような意思を有する個人以外の団体に法人格を認めないという意味で，革命以降の近代個人主義の理念に合致する[24]。他方で，中間団体を消滅させ集権化を目指す近代国家にとっても都合の良い理論である。それゆえ，このサヴィニーによる理論化を経た擬制説は，法人格の規定をもたない当時のフランス実定法に関して，法人を否定する正当化根拠を与えるものであった。

学説上も，この擬制説の考え方は，法典を絶対視し条文の論理的操作のみを問題とする注釈学派[25]（École de l'exégèse）に直ちに受け継がれることになる[26]。たとえば，私法学者であるロラン（François Laurent, 1810-1887）は，「人間のみが人格者であり，権利をもつ[27]」とし，法人が擬制的存在である

---

(22) Savigny, a. a. O. (Fn. 20), Bd. 1, 1840, S. 7.〔訳出する際，小橋一郎訳『現代ローマ法体系・第1巻』（成文堂，1993年）36頁を参考にした。〕

(23) Savigny, a. a. O. (Fn. 20), Bd. 2, 1840, S. 236.〔邦訳208頁。〕

(24) Anne Paynot-Rouvillois, « Sujet de droit », in Alland et Rials, *op.cit.*, (n. 18), p. 1453.

第1章　フランス法人論争の展開

と説明する。また，行政法学者デュクロック（Auguste Ducrocq, 1829-1913）は，「知性および意思を備えた人間だけが，現実かつ自然の人格者である[28]」と述べ，法人が純粋に人為的で擬制的な存在であると指摘していたのである。

(2) 擬制説の帰結

このような擬制説からは，次の2つの帰結がもたらされる。

第1に，この説は団体の実体を問題としないため，団体の法人格が純粋に国家の創造物（création）とされることである[29]。そして，団体に法人格を付与（octroi）するかどうかは国家の裁量に属するのであり，その意味で，法人格は国家が与える「優遇（faveur）」である。この擬制説について，ミシューは次のように述べている。

「この第1の考え方〔擬制説のこと〕によれば，国家は擬制の絶対的支配者であり，国家はそれを自在に操ることができる。法人格は実体（réalité）に見合うものではない。それは，国家にふさわしいと思われる一定の団体に対して法律が与える優遇に過ぎない。[30]」

この優遇付与の仕方は様々であり，ミシューは，① 立法者が個別に付与する場合（特許主義），② 立法者が行政機関に判断を委任する場合（免許主義），③ 立法者が一定の要件をみたす団体に法人格付与することを事前に定

---

(25) 山口俊夫「フランス法学」碧海純一＝伊藤正己＝村上淳一編『法学史』（東京大学出版会，1976年）198-201頁。注釈学派については，野田良之「註釈学派と自由法」尾高朝雄編集代表『法哲学講座 第3巻』（有斐閣，1956年）199頁以下に詳しい。

(26) Michel Menjucq, « Personne morale », in Loïc Cadiet (dir), *Dictionnaire de la justice*, PUF, 2004, p. 979.

(27) François Laurent, *Principes de droit civil français*, t. 1, 5e éd., 1893, p. 387.

(28) Auguste Ducrocq, *Cours de droit administratif*, t. 6, 7e éd., Fontemoing, 1905, p. 12.

(29) Savigny, a. a. O. (Fn. 20), Bd 2, S. 277-278〔邦訳243頁〕; Laurent, *op. cit.* (n. 27), p. 369 ; Ducrocq, *op. cit.* (n. 28), p. 14.

(30) Michoud, *La théorie de la personnalité morale et son application au droit français*, LGDJ, t. 1, 2e éd., par Trotabas, 1924, reprint, 1998, p. 17.

第2部　結社の自由と法人理論

める場合（準則主義）があるとする。しかし，何れの場合においても，法人格付与が優遇であることに変わりはなく，それは国家の自由裁量（purement arbitraire）に属する[31]。このように，法人格の付与は法律によって認められるに過ぎないため，一度付与した法人格を立法者はいつでも剥奪することができる。国家は，団体に法人格を付与するか否かを決定する絶対的支配者であり，どの団体に法人格を付与するかはもちろん，さらには法人格を付与する場合でも，いかなる範囲で認めるかを自由に決めることができるのである。

第2は，国家は法人格付与にあたり，条件を課すことができることである。これにより国家は，自らにとって望ましい団体を選別することができる。この場合，前述のように，国家は一般利益又は公益性を要求する。この公益性の判断は国家が専断的に行うため，国家的任務を分掌する地方自治体や公の営造物などの公的団体には容易に法人格が認められるが，そうではない慈善目的および学術目的をもつ私的団体に公益性が認定されることは稀である[32]。つまり，適法に設立されたが公益認定を受けられない団体は法人格を取得できないことになり，ここに理論上の帰結としても，「団体」と「法人格」との分離状況が認められるのである。

(3) 小　括

以上見てきたところによると，擬制説においては，意思を有する「自然人」と法人格を付与する立場にある「国家」が法の世界におけるアクターとして当然にあらわれる一方で，それらの間に位置する「私的団体」は，公益性を基準とした国家の許可によってはじめて権利主体性を認められることになる。これは，法秩序が基本的に国家と個人の二者から構成されるものとして捉える考え方である[33]。そのため，これによれば，私的団体が権利主体として積極的に活動することは，原則として否定されざるをえないのである。

---

(31) ミシューは，「適法に設立された団体であっても，当然に法人格取得を要求することはできない」（Michoud, op.cit. (n. 30), p. 17）という。
(32) Laurent, op.cit. (n. 27), p. 370.
(33) 参照，加藤雅信『新民法大系Ⅰ・民法総則〔第2版〕』（有斐閣，2005年）157頁。

第2節　擬制説と結社の自由との関係

1　擬制説における結社の自由

それでは，この擬制説において，「団体」と「法人格」との関係はどう理解されているのか。

デュクロックは，刑法典291条の条件下で設立許可を得た場合に，「適法な結社は法人格を享受するのか[34]」という問いを立てて，この問題を検討している。しかし，彼は，結社の適法性は刑事的規制を解除するだけであり，それは法人格を導かないとして，両者の結びつきを否定する。

また，ベルギーの私法学者であるロランは，1831年ベルギー憲法20条が結社の自由を保障していることを取り上げて，「結社する権利には，法人格化が含まれるのか？[35]」という問いを提起しているが，擬制説の立場から，法人格取得には国家の関与が必要であると結論づけている。さらに後に詳しく見るミシューも，擬制説によると「法人格は，結社する権利（droit d'association）とはまったく異なる事柄として理解されるであろう[36]」と述べていたのだった。

このように，擬制説の立場からは，「結社の自由」には「結社の法人格取得」が含まれないという理解が示されている。つまり，「結社の自由」には，もっぱら結社の設立を認める意味しか与えられていない。

ただ，学説において「結社の自由（結社設立の自由）」の問題と，「結社の法人格」の問題との関連性が意識されていたことは，ここでの問題関心に

---

(34)　Ducrocq, *op.cit.* (n. 28), p. 58.

(35)　Laurent, *op.cit.* (n. 27), p. 385. なお，1901年7月1日法まで結社が禁止されていたフランスとは異なり，1831年2月7日のベルギー憲法20条は，明文で「結社の自由」を保障していたことに留意する必要がある。しかし，ミシューによると，ベルギーでは「結社の自由」が認められているにもかかわらず，結社の法人格はまったく認められないのが原則であったという。この意味で，ベルギーでは結社の設立と結社の法人格取得が完全に分離されていた例であるとされている。Voir, Léon Michoud, « Rapports sur la personnalité morale des associations », in *Procès verbaux des séances et documents: Congrès international de droit comparé, Tenu à Paris du 31 juillet au 4 août 1900*, t. 2, 1907, p. 7.

(36)　Michoud, *op. cit.* (n. 30), p. 17.

第2部　結社の自由と法人理論

とって重要である。つまり，デュクロックもロランも，両者の関係を一応主題化した上で，その結びつきを否定しているのである。そして，後述するように，この点の評価が，法人論争の重要な争点となるのである。

もっとも，「結社の自由」が認められていなかった 19 世紀のフランスにおいて，両者の関連性を論じる実益はそもそもなかったといえるのかもしれない。しかし，こうした理論状況は，次に見るように，「結社の自由」を法認しようとする 1901 年法の審議段階でも，なお変わらないままであった。

2　1899 年法案における擬制説の明文化
(1)　1899 年法案における結社制度

「団体」と「法人格」とを分離する考え方は，フランスで初めて結社の自由を認めた 1901 年結社法となる 1899 年法案でも見出すことができる。この 1901 年結社法は，① 結社設立の自由を承認すると同時に，② 届出結社の（限定的）法的能力の取得を承認したものであり，それゆえ，「団体」と「法人格」の何れの段階においても許可を要した従来の反結社的な制度から，極めて自由主義的な制度への移行をもたらした画期的な法律である。

しかし，起草者ワルデック＝ルソー（Pierre Waldeck-Rousseau, 1846-1904）が提出した 1899 年法案は，必ずしも自由主義的なものではなかった。この法案を検討することによって，結社法案の起草者が「結社の自由」保障についてどのような内容を構想していたのかを知ることができる[37]。

まず，結社の設立に関しては，結社契約（contrat d'association）という新しい契約類型を創設して結社を私法により規律しようとした（法案1条）。これにより，結社の設立に契約自由の原則を適用することができる反面，私法の一般原理および債務法による規律を受けることになる。もっとも，法案段階ではまだ，公法的規制の観点から，すべての結社は設立後ただちに県庁に届出なければならないとされていたが（届出制），しかし，これは刑事制裁を前提とする従来の許可制に比べると格段に自由主義的な制度である。

他方，設立された結社が財産を取得することに対しては，極めて懐疑的な立場を取っている。これは，上記のように団体財産は分割や流通を免れる死

---

(37)　起草者ワルデック＝ルソーの結社法構想については，第1部第1章を参照。

第 1 章　フランス法人論争の展開

手財産を構成することから，経済活動および国家の作用に対して重大な影響を及ぼすと考えられたからである。そこで，結社が法人格を取得するには，国家の許可が必要とされた。

以上から，1899 年法案では，① 国家により法人格を付与される公認結社（association reconnue）と② 法人格を持たない非公認結社（association non reconnue）からなる 2 段階の結社制度が構想されていたのである。

(2)　背景理論としての擬制説
①　擬制説に基づく法人格の定義

1899 年法案におけるこのような結社制度は，法人学説上の擬制説の考え方に立脚するものである。というのも，そのことが法文上明記されているからである。すなわち，フランス法制上初めて法人格を定義したとされる法案 10 条は[38]，法人格が「法律上の擬制（fiction légale）」であると明示的に定めている[39]。また，法人格取得の方法を定めた法案 11 条は，法人格が「特権（privilège）」であること，並びにそれが国家の付与に基づくものであることを示している[40]。さらに，提案理由説明によると，法人格承認の条件として公益性（utilité publique）が要求されているのである[41]。

---

(38)　*J. O.*, Chambre des députés, séance du 14 novembre 1899, p. 124; *L'avènement de la loi de 1901 sur le droit d'association: genèse et évolution de la loi au fil des Journaux officiels*, Les éditions des Journaux Officiels, 2001, p. 244（以下，*Avènement* として引用する）。なお，ワルデック＝ルソーが提出した法案においては，一貫してこの種の規定が見られる。例えば，1882 年法案 7 条及び 1883 年法案 14 条は，法人格が法律上の擬制であることを定めている。
(39)　1899 年法案 10 条は，「法人格（personnalité civile）とは，法律上の擬制（fiction légale）であって，これにより，結社は構成員とは区別され，かつ構成員にかかわらず存続する法人（personne morale）として扱われるのであり，結社財産の所有権はこの法人格のもとに存続する」と定めていた。
(40)　1899 年法案 11 条 1 項は，「法人格という特権（privilège）の取得を要求する結社は，法律特別施行令の形式でなされるデクレによる承認を得なければならない」と定めていた。
(41)　*J. O.*, Chambre des députés, séance du 14 novembre 1899, p. 124; *Avènement*, p. 244. このことは，1900 年 6 月 8 日の下院委員会におけるトゥルイヨ（Trouillot）報告書により条文化されている。同委員会案 9 条は，「この法人格は，法律特別施行令の形式でなされるデクレによる公益認定（reconnaissance de l'utilité publique）に従う」と規定していた。

第 2 部　結社の自由と法人理論

　ここには,「結社の存在」自体からは直ちに「結社の法人格」は導かれない, という考えが明確に示されている。起草者であるワルデック＝ルソーによると,「法人格は, 結社（association）であるという事実又は営利組合（société）という事実からは当然には帰結されず, それは, 結社と国家との間に介入する一種の協定（pacte）によってのみ生じうる[42]」。このように, 設立された結社が法人格を取得するには, 別途国家の承認が必要とされていた。

②　起草者の「結社の自由」理解

　さらに, 注目されるのは, 法人格取得に関するこのような強度の制限は結社設立の自由に反するものではないということが, 起草者ワルデック＝ルソーに意識されていたということである。法案の注釈において, 彼は,「完全な法的能力を得るために第 11 条……がもたらす制限は, この法案第 1 条によって示される原則〔結社設立の自由を指す――引用者注〕を何ら侵害するものではない[43]」と述べている。つまり, 結社の自由を認めようとした起草者においても,「結社設立の自由」には「法人格取得の自由」が含まれないと考えられていたのである。

(3)　小　括

　このように, 擬制説の下では,「法人格の取得」は「結社の自由（結社設立の自由）」の保障内容には含まれないとされ, このことは「結社の自由」保障を企図する 1899 年結社法案においても確認することができる。つまり,「団体」と「法人格」とを分断し, 法人格取得には国家の許可を必要とする擬制説の考え方が, 19 世紀のフランスでは学説上も実務上も支配していたのである。

---

　(42)　*J.O.*, Chambre des députés, séance du 14 novembre 1899, p. 123. ; *Avènement*, p. 243.

　(43)　*J.O.*, Chambre des députés, séance du 14 novembre 1899, p. 124. ; *Avènement*, p. 244.

第3節　法人実在説の展開とその限界

1　法人実在説の展開
　以上のような擬制説がもたらす問題に応えようとしたのが，法人実在説である。すなわち，擬制説は，団体の法人格は国家によってのみ「創造」されると考えていたが，実在説はこの点を問題にする。そこで，団体にはその実在性から法人格が認められるべきことを主張するのである。
　ところで，この実在説においても前提とされていることがある。それは，権利を「意思の力」と捉える意思説の考え方である。それゆえ，実在説においては，団体が構成員とは区別される固有の集団意思をもつことの証明が必要となる。そしてこれには，次に見るように，生物学的にアプローチしようとする方法と社会学的にアプローチしようとする方法の2つがある。

(1)　生物学的アプローチ
①　「有機体」による説明
　ドイツのギールケに倣って，生物学や有機体の概念に依拠して法人の実在性を論証しようとしたのは，R・ウォルムス（René Worms, 1869-1926）である。彼は，その著書『有機体と社会』[44]（1896年）において，生物学上のアナロジーを用いて，人間と団体との意思形成プロセスの類似性を論証する[45]。
　人間は多数の細胞（cellule）から構成され，この細胞の配合により人間意思が形成される。そして，このことは団体現象にも拡張することができる。すなわち，団体を有機体として捉えると，その構成員は人間における細胞と同じなのであり，そこにおいては群れの中にいるように構成員は個性を失っている。そこでは，意思はある思念をめぐって多数派を獲得する細胞間の闘争の結果と考えられ，この点で個人意思も集団意思もその意思形成においては同程度の実在性をもつ。つまり，個人意思も集団意思も，ともに細胞並び

---

(44)　René Worms, *Organisme et société*, Giard et Brière, 1896.
(45)　Worms, *op.cit.* (n. 44), p. 59et s.

に構成員といった多数の構成物の合力であるという点で同じであるというのである。

② 「生命体」による説明

諸個人の結合が生命体であることから集団意思に初めて言及したのは，何よりもまずルソー（Jean-Jacques Rousseau, 1712-1778）である。もっとも，ルソーが念頭においているのは，もっぱら国家の人格についてである。彼は，『社会契約論』（1762年）において，「結合行為は成立すると直ちに，各契約者個人にかわって，一つの精神的・集合的団体（corps）を成立させる」と述べたうえで，この団体は「結合行為から統一性（unité），共通の自我（moi commun），生命（vie）及び意思（volonté）を受け取る[46]」というのである。

また，比較法学者 R・サレイユ（S. F. Raymond Saleilles, 1855-1912）は，1899年の「ドイツ新法典における結社」と題する議会での報告[47]において，ドイツ新民法典が擬制説の影響から分離状況を創出したことの問題点を指摘したうえで，自らの法人理論を展開する[48]。その際，彼は意思説に依拠し，団体においても共同意思を表明しそれに従って行動する組織体（organisme）が存在すると主張する。すなわち，集団は固有かつ独立の生命力（vitalité）を有するのであり，それゆえ，そこで表明される意思は構成員個人の意思とは完全に区別される集団意思である。そして，この固有の集団意思のもとに，構成員とは別の集団財産が帰属するのである。もっとも，集団が法人格を取得するには国家の介入が必要であるが，それは擬制説のように国家が「創造」するのではなく，実在する集団を「承認」するに過ぎない。そして，この承認には擬制説のような公益性は要求されず，ただ公益への危険がないことで十分であるというのである。

---

(46) Jean-Jacques Rousseau, *Du contrat social*, Livre Ⅰ, chapitre Ⅵ.
(47) Raymond Saleilles, « Les associations dans le nouveau droit allemand », in É. Lamy, (dir.) *Le droit d'association*, 1899, pp. 229-246.
(48) Léon Michoud, « La théorie de la personnalité morale dans l'œuvre de Raymond SALEILLES », in *L'Œuvre juridique de Raymond Saleilles*, 1914, p. 308.

第 1 章　フランス法人論争の展開

(2)　社会学的アプローチ
①　ツィーテルマンの集団意思説
　これに対して，社会学的アプローチから集団意思を理論的に説明したのは，ドイツのツィーテルマン（Ernst Zitelmann, 1852-1923）である。彼は，1873 年の『いわゆる法的人格の概念と本質[49]』において，興味深い説明を行っている。「個別のものからなる集合体（Vielheit）は，それが組織化されると統一体（Einheit）になる[50]」という。具体的には，AとBの2つの要素がただ集合するなら，A + B =（A + B）となるだけだが，これが統合力（eine einende Kraft）により組織的に結合されるとA + B = Cになるというのである。これはたとえば，それ自体としては音の集合に過ぎないものが，他の音と結合されることにより，音楽という統一体として把握されるのと同じである。そして，このことは集団においても妥当するものとされる。その際，集団において統合されているのは，人間そのものではなく意思である。そして，集団の場合，諸個人の個別意思が追及する目的により統合されると見るのである。これにより，各人の意思とは区別される新しい集合意思が形成されるというのである。

②　ボワステルの「意思の束」説
　また，法哲学者のボワステル（Alphonse Boistel, 1836-1908）は，1905 年の論文「法人の概念[51]」において，法人理論を展開している。彼は，人間の「人格性（personnalité）」の定義から人間集団の「人格性」を論証しようとする。人間が人格をもつのは，他の存在とは異なり，自らの行為についての「最高の統御能力（pouvoir suprême de direction）」を有しているからである。これは，「自らを最高の理性に即して操縦する能力」であるとも説明される。つまり，理性によって啓蒙された思慮深い活動，すなわち，人間の意思活動が人格を構成する。
　そこで問題は，このように定義された人格が，人間集団にも適用されるか

---

(49)　Ernst Zitelmann, *Begriff und Wesen der sogenannten juristischen Person*, Duncker & Humblot, 1873.
(50)　Zitelmann, a. a. O. (Fn. 49), S. 79 ff.
(51)　Alphonse Boistel, « Conception des personnes morales », in *Congrès international de philosophie : IIe session : tenue à Genève, du 4 au 8 septembre 1904*, 1905, p. 185.

第 2 部　結社の自由と法人理論

否かであるが，ボワステルはこれを肯定する。しかしそのためには，人間集団にも上記の人格の定義，すなわち，自らの行為を指導する能力が示されなければならない。彼によると，団体とは「共通の手段を通じて共通の利益を目指す，多数人の意思の協働」であるとされる。そして，各構成員の意思は団体目的に一致して向かうのであり，団体においては，これが統御力（puissance directrice）を有するものとされる。それゆえ，この意思の束（faisceau de volontés）が団体の人格を構成するとされるのである[52]。

2　法人実在説の限界
(1)　実在説の問題点

以上，実在説の主張を，生物学的アプローチと社会学的アプローチとに分けて少し詳しく見てきた。これら実在説の思考は，基本的には 2 つの段階から成り立っている。それはまず，団体の実在性を人間との類推で捉えるものであり，そのうえで，その類推の基礎を自然意思に求めるという手順である。言い換えれば，権利主体の要素を人間の自然意思とすることを前提に，団体にも人間と同じ「自然意思」が存在することを証明しようとするものである。

しかし，何れの見解によっても，団体が自然意思をもつことを示すことは不可能である。

まず，生物学的アプローチによる説明に対しては，何よりも団体と人間とを有機体のアナロジーで説明することは科学的根拠を欠く，という批判があてはまる[53]。また，そもそも人間の意思形成プロセスに関しても，これらの説明が真実なのかどうかについて検証されるべきである。その意味で，団体を有機体的に説明することは比喩に過ぎず，結局，このアプローチでは何らの実証性も獲得できないのである。

次に，社会学的アプローチについても，構成員とは区別される集団固有の意思の存在が証明されたと見るのは，困難であるように思われる[54]。次章

---

(52)　Alphonse Boistel, *Cours de philosophie du droit*, t. 2, Fontemoing, 1899, p. 24.
(53)　Baruchel, *op.cit.* (n. 5), p. 31.
(54)　Léon Duguit, *Leçons de droit pubic général*, 1926, réimpression, La Mémoire du Droit, 2000, p. 97.（赤坂幸一＝曽我部真裕訳「レオン・デュギー『一般公法講義』（1926 年）（3）」金沢法学 48 巻 1 号（2005 年）110 頁）．

で検討するミシューが指摘するように、このように提示された集団意思というのは、結局のところ、常に構成員の誰かの意思に過ぎないのであって、集団固有の意思が存在するわけではない。また、たとえ表明される意思が共通の団体目的の実現に向けられたものであっても、このことは集団固有の意思が存在することを直ちには意味しないのである。

(2) 意思説を前提とすることの問題

これらすべての問題の根源は、権利の本質的要素を意思と捉える「意思説」である。個人意思とは区別される集団意思が存在することを、証明することはできない。それゆえ、意思説を前提とするならば、団体の実在性を否定する擬制説か若しくは否認説に帰着せざるを得ない[55]。つまり、意思説に依拠する従来の実在説は、「団体」と「法人格」との分離状況を、理論的に克服することはできないのである。

それにもかかわらず、団体の実在性を論証しようとすれば、権利主体の根拠を意思に求める従来の考え方からそもそも脱却して、権利の本質につき異なる前提に立って法人理論を展開するしかない。そして、それを試みたのが次章で見るミシューである。

---

[55] Anne Paynot-Rouvillois, « Personnalité morale et volonté », *Droits*, n° 28, 1999, p. 23.

第2章

ミシューの法人理論

第1節　ミシューの法学方法論

1　ミシュー『法人理論』の位置と「序論」の意義
(1)　ミシューの法人理論とその影響——日仏比較

本章では，ミシューの法人理論を検討する。ここで，彼の理論を独自に取り上げて検討することには理由がある。それは，20世紀初頭に公刊された彼の著書『法人理論とそのフランス法への適用[1]』（全2巻，以下『法人理論』と表記）が，それまで独仏で展開されてきた法人論争を包括的に取扱っているということだけではない。ミシューが打ち立てた法人理論は，学説上，技術的実在説（théorie de la réalité technique）と呼ばれる独自の地位を築いており[2]，さらに実務上も，後の判例が採用するところとなっているからである。その意味で，ミシューの法人理論は，学説上も実務上も，現在に至るまでフランスにおいて多大な影響を及ぼしているのである。

わが国においても，ミシューの名と彼の法人理論の内容は，明治期においてすでに知られていた。明治41（1908）年，『法学協会雑誌』に発表された鳩山秀夫（1884-1946）の「法人論[3]」は，法人の本質論に関する日本で最初の研究論文とされているが，ここでは早速，1906年に刊行されたミ

---
(1)　Léon Michoud, *La théorie de la personnalité morale et son application au droit français*, LGDJ, t. 1, 1906 ; t. 2, 1909. 本書には，トロタバ（Louis Trotabas）の補訂による第2版（1924年）があり，1932年には第3版が刊行されている。しかし，初版の本文には手を加えられておらず，注においてその後の学説と判例の状況が括弧つきでフォローされているだけである。そこで本書は，参照の便宜を考慮して，近年復刻された第2版を用いることにする。Léon Michoud, *La théorie de la personnalité morale et son application au droit français*, t. 1, LGDJ, 2e éd., par Trotabas, 1924, reprint, 1998.

(2)　Philippe Malaurie, « Nature juridique de la personnalité morale », *Répertoire du notariat defrénois*, 1990, p. 1073.

第2部　結社の自由と法人理論

シューの『法人理論』第1巻が引用されている。そして，鳩山自身の見解も，このミシューの法人理論に基本的に依拠していた[4]。

また，明治44（1911）年に松本烝治（1877-1954）が『法学新報』にて公表した論文「法人学説[5]」は，前年の1910年に刊行されたばかりのサレイユの『法人について — 歴史と理論[6]』に早くもふれており，当時の独仏で提唱されていた多くの法人学説を，独自の分類に即して検討したものである。そこには，当然ミシューの『法人理論』についての言及が見られる。もっとも，松本自身は，最新のサレイユの説に与するのであるが，ミシューの『法人理論』についても「引証該博，議論明快，稀有の良著[7]」と述べるなどその意義を肯定的に評価している。

ところで，この松本の「法人学説」論文は，その後の法人論の叙述方法に影響を及ぼしたといわれる[8]。すなわち，この松本論文は，その叙述を擬制説より始め，否認説から実在説へと進行するスタイルをとっている。そして，叙述の最後に登場するサレイユ組織体説が，実在説に属するギールケ説とミシュー説の2つを折衷する法人理論の到達点として取り扱われており，それに高い評価が与えられているのである[9]。

しかし，本国フランスでは，今日でも法人理論の代表者はミシューである[10]。しかも，前述のように，彼の学説には，サレイユの「組織体説」と

---

(3) 鳩山秀夫「法人論」（1908年）同『民法研究 第1巻（総則）』（岩波書店，1925年）437頁以下に所収。

(4) 鳩山・前掲注(3)471頁。海老原教授は，両者の影響関係を指摘する。海老原明夫「ドイツ法学継受史余滴・法人の本質論その2」ジュリスト952号（1990年）10-11頁。

(5) 松本烝治「法人学説」（1911年）同『商法解釈の諸問題』（有斐閣，1955年）113頁以下，所収。さらに，松本の法人論は，この前年1910年の『人，法人及物』（厳松堂書店，1910年）287頁以下において展開されている。

(6) Raymond Saleilles, De la personnalité juridique : Histoire et théories, 1910, réimpression, Librairie Nouvelle de Droit et de Jurisprudence, 2003.

(7) 松本・前掲注(5)「法人学説」134頁。

(8) 海老原・前掲注(4)11頁。

(9) 我妻栄『新訂民法総則』（岩波書店，1965年）125頁，川島武宜『民法総則』（有斐閣，1965年）91-92頁。また，最近では例えば，森泉章『新・法人法入門』（有斐閣，2004年）94頁，四宮和夫＝能見善久『民法総則〔第7版〕』（弘文堂，2005年）80頁，内田貴『民法Ｉ（総則・物権総論）〔第3版〕』（東京大学出版会，2005年）214頁など。

第2章　ミシューの法人理論

区別する意味で,「技術的実在説」という独自の名称があてられている。そして,フランスの民法体系書における法人本質論の記述は擬制説に端を発し,その後,否認説と実在説の対立が紹介・批判され,最後に,判例にも取り入れられた技術的実在説が検討される。また,この技術的実在説を提唱したミシューの名は,現在でも多くの体系書や教科書において言及されているのである。これに対して,教科書においてサレイユの組織体説が挙げられることは稀である。このことは,サレイユ自身,自らの理論がギールケ,ミシュー,オーリウ,デュギー,フェラーラ等の考え方を総合したに過ぎないと述べていることからもわかるように[11],フランスにおいてサレイユ法人理論は,ミシュー法人理論の一変種として理解されている[12]。

ところが,ミシューの『法人理論』(1906-1909年)の刊行後間もなくサレイユの著書(1910年)が公表されたという事情によって,日本では学説の関心が直ちにサレイユ理論に移ってしまったということが考えられる[13]。さらに,近年に至っては,法人本質論そのものが低調であることも相まって[14],これまでのところ,わが国においてミシューの法人理論が詳しく検討されたことは,筆者の見る限りないように思われる[15]。本書がミシューの法人理論を取り上げるのは,このような理由による。

---

(10) 同様の認識を示すものとして,参照,大村敦志「ベルエポックの法人論争——憲法学と民法学の対話のために」藤田宙靖＝高橋和之編『憲法論集・樋口陽一先生古稀記念』(創文社,2004年) 57頁注(7)。
(11) Saleilles, *op.cit.* (n. 6), p. 601.
(12) わが国においても,松本烝治は,このことに自覚的でありながらも,「権利」を「法律上の力」とするサレイユの理解に共感を示す。
(13) 日本の法人学説史については,相本宏「法人論」星野英一編集代表『民法講座第1巻・民法総則』(有斐閣,1984年) 131頁以下,森泉章＝大野秀夫「法人論史——法人本質論を中心に」水本浩＝平井一雄編『日本民法学史・各論』(信山社,1997年) 1頁以下をそれぞれ参照。
(14) たとえば,内田貴教授は,法人の本質が何であるかに関する法人学説について,「今日のように,法人が重要な経済主体として活動し,それに関する法技術的装置が完成している法体系のもとでは,現実の問題を解決するための解釈論には直結しなくなっており,その意味では,このような論争を行うことの意味自体が失われている」と述べている。内田・前掲注(9) 214-215頁。

第 2 部　結社の自由と法人理論

(2) 「序論」の意義

ミシューの法人理論は，文字通りその著書『法人理論』で展開されているのであるが，その「はしがき」において記されているように，全 4 章からなる第 1 巻のうち最初の 3 章は，「法人の観念[16]」(1899 年)，「法人の分類[17]」(1904 年) および「法人の創設[18]」(1900 年) として雑誌に公表された論稿を基にしている[19]。このうち，法人本質論を展開しているのは，「法人の観念」論文であり，これはそのままの題名で同書第 1 巻第 1 章を構成している。

この第 1 章「法人の観念」は，序論にはじまり，擬制説（第 1 節），否認説（第 2 節），実在説（第 3 節）が順次検討され，その後にミシュー自身の説（第 4 節）が展開される。その後，法人の代表に関する叙述があり（第 5 節），「人格」概念の歴史が扱われる（第 6 節）。このうちミシュー法人理論の核をなすのは，自説を展開した第 4 節であるが[20]，筆者の見るところ，これと

---

(15)　本章の初出論文（井上武史「憲法秩序における結社の自由(1)～(3・完)」法学論叢 159 巻 6 号，161 巻 1 号，161 巻 3 号（2006～2007 年））以後，ミシューを含めたフランス法人学説を包括的に分析・検討する高村学人「法人学説の意図と理論的射程」同『アソシアシオンへの自由──＜共和国＞の論理』（勁草書房，2007 年）215 頁以下，さらに本書とは関心が異なるが，ミシューの法人論を詳しく扱う時本義昭「レオン・ミシュウの法人論(1)・(2・完)」龍谷大学社会学部紀要 35 号 13 頁以下，36 号 61 頁以下（2009～2010 年）（同論文はその後，同『国民主権と法人理論』（成文堂，2011 年）161 頁以下に収録されている）が公表された。また，ミシューの法人論については，石川健治『自由と特権の距離』（日本評論社，1999年），仲野武志『公権力の行使概念の研究』（有斐閣，2007 年）133 頁以下にも説明がある。

(16)　Léon Michoud, « La notion de personnalité morale », RDP, 1899, pp. 5-32 et pp. 193-228.

(17)　Léon Michoud, « La classification des personnes morales », Annales de l'Université de Grenoble, 1904, pp. 329-365.

(18)　Léon Michoud, « La création des personnes morales », Annales de l'Université de Grenoble, 1900, pp. 1-45.

(19)　1895 年の「フランスにおける外国法人の地位について」論文以来，ミシューは断続的に法人論を書き連ねている。その意味で，同書は長年の考察を基にして編まれた論文集という性格をもつ。もっとも，初出論文は，大幅に加筆・訂正された上で，同書に収録されている。
　　なお，ミシューの著作については，オーリウがミシューに捧げた追悼文末尾の著作リストを参照。Maurice Hauriou, « Notice sur les œuvres de Léon Michoud : Liste chronologique des œuvres de Léon Michoud », RDP, 1916, pp. 528-530.

並んで重要なのは方法論が述べられている「序論」の部分である。というのも，すぐ後で詳しく見るように，ミシューが提唱する技術的実在説には，ここで述べられている方法論が決定的に影響しているからである[21]。

この「序論」は極めて簡潔なものでありながら，そこには法学方法論上の重要な論点が含まれている。そして，前章で取り上げたロランおよびデュクロックに代表される注釈学派が痛烈に批判される一方で，要所においてジェニー（François Gény, 1861-1959）が引用されていることからもわかるように，ミシューの方法論には科学学派（École scientifique）[22]の影響が見られる。

ところで，ミシューの法人理論そのものについては，断片的にではあれ論じられることはあったが，彼の法学方法論に焦点をあてた研究は，これまで日仏において見られなかったように思われる[23]。そこで以下では，まず，従来注目されてこなかったミシューの法学方法論の部分に光をあてて，その後，法人理論を検討することにしたい。

2　ミシューの法学方法論
(1)　基本的前提
①　法的概念の必要性

「序論」において，ミシューは自身の法人理論研究を，「純粋に技術的な種類[24]」に属するものであると性格づけている[25]。それは，抽象的な法的概念の範囲を画定し，どのような法現象にその法的概念が適用されるべきかを探る作業であるという[26]。つまり，ミシュー法学方法論の意義は，法的概

---

(20)　さらに，初出論文への批判に反論した第7節も，ミシュー理論を理解するには重要である。もっとも，この初版ではこの第7節に当たる部分が第2巻の末尾に置かれていたが，第2版からは第1巻第1章の末尾に置かれている。

(21)　もっとも，この「序論」のなかの方法論に関する部分は，1899年の原論文においては見られない。

(22)　参照，碧海統一＝伊藤正己＝村上淳一編『法学史』（東京大学出版会，1976年）201頁以下。また，科学学派が登場する背景については，大村敦志「共和国の民法学——フランス科学学派を中心に(1)」法学協会雑誌121巻12号（2004年）116頁以下を参照。

(23)　前記の高村論文，時本論文においても，ミシューの法学方法論は扱われていない。

(24)　Michoud, *op.cit.* (n. 1), p. 8.

第2部　結社の自由と法人理論

念を分析することを通じて，関連する諸現象を法的に捕捉することにある[27]。

　ここでまず確認できるのは，ミシュー法学方法論においては，「法的概念（concept juridique）」に重要な意味が与えられていることである。ここにいう法的概念とは，たとえば，「権利（droit）」，「権利主体（sujet de droit）」および「権利客体（objet de droit）」といった抽象的概念のことである[28]。研究対象として法学を扱う以上，これらの諸概念の重要性についてあらためて指摘するまでもないと言えるが，「権利主体」や「主観的権利」といった抽象的概念が実際の事実をあらわさないフィクションであるとするデュギーの客観法論[29]が一定の影響をもっていた20世紀初頭のフランスにおいては，まず「法的概念」の重要性を確認しておく必要があったのであろう[30]。

　ミシューは，法的概念の必要性について次のように述べる。法理論とは人間の思考（esprit）が作り上げたものに他ならない。法理論を通じて現実生活上の事実が評価され，その結果，当該事実がどのような規範に服するのかが決定される[31]。そのためには，諸事実を関連づけたり分類することのできる抽象的概念を用いる必要がある。そして，それら諸概念は，諸々の事実から共通の性質を抽出することにより得られる。そのようにして得られたも

---

(25)　ミシューは，『法人理論』の初版「はしがき」において，自身の理論が1899年の原論文当時のものと大筋のところ一致するとしても，1906年のこの著書においては，「（以前提示した自らの）理論の純粋技術的な性格に，より一層執着すべきと考えた」と記している。Voir, Michoud, *op.cit.* (n. 1), Avertissement.

(26)　Michoud, *op.cit.* (n. 1), p. 8. ミシューは，自身の研究を例えて，「債権（droit de créance）と対比される物権（droit réel）の範囲を画定する」ものである述べている。

(27)　ミシューはデュギーに宛てた私信（1912年1月21日）において，次のように述べている。「私がとりわけ取り組んできたのは，純粋に技術的な理論を打ち立てることである。これは，物事の本質を問題とせず，もっぱら我々の法的概念に明確さと論理性をもたらすことを目的とする。私がこれまで繰り返し述べてきたのは，中世の実在論学派（écoles réalistes）のような意味で法人の実在性を理解するつもりはなく，かつそのような問題にかかわることには意味がないということである」。Voir, Léon Duguit, *Les transformations générales du Droit privé depuis le Code Napoléon*, 2ᵉ éd., Librairie Félix Alcan, 1920, p. 180.

(28)　Michoud, *op.cit.* (n. 1), p. 10.

(29)　Léon Duguit, *Traité de droit constitutionnel*, t. 1, 3ᵉ éd., Boccard 1927, p. 451.

(30)　デュギー・ミシュー論争については，大村・前掲注(10)38-43頁に詳しい。

(31)　Michoud, *op.cit.* (n. 1), p. 47.

112

のが，「人格（personne）」，「主観的権利（droit subjectif）」あるいは「義務（obligation）」といった法的概念なのである。

このように，法的概念は現象を法的に把握するために必要な道具である。逆に言えば，抽象的なこれらの法的概念がなければ，いかなる法現象も認識することができない[32]。その意味で，「抽象はまさに法理論の本質」なのであって，「法学から抽象がなくなることはありえない[33]」のである。それゆえ，法学にとって法的概念は不可欠なものとされるのである[34][35]。

② 法的概念の定義と性質決定

このように，ミシューは法的概念を通じて現象の把握を試みるのである。しかし，ある法的概念がいかなる事象を含むのかは，当該概念にどのような定義（définition）を与えるのかに依存する。たとえば，「権利主体」という法的概念が，自然人たる人間だけでなく一定の人間集団を捕捉するものとして定義されるのであれば，現実の人間集団である国家，市町村および結社は，「権利主体」として性質決定されることになる。つまりこの場合，事実としての集団は，法の世界において「権利主体」として扱われる。

そして，ある事象が法的概念の定義にあてはまるならば，法的概念から法技術上認められる法的帰結が認められる。先の例でいえば，事実としての集団には，「権利主体」であると性質決定される結果として，独自の財産を保持し，契約を締結し，そして訴訟を提起することが認められるのである。

このように，本質的要素を示す定義によって，密接に関連する諸事象を法的概念に包摂し，それにより一定の法的帰結を導くことをミシューは「法的構築（construction juridique）[36]」と呼び，法学におけるこの操作の重要性を強調する。

ここで注意しなければならないのは，法的概念がひとたび定義されれば，

---

(32) Michoud, *op.cit.* (n. 1), p. 10.
(33) Michoud, *op.cit.* (n. 1), pp. 46-7.
(34) ミシューは，真の問題はデュギーが提起したような，「法人格」という概念が抽象かどうかではなく，この抽象がこれに取って代わられるべきものと比べて，法技術上の必要に応えているかどうかであるという。
(35) もっとも，法的概念自体は，何ら客観的な実在ではない。それは，人間の諸関係を法的に思考するために必要なだけである。
(36) Michoud, *op.cit.* (n. 1), p. 8.

そこから導かれる帰結は，もはや恣意的ではないということである。なぜなら，それはただ論理にのみ基づくものだからである[37]。ここでも，ミシューは例を挙げて説明する。もし，主観的権利を「意思の権能」と定義するならば，その結論がまったく不当に感じられるにしても，意思をもたない幼児や精神障害者は，法の世界において権利主体となることができない。法的概念の定義から論理的に導かれる帰結は，その当不当にかかわらず，妥当しなければならない。つまり，この過程においては，恣意が入り込む余地は何ら認められない。逆に言えば，法的概念は，その定義に含まれる事象にのみ適用されなければならないのである。

(2) ミシュー理論の実践的性格
① 法技術の濫用の危険

もっとも，ミシューは，技術としての法的構築が，時に濫用される恐れがあることに注意を促している。それは，本来暫定的で主観的なものに過ぎない法的概念を客観的実在性を備えた不変なものと考えること，あるいは，法的構築により得られる論理的帰結を絶対的なものと看做すことである。たとえば，哲学的意味に即して「人格」概念を捉えることに拘泥する結果，人間以外の存在に一切「人格」を認めないと結論づけるということである。これは，あらゆる法現象を不変のドグマからの演繹で捉えることの問題である。そして，このような硬直した考え方によると，現実の「生活に関する多様でかつ変化する諸要求[38]」に対応することができないというのである。

この点に関してミシューは，「これらの観念的諸概念から生じる論理的演繹がそれ自身，価値をもつものではない[39]」ことを指摘している。そして，法技術それ自身が目的となるのではなく，それは正義（justice）および社会的有用性（utilité sociale）の理念に仕えるべきものとされる[40]。つまり，ミシューにとって，法技術とは正義を実現するための手段（moyen）として位

---

(37) Michoud, *op.cit.* (n. 1), p. 10.
(38) François Gény, *Méthode d'interprétation et sources en droit privé positif*, t. 1, LGDJ, 2ᵉ éd., 1919, reprint, 1996, p. 129.
(39) Michoud, *op.cit.* (n. 1), p. 9.
(40) Michoud, *op.cit.* (n. 1), p. 9.

置づけられるべきものであり，法的構築もその限りにおいて受け入れられるに過ぎない[41]。

② 「仮説」としての定義

それでは，こうした濫用を回避するためには，どうすればよいのか。この点についてミシューは，ひとたび定められた法的概念の定義は，必ずしも決定的なものではないことを指摘する。もっとも，上述のように，いったん定義した以上，当該法的概念はその定義に含まれる事象に限り適用されなければならない。しかし，それが実際に妥当でない結果をもたらす場合には，定義そのものを変更すれば良いのである。前述の「権利主体」の例のように，結論が不当である，あるいは正義に反すると感じられる場合，当該法的概念の定義そのものを問題とすることは可能なのである。つまり，ある法的概念について与えた定義が，論者がその概念のもとに包摂しようとした事象のすべてを含まないことに気づいたならば，その定義が修正されるべきなのである[42]。

ところで，この「包摂すべき事象とは何かという問題[43]」は，一定の評価を伴う問題である。その意味で，この作業は，先の定義に基づく性質決定とは自ずと性格が異なる。というのも，包摂しようとする事象が何であるかは論理的判断ではなく，社会的事実（fait social）を観察することにより得られるのであり，ここには論者の恣意や過誤が入り込む余地があるからである[44]。その意味で，ある時点において論者が与える法的概念の定義はひとつの「仮説（hypothèse）[45]」に過ぎず[46]，他の定義が理論的に優れている場合はそれに取って代わられるべきものである。それゆえ，ある法的概念に与えられる定義は，決して「絶対的[47]」なものではないのである。

---

(41) ミシューは，「法の真の任務」は「社会関係に正義の理念を導入する」ことにあるという。Voir, Michoud, *op.cit.* (n. 1), pp. 9-10.
(42) Michoud, *op.cit.* (n. 1), p. 10.
(43) Michoud, *op.cit.* (n. 1), p. 10.
(44) Michoud, *op.cit.* (n. 1), pp. 10-11.
(45) Michoud, *op.cit.* (n. 1), p. 9.
(46) Gény, *op.cit.* (n. 38), p. 146.
(47) Michoud, *op.cit.* (n. 1), p. 11.

(3) 小　括

　以上，ここまでミシューの法学方法論を詳しく見てきた。ミシューにおいては法的概念を通じた事象の把握が目指されるが，その際，重要な役割を果たすのが法的概念の定義である。しかし，ある定義は１つの「仮説」に過ぎず，社会的事実に適合するように，それは常に再考されるべきものとされるのである。

　このようなミシューの法学方法論は，実践的性格を有するものである。実際，次節で見るように，ミシューの法人理論は，社会に存在する団体を法の世界に反映させるという意図のもとに，展開されている。その意味で，ミシュー法人理論は，法人の本質を単に記述するだけではなく，現実の社会的必要に応えようとする実践的な意義をもっているということができる。

第２節　権利主体論の再編

1　法人制度の必然性

(1)　団体に適用される法制度

　前節において検討した法学方法論を基礎として，ミシューは法人理論を展開する。しかし，そもそもある事象をいかなる法的概念のもとに包摂するかという問いを，一応立てることはできる。すなわち，これは，何らかの事象に対してどの法的概念を適用すべきかの問題である。これを団体という事象について言えば，それがなぜ法人格（又は権利主体）という法的概念と結びつかなければならないかである。

　この点について，ミシューは次のように述べる。法技術は，上位の法目的（la fin supérieure du droit）に仕えるものであり[48]，それを設定するのは立法者である。これは，法技術の問題ではなく，立法者の評価に属する問題である。

　そして，立法者の規定する法理念（idée juridique）の実現には，それにより良く適合し，そのサイズに合うように作られた自然な衣服（vêtement naturel）たる法技術を必要とする。これが法技術の問題である。この点につい

---

(48) Michoud, *op. cit.* (n. 1), p. 12.

てミシューは,「最も優れた技術とは,最も注意深く現実を捉えている技術である[49]」と述べている。このように,法技術は立法者の目的に対する関係では,手段として位置づけられるべきものなのである。

そこでまず,これを人間集団について言えば,立法者がそれに価値を見出しているか,あるいは敵対的態度を取っているかが明らかにされなければならない。そのうえで,立法者が追求する目的に適合するように,集団を規律する法技術が選択される必要がある。

そして,ミシューによると,立法者が人間集団に価値を認めているのであれば,それに関する法技術として最も適切なのは,法人制度（régime de la personnalité morale）であるとされる[50]。たしかに,人間集団を法的に捕捉する方法としては,営利組合（société）,信託（trust）並びに不分割（indivision）の制度がある。しかし,これらの法制度はもっぱら財産関係にかかわるものであり,そのうえ,団体活動にとって重要な名称や住所といった要素を欠くため,団体現象を正しく捉えるものとはいえない。つまり,ミシューの言葉を借りると,それらの法制度は「ありのままの事実（les faits tels qu'ils sont）[51]」を捉えていないのである。

このように,ミシューによれば,人間集団が認められるならば,それに最も適合的な法制度として法人制度が選択されなければならない。そうであるならば,法技術の面において,集団（団体）を包摂できるように「法人格」の概念を定義する必要がある。

(2)　「法人格」の観念

ミシューは,「序論」の冒頭において,まず「人格（personne）」概念を検討している。「人格」という概念は,哲学的意味ではもっぱら人間のみを指し示すものとして用いられ,こちらの方が一般的ではあるが,しかし,法学で用いるときには,それは純粋に法的な観念として受け取られなければならない。そして,法的概念としての「人格」とは,自らに帰属する（主観的）権利を保有できる存在,すなわち,権利主体（sujet de droit）を意味するに

---

(49)　Michoud, *op.cit.* (n. 1), p. 13.
(50)　Michoud, *op.cit.* (n. 1), p. 13.
(51)　Michoud, *op.cit.* (n. 1), p. 13.

第2部　結社の自由と法人理論

過ぎず，それ以上でもそれ以下でもない[52]。それゆえ，ある存在がこの定義にあてはまるかについては，その存在に（主観的）権利が付与されるべき性質が備わっているかどうかが判断されなければならない。これが，法学にとって唯一可能な方法なのである。

したがって，このような概念規定から出発するならば，権利主体性の判断にあたっては，まず，①「権利（droit）」の概念が明らかにされ，そして，②いかなる存在を権利の「保持者（titulaire）」とすべきかが探求されなければならない[53]。

2　権利主体論の再編
(1)　「権利」概念の再構成
①　従来の議論の問題点

そこでまず，「権利」概念についてである。従来の法人学説は，意思説の立場から権利の概念を「意思の力」とする定義を前提としていた。それゆえ，団体が権利主体となるには，人間と同じように自由意思をもつことが証明されなければならない。しかし，実在説が試みようとしたこの論証は，成功しなかった[54]。というのも，団体が人間と同様の自由意思をもつことは，遂に示されなかったからである。したがって，従来の「権利」概念やそれを基にした「権利主体」概念の定義によれば，団体の権利主体性を基礎づけられないのである。

さらに，そもそも意思説の考え方は，「権利」の理解においても不都合をもたらすものである。つまり，そのような意思を備えない幼児や精神障害者は何ら権利をもちえないことになるが，それが妥当な結論でないことは明らかである。また，それらの者に代理人が認められる場合でも，この考え方を貫くならば，本人ではなく代理人が権利保持者になってしまう[55]。

このように，意思説に基づく「権利」や「権利主体」概念の定義は，団体を包摂できないことはもとより，そもそも，権利論としても成立しないので

---

(52) Michoud, *op.cit.* (n. 1), p. 7.
(53) Michoud, *op.cit.* (n. 1), pp. 7-8.
(54) Michoud, *op.cit.* (n. 1), p. 69.
(55) Michoud, *op.cit.* (n. 1), p. 99.

第 2 章　ミシューの法人理論

ある。

　ミシューによると，この問題の原因は，「主観的権利の定義において誤った出発点をとったから[56]」であるという。「権利の基礎が意思に見出されるというのは，真実ではない[57]」というのである。それゆえ，「権利」概念をもっぱら意思によって定義することは，見直されなければならない。つまり，この「権利」概念に関する意思説の定義は，「仮説」としてもはや成り立たないのである。そこで，先の方法論に基づき，ミシューは「権利」概念の改訂を試みる。

　ここには，団体を包摂するような「権利主体」概念が採用されるべきであるという，ミシューの評価が介在している[58]。本論を展開するに先立って，ミシューが「人間のみを唯一の権利主体であるとする公理（axiome）[59]」に対して疑念を呈していることからもわかるように，彼にとっては，初めから団体を含んだ理論構成が意図されていた。そこで，このような目的に合致するように，「権利」および「権利主体」概念が再構成されなければならない。その際，ミシューが参考にしたのは，イェーリングが提唱した利益説であった。

② 「権利」概念の再定義

　イェーリング（Rudolph von Jhering, 1818-1892）は，その主著である『ローマ法の精神』第 4 巻において，主観的権利を「法的に保護された利益[60]」と定義し，権利の概念から意思の要素を排除する[61]。というのも，法律が

---

(56)　Michoud, *op.cit.* (n. 1), pp. 97-98.
(57)　Michoud, *op.cit.* (n. 1), p. 98.
(58)　川島武宜教授は，ミシュー理論が「法規範に固有な『評価』という媒介的契機を明確に指摘した点」について，「法人の理論のみならず権利・法の一般理論の水準を高めたものとして，高く評価せらるべきである」と指摘する。参照，川島・前掲注(9) 95-96 頁。
(59)　Michoud, *op.cit.* (n. 1), p. 15.
(60)　Rudolph von Jhering, *Geist des römischen Rechts auf den verschiedenen Stufen seiner Entwicklung*, Teil Ⅲ, Abt. 2, S. 339, 351. イェーリングの権利論については，末川博「イェーリングの権利論」（1928 年）同『不法行為並に権利濫用の研究』（岩波書店，1933 年）163 頁以下にて，また，法人理論については，福地俊雄「イェーリングの法人理論について」（1957-58 年）同『法人法の理論』（信山社，1998 年）115 頁以下，とりわけ 154 頁以下にて詳しく紹介・分析されている。

第2部　結社の自由と法人理論

保護するのは「意思」ではなく，意思が表現するところの「利益（Interesse）」であると考えたからである。そして，権利の実質的要素をなすこの「利益」とは，立法者が保護に値すると判断した「利得（Gewinn）」および「効用（Vorteil）」であるという[62]。

　ミシューは，この考え方に倣い「権利」概念の再定義を試みる。すなわち，権利において意思が承認されているように見える場合でも，実際，法が保護しているのは意欲行為（acte de volition）そのものではなく，その中身（contenu）である。そもそも，人間はある事（quelque chose）を欲することなしに，意欲することはできない[63]。そして，法的保護の対象となるのは，この「ある事」なのである。つまり，法が保護するのは，「意思」そのものではなく，意思が表現するところの「利益」である。このような理解の下に，ミシューは，「利益」を根本要素とする「権利」概念を提示するのである。

　もっとも，ミシューは，イェーリングのように意思の要素を完全に排除するわけではない。望む時に利益を表明し侵害される時にそれを防御するために，権利は二次的要素として意思を必要とする。これにより，権利は反射効（effet réflexe）と区別されるのである[64]。これは，権利というためには，「直接かつ即時の保護[65]」が必要であるという考えに基づいている。ただ，この意思は，利益享受者自身がもつ必要はなく，「社会上又は実際上[66]」，

---

(61)　イェーリングの権利概念に関する説明は，次の通りである。「権利の概念を構成する要素は2つある。1つは実質的要素であり，ここに権利の実際の目的（Zweck）が存在する。それは，法により保護される利用（Nutzen），効用（Vorteil），利得（Gewinn）である。他方は，形式的要素であり，これは目的に対してもっぱら手段（Mittel）として関係する。それはたとえば，法的保護（Rechtsschutz），つまり訴訟（Klage）である。前者は権利の核心（Kern）であり，後者は権利を保護する皮殻（Schale）である。Jhering, a. a. O. (Fn. 60), Teil III, Abt. 2, S. 339-340; *L'esprit du droit romain*, t. IV, trad. franç. par O. Meulenaere, 1878, p. 328.

(62)　もっとも，イェーリングの権利理解には，権利の定義から意思の要素をまったく排除することにより，権利の具体的場面での実現をどのように行うかという実際上の問題がある。

(63)　Michoud, *op.cit.* (n. 1), p. 100. ここでは，イェリネクの説明をミシューが引用している。イェリネクは，「人間は，常にある事（Etwas）なくして，意欲することはできない」と述べていた。Vgl. Georg Jellinek, *System der subjektiven öffentlichen Rechte*, 1892, S. 40.

(64)　ここでも，イェリネクの反射的権利（Reflexrecht）論が参照されている。

(65)　Michoud, *op.cit.* (n. 1), p. 103.

その者に帰属することができれば十分であるとされるのである。

このような考え方に基づいて，ミシューは主観的権利を次のように定義する。すなわち，主観的権利とは，「人間の利益又は人々からなる集団の利益であって，それを表現し防御する意思に認められる力によって法的に保護されるもの[67]」である。つまり，ここにミシューは，第一次的要素として「利益」を，そして第二次的要素として「意思」を置くことにより，「権利」概念を再定義したのである。

(2) 「権利主体」概念の再構成 ── 保護すべき 2 つの「利益」
① 「人間」の権利主体性
それでは，このように定義された権利の「保持者 (titulaire)」とは，誰なのだろうか。これが，「権利主体 (sujet de droit)」の問題である。そして，ミシューによれば，この問題はあくまで先の権利の定義に即して，とりわけ権利の本質的要素である「利益」概念に照らして判断されることになる。

そこで，「利益」の意義が問題となるが，ミシューによれば，あらゆる「利益」が権利として保護されるわけではない。権利という威厳にまで高められる「利益」とは，「人間に関する利益 (intérêt *humain*)[68]」でなければならないのである。そのようなものとして，ミシューは次の 2 つを挙げている。

第 1 は，「人間の利益 (intérêt d'un homme)」である。ミシューはこれを，「人間個人の利益 (intérêt de l'individu humain)」とも呼んでいる。彼は，この利益の要保護性を，法の目的から根拠づけている。すなわち，法は人間のために作られるのであり，それゆえ，身体的，道徳的，知的な存在としての人間に，最適の条件を付与するのが法の役割であるとされる。そのためには，人間にはその発展に必要とされる諸能力を自由に行使する余地が，法によって与えられなければならないとされる。このように，人間こそが利益の集積

---

(66) Michoud, *op.cit.* (n. 1), p. 104.
(67) Michoud, *op.cit.* (n. 1), p. 103. 原文はイタリック体。もっとも，ミシューは，自らの権利論が Bernatzik, Karlowa, Rosin らの議論に負っていることを断っている。Michoud, *op.cit.* (n. 1), p. 98, note (1).
(68) Michoud, *op.cit.* (n. 1), p. 106.

第 2 部　結社の自由と法人理論

地（centres d'intérêt）なのであり，それゆえ，「人格性（personnalité）」は，何よりもまず人間に承認されなければならない[69]。

② 「集団」の権利主体性

第 2 に，「人間集団の利益（intérêt d'un groupe d'hommes）」もまた，保護に値するものとされる。ミシューは，これを上記の個人的利益に対比するかたちで「集団的利益（intérêt collectif）」とも呼んでいる[70]。保護されるべき利益が「人間に関する利益」であるのならば，個人としての人間が法によって保護される唯一の人格であるとは限らない。というのも，そのような利益の担い手が他にも存在するならば，その存在にも人格を認めることが法の目的に適うからである。

それでは，なぜ「集団的利益」が保護されなければならないのか。ミシューはこのことを，人間が社会に生きる存在（être social）であるということに求めている。すなわち，人間はひとりでは生きて行くことはできず，他の人間と共同することにより自らの目標を達成できる。さらに，類としての人類は，集団を形成し共同で活動することにより，文明の段階に到達することができたというのである[71]。また，歴史上，原始社会においては個人の権利よりも集団の権利の方が重要で，むしろこちらの方が一般的だったのであり，実際上も集団が何らの権利ももたないという社会は存在しないのである[72]。

---

[69] Michoud, *op.cit.* (n. 1), p. 109. もっとも，このような法の目的は，人間の意思を保護することによっても達成することができ，それゆえ，意思こそが人間の人格承認の根拠であるとも考えられる。しかし，意思自体が保護の対象となるのではない。意思は手段に過ぎないのであり，法の目的は人間自身に見出されるのである。このことについてミシューは，「人間が権利主体であるのは，人間が意欲するからなのではなく，人間が生を享受しているからなのである」（*ibid.*, p. 110）と述べている。

[70] ミシューと異なり，イェーリングはこの「集団的利益」を認めない。この点の評価が，同じく利益説に立ちながらも，団体の権利主体について両者の見解が分かれる理由となっている。Vgl. Jhering, a. a. O. (Fn. 60), Teil III, Abt. 2, S. 356-357.

[71] このような認識の背後には，ミシューが生きた 19 世紀後半から 20 世紀にかけて，フランスでは組合運動（サンディカリズム）などの団体運動が一定の意義を持ち始めていたという事情がある。ミシューをはじめとする当時の法学者が直面した社会的背景とそれに対する法理論の展開については，Voir, André-Jean Arnaud, *Les juristes face à la société du XIXe siècle à nos jours*, PUF, 1975, p. 81 et s.

[72] Michoud, *op.cit.* (n. 1), p. 6.

このように考えると，人間社会の諸関係を正確に把握しようとすれば，個人と並んで諸々の集団の果たす役割を無視することはできないであろう。そのため，法の世界においても個人の活動と同様，集団の活動が適切に捉えられなければならない。つまり，このような人間社会の必要に対応しようとすれば，法は個人の利益だけではなく集団が追求する利益もまた保護しなければならず，これもまた主観的権利にまで高められる必要がある。したがって，この「集団的利益」の担い手である集団にも，法人格が認められなければならないのである[73]。

3 結社の自由観念の射程
(1) 従来における「結社の自由」の妥当領域

このように，ミシューにおいて保護すべき利益としては，個人的利益だけでなく集団的利益までもが考慮されていたが，集団的利益が認められるためには，そもそもその前提として「集団」が存在していなければならない。ところが，個人的利益の担い手たる人間の存在が法と関わらないのとは異なり，集団的利益の担い手たる団体の存在は自明でない。第1章で述べたように，伝統的に団体が適法に存在するためには，国家の許可が必要であったのである。

この問題は，従来の判断構造に照らせば，① 団体の設立と ② 団体の法人格承認の2段階にわたる国家の権限につき，前者にあたるものである。この場面において，国家は団体を全面的に禁止することも，団体設立を国家の許可に服させることもできる。国家がこの権限を行使するかどうかは，団体の側から見れば，まさしく「結社の自由（liberté d'association）の問題[74]」である。そして，この団体設立を規制するか否かの問題と法人格取得の問題とは，従来区別されてきた。というのも，この「結社の自由」の問題は，もっぱら団体を認めるかどうかに関する国家の評価に関わる問題であり，法人格という法技術の問題であるとは看做されてこなかったからである[75]。

---

(73) Michoud, *op.cit.* (n. 1), p. 111.
(74) Michoud, *op.cit.* (n. 1), p. 122.
(75) Michoud, *op.cit.* (n. 1), p. 122.

(2) 「団体」と「法人格」との分離状況の克服

それにもかかわらず，ミシューは，この「結社の自由」の問題が法人格の問題と密接に関わるものであること，さらにいえば，それが法人格の問題に関する解答を部分的に提供するものであることを指摘している[76]。これは，「団体の存在」と「団体の法人格」との関連性を示す重要な示唆である。

もっとも，人間の法人格の場合とは異なり，国家は，適法に設立された団体に法人格を承認する「道義的義務（obligation morale）[77]」を負っているわけではない。むしろ，団体活動への警戒から，革命以来，私的集団に対する法人格付与をあえて拒否してきたのである。例外的に法人格を認める場合にも，それは，国家の任務にとって有用な公益認定団体に限られていた。そして，このような法状況を理論面において支えていたのが擬制説であり，これが19世紀のあいだ影響力を及ぼしてきたのである[78]。

しかし，適法に設立された団体に国家が法人格を認めないことは，「非論理的，不均衡かつ法の理性に反する中途半端な方法（une demi-mesure）[79]」である。団体の存在を認めるということは，団体の果たす役割を評価することにほかならない。そうであるならば，団体には，それ自体として活動できる法的手段が与えられなければならない。このことに関して，ミシューは次のように述べている。すなわち，「団体を適法（licite）と認めることは，まさに団体が追求する利益を保護に値するものと認めることであり，それゆえ，団体の法的人格（personnalité juridique）を暗黙に認めることである[80]」，と。

第1章で見たように，このような「団体存在の適法性」と「団体の法人格」との牽連関係は，元来法学者のあいだでは古くから意識されていたのであり，この2つの問題を独立のものと看做すのは，たかだか革命後1世紀のあいだのことに過ぎない。そこで，ミシューは，かつてのような両者の緊密な関係を，あらためて喚起する必要があるというのである[81]。

ところで，団体の存在は国家の設立許可によって認められるが，より自由

---

(76) Michoud, *op.cit.* (n. 1), pp. 122-123.
(77) Michoud, *op.cit.* (n. 1), p. 123.
(78) Léon Michoud, « Personnes morales », *Répertoire du droit administratif*, t. 21, 1904, p. 169.
(79) Michoud, *op.cit.* (n. 1), p. 123.
(80) Michoud, *op.cit.* (n. 1), pp. 111-112.

主義的で進歩的なのは,「結社の自由」が認められる体制である。この体制は,団体活動の意義を基本的に評価するものであり,団体一般に集団的利益を認める建前である。それゆえ,「結社の自由」の体制においては,できるかぎり法人格取得が認められなければならない。この点に関して,ミシューは次のように言う。すなわち,「結社に関する真の自由とは,その存在が有害であるとは認められない結社に対して,その設立に対応する法制度を付与すること,すなわち,多くの結社に対して法人制度を付与することにある[82]」。

このように,ミシューによれば,「結社の自由」が認められる体制では,基本的に団体には「集団的利益」が認められることになる。ここに,「集団的利益」を媒介とすることにより,「結社の自由」と「結社の法人格」が理論的に接合されることになる。

(3) 小　括

ミシューは,団体を権利主体に取り入れるために,従来の意思説に基づいた権利概念を改めて,「利益」を本質的要素として定義することにより,権利主体論を再編した。それによると,団体に権利主体性が認められるには,それが担うものとされる集団的利益が存在しなければならないが,それは団体が適法に存在することにより認められる。それゆえ,団体の設立を一般的に適法と認める「結社の自由」が保障されているのであれば,多くの団体に法人格が付与されなければならないのである。

第3節　技術的実在説の内容とその受容

本節では,法人格が認められる具体的要件を検討する。ミシューによれば,ある存在に「権利主体」性が認められるには,「権利」の本質である① 利益と② 意思の双方が備わっていなければならない。それゆえ,団体についてもこれらの要件がみたされなければならない。そこで,本節ではまず,団体

---

(81)　Michoud, *op.cit.* (n. 1), p. 405. 以上の記述は,「第4章　私法人の設立」の冒頭に掲げられた問題提起で述べられているものである。

(82)　Michoud, *op.cit.* (n. 1), p. 124.

に法人格が認められるための2つの要件を検討する。それに引き続き，ミシューの提唱した技術的実在説が受容されることとなった1954年の破毀院判例を見ることとする。

1 技術的実在説の内容――法的実在性の2要件
(1) 「集団的利益」の存在
① 「集団的利益」の識別基準
　権利主体性の第1の要件は，利益の存在である。先にも述べたように，これは，団体については集団的利益の問題である。それでは，どのような場合に，集団的利益が認定されるのか。

　この集団的利益について，ミシュー自身は厳密な定義を与えていない。この利益は，「一定数の個人を含み，一定の恒常性を有する集団によってしか，表現されることができない[83]」と述べるにとどまっている。ただ，ミシューが強調するのは，この集団的・恒常的利益は，人間に法人格が認められる基礎となる個人的利益と区別されなければならないということである。これは，集団の存在理由にもかかわる問題である。ミシューによると，「集団は，構成員が単独では達成することのできない一定の諸目的に構成員を到達させること以外の目的を持たない[84]」とされているからである。

　そこで，集団の法人格の要件たる集団的利益を個人的利益から区別することが必要となるが，ミシューはその基準を，利益の対立（divergence）又は相反（opposition d'intérêt）がある状況に求めている[85]。このことを，ミシューは国家を例にとって説明する[86]。国家とその構成員たる個人とは，各々追求する目的が異なる。国家の目的が構成員の幸福（bien）であったと

---

(83) Michoud, *op.cit.* (n. 1), p. 112.
(84) Michoud, *op.cit.* (n. 1), p. 168.
(85) Michoud, *op.cit.* (n. 1), p. 168.
(86) ミシューは，法人の観念を論じるにあたり，国家とそれ以外の団体とを区別しない。ミシューにとっては，国家を含むあらゆる団体を包含する法人理論を構築することが課題とされていたのである。この点において，ミシューは，国家の法人格を当然のものとして認める擬制説を克服しようとしているのである。なお，この点について詳しくは，voir, Léon Michoud, « La personnalité et les droits subjectifs de l'État dans la doctrine française contemporaine », in *Festschrift Otto Gierke zum siebzigsten Geburtstag*, 1911, p. 493 et s.

しても，構成員は国家とかかわりのない目的を有するのであり，それは国家の諸権利とは区別される諸権利を通じてしか実現できないのである。すなわち，個人的利益は個人に属する諸権利を通じて実現されるのであり，それは国家の諸権利とは異なるのである。このことから，国家に法人格を認める必要が生じるのである。より一般的に言えば，この「利益相反」状況が認められる場合，集団を構成員とは区別される権利主体と看做すことが必要なのである[87]。

② 「集団的利益」が認められる場合

しかし，共通の目的を追求するすべての集団において，個人的利益と集団的利益とが区別されるわけではない。たとえば，営利組合の場合，利益相反が生じているのは，構成員の1人と他の構成員とのあいだにおいてなのであって，構成員と集団なのではない。ここからミシューは一般に，① 実現されるものが利得（gain）であり，かつ② 構成員が固定している場合には，個人的利益と集団的利益とが区別されているとは言えないとしている。

ところが，これらのうちの1つが転換されれば，様相は異なるという。第1は，構成員が一定であるにもかかわらず，団体が観念的目的（un but idéal）を有する場合である[88]。これはすなわち結社（association）である。この場合，構成員は，結社を通じて追求する目的を外部化する（extérioriser）からである。つまり構成員は，自らのものとは分離された財産を結社に割り当てる意思を表明したのであり，その財産について個人的利益を主張することを放棄したのである。それゆえ，この団体財産をめぐって団体と構成員とのあいだに「現実の（réel）」利益相反が存在するのである。このことから，たとえば，宗教，慈善，学術を目的とする非営利目的団体，すなわち結社には集団的利益が認められる。以上から，非営利団体たる結社は，法人になる第1の条件を必然的にみたすことになる。

第2は，追求する目的にかかわらず，構成員が変動する団体（association à personnel variable）にはすべて，法人格が認められなければならない[89]。先に述べたように，構成員の利得を目的とする団体については，基本的に団

---

(87) Michoud, *op.cit.* (n.1), pp. 168-169.
(88) Michoud, *op.cit.* (n.1), pp. 169-170.
(89) Michoud, *op.cit.* (n.1), p. 170.

体の利益が構成員の利益に連なるので利益相反状況が存在せず，それゆえ，団体固有の人格を認める必要は乏しい。しかし逆に，構成員が変動する場合には，現在の構成員と過去又は未来の構成員とのあいだで享受する利益や損失が異なるため，この場合は団体自身にそれらを帰属させるのが望ましい。それゆえ，構成員が変動する株式会社や株式合資会社は法人格に適しているが，そうではない合名会社や合資会社に法人格を認めることはできないとされるのである[90]。

このように，ミシューにとっては，①目的の観念性と②構成員の変動という要素が集団固有の利益を認める基準となっているのであり[91]，これにより，観念的目的を有する結社（非営利団体）と構成員の変動する株式会社は，基本的に集団的利益を担うものとされるのである。

しかし，この集団的利益が存在するだけでは，いまだ不十分である。この集団的利益を表明し防御するためには，次に見る組織体が必要とされるのである。

(2) 意思を表明する「組織体」の存在

法人格に必要な第2の条件は，主観的権利の第2の要素に，すなわち意思の要素に対応している。すでに見たように，この意思の要素は法人格の基礎ではないが，自らに帰属する諸権利を行使し防御するために必要であるとされる。そして，「権利主体」概念を統合的に把握しようとしたミシューにとっては，これは自然人のみならず団体についても，当然あてはまらなければならない。

しかし，従来の集団意思説のように集団固有の「自然的」意思が要求されるわけではない。ミシューにとっては，人間が有する自然意思のみが存在するのであって，集団固有の意思というものを認めない。そこで団体については，一定の構成員の意思が集団に法的に帰属できればよいことになる。そして，このような効果が認められるには，ある構成員（又は機関）の意思を集団の意思とすることが，法律又は内部規則によって定められていなければな

---

[90] Nathalie Baruchel, *La personnalité morale en droit privé: Éléments pour une théorie*, LGDJ, 2004, p. 38.

[91] Michoud, *op.cit.* (n. 1), p. 174.

第2章 ミシューの法人理論

らない[92]。

　つまり、ミシューによれば、集団意思は、法的意思（volonté légale）が認められれば足りるとされるのである[93]。この法的意思は、特定の者らが集団を代表することを意味し、それは集団構成員が示す意思を代表するのではない。これらの考え方は何れも、法人の意思表明に代表という現象を介在させるのである。それゆえ、法人格化を望む集団は、法的関係において自らを代表する集団意思を表明できる組織体（organisation）をもつ必要がある[94]。つまり、集団意思を表示する可能性が必要なのである。具体的には、そのような集団意思を表明する代表者（représentant）又は機関（organe）が存在すればよいとされるのである。

(3) 国家による「承認」

　以上見てきたように、ミシューによると、① 集団的・恒常的利益（intérêts collectifs et permanents）と ② 組織体（organisation）の 2 つの要件がみたされるとき、団体の法人格は法的に実在するものとされる[95]。それゆえ、この 2 つの要件は、本来団体が権利義務の保持者となるのに必要かつ十分なはず

---

[92] このようなミシューの理論は、集団的利益を団体の法人格にとって何より重要なものと位置づけ、組織体の要素を二次的なものであるとする。これに対して、実証主義の立場に立つカレ・ド・マルベール（1861-1935）はこの組織体こそが法人格を生み出す唯一の要素であるという。カレ・ド・マルベールは次のように言う。「諸個人の統一体は規約を基礎として組織されるのであり、この規約によって、集団のために決定し行動する資格を法的にもつ 1 人又は複数の集団構成員を通じて、共同意思は表明される」（Raymond Carré de Malberg, *Contribution à la théorie générale de l'État*, t. 1, Dalloz, 1920-22, p. 32.）。そして、「集団が行使する意思あるいはそれらの諸機関が集団のために行使するすべての意思が、集団固有の意思として主張されることを認められ、そしてただこれによってのみ、集団を権利主体にするのに十分な法的権限が獲得されるのである（*ibid.*, p. 35.）」。これは、従来の実在説のように自然人とのアナロジーに必要な集団的意思の存在はもとより、ミシューの技術的実在説における集団的利益といった、団体の基体（substratum）をも一切不要とするものである。

[93] ミシューは、「社会的に意思が集団に帰属できればよい」（傍点は原文イタリック）と述べる。Voir, Michoud, *op.cit.* (n. 1), p. 120, note (2).

[94] Michoud, *op.cit.* (n. 1), p. 116.

[95] ミシューの法人理論は、「法的実在説（théorie de la réalité juridique）」と呼ばれることもある。

129

第 2 部　結社の自由と法人理論

である。

　もっとも，ミシューにおいても国家の関与が全く排除されるわけではない。たとえ，実在する団体であっても，法的環境 (milieu juridique) によって法人として受け入れられなければならない[96]。つまり，国家の何らかの承認行為が必要とされるのである。これは，自然人の法人格の場合でも同じである。しかし，上記の要件をみたす限り，団体の法人格は法的に実在するのであるから，国家の役割は自ずと限定的なものになる。すなわち，かつての擬制説のように国家は法人格を「創造する (créer)」のではなく，もっぱら「承認する (reconnaître)」にとどまる[97]。それゆえ，技術的実在説では，擬制説が要求していたような「公益性」を法人格取得の要件とすることは，もはやできないのである。

　そして，具体的制度としては，従来の事前許可制に取って代わり，法律の定める要件の具備をもって足りるとする準則主義が望ましいとされている[98]。

2　技術的実在説の受容——破毀院 1954 年判決
(1)　判決の内容

　ミシューが提唱したこの技術的実在説は，戦後の第 4 共和制期に現実の裁判実務に取り入れられた。それは，1954 年 1 月 28 日の破毀院判決においてである。この判決には，法人格付与に関する一般理論を述べたいわゆる原則判決[99] (arrêt de principe) として，フランス裁判史上重要な位置づけを与えられている[100]。

---

(96)　Michoud, *op. cit.* (n. 1), p. 121.

(97)　Michoud, *op. cit.* (n. 1), p. 125.

(98)　Michoud, *op. cit.* (n. 1), p. 126. ミシューは，「réglementation légale」と表記しているが，これはドイツの「Normativbestimmungen」のことであるという。これは，準則主義のことである。参照，山田晟『ドイツ法律用語辞典〔改訂増補版〕』（大学書林，1991 年）449 頁。そして，ミシューによると，この準則主義のシステムは，基本的に適法なすべての結社に法人格を付与するものであるという。Voir, Léon Michoud, « Étude de droit comparé sur la personnalité morale des associations », *Annales de l'Université de Grenoble*, 1901, p. 39.

(99)　Jean Carbonnier, *Droit civil : Les personnes*, 21ᵉ éd., PUF, 2000, p. 416 ; Baruchel, *op. cit.* (n. 90), p. 55.

この判決の事案は，次の通りである。1945 年 2 月 22 日オルドナンス 21 条[101]によって，企業内において，企業委員会（comité d'entreprise）のほか事業所ごとに事業所委員会（comité d'établissement）を設置できることが認められていた。同オルドナンスは，企業委員会の法人格を明示的に認めていたが（第 2 条），事業所委員会についてはそのような明文の規定を置いていなかった。

X 事業所委員会は，Y から必要な物品を購入し代金を支払ったが，Y は物品を納入しなかった。そこで，X 事業所委員会が Y に対して代金の返還を求めて訴えを提起したところ，Y は，X 事業所委員会には原告適格がないと反論したのである。

原審のリヨン控訴院[102]は，立法者の明示的な意思が確認できないことを理由として，事業者委員会の法人格を認めなかった。そこで，X 事業所委員会が破毀院に上告したのが本件である。

破毀院は次のように述べて，事業所委員会の原告適格を承認した。重要な判示であると思われるので，少し長くなるが引用する。

「法人格は，法律の創造物ではない。法人格は，原則として，合法的な利益のために，したがって，法的に認められ，かつ法的保護に値する利益の擁護のために集団的意思を表明できるすべての集団に帰属する。たとえ，立法者が高度の警察目的のために，特定カテゴリーの集団から法人格を剥奪する権限を有しているとしても，逆に立法者はまた，法律自体によって創設され，上記のように裁判所で認められ得る権利の性格を呈する集団的利益（intérêts collectifs）を管理する使命を担っている組織体（organisme）のために，黙示的にではあるが必然的に，法人格の存在を承認しているのである[103]」。

(2) 判決の意義

この判決には，次の 3 つの意義があると思われる。

---

(101) 法文については，*JCP*, 1945, III textes, 9311 を参照。
(102) Lyon, 30 oct. 1950, *GP*, 1951, 1, 53.
(103) Cass. civ. 2, 28 janv. 1954, *Bull. civ.*, n° 32; *D*. 1954, jur., p. 217, note G. Levasseur.

第2部　結社の自由と法人理論

　第1に，法人格は立法者の創造に基づくものではないと，破毀院が明確に述べたことである。これは，法人格付与に関する立法者の特権性が明確に排除されたことを意味する。それゆえ，この判決は，法人格の付与をもっぱら立法者にゆだねる擬制説に立脚しないことを宣言したことになる[104]。従来の判例が，法人格承認の根拠を，明示的に又は黙示的に，法律に求めていたのに対して[105]，立法者の関与なしに団体への法人格を認定した点で，この判決は「真正な判例上の革命[106]」としての意味をもつものとされる。つまり，この判決によって，法文がない場合若しくは法文が明示的に認めていない場合であっても，裁判所は自らの判断により団体に法人格を認定できることが示されたのである[107]。

　第2は，そのような法文のない場合における裁判所の法人格承認の要件として，①集団的利益と②組織体の存在が挙げられたことである。これらが，ミシューの提示した2つの要件に対応していることは明らかである[108]。ここに，ミシューの技術的実在説は，破毀院により受容されるに至ったのである[109]。これ以後，法人格の問題については，それを承認する場合も拒絶する場合も，この判決の示した定式が採用されるようになっている[110]。

　第3に，破毀院は，法人格承認の前提となる集団的利益を，団体（事業所委員会）の存在から導いていることである。すなわち，団体存在の法認から，

---

(104)　日本でも，本判決は，法人実在説を承認した判決の一つとして紹介されている。林良平＝前田達明編『新版注釈民法(2) 総則(2)』（有斐閣，1991年）51-52頁（山口俊夫執筆）。

(105)　民事組合に法人格を初めて認めた点で画期的とされる破毀院1891年判決でさえ，団体の存在から法人格を導くのではなく，数々の法律の規定から立法者の意思を推測するにとどまっていた。Cass. Req. 23 févr. 1891, *D.P.*, 1891, I, p. 337. この判決の邦語評釈としては，山本桂一「法人——組合の法人格」野田良之編『フランス判例百選』（有斐閣，1969年）101頁がある。なお，1954年判決に至る判例の展開については，voir, Baruchel, *op.cit.* (n. 90), 48 et s.

(106)　Roger Granger, note sous Cass. com., 17 janv. 1956, *JCP*, 1956, II, 9601.

(107)　アティアスは，この判決以後，擬制説を主張することはもはや不可能になったと述べている。Voir, Christian Atias, « La controverse et l'enseignement du droit », *Annales d'histoire des facultés de droit et de la science juridique*, 1985, n° 2, p. 116.

(108)　Baruchel, *op.cit.* (n. 90), p. 56.

(109)　F. Terré et D. Fenouillet, *Droit civil : Les personnes, la famille, les incapacités*, 7ᵉ éd., Dalloz, 2005, p. 238 ; Baruchel, *op.cit.* (n. 90), p. 88.

(110)　Baruchel, *op.cit.* (n. 90), pp. 58-59

構成員の利益とは区別される団体固有の利益，つまり集団的利益の存在を認定しているのである。このことは，団体の存在を認めること（団体存在の法認）が，団体の法人格承認（団体法人格の法認）を導くことを示している。そして，この点こそが，ミシューの技術的実在説が意図していた最も重要な効果なのである。

(3) 小 括

　以上，ミシューの技術的実在説によると，もっぱら観念的目的を有する結社（非営利団体）については，その存在が認められる限り集団的利益が自ずと肯定されることになる。前節での検討を踏まえると，結社の存在の適法性が広く認められること，すなわち，「結社の自由」が認められれば，法的実在性の中核的要件たる集団的利益の存在が認められる。
　そして，この技術的実在説の考え方は，その後，破毀院の採用するところとなり，最終的に実務にも影響を及ぼすこととなったのである。

第4節　憲法秩序における結社の自由

　本章では前節までにおいて，「団体」と「法人格」との分離を正当化した擬制説から，その問題状況に対処するべく提唱された実在説，そして，最終的に判例において採用されるに至ったミシューの技術的実在説までの，フランスにおける法人学説の展開を見てきた。
　そこで本節では，本章のまとめとして，これらの学説の推移を「結社の自由」の視点に立って捉えることを試みよう。

1　フランス法人論争と結社の自由

　結社の自由の観点からミシュー理論を見るとき，以下の2つの点を指摘することができる。
　第1は，ミシューによれば，法人格取得要件の本質たる集団的利益の存在が，団体存在の適法性から導かれているという点である。つまり，団体の存在を適法と承認することは，「通常の帰結[111]」として法人格の承認を含まなければならないとされる。このような理解によると，団体の存在を一般に

第 2 部　結社の自由と法人理論

適法とする「結社の自由」が認められるならば，集団的利益を担う存在としての団体に幅広く法人格が認められなければならない[112]。ここにおいて，「団体の存在」と「団体の法人格」との従来の分離状況は，「集団的利益」を媒介とすることにより，理論的に克服されたということができる。

　以上のように，団体の法人格取得が「結社の自由」と密接に関連することが，ミシューにより示された。もっとも，ミシューの原論文が発表された1899 年当時，フランスにおいて「結社の自由」はいまだ認められていなかった[113]。しかしそれだけに，ミシューの主張は，「何が認められれば結社の自由保障といえるのか」，という結社の自由保障の実質を探る試みとして受け取ることができる。

　この点については，他の実在説の論者も同じ問題意識をもっていた。すなわち，サレイユも，結社の法的存在を認める結社権（droit d'association）と法人格取得とが分離されることは，「生きる権利（droit de vivre）」を与えているのにそのために不可欠な手段を認めないことであり，それゆえ，「非論理的」かつ「非合理的」であると述べていた[114]。そのうえで，結社の「生存への権利（droit à l'existence）」と「財産への権利（droit à la propriété）」とが関連することを指摘していたのである。つまり，サレイユにおいても，「結社権」の内容として結社の法人格を捉えることが試みられていたのである。

　このように考えると，法人の本質をめぐる法人論争は，「基本的に（広義の）結社の自由（liberté d'association）の問題に関わっている[115]」とC・アティアスが述べているように，「結社の自由」の内容をめぐる論争であったと評することができる。それはつまり，「結社の自由」（又は結社権）から「結社の法人格」を求める論争[116]であったのである[117]。

(111)　Michoud, *op.cit.* (n. 1), p. 405.
(112)　具体的方法としては，準則主義が適当とされるが，破毀院 1954 年判決のように裁判所が認定する方法もある。
(113)　フランスで結社の自由が認められるのは，第 1 部でも見たように，1901 年結社法においてである。
(114)　Raymond Saleilles, « Les associations dans le nouveau droit allemand », in É. Lamy (dir.), *Le droit d'association*, 1899, pp. 232-233.
(115)　Christian Atias, *Droit civil : Les personnes, les incapacités*, PUF, 1985, p. 241.

2　憲法秩序における結社の自由の意義

　第2に，より大きな視点からみれば，実在説の言うところの，「結社の法人格」をも含む「結社の自由」理解は，従来の法秩序を根本的に転換させるものであるという点である。

　19世紀の中間団体敵視の法制度を理論的に正当化していた擬制説では，第1章で見たように，基本的に意思を有する「個人」と全能の存在たる「国家」の二者にのみ権利主体性が肯定されている。この理論によると，「団体」は国家による公益認定がある場合に，例外的に権利主体となるに過ぎない。さらに，デュクロックをはじめとする擬制説論者が示していたように，「結社の自由」の観念から，法人格の取得は意識的に除外されていたのである。このように考えると，擬制説においては，基本的に「国家」と「個人」をアクターとする二極構造の法秩序が前提とされていたということができるであろう。

　これに対して，実在説およびミシューの技術的実在説は，団体の役割を積極的に評価する。そして，「人間のみを唯一の権利主体とする公理」への疑念から自らの理論を構成していることからもわかるように，ミシュー理論の出発点には，団体が権利主体として認められるべきであるという意図があった。つまり，ミシューは，「個人」と「国家」と並んで初めから「団体」をも重要なアクターとして評価しているのであり，その意味で，三極構造の法秩序を指向しているということができる。そこで，彼の問題関心は，そのような団体を権利主体として捉える理論をどのように構築するか，という点に向けられたのである。

　そして，団体の権利主体性を証明する理論の構築にあたり，その手がかりとなったのは団体存在の法認であり，これを一般的に認める「結社の自由」

---

(116)　Anne Paynot-Rouvillois, « Personne morale », in Denis Alland et Stéphane Rials (dir.) *Dictionnaire de la culture juridique*, PUF, 2003, p. 1155 も，実在説が「結社の自由」の確立を目指していたと指摘する。

(117)　その意味で，第3章で見るように，フランスで初めて結社の自由を保障した1901年結社法が，①結社設立の自由（第2条）を保障すると同時に，②法人格取得の自由（第6条）をも含んでいた点は，示唆的である。この意義を強調するものとして，樋口陽一「『からの自由』をあらためて考える──1901年結社法（フランス）100周年の機会に」法律時報73巻10号（2001年）94頁を参照。

である。ミシューによると,「結社の自由」を認めることは,結社（団体）の存在と結社が担う集団的利益の意義を認めることであり,それは,権利主体として活動することを認めることである。この見方によれば,立法者による「結社の自由」の承認は,従来の二極構造から結社（団体）をも含んだ三極構造へと,法秩序を根本的に転換する重要な態度決定と見ることができるのである。

　このような態度決定はまた,必然的に従来の法理論に再考を迫るものとなる。すなわち,「個人」と「国家」との二極構造を前提とする理論においては,それらの中間に位置する「団体」を法学上適切に捉えることはそもそもできない。すでに見たように,擬制説が前提とする意思説によっては団体の権利主体性を説明できないのである。

　そこで,従来の法秩序を成立させていた法理論は,再検討されなければならない。法学方法論から説き起こしてまで,「権利」及び「権利主体」といった法学の基本概念を再構成するミシューの試みは,このような文脈において理解されるべきであり,それは,団体の存在を前提とする法秩序に適合する理論を,新たに構築しようとするものなのである。

　以上見てきたように,「結社の自由」の承認は,これまでの法秩序の構造転換をもたらすという実定法上の意味をもつだけではなく,学説に対しても従来の理論枠組みの再編を促すものであるということができる。このように考えると,「結社の自由」の保障は,人権カタログにおける1つの自由保障という意味にとどまらず,憲法秩序および憲法理論の転換をもたらす契機としても,重要な意義を有するといえるのである[118]。それゆえ,実定法上,明文で「結社の自由」保障が謳われている場合には,それがもたらすこのようなインパクトを,十分に考慮に入れなければならないであろう。

3　非営利法人制度への視点

　こうした「結社の自由」が憲法秩序において有する意義に照らしてみれば,次のように言うことができるであろう。すなわち,結社設立の自由を承認す

---

(118)　フランスにおいて,1789年人権宣言が「結社の自由」を挙げていないことは,この観点から理解されるべきである。

ることは，中間団体としての結社が果たす役割を法秩序が積極的に評価することであり，それゆえ，結社そのものが権利主体（法主体）として法の世界で活動する自由が論理的に保障されなければならないということである。そして，これを基に具体的制度論を展開するとすれば，結社の自由を承認することは，国家の許認可を要することなく簡便な方法で法人格を取得できること，すなわち準則主義による法人格取得が要請されるということである。

　それでは，フランスにおいて初めて結社設立の自由を承認した1901年法は，法人格についてどのような態度をとっていたのだろうか。これを検討するのが次章の課題である。

第3章

フランスにおける非営利法人制度の展開

第1節　1901年結社法と法人制度
　　　── 法律上の能力の明文化と権利化 ──

1　1901年結社法の2つの側面 ── 団体制度と法人制度
(1)　団体制度

　すでに何度も繰り返し述べているように，1901年7月1日の「結社契約に関する法律」（1901年法）は，フランス近代立憲主義において初めて，一般的に結社の自由の原則を樹立した記念碑的な法律であるとともに，1世紀を経過した現在でもなお通用している現行法である[1]。もちろん，その間，改正を経験しなかったわけではないが，同法を支える基本原理については，現在でもまったく変更されていない。

　1901年法は，総則を定める第1章（1条～9条），公益認定結社に関する第2章（10条～12条），修道会について規律する第3章（13条～21条の2）の全部で3章から構成されているが，ここで取り上げるのは，一般的な結社制度について定める総則である。

　この総則の諸規定は，内容的な観点から見て，2つの部分に分けることができる。

　第1は，結社の設立・存続に関する規定である。1901年法は，それまで通用していた結社罪（1810年刑法典291条～294条および1834年法等）を廃止するだけでなく（21条），より積極的に，「諸個人からなる結社は，事前の許可及び届出を要することなく，自由に設立することができる」（2条）という規定を置くことにより，結社設立の自由を明確に宣言している。そして，結社を私法上の「契約」と性質決定することで，同法は，自由主義的・個人

---

[1]　1901年法の形成過程を法社会学的に分析する注目すべき研究として，高村学人『アソシアシオンへの自由 ──＜共和国＞の論理』（勁草書房，2007年）を参照。

主義的な私法原理を通じた規律を企図している（1条）。その帰結として，結社の強制的解散は，原則として，契約の無効という法的構成に従い（3条），かつ，司法裁判所が，検察官および利害関係者の請求に基づいて，事後に宣告するものとされているのである（7条）。

こうして，結社の設立と存続が法的に保障されるのであるが，結社が禁止されていた19世紀のフランスの法状況を考えてみると，1901年法には，本来，この側面だけでも重要な意義が認められてよいはずである[2]。

(2) 法人制度

しかし，第2に，この法律は同時に，結社の法律上の能力に関する規定も置いている。要件を定めた第5条によると，法律上の能力を取得するには，結社は，その名称，目的，その施設の所在地，並びに管理に責任を負う者の職業，住所，国籍を記入した届出を，規約とともに結社の本拠のある自治体（県又は郡）に提出しなければならない（同条2項）。届出を受理した自治体は，5日以内に受領証を交付し，その内容は官報に登載されることにより公示される（同条4項）。このとき，自治体は，たとえ結社の違法性が推認されるときでも，必ず受領証を交付しなければならない[3]。そして，後述するように，この受領証交付問題は，次に見る法人格取得の効果との関係で重要な意味をもつことになる。

さて，この手続に従って届出のなされた結社，すなわち，届出結社は，1901年法の制定当初から，何らの特別の許可を得ることなく，①訴訟の当事者となること，②国および自治体の補助金を受けることができるほか，③構成員の会費，運営・集会のための施設，目的達成に不可欠な建物を有償で取得し，所有し管理することが認められている（6条）。しかし，一切の贈与（寄付）を受領できない点，また，目的と関連のない不動産を所有できない点で，届出結社の法律上の能力は限定されていた[4]。これは，立法者が，蓄財（死手財産）による団体権力の肥大化を恐れたためである[5]。それゆえ，届出結社は，一般に「小さな法人格（petite personnalité）」あるい

---

(2) この側面について詳しくは，第1部を参照。
(3) Alain-Serge Mescheriakoff, Marc Frangi et Moncef Kdhir, *Droit des associations*, PUF, 1996, p. 63.

は「制限された法人格（personnalité civile restreinte）」しかもたないといわれてきた。届出結社がより広い法律上の能力を享受できる「大きな法人格（grande personnalité）」を取得するには、行政の許可を得て公益認定結社になる必要があったのである（10条）。

ここで注意を要するのは、1901年法の法文では「法人格（personnalité morale）」という言葉が避けられ、もっぱら「法律上の能力（capacité juridique）」の語が用いられていること、また、その能力が個別に列挙されていることである。

しかし、本書の問題関心にとって重要なのは、ただ届出を行うことによって、結社が構成員と区別される独立の財産主体となることおよび訴訟上の当事者能力を享受できることである。これは、結社に権利主体としての資格を認めることにほかならないであろう。つまり、1901年法によって、結社は、届出という簡便な方法で法人格を取得することができるのである。「小さな法人格」と言われるのは、一定の受贈能力が制限されることを意味するのであって、これは、結社が構成員と区別される独立の法人格を有することを、何ら否定するものではないのである。

2 法人格取得権の確立
(1) 制定過程での議論――グルシエ修正の意義

以上から、1901年法の制定によって、結社が享受する法律上の能力の段階に応じて、次の3つの結社制度、すなわち、①届出を行わないが何らの法律上の能力ももたない無届結社（無届非営利社団）、②届出を行い「小さな法人格」を取得する届出結社（届出非営利社団）、そして③国家の公益認定を受けて「大きな法人格」を取得する公益認定結社（公益認定非営利社団）

---

(4) しかし、このような制限は、学説から痛烈に批判されることになる。たとえば、L・デュギーは、適法に設立され、かつ、届出・公示を行った結社はすべて、完全な法律上の能力を与えられるべきであり、この点で、1901年法は、真の意味で結社の自由を保障するものではないと述べていたのである。Voir, Léon Duguit, *Traité de droit constitutionnel*, t. 5, 2e éd., Éditions Cujas 1925, p. 625.

(5) Jean-Claude Bardout, *L'histoire étonnante de la loi 1901: le droit des associations avant et après Pierre WALDECK-ROUSSEAU*, Éditions Juris Service, 2001, pp. 155-156.

が導入されることになった。

　しかし，第1章でも述べたように，1901年法の起草者ワルデック゠ルソーは，届出だけによって結社が（小さな）法人格を取得するこのような自由主義的な制度を構想していたわけではなかった。むしろ，結社の設立要件としてすべての結社に届出を義務づけるとともに（1899年法案4条），さらに，結社が法人格を取得するには，実体要件として「公益性」を，また，手続要件として行政機関の「許可」を要求していたのである（1899年法案の提案理由説明，委員会法案9条）[6]。つまり，彼が提出した法案では，実際に成立した1901年法とは異なり，①届出により設立が認められるが何ら法律上の能力をもたない「非公認結社」と②行政機関の許可を受けて法人格を取得する「公認結社」からなる2段階の結社制度が構想されていたのだった。

　ところが，下院での審議において，届出義務は結社設立の自由と相容れないとするA・グルシエ（Arthur Groussier, 1863-1957）の異論が受け入れられたために，設立要件としての「届出」は撤廃され，代わりにそれは法人格取得要件へと転用されてしまった[7]。これにより，結社設立の自由の規定（1901年法2条）が導入され，また，届出結社の法人格取得が認められることになったのである（同5条）。このことを，委員会法案を報告したG・トゥルイヨ（Georges Trouillot, 1851-1916）の言葉を借りて言えば，届出は，結社の「適法的存在（existence légale）」要件としてではなく，「精神的存在（existence morale）」要件へと転化したのだった[8]。ここに，起草者の基本構想は，根本的に転換されたのである。

　このような1899年法案から1901年法への変容には，次の2つの重要な意義を指摘することができる。1つは，手続的側面であり，これは，結社の法人格取得に行政の介入が排除されたことである。もう1つは，実体的側面であり，これは，法人格取得が「公益性」の判断とは切り離されたことである。

---

(6) 1899年法案および委員会法案については，Jean-François Merlet, *Une grande loi de la Troisième République : la loi du 1er juillet 1901*, LGDJ, 2001, p. 497 以下（Annexe Ⅰ）を参照。

(7) Merlet, *op.cit.* (n. 6), p. 42.

(8) Georges Trouillot et Fernand Chapsal, *Du contrat d'association: Commentaire de la loi du 1er juillet 1901 et des règlements d'administration publique du 16 août suivant*, Bureaux des lois nouvelles, 1902, pp. 62-63.

第3章　フランスにおける非営利法人制度の展開

それゆえ，結社は，公益性の有無にかかわらず，ただ届出を行うことによって，容易に法人格を取得できるようになった。以上から，1901年法の法人制度は，あらかじめ法律で定めた要件をみたせば当然に法人格が付与されるという意味で，法人の設立に関する準則主義を採用したということができる。

(2) **1930年コンセイユ・デタ判決**

その後，この行政の介入の排除は，裁判において確立されることになった。すなわち，1930年のコンセイユ・デタ判決[9]において，団体から届出が行われた場合，行政機関がその受領証交付を拒否することはできないと判断されたのである。この結果，受領証交付の効果としての法人格取得にも，裁判的保障が及ぶことになったのである。したがって，この判決によって，法人格を取得できることが，「すべての結社にとっての権利[10]」として認められることになった。このことから，1901年法は，「結社が法人格を得る権利 (droit des associations d'accéder à la personnalité morale)[11]」，すなわち，「法人格取得権」を保障することが確立されたのである。そして，現在では，G・ルブルトン教授によって，この法人格取得権こそが「結社の自由の最も重要な側面[12]」であるとまでいわれているのである。

以上の検討から，一般的に「結社の自由」を認めた1901年結社法は，①結社設立の自由と同時に，②設立された結社の法人格取得権をも保障するものであることが確認されたであろう。

もっとも，制定過程を見ればわかるように，この後者の保障効果が「グル

---

(9) Conseil d'État, 24 octobre 1930, *Prunget*, S. 1931, Ⅲ, p. 1, note Bonnard. もっとも，本件は共済組合の事案であるが，この判決が，後に見る1971年のボーヴォワール事件判決に至るまで，行政の事前審査の禁止に関する確定判例として妥当することについては，voir, Pascale Fombeur, « La jurisprudence du Conseil d'État et la liberté d'association », in Conseil Constitutionnel, *La liberté d'association et le droit*, Conseil Constitutionnel, 2001, p. 66.

(10) Georges Burdeau, *Les libertés publiques*, 4e éd., LGDJ, 1972, p. 201; Jacques Robert et Jean Duffar, *Droits de l'Homme et libertés fondamentales*, 7e éd., Montchrestien, 1999, p. 811.

(11) Gilles Lebreton, *Libertés publiques et droits de l'Homme*, 8e éd., Armand Colin, 2009, p. 539.

(12) Lebreton, *op.cit.* (n. 11), p. 539.

第2部　結社の自由と法人理論

シエ修正」によって偶然もたらされたに過ぎないことは，否定できないであろう[13]。しかし，この法律の制定から 70 年後，この効果に憲法的保障が認められることを，このとき誰が予想しえたであろうか。

第 2 節　1971 年憲法院判決と公法学説
―― 法人格取得権の憲法化と理論化 ――

1　1971 年憲法院判決

1971 年 7 月 16 日憲法院判決[14]（いわゆる「結社の自由」判決）は，憲法院が初めて人権保障の観点から法律を違憲無効とした画期的な意義をもつものとして，いわばフランス版「マーベリー対マディソン判決」と称されることもあるが[15]，ここで問題とするのは，判決そのものの内容である。もっとも，本判決が結社の自由に関するものであることは広く知られているが，その判決理由にまで立ち入ってその射程と意義に検討を加えることは，これまであまりなかったように思われる。そこで，本節では少し詳しく，この憲法院判決を取り扱うことにしたい。

(1)　事件の概要

本件の直接の契機となったのは，S・ド・ボーヴォワール（Simone de Beauvoir, 1908-1986）が結成した極左団体の届出に対して，内務大臣が受領証交付を拒否した事件である。団体からの提訴を受けたパリ行政裁判所は，1901 年法および確立したコンセイユ・デタ判例に基づいて，当該拒否処分

---

(13)　このため，グルシエは，審議過程での「決定的修正の張本人」として，ワルデック＝ルソーやトゥルイヨらと並ぶ，「結社の自由」の立役者であると評価されている。Voir, Sénat, *Waldeck-Rousseau et la liberté d'association, 1901-2001*, Sénat, 2001, p. 30.

(14)　Conseil Constitutionnel, 16 juillet 1971, *D*, 1972, p. 685; Loui Favoreu et Loïc Philip, *Les grandes décisions du Conseil constitutionnel*, 13ᵉ éd., Dalloz, 2005, nᵒ 18. 邦文の解説としては，野村敬造「第五共和国憲法と結社の自由」金沢法学 18 巻 1・2 号（1973 年）57 頁以下，山元一「憲法院の人権保障機関へのメタモルフォーゼ――結社の自由判決」フランス憲法判例研究会編（辻村みよ子編集代表）『フランスの憲法判例 II』（信山社，2013 年）132 頁以下を参照。

(15)　Louis Favoreu, « Destin d'une décision fondatrice », in Conseil Constitutionnel, *op.cit.* (n. 9), p. 27.

144

第3章　フランスにおける非営利法人制度の展開

が違法であると判断した[16]（いわゆる「ボーヴォワール事件」）。ところが，政府は，コンセイユ・デタへの上告を行わず，1901年法そのものの改正に乗り出したのである[17]。

この事件の背景には，1968年の五月危機以来，フランスでは団体運動の取締り，とりわけ，極左・極右団体の取締りの強化が治安政策上重要な課題となっていたという事情があった。実際，自由主義的な1901年法の結社・法人制度を見直す具体的な作業が，マルセラン内相（Raymond Marcellin, 1914-2004, 内相在任〔1968-1974〕）[18] を中心として，政府内で行われていたようである[19]。

こうして本件では，1901年法を改正する政府提出法案（以下「改正法案」という）の合憲性が争われることになった。改正法案は3カ条からなるが，そのなかで問題となったのは，違法な目的を掲げる結社又は過去に解散させられた団体を再結成する結社から届出が行われた場合に，検察官の請求に基づいて，大審裁判所（司法裁判所）が受領証交付の延期を命じる仮処分手続，また，仮処分を命じた場合に，大審裁判所が本案審理をして当該結社の無効・解散を宣告できる手続を新設する部分である（改正法案3条）。この改正の要点は，一言でいうと，届出の受領証交付に際して，司法裁判所による事前審査制度を導入することにある。前節で見たように，結社の設立そのものは，届出の有無にかかわらず自由に行えるのであるから（1901年法2条），本件で問題となったのは，まさに法律上の能力（法人格）の取得要件としての届出である。

この改正法案は，国民議会（下院）で可決されたものの，憲法4条が定める政党結成の自由に違反するという理由で，元老院（上院）では否決された。

---

(16) Tribunal Administratif de Paris, 25 janvier 1971, *Dame de Beauvoir et sieur Leiris*, AJDA, 1971, p. 229.

(17) 本件の経緯および以下の改正案の法文については，Jacques Robert, « Propos sur le sauvetage d'une liberté », *RDP*, 1971, p. 1171 以下に詳しい。

(18) Stéphane Meterfi, « Raymond Marcellin », in Confédération nationale du crédit mutual, *Cent ans de liberté d'association*, Éditions Coprur, 2001, pp. 68-69.

(19) Claude-Albert Colliard, *Libertés publiques*, 7ᵉ éd., 1989, Dalloz, p. 763. マルセランは，1968年には1901年法を改正する法律の草案を，1971年には1901年法施行令の改正草案を起草している。

第2部　結社の自由と法人理論

しかし，国民議会の優越性を認める憲法45条4項に従い，国民議会において改正法案が再び可決され成立したために，元老院議長A・ポエール（Alain Poher, 1909-1996）は，70年前に1901年法が成立したその日に，同法案の合憲性審査を求めて憲法院に訴えを提起したのである（1971年7月1日）。

提訴を受けた憲法院は，憲法4条ではなく憲法前文を根拠として，本改正法案中，司法裁判所の事前審査制を導入する部分が憲法に違反すると判示した。そこで，次にその内容を検討することにしよう。

(2)　**判決の内容**

本判決において憲法院は，「結社の自由原理」の法的効力とその内容について，次のように述べている。

「共和国の法律により承認され，かつ，憲法前文によって厳粛に再確認された基本的諸原理の中に，結社の自由原理が含まれなければならない。この原理は，結社契約に関する1901年7月1日法律の総則の基礎にある。この原理によると，結社は自由に設立することができ，また，事前に届出を提出するという条件のみによって，結社は公示されることができる。特別のカテゴリーに属する結社に対してとられる措置を別とすれば，たとえ結社に無効のおそれがある場合又は結社が違法な目的を有すると思料される場合であっても，結社の設立の適法性につき，行政機関又は司法機関でさえ事前に介入することはできない」〔第2段〕。

① 「結社の自由原理」の憲法化

判決では，まず，1946年の第4共和制憲法前文に規定された「基本的諸原理」が，憲法院における合憲性審査の法源になることが示されるとともに，そのなかに「結社の自由原理」が含まれることが明らかにされた。

実は，コンセイユ・デタは，第4共和制期において，すでにこの憲法院とほぼ同じ定式化でもって，結社の自由原理が「基本的諸原理」に含まれることを示していた（1956年7月11日コンセイユ・デタ判決[20]）。その意味で，本判決は，この先行するコンセイユ・デタ判決を借用したものといえる。

しかし，憲法院での判決は，そこで援用される「基本的諸原理」の法的効

力について，決定的な違いをもたらす。すなわち，コンセイユ・デタには，法律の合憲性審査を行う権限がないため，同原理の形式的効力はいまだ明らかでなかったが，憲法院には合憲性審査権（憲法 61 条）があり，かつ，実際に本件では法律を違憲無効としているのであるから，本判決によって「基本的諸原理」が憲法法源になること，そして，そこに含まれるとされる「結社の自由原理」が憲法上の効力をもつことが明らかとなった。つまり，ドミニク・ルソー教授のいうように，憲法院は，「法的効力を変更することにより，結社の自由を憲法原理に仕立てた[21]」のである。

② 「結社の自由原理」の内容

さて，そこで問題となるのは，憲法的効力が与えられる「結社の自由原理」とは何かである。判決によると，これは 1901 年法の総則そのものを指すのではなく，その「基礎にある（à la base）」ものとされている。そこで，憲法院は，独自の判断において，「結社の自由原理」の内容を確定するのである。

憲法院は，この原理の内容として，① 結社を自由に設立できることと，② 結社は届出により公示されることの 2 つがあることを示した。さらに，憲法院は，このような抽象的定式化にとどまらず，本件事案に対処するための具体的な準則をも提示した。すなわち，行政機関についてはもちろん司法機関でさえ，結社の設立の適法性について事前に審査してはならないことを，明確にしたのである。

もっとも，この判示だけでは，事前審査の禁止が結社設立の場面に妥当するのか（前記①），あるいは，法人格取得（公示手続）の場面についてまで妥当するのか（同②）が明らかではない。しかし，この準則を本件事案に適用する箇所において，憲法院は，事前審査の禁止が後者の場面で妥当することを明白に述べている。すなわち，「結社が法律上の能力を取得する手続が，司法裁判所による事前の適法性審査に服することになる」（第 3 段）ので，

---

(20) Conseil d'État, 11 juillet 1956, *Amicale des Annamites de Paris*, Lebon, p. 317. さらに，コンセイユ・デタは，結社の自由が「憲法上の自由（liberté constitutionnelle）」であると述べたこともある。Voir, Conseil d'État, 24 janvier 1958, *Association des anciens combattants*, Lebon, p. 38.

(21) Dominique Rousseau, *Droit du contentieux constitutionnel*, 10e éd., Montchrestien, 2013, p. 35.

第 2 部　結社の自由と法人理論

改正法案 3 条の諸規定は「憲法に違反する」(第 4 段) と判示したのである。

この判決について，学説では，結社の設立に一切の事前審査を禁止したものとするか (リヴェロ[22])，あるいは，届出から受領証交付に至る公示手続そのものを保護したものとするか (メルレ[23]，イヴ・ゴドメ[24]) というように，その理解の仕方に違いが見られる。

しかし，前者は「結社の設立」に法律上の能力の取得まで含めて理解するものであり，また，後者も，手続保護の結果として法人格取得が認められることを否定するものではない。そうすると結局のところ，何れの理解によっても，結社の法人格取得に憲法的保障が認められることについて，相違はないことになる。それならば，J・モランジュ教授が，本判決のおかげで「結社は，まったく自由に法人格を取得することができるのである[25]」と述べるように，法人格取得権の憲法的保障を正面から認めるのが，本判決の素直な理解であるように思われる[26]。

以上から，1901 年法で明文化された法人格取得権は，1971 年憲法院判決によって，「結社の自由原理」の内容を構成するものとして，憲法的効力が認められたのである。

2　公法学説による理論化
(1)　リヴェロ教授

ここまでの検討では，フランスの結社・法人制度のあゆみをふり返ってきたのであるが，次に，公法学説に目を転じることにしよう。

第 5 共和制憲法には権利章典がなく人権保障が法律を通じて図られていることから，フランスの人権書では一般に，現行制度の沿革と内容を叙述するというスタイルがとられている。このことは，基本的に「結社の自由」の項目についてもあてはまるのであるが，しかし，1971 年の憲法院判決以降，

---

(22)　Jean Rivero, « Note sous CC 16 juillet 1971 », *AJDA*, 1971, p. 540.
(23)　Jean-François Merlet, « La jurisprudence: clef de lecture de la loi de 1901 », in C. Andrieu, G. Le Béguec et D. Tartakowsky (dir.), *Association et champ politique : la loi de 1901 à l'épreuve du siècle*, Publications de la Sorbonne, 2001, p. 222.
(24)　Yves Gaudemet, « L'association vue de la Constitution », *LPA*, n° 50, 1996, p. 27.
(25)　Jean Morange, *Droits de l'homme et libertés publiques*, 5ᵉ éd., PUF, 2000, p. 260.
(26)　Mescheriakoff et al., *op. cit.* (n. 3), p. 46.

学説において，結社の自由保障の内容を理論的・憲法的視点から把握しようとする試みが見られるようになった。

まず，公法学のJ・リヴェロ教授は，その定評ある人権概説書において，結社の自由の概念には，次の3つの自由が含まれているとする[27]。

すなわち，① 個人の結社する自由，② 設立された結社の自由，そして③ 結社内部における個人の自由である。これは，中間団体としての結社の容認（①）が，結社内部の個人にとっては危険であることに注意を促し（③），また，結社を認める実質的意味をも正当に評価している点で（②），結社の自由保障についてのポイントを押さえた定式化であるといえる。これを1901年法にあてはめてみると，①には結社の設立・存続に関する規定（1条～3条）が，②には法律上の能力に関する規定（5条，6条）が，そして，③については構成員の脱退の自由を定める規定（4条）がそれぞれ対応することになるであろう[28]。

ここでは，② 設立された結社の自由に着目するが，これは，「結社が活動し財産を増やす自由」と説明されているように，結社自体の活動に焦点があてられたものである。そして，この点について，リヴェロ教授によると，1901年法における届出結社の法律上の能力は，いまだ限定的なものにとどまると評価されるのである[29]。

(2) コンセイユ・デタ報告書

次に，コンセイユ・デタの2000年の年次報告書は，1901年結社法制定100周年を記念して「結社と1901年法の100年」と題する特集を組んでいるが，そこでは，興味深い結社の自由論が展開されている。

これによると，一般に「結社法（droit des associations）」は，① 結社設立の場面にかかわる「結社する自由（liberté d'association）」と，② 結社の法律上の能力にかかわる「結社自体の自由（liberté de l'association）」（あるいは「結社がもつ自由」）の2つのタイプの規定から構成されるという[30]。前者が，結社への加入や脱退など「個人の自由」にかかわるものであるのに対して，

---

[27] Jean Rivero et Hugues Moutouh, *Libertés publiques*, t. 2, 7ᵉ éd., 2003, p. 255.
[28] Rivero et Moutouh, *op.cit.* (n. 27), p. 260.
[29] Rivero et Moutouh, *op.cit.* (n. 27), p. 258.

第2部　結社の自由と法人理論

後者は,「法人が行使する集団的権利」をカヴァーするものとされる。これは結社の対外的活動にかかわるものであるが,その法技術として法人格に言及されていることは注目に値する。そして,同報告書によると,フランスの現行制度では,憲法院判決により法人格の取得そのものは憲法上確立されているものの,その能力の程度については,いまだ完全ではないという診断が下されている[31]。

(3) モランジュ教授

さらに,憲法論としての結社の自由論を具体的に展開しているのは,モランジュ教授である。同教授は,「結社の自由」の保障内容として,① 結社の自由な設立,② 結社の同一性 (identité) の保護[32],そして③ 結社の活動手段の保持の3つを挙げている[33]。

ここで問題となるのは,もちろん③ 結社の活動手段の保持である。これは,モランジュ教授の主著『フランス公法における結社の自由』(1977年) では,「結社は目的達成の手段をもたなければならない」という章題のもとで具体的に展開されている[34]。

それによると,結社は,その規模が小さい場合には,何らの手段をもたなくても活動できるかもしれないが,少し規模が大きくなり,また,対外的活動 (action extérieure) を行おうとする場合には,法人格なしに済ますことはできないという。

もっとも,結社が内部的に活動する場合であっても,それには場所(建物)や常勤の人員が必要となるのであり,それゆえ,所有権の帰属や雇用関係の処理が問題となる。その場合,構成員の1人に所有権を帰属させたり,契約を締結させたりすることもできるが,これでは,その構成員に過剰な負担を強いることになり,また逆に,その者が結社に対して大きな影響力を行使する恐れも考えられる。このような理由から,結社には,法人格が必要と

---

(30) Conseil d'État, « Réflexions sur les associations et la loi de 1901, cent ans après », in: *Rapport public 2000, Les associations*, La documentation française, 2000, p. 245.
(31) Conseil d'État, *op.cit.* (n. 30), p. 259.
(32) 具体的には,内部運営の自由,名称の保護,懲戒権の承認が挙げられている。
(33) Morange, *op.cit.* (n. 25), pp. 259-265.
(34) Jean Morange, *La liberté d'association en droit public français*, PUF, 1977, p. 155.

されるのであるが，このことは，結社が対外的活動を行う場面において，より一層妥当するものとされる。

そして，モランジュ教授によると，このような法人格は，次の2つの場面で結社にとって有益であるという。第1は，法の世界で行動する場面においてであり，これは，具体的には，結社が訴訟の当事者になることである。第2は，実際に行動する場面である。すなわち，信書・パンフレットの配布，新聞の発行，広報活動，集会の開催などの日常的な活動には，それを賄う費用が必要である。このため，結社自体が財産を保有し，また，結社が自ら権利主体となって行動できなければならない。法人格は，これらの法的手段（moyen juridique）や物的手段（moyen matériel）[35]といった活動手段を付与するものであるため，結社の活動にとっては不可欠なものとされるのである。

さらに，この活動手段の重要性について，モランジュ教授は，次のように述べている。すなわち，「結社の自由に憲法上の根拠を認め，結社設立の自由の原則が確立されるとしても，……結社に目的達成のための手段が与えられなければ，それは何の意味ももたないだろう[36]」。これは，結社の法人格取得にも憲法上の保障が及ぶべきことを示唆するものとして，理解することができるであろう。

第3節　1987年メセナ法の意義
―― 法律上の能力の拡大 ――

1　受贈能力の制限問題
(1)　1987年以前の法状況

前節までにおいて見てきたように，結社の自由を認める1901年法そのものにおいて，設立された結社自体の法律上の能力に関する規定が明文化されている。その後，それは裁判所によって権利化され，さらに，1971年には憲法院判決によって憲法化されるに至っている。こうして，法律上の能力を獲得するという意味での結社の法人格取得権は，法的効力の面で高められてきた。

---

(35)　Morange, *op.cit.* (n. 34), p. 156 et p. 164.
(36)　Morange, *op.cit.* (n. 34), p. 155.

第 2 部　結社の自由と法人理論

　ところが，後述するように，1987 年に至るまで，届出結社の法律上の能力は大きく制限されていた（「小さな法人格」）。それらの制限はとりわけ，結社が財産を取得し所有することにかかわるものである。それは，第 1 部でも述べたように，立法者が国家の手の及ばないところでの財産蓄積，つまり結社の死手財産（bien de mainmorte）を恐れたためである。

　1901 年法 6 条の原始規定では，届出結社には，次の能力しか認められていなかった。

① 　訴訟上の当事者能力
② 　国・県・市町村からの補助金の受給
③ 　次に掲げるものの有償での取得と管理
　　・　構成員の会費（cotisation）又はこれと相当額のもの
　　・　団体運営および構成員の集会のための施設
　　・　目的遂行のための必要最小限の不動産

　これを結社の日常的活動の側面から見ると，結社はその運営資金として，国および自治体からの補助金と構成員の会費しかあてにできないことになる。しかも，会費も一定額（500 フラン）を超えてはならなかった（この額は，その後 16 ユーロに改められたが，現在，上限そのものが撤廃されている[37]）。

　そして，とりわけ重要なのは，届出結社は贈与（don）や遺贈（legs）をはじめとする第三者からの寄附を一切受け取れなかった。この点について 1901 年法 17 条は，あらゆる贈与および遺贈が無効となることを重ねて宣言している[38]。

　たしかに，この規定は，カトリックの宗教団体が通常の結社を装って活動するという脱法行為を規制するという意味で，1901 年法の立法者の反教権主義のあらわれであるといわれている[39]。しかし，ここには，結社に一定の活動の自由を認めるものの，なお，財政的な側面から国家が結社活動をコ

---

(37)　法の簡素化と行政事務の軽減に関する 2012 年 3 月 22 日法律 126 条。
(38)　1901 年法 17 条は，「直接に又は仲介者その他あらゆる間接的な方法によりなされた，有償又は無償の，生前の又は遺言による行為であって，合法又は不法に設立された非営利社団が第 2 条，第 6 条，第 9 条，第 11 条，第 13 条，第 14 条及び第 16 条の規定を免れることを可能とする目的を持つものはすべて，無効とする」と定める。
(39)　Mescheriakoff et al., *op. cit.* (n. 3), p. 65.

ントロールしようとする強い意図を見て取ることができるであろう[40]。そして，こうした意図は，国家の関与の度合いがより大きくなる公益認定結社には，規約で定める制限を除いて，一切の民事的行為が許されていたこと，また，条件つきではあるが贈与・遺贈を受け取ることができたことにもあらわれている（11条）。

こうして，1901年法においては，法律上の能力を何らもたない無届結社を除けば，受贈能力が制限されている点で「小さな法人格」しかもたない届出結社と，より大きな法律上の能力を有する点で「大きな法人格」を享有する公益認定結社の2段階の法人制度が採用されたのである。

(2) 学説による批判

このような法律上の能力に差異を設ける段階的な法人制度は，フランス特有のユニークな考え方であるが，しかし，届出結社の受贈能力の制限については，直ちに批判されることになった。たとえば，1901年法成立直後において，ロスタン（Eugène Rostand）と代議院での結社法委員会の報告者であるトゥルイヨ（Georges Trouillot）とのあいだで，論争が繰り広げられた（ロスタン＝トゥルイヨ論争）。そこでは，結社の法律上の能力が不十分な点において，同法は真に結社の自由を承認していないと摘発するロスタンに対して，従来の法状況から比べると格段の進展が認められるとして同法を擁護するトゥルイヨの反論文が，雑誌上に掲載されたのである[41]。

また，学説においても1901年法が結社設立の自由を承認した点は評価するものの，受贈能力を制限する部分については批判的であった。

たとえば，デュギーは，適法に設立され，かつ，届出・公示を行った結社はすべて，完全な法律上の能力を与えられるべきであり，この点で，1901年法は，真の意味で結社の自由を保障するものではないと述べている[42]。

---

(40) 高村学人教授は，結社の収入ルートがほとんど公的セクターに依存すること，また，贈与を認めないことで結社の強固な財政的基盤を認めない点に，1901年法の特徴があるとする。高村・前掲注(1)293頁。

(41) Eugène Rostand, « La loi sur les associations: au point de vue des associations ordinaires laïques », *Revue politique et parlementaire*（*RPP*), t. 28, 1901, pp. 259-271 ; Georges Trouillot, « La loi sur les associations : Réponse à l'article de M. Rostand », *RPP*, 1901, pp. 272-279.

第 2 部　結社の自由と法人理論

　このことを彼は,「目的限定性の原理 (principe de la spécialité)」から説明する。すなわち,規約に掲げる目的が結社の能力の根拠と限界であるとするのである。ここから,目的の範囲内で活動する限り,結社は届出・公示を行えば,あらゆる財産を有償又は無償で取得できるとされるのである。
　また,ミシューも届出結社の「小さな法人格」を念頭において,「1901年法が確立した結社制度は,本当に自由主義的か？[43]」との問題提起を行っている。たしかに,1901年法は,結社の自由な設立を認め,また,結社に一定程度の法人格を与えている点で,以前の法制度と比べると顕著な進展が見られるが,しかし,「小さな法人格」では結社が活動するには十分ではないと述べているのである。
　さらに,サレイユは,1901年法の意義を指摘しつつも,次のように述べている。すなわち,「1901年法の根本的な誤りは,……貧困の中においてしか自由を認めなかったということである。この法律は,国家の証印を取得したときにしか,結社は金持ちになってはならないという我々の公法の基本原則を維持するものである[44]。つまり,結社に恵与 (libéralités) の取得が認められるために,1901年法は,さらに公益認定を要求しているのである」,と。

2　財政基盤の拡大
(1)　受贈能力の制限の実質的緩和策
① 「出資」という方法
　このような学説の批判にもかかわらず,1901年法6条が規定する受贈能力の制限,すなわち,贈与受領の禁止と不動産取得の禁止の原則は,その後も永らく存続することになる。判例においても,これらの諸規定は厳格に適用されてきた。
　しかし,こうした厳格解釈は,理論的にはともかく,実務的には到底維持

---

(42)　Duguit, *op. cit.* (n. 4), p. 623 et s.
(43)　Léon Michoud, *La théorie de la personnalité morale et son application au droit français*, LGDJ, t. 1, 1906, p. 448.
(44)　Raymond Saleilles, *De la personnalité juridique : Histoire et théories*, 1910, réimpression, Librairie Nouvelle de Droit et de Jurisprudence, 2003, p. 30.

第3章　フランスにおける非営利法人制度の展開

することはできない。というのも，構成員の会費をあてにするといっても，前述の通りその上限額が決められており，また，国および自治体の補助金といっても，すべての結社が受け取ることができるとは限らないからである。

そこで実際には，出資（apport）の方法を用いることによって，結社への動産・不動産を含む財産拠出が認められてきたようである。出資とは，金銭，現物，役務による法人設立への寄与を意味するとされる[45]。これを法的に見ると，出資者は，結社の運営に必要な財産を移転するのであるが，当該財産は，一定の条件の成就および結社の解散時に出資者に償還されることになる。そして，この出資については，1901年法の成立当初から予定されていた。すなわち，1901年8月16日の結社法施行令15条は，結社解散時の残余財産の構成員への分配を禁じているのであるが，「出資の回復」を除外しているのである。

このように，出資は，完全に財産権の移転が行われる贈与とは法的に異なるものである。しかし，機能的には，無償の贈与とほとんど同じ効果を有する。つまり，結社が非営利目的であることに照らせば，出資者の出資に対する見返りは，利得ではなく精神的な満足にすぎないであろう。また，近い将来結社の解散が行われるのでなければ，結社はその恩恵を長期にわたって享受することができるのである。

さらに，判例は，出資者による返戻権の放棄や不行使を容認したため，実務上もこの方法の合法性が確立されることになった[46]。このことから，J＝F・メルレは，この出資が「事実上の恵与（libéralités de fait）[47]」に転換したとの評価を下している。

② その他の方法

このような「出資」という方法により，結社の財政状況は大きく改善されたのであるが，これは自己資本による運営という点では，いまだ不十分なものであった。そこで，結社が幅広く資金を集められることが重要となるが，先述したように，1901年法は，結社が第三者から贈与（寄附）など受け取る

---

(45) Raymond Guillien et Jean Vincent (dir.), *Lexique des termes juridiques*, 15e éd., Dalloz, 2005, p. 48.
(46) Cass. Civ., 19 novembre 1940, S. 1943, I, p. 9.
(47) Merlet, *op.cit.* (n. 6), p. 152.

第2部　結社の自由と法人理論

ことを一切認めていない。それが認められるには，国家の許可を受けて公益認定結社になる必要があった。

しかし，届出結社の中には，公益認定結社と同様に一般的利益を目指しているが，公益認定が非常に厳しいために，受贈能力が制限されている結社も存在する。そして，こうした結社がより広い法律上の能力を獲得して，積極的に活動できる途を拓くことには，社会的な有用性が認められるであろう。

この点については，比較的早い段階で立法的な手当てがなされた。すなわち，1933年1月14日法律（正式には「民間慈善施設の監督に関する法律」という）は，専ら福祉又は慈善を目的とする届出結社は，コンセイユ・デタの許可を得て，贈与・遺贈を受領することを認めていた[48]（同法35条）。

さらに，贈与の中でも，その場で履行が行われる手渡贈与（don manuel）[49]については（仏民931条），行政のコントロールが及ばないために，事実上黙認されてきたと言われている[50]。そして戦後になると，判例において，少額の手渡贈与の受領が結社に認められ，その方法についても，小切手による支払いはもちろん，さらに銀行口座による振込みも認められるなど，「手渡し」要件も緩和されてきたのである。

(2)　1987年メセナ法とその後の展開

もっとも，これらの動きは，あくまで個別的な解決方法であって，1901年法それ自体に手がつけられたわけではない。しかし，1987年，当時経済大臣であったバラデュールの意向によって，1901年法6条が遂に改正されることになったのである。すなわち，1987年7月23日のメセナ法（法律571号）によって，届出結社には，次のことが新たに認められることになったのである（先に示したものとの関連で，通し番号で示す）。

④　手渡贈与の受領（メセナ法16-1条，1901年法6条1項柱書き）
⑤　公益施設法人からの贈与の受領（メセナ法16-1条，1901年法6条1項

---

[48]　もっとも，動物愛護目的は，コンセイユ・デタによって，本法の定める目的に該当しないとされた。Voir, Conseil d'État, 18 juin 1937, Sirey, Ⅲ, 77.
[49]　参照，大村敦志「無償行為論の再検討へ――現代におけるその位置づけを中心に」林信夫＝佐藤岩夫編『法の生成と民法の体系』（創文社，2006年）38-39頁。
[50]　Morange, op.cit. (n. 25), p. 261.

156

第 3 章　フランスにおける非営利法人制度の展開

　　柱書き）
　⑥　地域圏および公施設法人からの補助金の受給（メセナ法 16-1 条，1901 年法 6 条 1 項柱書き）
　⑦　専ら救済，慈善，科学・医学研究を目的とする届出結社の，生前贈与又は遺贈の受領（メセナ法 16-2 条，1901 年法 6 条 2 項。ただし，コンセイユ・デタの議を経たデクレの要件に従う）

　このうち④は，先に述べた従来の判例法理を明文化したものであるし，⑦は，先述の 1933 年法を引き継いだ上（1933 年法はこれにより廃止された），「科学・医学研究」目的の団体にまで対象を広げている。また，公益法人からの無償贈与が無条件に認められ（⑤），さらに，補助金についても，その助成者は，従来の国・県・市町村に加えて，地域圏や公施設法人にまで拡大されている（⑥）。したがって，ここに至って結社の法律上の能力は，量的にも拡大したということができるのである。

　ただし，ここで注意が必要なのは，届出結社が生前贈与・遺贈を受領できる能力（受贈能力）をもつことと，それらを現実に受領できることとは，異なるということである。実際，メセナ法以後においても，届出結社が贈与を受領するには，行政機関による事前許可が必要とされていた（仏民旧 910 条）。

　しかし，この点については，2005 年の恵与・届出簡略化オルドナンス（2005 年 7 月 28 日オルドナンス第 856 号）によって，2006 年 1 月 1 日から，受贈能力を有する届出結社（前記⑦）は，行政機関に事前に届出を行うことを条件として，自由に贈与・遺贈を受領することが認められることになった（届出制）[51][52]。

　もっとも，この制度によっても，行政機関の監視がまったく失われたわけではない。届出を受けた行政機関は，一定の要件が認められる場合に，事後的に異議を唱えることができる（事後規制）。異議が認められた場合，当該

---

[51]　Patrice Macqueron et al., *Associations, fondations, congrégations: 2006-2007*, Éditions Francis Lefebvre, 2006, p. 129.
[52]　恵与に関するこの新制度は，2006 年 1 月 1 日から施行されたが，届出手続を定めた 2007 年 5 月の「非営利社団，財団，修道会及び宗教公施設法人，並びに民法典 910 条の適用に関するデクレ」（2007 年 5 月 11 日デクレ 807 号）の公布をまって，実際に適用されるようになった。

第 2 部　結社の自由と法人理論

受贈は効力を失う（仏民新 910 条 3 項）。

　当初，この行政機関の異議は，当該社団が贈与を規約に従って用いることができないと判断されるときにのみ行われると定められていたが，2009 年法によって，受贈の前提となっている法的能力の取得条件をみたさないことが確認される社団にまで，適用範囲が拡大されることになった（法の簡素化と明晰化並びに手続の軽減に関する 2009 年 5 月 12 日法律 526 号 111 条）。

　また，この制度の手続の詳細は，2007 年 5 月 11 日の「非営利社団，財団，修道会及び宗教公施設法人，並びに民法典 910 条の適用に関するデクレ」（2007 年 5 月 11 日デクレ 807 号）で定められ，それによると，受贈能力を有する非営利社団（1901 年法 6, 11 条）や宗教団体（1905 年政教分離法 18, 19 条）が無償贈与を受ける際には，それぞれの法律が要求する社団の要件に該当することの証明書を届出に添付しなければならない[53]。その意味で，新たな贈与制度によっても，贈与が完全に自由になったというわけではない。

　他方，⑦に掲げる目的以外の届出結社への一般的な恵与（無償贈与・遺贈）は，いまだ認められていない。その意味で，結社活動に対する国家のコントロールは，法律上はなお残っていると言わざるを得ないであろう。

　しかし，メセナ法以後の一連の改革によって，一部の届出結社の受贈能力が大幅に拡大され，かつ，受贈手続が簡略化されたことは重要な進展である。これにより，届出結社の収入源は，大幅に拡大されることにより，財政的基盤は以前と比べて格段に強化されることになった。したがって，公益および一般的利益を追求する結社があえて公益認定結社になる必要性は，もはや認められなくなったとも言われている。実際，モランジュ教授の伝えるところによると，「1901 年法の制限は，もはや多くの結社にとって重大な障害とはなっていない」ようである[54]。

(3) 小　括

　以上，フランスでは 1901 年法の制定以来，法人格取得権が結社の自由の内容を成すものと認められてきたこと，さらに，この権利は，その後におけ

---

(53)　非営利社団，財団，修道会，宗教公施設法人に対する贈与制度に関する 2010 年 4 月 20 日法律 395 号 1 条。

(54)　Morange, *op. cit.* (n. 25), p. 261.

158

第3章　フランスにおける非営利法人制度の展開

る憲法的効力の獲得および受贈能力の拡大によって，質的（法的効力）にも量的（法的能力）にも拡充されてきたことを確認することができるであろう。

　　　　　　　　＊　　　　　＊　　　　　＊

(1)　第2部では，結社の自由と法人格取得との関係について，理論面・制度面の双方からの検討を行った。

　まず理論面では，フランス法人論争が結社の法人格取得問題を争点とするものであり，その意味で結社の自由の射程拡大を目指した実践的な論争であったこと，また，結社の自由は，個人と国家からなる二極構造から結社を含む三極構造へと，法秩序を転換する意味をもつことである。そして，論争の終止符を打ったミシューの法人理論が，実際，戦後の判例で採用されたことを確認してきた。

　また，制度面では，結社の自由を認めた1901年法は，同時に結社の法人格取得を認めるものであったことが重要である。そして，法制定当初においてはいまだ不十分であった結社の法的能力は，その後の法律・判例を通じて，質的に強化され，また量的にも拡大してきたことを確認してきた。

(2)　第1部と第2部では，フランスにおいて結社の自由の法理がどのように成立したか，それはその後どのような展開を辿ってきたかを詳しく見てきた。しかし，そうした経緯で成立した結社の自由の法理の全体を見渡すことも必要である。そこで，続く第3部では，現在のフランスの非営利団体法の制度と理論を検討することにしたい。いわば，結社の自由の法理の成立と展開を扱った第1部と第2部が縦軸の検討であるのに対して，現行制度を扱う第3部は横軸の検討である。

159

第3部
フランス非営利団体法の制度と理論

第 1 章

1901年法に基づく非営利団体制度

第1節　1901年非営利団体法（結社法）の位置づけ

1　公法と私法の結節点としての1901年法

　フランスで結社の自由を保障しているのは憲法典ではなく，1901年7月1日の「結社契約（非営利社団契約）に関する法律」（以下「1901年法」という）である。同法は，「非営利社団は，事前の許可及び届出を要することなく自由に設立することができる」（2条）と定めて結社の自由の一般原理を宣言している。第1部で見たように，フランスでは革命後の人権宣言（1789年）以来，結社の自由が意識的に忌避されてきたことを考えれば，この規定は画期的な意味を持っている。1901年法が「第3共和制期の偉大な法律（Une grande loi de la Troisième République）[1]」といわれるのはこのためである。そして，第5共和制期の憲法院1971年7月16日判決（いわゆる「結社の自由判決」[2]）によって，1901年法が示した結社の自由原理に憲法的効力が認められた。このように，1901年法は，フランスでは何より公法上の結社の自由（liberté d'association）を保障する法律（結社法）として位置づけられ，また，学問上も公的自由（libertés publiques）又は基本権（droits fondamentaux）を保障する法源として，公法学の検討対象となっている[3]。

---

(1)　Jean-François Merlet, *Une grande loi de la Troisième République: La loi du 1er juillet 1901*, LGDJ, 2001.

(2)　Conseil Constitutionnel, 16 juillet 1971, *D.* 1972, p. 685; Louis Favoreu et Loïc Philip, *Les grandes décisions du Conseil constitutionnel*, 13e éd., Dalloz, 2005, no 18. 邦文の解説として，山元一「憲法院の人権保障機関へのメタモルフォーゼ——結社の自由判決」フランス憲法判例研究会編（辻村みよ子編集代表）『フランスの憲法判例Ⅱ』（信山社，2013年）132頁以下を参照。

(3)　代表的なものとして，Patrick Wachsmann, *Libertés publiques*, 6e éd., Dalloz, 2009, p. 673 et s.; Jacques Robert et Jean Duffar, *Droits de l'homme et libertés fondamentales*, 8e éd., Montchrestien, 2009, p. 851 et s.

第 3 部　フランス非営利団体法の制度と理論

　他方で，1901 年法は同時に，結社の設立方法，法人化の手続，解散・清算の手続，公益認定の手続などに関する規定を置いていることから，非営利団体制度（あるいは非営利法人制度）の一般法としての意味ももっている[4]。このため，同法は，私法上の営利団体法（droit des sociétés）と並ぶ非営利団体法（droit des associations）の主要な要素として，私法学でも取り上げられる[5]。

2　1901 年非営利団体法（結社法）と結社の自由との関係：検討の視角

　このように，1901 年法は，一方で公法上（あるいは憲法上の）の「結社法」として，他方で私法上の「非営利団体法」としての側面を有している。そこで，同法を結社の自由の原理との関係でどのように捉えるべきかが問題となるであろう。この点について本書は，「1901 年法は，公法上の結社の自由を私法上の法制度によって保障する法律である」，と考えている[6]。結社の自由が団体に関係する人権であることを考慮すれば，それが私法上の団体・法人制度と密接に関係するのは，ある意味当然のことである。しかし，日本において，結社の自由と私法上の団体制度が関連するという認識は，一般的にはほとんど共有されていない。このことは，第 4 部第 3 章で見るように，2006 年の公益法人制度改革の際，憲法学からの検討や提言がほとんど見られなかったことに表れている。

---

[4] この点については，以前，実務家によって，非営利法人法の法令集が編纂されたことがある。Xavier Delsol (dir.), *Code des associations*, Éditions Groupe Juris, 1998. さらに，2008 年に Dalloz 社から非営利法人に関する法令を集成した『非営利社団・財団法典』が刊行され，以後，毎年改版されている。同書では，冒頭に非営利社団の一般法として 1901 年法が掲げられており，その他財団に関するものも含め，関連する多数の法令が収録されている。Stéphanie Damarey et al., *Code des associations et fondations, commenté*, Édition 2014, 6e éd., Dalloz, 2013.

[5] Jean Carbonnier, *Droit civil : Introduction, Les personnes, la famille, l'enfant, le couple*, Quadrige, vol. 1, PUF, 2004, p. 700. また，Alain-Serge Mescheriakoff, Marc Frangi et Moncef Kdhir, *Droit des associations*, PUF, 1996, および Karine Rodriguez, *Le droit des associations*, Harmattan, 2004 は，非営利団体法の体系書である。

[6] さらに言えば，1901 年法は，「結社の自由」という人権に具体的なかたちを与え，その保障に関する 1 つのヴィジョンを示すものである。もちろん，それは，結社の自由の観念およびその保障に関するありうる 1 つのあり方に過ぎないのであって，普遍的なあり方を示すわけではない。

第1章 1901年法に基づく非営利団体制度

そこで，本章では，「1901年法は，公法上の結社の自由を私法上の法制度によって保障する法律である」という観点から，同法およびその関連法によって，結社の自由保障に関してどのような法制度が構築されているかを概観することにしたい。

3 用語の問題

なお，あらかじめ用語について一言しておきたい。以下の叙述では，「結社」，「非営利団体」，「非営利社団」を互換的に用いているが，それらの原語はすべて「association」である。同じ原語についてこのような使い分けをするのは，日本において，憲法学上は「結社」という語が用いられるのに対して，私法上では，「非営利社団」や「非営利団体」という語が用いられることが多いからである。このように，日本では，すでに用語の点からしても，憲法上の結社の自由論と私法上の非営利団体論とのあいだに断絶が見られる。

第2節　1901年非営利団体法の基本原理

1 根拠法令

現在，1901年法は19ヵ条からなる小さな法律であるが，フランスの非営利団体の一般法・基本法としていまなお重要な意味を持っている。同法が規律しているのは，一般的な非営利社団（無届非営利社団と届出非営利社団），公益認定非営利社団，修道会の3つの団体である。修道会については，宗教団体を扱う第2章にゆだねることにして，ここでは一般的な非営利社団（あるいは単に「非営利社団」という）の法制度を取り上げることにする。

1901年法は，次の4部から構成されている（なお，法律そのものに章のタイトルは付されていない）。

第1章　総則（1〜9条）
第2章　公益認定非営利社団（10〜11条）
第3章　修道会（13〜21条の2）
第4章　外国非営利社団（削除）

これによると，一般的な非営利社団に関する法律規定は，僅か9ヵ条しか

ない。この条数で，非営利社団の設立，解散，法人化，清算のすべてを規定している。これだけの規定で足りるとされているのは，同法に非営利社団内部の運営・組織の規定が一切備わっていないためで，それらは非営利社団の自律性に大きくゆだねられている。こうした規定のあり方は，一般社団・財団法人法で344カ条，特定非営利活動促進法（NPO法）でも81カ条（制定当初は50カ条）が存在するなど，多数の条文を擁する日本の非営利法人法制に対して，一定の反省を迫るものであろう。

もっとも，フランスでも上記規定だけで適切な規律を確保することは難しい。このため，同法施行令（非営利社団契約に関する1901年7月1日法律の執行に関する1901年8月16日デクレ。全33カ条。以下「施行令」という。）も，必要に応じて適宜参照することにしたい[7]。

2 基本的枠組み
(1) 非営利社団契約による設立（1条，2条）

1901年法の冒頭2カ条は，次のように定めている。

第1条〔定義〕　非営利社団は，2人以上の者が，利益を分配すること以外の目的で，知識及び活動を恒常的に共有しようとする約定である。非営利社団は，その効力について，契約及び債権債務に適用される法の一般原則によって規律する。

---

(7) 結社法施行令は，以下のように構成されている。
　　第1章　非営利社団
　　　第1節　届出非営利社団（1～7条）
　　　第2節　公益認定非営利社団（8～13-1条）
　　　第3節　届出非営利社団及び公益認定非営利社団に共通する規定（14～15条）
　　第2章　修道会及びその施設
　　　第1節　修道会
　　　　第1款　許可の申請（16～20条）
　　　　第2款　申請の予備審査（21条）
　　　第2節　許可された修道会に属する施設
　　　　第1款　許可の申請（22～23条）
　　　　第2款　申請の予備審査（24条）
　　　第3節　修道会及びその施設に共通する規定（25～26条）
　　第3章　一般規定及び経過規定（27～33条）

第２条〔設立〕　諸個人からなる非営利社団は，事前の許可も届出も要することなく，自由に設立することができる。ただし，非営利社団は，第５条の規定に従う場合にのみ，法的能力を享受する。

　まず，第２条によると，非営利目的の団体は，事前の許可・届出も必要でなく自由に結成することができる。これは，結社の自由原理を宣言するものであるから，同条は公法上重要な意味をもつ。

　しかし，結社の自由原理の保障は，第１条が規定するように私法上の「契約」という法技術によって確保される。そして，この契約は同法の名前にも示されているように，一般に非営利社団契約（contrat d'association）と呼ばれている。

　第１条が掲げる非営利社団の定義には，①契約性，②恒常性，③非営利性の３つの要素があると指摘されている[8]。このうち，②恒常性と③非営利性の要素は，それぞれ「集会（réunion）」と「営利組合（société）」から非営利社団を区別するための指標であるといわれる。しかし，ここで注目すべきは①の契約性である。これは非営利社団の法形式に関する特徴であり，同じく私法上の営利組合制度もこの契約という法形式に依拠している。そして，非営利社団は，契約と捉えられることによって，私法上のルールによって規律される。実際，先の第１条は後段において，非営利社団が契約及び債権債務に適用される法の一般原則による規律を受けると定めている。

　このように，非営利社団を私法上の「契約」という法形式によって定義することには，「結社の自由」との関係で，次の２つの意義が認められる。

　第１は，私法上の原理である「契約自由の原則」が妥当することである。これはさらに２つの意義がある。１つは，「個人の結社する自由」が保障されることである。つまり，個人が結社を設立するかどうか，又は結社に加入するかどうかは「契約する個人の自由」の問題に置き換えられる。もう１つは，結社の自律性が認められることである。つまり，契約自由の原則によれば，契約内容は原則として当事者が自由に定めることができる。そこで，結社の内部関係についても構成員が団体規約というかたちで自由に定められる。これは，「規約の自由」と呼ばれ，これにより，結社の活動は国家の干渉を

---

(8) Claude-Albert Colliard, *Libertés publiques*, 8ᵉ éd., Dalloz, 2005, p. 506.

受けることなく構成員の自律的決定に委ねられることになる。

　第2に，非営利社団を契約と捉えることは，私法上，個人と結社とがともに契約上の義務を負うことを意味する。これにより，非営利社団を設立し加入した個人は，結社との関係で団体的拘束を受けることになる。具体的に，構成員は会費の支払などを通じて結社の活動に協力する義務を負う反面，団体は構成員を活動に参加させるなどして団体活動から得られる利益を享受させなければならない。そして，構成員たる個人が結社に所属している限り，両者は義務を負い続けなければならない。

　このように，1901年法において，公法上の結社の自由の保障は，私法上の非営利社団契約という法制度によって図られている。

(2) 未成年者の結社の自由（2条の2）

　非営利社団を契約と捉えることに問題がないわけではない。私法上の契約を締結するには個人に法的能力が要求されるからである。このため，判断能力が未熟な者が当該契約を締結できるかが問題となるが[9]，その中でも特に問題となるのは未成年者である。このとき，結社の自由をめぐる「人権」の論理と「契約」の論理とは衝突する[10]。

　もちろん，結社の自由は人権であるので，未成年者にもその自由の行使が保障されるべきである。実際，児童の権利条約（1990年発効）は，「締約国は，結社の自由及び平和的な集会の自由についての児童の権利を認める。」（15条）と定めている。しかし，団体に加入すれば，一定の財産関係が発生することになるため，結社契約の締結には，私法の観点からは行為能力が要求されることになる。

　この点について，1901年法は，当初何も定めていなかった。そうすると，原則通り，18歳未満の契約締結権限を否定する民法1124条が適用されることになる。もっとも，同規定の趣旨が未成年者の財産保護にだけあるとすれば，未成年者の中でも16～18歳の者が，財産上の危険がない団体（会費が

---

　(9) 精神障害者については，2002年3月4日法律（第303号）によって，精神障害者の権利擁護を目的として施設内に設立される非営利社団への加入が認められた。

　(10) Élie Alfandari, « La liberté d'association au regard de l'adhésion des mineurs », *Agora débats/jeunesse*, n° 47, 2008, p. 6.

第 1 章　1901 年法に基づく非営利団体制度

低額である団体，団体債務について未成年者に責任を負わせない団体など）への加入を禁止する意義は乏しい（ただし，その場合でも法定代理人の事前の承諾は必要である）。しかし，もう少し広く「子の利益（intérêt d'enfant）」という観点に立てば，未成年者の財産だけでなく，未成年者の人格への侵害にも十分な考慮が必要である。そのようなおそれがある団体としては，カルト集団（secte）や経済目的のために児童を酷使する団体が挙げられる[11]。

そこで，この点については，2011 年 7 月 28 日法律 893 号（雇用の流動化の促進及び雇用の安定化に関する法律）により，1901 年法第 2 条のあとに第 2 条の 2 が追加されることで，立法的解決が図られた（同法 45 条）。2011 年法は若年者の企業での職業訓練や実習を促進する目的で制定されたものであり，未成年者への権利拡大もその一環として認められた。

新設された第 2 条の 2 は，次のとおりである。

第 2 条の 2〔未成年者の団体設立〕　満 16 歳以上の未成年者は，自由に非営利社団を設立することができる。
② 　法定代理人の事前の書面による同意を条件として，未成年者は，処分行為を除いて，非営利社団の運営に有用なすべての行為を行うことができる。

(3)　消極的結社の自由（4 条）

消極的結社の自由には，「結社しない自由」と「結社からの脱退の自由」の 2 つがある。

① 　**結社からの脱退の自由**（liberté de sortir de l'association）

現行の 1901 年法 4 条は，「非営利社団の構成員はすべて，過年度及び当該年度の会費を支払った後は，契約条項の如何にかかわらず，いつでも退会することができる。」と定めている。1901 年の当初の規定では，同条は「期限の定めなく設立された」非営利社団からの脱退の自由を定めたものであったが，2012 年 3 月 22 日法律 125 条によって，上記限定が削除された。このた

---

(11) Élie Alfandari, « La liberté d'association », in Rémy Cabrillac (dir.), *Libertés et droits fondamentaux*, 19e éd., Dalloz, 2013, p. 519.

め，現在では，期限の有無にかかわりなく，同条が適用される。また，学説では，同条が団体法上の「公の秩序」を構成するものと考えられている（詳しくは，第1部第2章第3節参照）。

② **強制加入団体の問題：「結社しない自由」**（liberté de ne pas adhérer）

消極的結社の自由に関して問題となるのは，団体への強制加入である。フランスでも，弁護士会などの職業団体（ordres professionnels）では，構成員の加入が義務づけられている[12]。しかし，フランスの裁判所は，職業団体への強制加入には公益性（intérêt général）が認められるため，法律で定められている限り適法である，という態度を一貫して示している[13]。つまり，コンセイユ・デタは，私人に対する団体への強制加入措置がもっぱら立法事項（憲34条）に属するとの観点から，当該措置が法律で定められたか，命令で定められたかの点だけを問題とし，強制加入それ自体を，結社の自由に関する人権問題として捉えてこなかった[14]。さらに，欧州人権裁判所（CEDH）も，職業団体はそもそも，欧州人権条約11条が定める結社（association）に該当せず，公益の確保を役割とする公法上の団体であるとして，それへの加入強制は同条約に違反しないと判断したことがある[15]。

これに対して，フランスで大きな問題となったのは，狩猟団体（association communale de chasse agréée, ACCA）への加入強制である。同団体は，スポーツとしての狩猟の適正な施行，密漁の予防，狩猟動物の保護，有害動物の駆逐などを目的として，自治体の認可（agrément）を得て設立される団体であり（もっとも，設立自体は1901年法を根拠とする），公役務を担う団体として様々な特権が付与されている。同団体の設置を定める1964年7月10日法律（ヴェルデイユ（Verdeille）法）では，20ヘクタール以下の土地所有者はすべて，当然に地域の狩猟団体の構成員となり，さらに所有する土地の当該団体

---

[12] これとの関連で，フランスのすべての銀行は，フランス銀行協会（Association Française des Banques）に加盟しなければならないことが，例としてよく挙げられる。

[13] Roseline Letteron, *Libertés publiques*, 9ᵉ éd., Dalloz, 2012, p. 556.

[14] Conseil d'État, Ass. 21 octobre 1988, Fédération des parents d'élèves de l'enseignement public, *AJDA*, 1988, p. 717, obs. Azibert et de Boisdeffre; *RTDciv.*, 1989, p. 90.; Cass. Civ., 1ᵉʳ 19 juin 2001, *D.* 2011, p. 2178.

[15] CEDH, 23 juin 1981, Le Compte, Van Leuven et De Meyere c. Belgique, série A, nᵒ 43.

への拠出が義務づけられた。しかし，職業団体の場合と異なり，狩猟団体の活動と構成員たる土地所有者との間に関連性が認められるわけではない。したがって，同法によると，土地所有者が狩猟者でない場合や，さらには，土地所有者が狩猟に反対の立場である場合にも，狩猟団体への加入が義務づけられることになり，加入者の思想・信条の自由の点で問題がある。そこで，フランスにおいて，このような強制加入制度は，土地所有者の財産権および結社の自由だけでなく，狩猟に反対する土地所有者の良心の自由を侵害するのではないかが，長らく裁判で争われてきた。

この問題に解決を示したのが，1999年の欧州人権裁判所の判決である。同裁判所は，ヴェルデイユ法が，欧州人権条約11条に違反すると判断した。その際，欧州人権条約11条の結社の自由には，消極的結社の自由，すなわち結社しない権利（droit d'association négatif）が含まれることを確認して，次のように述べた。

「法律によって自らの信条と根本的に相反する団体への加入を個人に強制すること，そして，その加入を根拠として，……当該団体の目的達成のため個人に自ら所有する土地の拠出を義務づけることは，対立する利益との正当な均衡点を超えるものであり，追求される目的と比例していない。[16]」

このように欧州裁判所は，個人が自らの信条に反して団体に加入させられる点で，ヴェルデイユ法は消極的結社の自由を侵害すると判断した[17]。その後，フランスでは，同判決の趣旨に沿ってヴェルデイユ法が改正され，個人的信条（conviction personnelle）を理由として，土地所有者は狩猟団体への加入を拒否できることが認められた（狩猟に関する2000年7月26日法律14条。現行の環境法典L. 422-10条1項5号）。さらに，同法の付託を受けた憲法院は，所有者がこの権利を行使する際には，いかなる弁明も必要でないとの

---

(16) CEDH, 29 avril 1999, Mme Chassagnou et a. c. France, *AJDA*, 1999, p. 922, note F. Priet; *Revue société*, 1999, p. 657, note Y. Guyon; Élie Alfandari, « L'adhésion force à une association de chasse est condamnée par la Cour européenne des droits de l'homme », *D.* 2000, p. 141-145.

(17) 同判決後，Verdeille法が財産権を侵害すると判断したコンセイユ・デタ判決がある（Conseil d'État, 27 octobre 2000, Mme Vignon req. n° 172639）。

解釈を示している[18]。

第3節　非営利社団の法制度

後述の修道会を除き，1901年法は，法律上の能力の違いに応じて，3つの非営利社団を規律している。以下では，それぞれの社団の特徴を見ていきたい。

1　無届非営利社団（associations non declarées）

第1は，無届非営利社団である[19]。1901年法2条は，結社設立の自由を宣言するとともに，5条に基づいて法的能力の取得可能性に言及している。しかし，このことは，非営利社団の設立と法的能力が必ずしも一致しないことを示しており，設立者は非営利社団を設立しても，法的能力（法人格）の取得を求めないことができる。この形態の非営利社団も1901年法に基づいて設立されたものであるから，事実上の団体（association de fait）ではない。ただし，無届非営利社団は法人格をもたないため，財産の帰属主体や訴訟上の当事者になることができない。

2　届出非営利社団（associations declarées）
(1)　届　出　手　続

第2は，届出非営利社団である。設立者は，社団本部の県庁又は群庁に対して届出を行うことによって，法人格を取得することができる（法5条）。パリに本部を置く社団は，警視庁に対して届出を行う（施行令4条）。届出には，①団体の名称と目的，②団体の所在地，③管理に責任を負うものの氏名，職業，住所および国籍を記載し，これに規約1部を添付する必要がある（法5条2項）。届出の受領証は，5日以内に公布されなければならず，行政庁は形式の不備を理由とする以外に，受領証の交付を拒否できない（コンセ

---

[18] Conseil Constitutionnel, 20 juillet 2000, 2000-434 DC, considérant 28, *D.* 2001, p. 1839, obs. Didier Ribes; *JCP*, 2001, I 350, obs. Bertrand Mathieu et Michel Verpeaux.

[19] 単純非営利社団（association simple）と言われることもある。Mescheriakoff, *op.cit.* (n. 5), p. 55.

第1章　1901年法に基づく非営利団体制度

イユ・デタ1930年10月24日判決)。受領証の内容は，届出から1カ月以内に官報に登載されることによって，公示される（同条4項，施行令1条2項)。そして，憲法院1971年7月16日判決によって，届出について行政や司法が事前の実質的審査を行うことは，結社の自由の原理に違反すると判断された。これに伴い，上記届出手続の効果としての法人格取得は，憲法上の保護を受けることになった（第2部第3章第2節参照)。

非営利社団は，管理に関する変更および規約の改正があれば，3カ月以内にその旨を届出なければならない（法5条6項)。また，それらの変更・改正は，非営利社団の本部に保管する記録簿に転記しなければならない（法5条7項，施行令6条)。そして，何人も，届出のなされた行政庁において規約および届出を閲覧する権利を有し（施行令2条)，また，上記の変更は，届け出た日からでなければ，第三者に対抗することができない（法6条6項)。

(2) 法律上の能力

上記の届出を行った社団は，いかなる許可もなく以下のことを行うことができる（法6条)。すなわち，①訴訟上の当事者になること，②国および地方自治体などからの補助金の受給，③会費の徴収，④団体運営のための施設および目的遂行のための必要最小限の不動産の有償での取得，⑤手渡贈与（don manuel）の受領，⑥専ら救済，慈善，科学・医学研究を目的とする非営利社団における贈与（生前贈与又は遺贈）の受領である（ただし，⑥の受領については，民法910条が定める要件に従わなければならない。詳しくは，第2部第3章第3節を参照)。

ここで注意すべきは，⑤および⑥の場合を除いて，非営利社団の受贈能力が限定されていることである。つまり，非営利社団は原則として，個人や団体からの寄附を受け取ることができない。このため，届出非営利社団に対して認められる限定的な法律上の能力は，一般に「小さな法人格（petite personnalité)」と呼ばれている。そして，より大きな能力を取得するには，後述するように，行政の許可を得て公益社団になる必要がある（「大きな法人格（grande personnalité)」)。

173

(3) 運　営

　会社などの営利団体の場合と異なり，1901年法は，非営利社団の内部運営に関する規律を置いていない。また，同法施行令も規約の閲覧権（2条），管理の変更手続（3条），本部への記録簿の保管（6条）など，僅かな規定を置いているに過ぎない。このため，法は，非営利社団の内部事項を規約にゆだねていると考えられており，設立者には運営の自由（liberté de fonctionnement）が大幅に認められている。

　まず，非営利社団の内部組織について，法律上の必置機関は存在せず，設立者に組織編成の自由（liberté d'organsiation）が認められている。このため，団体運営に必要とされる審議機関としての総会（assemblée générale）や執行機関としての理事会（conseil d'administration），並びに監督機関の設置も義務づけられていない[20]。また，構成員の権利・義務に関する法律の定めもなく，これらはすべて規約にゆだねられている[21]。

　しかし，たとえ非営利社団が結社の自由に基づいて設立される団体であっても，その運営が無秩序（anarchie）であってよいわけではない[22]。そこで，多くの非営利社団では，隣接の会社法から着想を得て，理事会や総会などの組織の設置を規約で定めている。また，運営に関して規約の規定がない場合，裁判所は会社法の規定を援用して事件を解決している。非営利社団の活動が対内的・対外的に財産的な影響を与えることを考えれば，その運営にも透明性が確保されなければならないのは，当然のことであろう。

　非営利社団の運営については，次の2つの点に留意が必要である。第1に，前記のように，1901年法に基づく非営利社団は，財源が厳しく限定されている。これは，同法制定時に議論となった死手財産（mainmorte）に対する懸念に基づいている。このため，非営利社団は，公権力（国・地方自治体）からの補助金を受領できるが，手渡贈与を除いて，個人や民間企業からの寄附や贈与を受け取ることができない。また，不動産の取得・所持も，目的達

---

[20]　1901年法9条には，残余財産の帰属を「総会（assemblée générale）」の決定に委ねる旨の規定がある。

[21]　ただし，前述したように，1901年法には構成員の脱退の自由の規定が置かれている（法4条）。

[22]　Alfandari, *op.cit.* (n. 11), p. 528.

成のために厳に必要な範囲に限定される。これは，非営利社団の運営に関する外在的制約として重要な意味を持っている。

　第2に，非営利社団の運営について，民主制原理が妥当すべきかについて議論がある。とりわけ，非営利社団の意思決定に参加する権利，すなわち投票権の剥奪が認められるかどうかである。非営利社団の運営の自由は，団体内部の民主制原理の尊重を含んでいるのか。

　この問題については，一方で，「財産の団体」である会社とは異なり，「人の団体」である非営利社団には，「一人一票」原則が強く求められるため，投票権の剥奪は認められないとする考えがある[23]。他方で，公法上の結社の「自由」を尊重する立場からは，投票権剥奪の決定を行った設立者の意思を尊重すべきだとされる[24]。

　この点について破毀院は，特定のカテゴリーの構成員にだけ投票権を留保する規約の合法性を承認している[25]。また，実務では，特定の構成員に複数の投票権を認めることも行われているようである。

(4) 残余財産の帰属

　非営利社団では利益を分配することが禁止されるが（法1条），これは，解散の時にも妥当する。任意解散，規約に基づく解散，裁判所の宣告による解散の場合には，非営利社団の財産は，規約に従って帰属し，規約に規定がないときは総会の決定に従って帰属が確定する（法9条，施行令14条）。

　非営利社団は会社と異なり，原則として，出資（apport）に対する返還請求は認められない。しかし，解散時に出資を返還するか否か，その時点での総会の決定にゆだねるか否かを規約で定めることが，実務上認められている[26]。ただし，規約に定めがない場合，総会は，非営利社団の財産をいかなる構成員にも分配することができない（施行令15条）。

---

(23) Alfandari, *op.cit.* (n. 11), p. 523.
(24) Yves Marot, « La loi du 1er juillet 1901 sur les associations : un principe de liberté ou un principe de démocratie? l'association :un contrat ou une personne juridique? », *D.* 2001, p. 3106, 3108.
(25) Cass. civ., 25 avril 1990, *RTDcom.*, 1991, p. 249.
(26) Patrice Macqueron et al., *Associations, fondations, congrégations, fonds de dotation 2012-2013*, Éditions Francis Lefebvre, 2012, p. 287.

3 公益認定非営利社団 (associations reconnues d'utilité publique)
(1) 公益認定手続

公益認定を申請する非営利社団は，届出非営利社団でなければならない（施行令8条）。届出非営利社団は，公益認定を受けることによって，完全な法的能力を享有することができる。2011年7月時点で，1,983の公益社団が存在しているようである[27]。

公益認定手続の詳細は，主に施行令で定められている。公益認定を申請する非営利社団は，申請書を添付書類とともに，内務大臣に提出する（施行令12条1項）。添付書類には，①届出の抄本，②事業の起源・展開および公益目的を示す説明書，③規約2部，④施設一覧，⑤構成員の年齢，国籍，職業，住所を示した名簿，⑥前年度の収支決算書，⑦積極財産（動産・不動産）および消極財産の一覧表，⑧公益認定の申請を認めた総会の議事要録である。また，規約には，（ア）構成員の入会・退会の要件，（イ）組織・運営に関する規則，管理者の権限，定款の改正および解散の要件，（ウ）解散時の残余財産の帰属が定められていなければならない（施行令11条）。

申請を受けた内務大臣は，日付と署名入りの受領書を交付する（施行令12条1項）。内務大臣は，当該非営利社団が本部を置く市町村の市町村会および県知事に報告を要求することができる。内務大臣は，関係各大臣に諮った後，一件書類をコンセイユ・デタ（国務院）に送付する（同3項）。コンセイユ・デタの意見が出されると，首相はデクレによって当該社団に対して公益認定を行う。同デクレは規約とともに，官報に登載される。

(2) 公益認定の基準

公益認定の基準は，一部を除いて法文では明らかにされていない。しかし，これについては，内務省によって具体的な基準が掲げられている[28]。それ

---

(27) Macqueron, *op.cit.* (n. 26), p. 297.
(28) 以下の内務省HPを参照。http://www.interieur.gouv.fr/A-votre-service/Mes-demarches/Associations/Obligations-administratives-des-associations/Partenariat-d-une-association-avec-les-pouvoirs-publics/Associations-reconnues-d-utilite-publique # sp-chapitre-conditions-requises。また，Journaux officiels, *Guide des associations; Édition 2009-2010*, La documentation française, 2009, p. 11 にも，ほぼ同様の記述がある。

第 1 章　1901 年法に基づく非営利団体制度

らを 3 つに分けると次のようになる。

(i) 団体の性格に関する基準
 - 構成員の利益とは区別された公益（intérêt général）を目的とする団体であること。具体的には，団体の活動領域が慈善，社会，公衆衛生，教育，科学，文化の領域に含まれるか，又は団体の活動が生命の質（qualité de vie），環境，景観・建造物の保護，国際的連帯に関するものであること。
 - 団体活動の影響が 1 つの地域の枠を超えること。
 - 構成員が 200 人以上在籍すること。

(ii) 財務に関する基準
 - 会計管理が明確で詳細であること。
 - 財政基盤が強固であること。具体的には，過去 3 年度の収支が黒字であること，毎年の予算が 46,000 ユーロを超えており，それらの主要部分が自主財源（会費，活動収益など）で賄われていること，公的助成の額が全体の 2 分の 1 を超えていないこと。

(iii) 団体運営に関する基準
 - 規約において，団体の目的と手段との密接性が示されていること，内部規則において民主的な運営方法が定められており，かつ非営利的な財政管理の透明性が示されていること。
 - 届出非営利社団になってから 3 年の期間（運営観察期間）を経ていること（法 10 条 1 項）。これは，申請社団が上記の要件をみたしているかどうかを審査するための期間である。ただし，当該社団の今後 3 年の資産が収支の均衡を確保できるものであるときは，この期間は要求されない（法 10 条 3 項）。

　上記の諸条件をみたしていたとしても，申請社団が自動的に公益認定を受けるわけではない。公益認定の是非について，政府には自由な裁量権が認められている。このため，行政裁判所は，認定手続の適法性（légalité）を審査することはできるが，実体的な妥当性（opportunité）を審査することはできない[29]。

第3部　フランス非営利団体法の制度と理論

(3) 運　営

　公益認定非営利社団は，法律上，広範な法的能力が認められ，税制上様々な優遇措置を受けるとともに，社会生活上も高い社会的信用を得ることができる。しかしその反面，同社団は行政上の監督と審査を受けなければならない(30)。死手財産に対する恐怖は，公益認定非営利社団あるいは後述する修道会のような大きな財産能力をもつ団体にこそあてはまり，ここにフランスにおける団体に対する不信の伝統（tradition de méfiance）を見ることができる(31)。

　行政の規制は，監督と審査に分けられる。第1に，監督についてであるが，規約の改正は，（コンセイユ・デタの意見に基づいた）内務大臣令又はコンセイユ・デタの承認を得たデクレによって，承認を受けなければならない。また，内部規則についても，それが規約に従っているかどうかについて内務大臣の承認を得る必要がある。不動産の売買・賃貸借，借入行為などの財産行為については，知事の認可を得なければならない。

　次いで，公益認定非営利社団は団体運営について審査を受けるほか，活動報告書と会計書類を本部所在地の知事，内務大臣，関係各大臣に送付しなければならない。審査にあたり，大臣には査察権（droit de visite）が認められる。

　公益認定は，上記審査によって又は公益認定基準をみたさないと判断されたとき，剥奪される。この手続は，公益認定の場合と同じである。公益認定が剥奪された場合，同団体は一般的な届出非営利社団として存続することができる。

　なお，解散時の残余財産の帰属方法は，届出非営利社団の場合と同じである（施行令14, 15条）。

---

(29) Macqueron, *op.cit.* (n. 26), p. 441.
(30) Journaux officiels, *op.cit.* (n. 28) p. 13.
(31) Conseil d'État, *Les associations reconnues d'utilité publique*, La documentation française, 2000, p. 10.

第1章　1901年法に基づく非営利団体制度

<1901年法に基づく非営利社団制度>

	届出非営利社団 Associations declarées	公益認定非営利社団 Associations reconnues d'utilité publique
根拠法令	1901年法第1章（1～9条） 同施行令第1章第1節 （1～7条）	1901年法第2章（10～11条） 同施行令第1章第2節 （8～15条）
構成 　最低人数 　構成員の資格	2人（成年・未成年） 自然人又は法人	200人 自然人又は法人
設立形態	法人格なき社団（届出不要） 　無届非営利社団 法人格取得（届出・公告必要） 　届出非営利社団	一般社団と同一の設立要件のほか，届出・公告義務 内務大臣への認可申請 国務院の審査／内閣の裁量的決定
目的要件	違法性・営利性がない限り，とくに限定はない	非営利性・公益性・独立性 一地域に限定されないこと 3年間の活動実績があること 収支決算黒字，予算規模46,000€以上
収　入	会費 寄附金は手渡贈与のみ受領可 公的助成を受けられる	会費・寄附金 公的助成を受けられる
受贈能力	扶助，慈善，科学・医学研究を目的とする団体は，自由に贈与・遺贈を受領できる（事後規制あり）	自由に贈与・遺贈を受領できる（事後規制あり）
運　営	一定額以上の収益活動を行う団体及び一定額以上の公的補助を受ける団体につき，毎年の会計帳簿備付・監査の義務づけ	会計帳簿・財産目録の毎年作成 一定の団体（左同）に会計帳簿備付・監査の義務づけ 年次総会の開催と財務・不動産管理の承認 定款・内部規則の変更の許可 不動産売買・借入れ・担保設定の許可 本部所在の県への会計帳簿の毎年提出 運営の監督

第3部　フランス非営利団体法の制度と理論

第4節　非営利団体の税制

　非営利社団は，税法上，一定の優遇措置を受ける。日本と同じく，フランスの税制は非常に複雑であるため，ここでは，基本的制度とその考え方だけを示すことにしたい。

1　基本的視点

　非営利社団に対する税制上の優遇措置については，あらかじめ次の2つの視点に着目することが，後で検討する個別的措置を考える上で有益である。
　第1は，優遇措置が団体の「非営利性」を根拠として認められる場合である。これは，団体が事業および贈与などから得た財産的利益を団体構成員に分配しないことに着目するものである。たとえば，すぐ後に見る商業課税（法人税など）は，「営利性」を基準とする課税であるため，「非営利性」を目的とする団体，すなわち，1901年法に基づく非営利社団，労働組合，宗教団体などは，原則として非課税とされる。
　第2は，「非営利性」を前提としつつも，さらに団体が行う活動の「一般利益性」又は「公益性」に着目した優遇措置である。これは，不特定かつ多数の人の利益を増進する活動は，本来，国の任務に属するものであることから，それを代わりに行う私的団体に対しては国がその費用を負担すべきである，ということを根拠とする。
　以下では，非営利社団に適用される課税制度の中から，とりわけ重要な意味をもつ商業課税を中心に検討し，その後，個別の税制についても簡単に取り上げることにする。
　非営利社団の税制については，2006年12月18日財務省令（l'instruction de la Direction générale des impôts 4 H-5-06 du 18 décembre 2006）によって全体像が示されている。なお，以下で引用する条文番号は，特段に表記するものを除いて，租税一般法典のものを指す。

2　商業課税の基本的枠組み

　商業課税（impôts commerciaux）には，法人税（IS），付加価値税（TVA），

第1章　1901年法に基づく非営利団体制度

地域経済税（CET）の3つがあるが，これらは，営利を目的としない団体（organisme à but non lucratif）には適用されない。非営利目的団体は，本来事業について商業課税は課されず，収益活動から生じた所得についてのみ課税される。

そこで，団体の目的が「非営利」にあたるか，「営利」にあたるのかは，上記の課税において重要な意味をもつが，その判断枠組みを示したのが，非営利社団の税制に関する1998年9月15日の省令（Instruction 4H-5-98 du 15 septembre 1998）である。同省令によると，「非営利」であると認められるには，3つの段階の審査を経る必要がある。

① 第1段階──「非営利性」要件

第1段階は，団体運営が営利目的で行われていないことである（法261-7-1°,d）。これは具体的には，①団体運営が無償で行われていること（たとえば，幹部が無報酬であること），②団体が直接・間接に利益配当を行っていないこと，③構成員に対して団体財産への持分権を認めていないこと（ただし，出資の返還を除く）の3つの基準によって判断される。これらの基準をみたさないとき，当該団体は，その時点で上記商業税の納税義務を負う。逆に，3基準をみたすときは，第2段階の審査へ移行する。

運営が無償で行われるとは，運営者（dirigeant）がいかなる報酬も受けないことである。ただし，財政の透明性が確保されていること，運営が民主的に行われていること，報酬が任務に対して適当であることが認められる場合には，運営者に対して報酬が支払われても，例外的に非営利性を失わないとされている（2006年12月18日指令。Instruction 4H-5-06）。このとき，公的助成を除く年間の収入が20万ユーロを超える場合は1人，50万ユーロを超える場合は2人，100万ユーロを超える場合は3人の運営者に対して報酬を支払うことができる。このため，この例外は，大規模非営利社団に有利な例外であると言われている[32]。

② 第2段階──「競合性」要件

第2段階は，団体活動が営利企業の活動と競合するかどうかである。具体的には，第1に，非営利社団の活動が営利企業と競合するかどうか，第2に，

---

[32] Macqueron, *op.cit.* (n. 26), p. 440.

競合する場合には，当該活動が企業と同じ形態で行われているかどうか，が判断される。もし，「競合しない」ならば，この時点で当該非営利社団の非課税が確定する。逆に「競合する」場合は，次の審査段階に移行する。

③　第3段階——活動条件

　第3段階では，非営利社団の活動が営利企業の活動と競合する場合において，その活動条件の審査を行う。この審査は，①団体が提供する商品（Produit），②その対象となる顧客（Public），③商品の価格（Prix），④商品のために行う宣伝（Publicité）という4つの指標に着目して行われる。この審査は，その頭文字をとって「4つのPのルール（la règle des 4P）」と呼ばれている。①は当該団体が提供する製品およびサービスが市場で調達しにくい需要をみたすものかどうかであり，②はそれらの製品などが一般人でなく特定の人を対象としているかどうかである。これらの2つの指標は，当該団体の社会的有用性（utilité sociale）を判断するものとされている[33]。③は①の商品などが市場価格よりも安価に提供されているかどうかであり，これは，経済的弱者を対象としているかどうかの判断である。④は商業活動のような広告・宣伝活動を行っていないかどうかである。もっとも，単なる情報提供にとどまるものは広告活動にあたらないとされているが，その判断は困難である。

　これらの4つはあくまで指標であり，すべてがみたされる必要はない。また，指標相互の重要性も同じでなく，①から④に向けて優先順位は低くなる。これらの指標に着目した総合判断により，団体の非営利性・営利性が最終的に判断される。

3　商業課税の個別的検討

(1)　法人税（Impôt sur les sociétés）

　法人税とは，法人が享受したすべての所得と利益に対して課される税であるが，これは，さらに事業所得に対するものと，資産所得に対するものの2つに分けられる。

　(A)　事　業　所　得　　まず，事業所得についてであるが，これは本来事業所

---

(33)　Bernard Thévenet, *La fiscalité des associations événementielles*, Lamy, 2011, p. 32.

第 1 章　1901 年法に基づく非営利団体制度

<非営利性の判断方法（法人税・付加価値税・地域経済税）>

```
第1段階：団体運営が営利目的で行なわれていないか
    ①　理事又は管理人が無償で団体運営を行っていること
    ②　団体が直接又は間接に利益配当を行っていないこと
    ③　解散時に社員に対して持分の払戻しを認めていないこと
            ↓                    ↓
           はい                  いいえ　→　課税
            ↓　第2段階へ

第2段階：団体目的が営利企業と競合するか
    ①　団体の活動が営利企業と競合しないか
       はい（競合する）      いいえ（競合しない）　→　非課税
            ↓
    ②　当該活動が企業と同じ形態で行われているか
       はい（競合する）      いいえ（競合しない）　→　非課税
            ↓　第3段階へ

第3段階：団体活動が営利企業と同じ条件で行われていないか
    以下の4つの指標に基づく総合判断（4Pのルール）
    ①　商品(Produit)：市場で調達しにくい需要をみたすものであるか
    ②　顧客(Public)：一般人ではなく，特定の人を対象とするものであるか
    ③　価格(Prix)：通常の価格よりも安価で提供されているか
    ④　広告(Publicité)：商業活動のような広告・宣伝活動を行っていないか
    （これらすべてに該当する必要はない。また，①から④に向けて優先順位が低くなる。）
            ↓                    ↓
           はい                  いいえ
            ↓                    ↓
           課税                  非課税
```

＊2006 年 12 月 18 日財務省令（Instruction de la Direction générale des impôts 4 H-5-06 du 18 décembre 2006, p. 11）をもとに著者作成。

得と収益事業所得に分けられる。

　フランスにおいて「営利性を有する営業及び活動」を行うすべての団体は，法人税の納税義務を負い（法 206 条Ⅰ），その事業所得につき標準税率 33.3％で課税される（法 219 条）。ただし，先に見たように，「非営利」であると認められる団体はすべて，法人税の納税義務を負わない。したがって，本来事業所得に関する限り，1901 年法の非営利社団，宗教団体（信徒会および修道会）は，原則として非課税とされる。

183

第3部　フランス非営利団体法の制度と理論

　もっとも，「非営利」の団体であっても，本来的活動とは別に，付随的な収益活動（activités lucratives accessoires）を行うことは禁止されていない。そして，2000年度の税制改正によって，非営利団体の行う付随的な商業活動についても，一定の条件下で免税措置が認められることになった。すなわち，①団体運営が無償であること，②非営利活動が顕著に優位していること，③一会計年度の収益が6万ユーロを超えないとき，収益活動から得られた所得について，法人税が免除される（法206条1項bis）。

　この免税措置の対象となる団体は，1901年法に基づく非営利社団，アルザス・モーゼルの地方法に基づく非営利社団，公益社団，財団（公益・企業），寄附基金，修道会と具体的に示されており，しかも，これらは限定列挙であるとされている。したがって，1905年政教分離法に基づく信徒会には，この免税措置は適用されないようである[34]。

　(B)　資産所得　　他方で，不動産所得，農地・森林経営の所得および有価証券所得などの資産所得については，原則として法人税が課されるが，「非営利」の団体に対しては，24％の優遇税率が適用され（法219条bis本文），さらに，一部の有価証券所得についての税率は10％である（法219条bis, 1°-b）。なお，資産所得の課税対象は限定列挙であり，これに含まれない会費，寄附，補助金の所得については，非課税である。

(2)　付加価値税（Taxe sur la valeur ajoutée）

　付加価値税は，有償で行われる財産移転や役務提供を課税対象とするものである。前記のように，「営利性」を有しない団体に対しては，原則として付加価値税は課税されない（法261条）。

(3)　地域経済税（Contribution économique territoriale）

　地域経済税は，従来の事業税（taxe professionnelle）に代わり2010年1月1日から導入された地方税である[35]。同税は，給与労働でない事業活動を日常的に業務として行っている個人または法人に課される企業不動産税

---

(34)　Francis Messner, Pierre-Henri Prélot et Jean-Marie Woehrling, *Traité de droit français des religions*, Litec, 2003, p. 875.
(35)　Thévenet, *op.cit.* (n. 33), p. 218 et s.

(Cotisation foncière des entreprises, CFE）と，その活動に対して課される企業付加価値税（Cotisation sur la valeur ajoutée des entreprises, CVAE）からなる（法1447条）。これらについても，「営利性」を有しない団体は，納税義務を負わない。付随的に行う収益活動に対する課税は，法人税の場合と同じである（同条Ⅲ，法206条1項bis）。

(4) 手続的側面

フランスでも，多くの税について申告納税制がとられている（principe déclaratif）[36]。したがって，非営利社団は税務部局において，税目に応じた書類を持参して申告をする必要がある。

また，以前は，支払税額が少額の場合，当該税は免除又は減額されていた（principe de décote）。これによると，法人税の場合は，年間の課税額が150ユーロを超えないときは免税となり，300ユーロを超えないときは減額される[37]。しかし，この免税措置は，2010年から廃止された。

4 その他の税制

(1) 無償譲渡税（移転登録税，droits de mutation）

無償譲渡税とは，無償の財産移転（贈与又は遺贈）がなされたときに，その登録に対して課せられる税である。非営利社団又は財団になされた贈与又は遺贈（以下，単に「贈与など」という）には，原則として，60％の税率で無償譲渡税が課される。しかし，以下の場合，非営利社団又は財団に対する無償譲渡税は免除される。

第1は，公益認定を受けた非営利社団又は財団に対する贈与などで，当該団体の資金が専ら科学，文化，芸術の事業にあてられている場合，あるいは，届出非営利社団に対する贈与などで，当該団体の資金が専ら医学・科学研究にあてられている場合である（795条2号）。第2は，公益認定を受けた非営利社団又は財団に対する贈与などで，当該団体の資金が救済，自然環境保護，動物保護の事業にあてられている場合，あるいは，公益認定を受けていない

---

(36) 山口俊夫編『フランス法辞典』（東京大学出版会，2002年）144頁によると，décoteとは，「一般には少額納税者に対する逓減的減税方法」と説明されている。

(37) Journaux officiels, *op.cit.* (n. 28), p. 164.

第3部　フランス非営利団体法の制度と理論

非営利社団に対する贈与などで，当該団体が専ら救済又は扶助を目的としている場合である（同条4号）。

また，信徒会および許可修道会等の宗教団体に対してなされる贈与なども無償譲渡税は免除される（同条10号）。

このように，当該免税措置は，主として公益目的を有する団体を対象としていることから，団体の「公益性」が考慮されていると考えられる。

(2) 固定資産税（taxe foncière）

非営利社団は，原則として，固定資産税の納税義務を負う（1380条）。しかし，国や地方自治体の施設（ブルボン宮殿，リュクサンブール宮殿，パンテオン，国又は地方の庁舎など）は，固定資産税が免除される。また，国又は地方自治体が所有する礼拝用建造物，および信徒会の所有する礼拝用建造物についても，免税措置が適用される（1382条4号，政教分離法24条3項）。このように，免税対象が国又は地方自治体が所有する建造物に限定されているため，この免税措置も「公益性」（あるいは「公共性」）に基づくものであると考えられる。

(3) 住居税（taxe d'habitation）

住居税とは，居住のための場所，並びに会社や非営利社団などが私的に使用する場所（locaux à usage privatif）に対する課税である（1407条1項2号）。非営利社団が所有する場所については，それが公衆に開放されているもの（locaux ouverts au public）を除き，原則として課税される。この基準によると，非営利社団が保有する美術館の展示室，スポーツ団体の更衣室や保健室，さらには，宗教団体（信徒会および修道会）が所有する礼拝用建造物（政教分離法17条6項，25条）は，課税対象とならない。逆に，非営利社団の事務所など専ら構成員が利用する場所は，課税の対象となる。

住居税についても，不特定多数の者の利用に供していることが非課税の根拠となっているため，「公益性」に着目した課税であるということができる。

5　寄附についての優遇税制

公益的団体に対して寄附を行う場合，寄附者には一定の要件のもと所得税

について優遇措置が認められている。その優遇税制は，寄附者が個人であるか，企業であるかによって異なっている。

(1) 寄附者が個人の場合

一定の公益目的の団体に個人が寄附をする場合，課税所得の20％を限度として，寄附額の66％が所得税の税額から控除される（法200条）。また，20％の限度額を超える分については，その後5年間，繰り越すことができる[38]。

この優遇措置が適用される団体には財団，公益社団・財団，慈善・教育事業などを行う公益組織，さらには信徒会およびアルザス・モーゼルの宗教公施設法人などが挙げられている。なお，同条には修道会が列挙されていないが，許可修道会については，世俗的・公益的活動に対してなされる贈与又は公衆に開放される礼拝用建造物の建築や維持のためになされる金銭の支払いには，行政実務によって税額控除が認められているようである[39]。

(2) 寄附者が企業の場合

寄附者が所得税又は法人税の納税を義務づけられた企業の場合も，個人の場合と同じである。すなわち，公益的組織に対する寄附はもちろん，信徒会およびアルザス・モーゼルの宗教公施設法人に対して企業が寄附を行う場合は，総売上高の0.5％を限度として，寄付額の60％を税額から控除される（法238条 bis）。

---

(38) Macqueron, *op.cit.* (n. 26), p. 1228.
(39) Macqueron, *op.cit.* (n. 26), p. 1225.

第3部　フランス非営利団体法の制度と理論

<フランス非営利団体税制>

	届出非営利社団 Associations declarées	公益認定非営利社団 Associations reconnues d'utilité publique
法　人　税 a) 事業所得 　(i) 本来事業 　(ii) 収益事業 b) 資産所得	a) 事業所得 　(i) 原則非課税（但し，非営利性要件をみたす必要あり） 　(ii) 以下の要件をみたす場合，非課税 　① 団体運営が無償 　② 非収益活動の優位性が明白 　③ 事業収益が年間6万€以内 b) 資産所得 　原則課税（但し，優遇税率）	a) 事業所得 　(i) 原則非課税（但し，非営利性をみたす必要あり） 　(ii) 以下の要件をみたす場合，非課税 　① 団体運営が無償 　② 非収益活動の優位性が明白 　③ 事業収益が年間6万€以内 b) 資産所得 　原則課税（但し，優遇税率）
付加価値税	非課税（但し，非営利性要件をみたす必要あり）	非課税（但し，非営利性要件をみたす必要あり）
地域経済税	非課税（但し，非営利性要件をみたす必要あり）	非課税（但し，非営利性要件をみたす必要あり）
無償譲渡税	医学・科学研究を行う団体が受領する贈与については免除	一定の公益的事業（科学・文化・芸術，扶助・自然環境保護・動物保護）を行う団体が受領する手渡贈与，贈与・遺贈については免除
固定資産税	原則課税	原則課税
住　居　税	一般に開放された場所以外は課税	一般に開放された場所以外は課税
寄附税制 a) 個　人 b) 法　人	一定の公益目的の団体への寄附に限り適用 a) 課税所得の20%を限度とし，寄附額の66%を税額免除 　5年間繰越可能 b) 年間売上高の0.5%を限度とし，寄附額の60%を税額控除 　5年間繰越可能	一定の公益目的の団体への寄附に限り適用 a) 課税所得の20%を限度とし，寄附額の66%を税額控除 　5年間繰越可能 b) 年間売上高の0.5%を限度とし，寄附額の60%を税額控除 　5年間繰越可能

第 2 章

団体に対する公的規制 ── 解散制度を中心に

　本章では，団体に対する公的規制のあり方を，解散制度を中心に検討する。非営利社団の解散には，団体の自主的決定に基づく任意解散と，公権力の一方的決定に基づく強制解散の 2 つの方法がある。さらに，後者は，裁判所が行う司法解散と，行政機関が行う行政解散の 2 つに分けられる。これらの強制解散は，いわば団体に対する死刑宣告を意味することから，結社の自由との関係で慎重な考慮が必要となる。

　このうち，1901 年法が定めているのは任意解散と司法解散であり，行政解散は，その後の 1936 年戦闘団体等禁止法および 2006 年フーリガン禁止法で導入された。そこで，本章では，非営利社団の解散制度の概要と問題点を，上記各法律に即して分析・検討し（第 1 節～第 3 節），最後に，フランス団体解散制度の特徴を引き出すことにしたい（第 4 節）。

第 1 節　1901 年法が予定する解散制度

1　任意解散と司法解散

　1901 年法が規定しているのは，任意解散と司法解散である。

　まず，任意解散については，規約の定めに基づく解散（期限の到来，目的の達成）と総会決議に基づく解散がある。法律上，これらの解散に届出は要求されていないが，団体は自主的に県庁に届出を行い，官報への掲載を求めることができるようである[1]。

　他方，1901 年法は，司法解散の要件と手続について，次のような規定を置いている。

---

(1) Patrice Macqueron et al., *Associations, fondations, congrégations, fonds de dotation 2012-2013*, Éditions Francis Lefebvre, 2012, p. 290.

第3部　フランス非営利団体法の制度と理論

　第3条〔非営利社団の無効〕　不法な動機から若しくは不法な目的のために設立される非営利社団，法令若しくは善良な風俗に反するもの，又は領土保全及び共和政体に対する攻撃を目的とするものは，無効とする。
　第7条〔解散手続〕　第3条の規定により無効となった場合，非営利社団の解散は，関係者の申立て又は検察官の請求により，大審裁判所が宣告する。検察官は，指定の期日に出頭することができ，裁判所は，あらゆる不服申し立てにかかわらず，第8条が定める制裁の下に，暫定的に，施設の閉鎖及び当該非営利社団の構成員によるあらゆる集会の禁止を命じることができる[2]。

　司法解散は，非営利社団が(a)不法な目的，(b)法律又は公序良俗に反する目的，(c)領土保全および共和政体に対する攻撃を目的とする団体として無効と判断される場合に，関係者又は検察官の請求に基づいて，大審裁判所（司法裁判所）が宣告する（法7条）。この司法解散の特徴は，解散事由が団体の活動態様ではなく，団体の目的それ自体を対象としていることである。これは予防的な規制措置を認めるものであり，結社の自由に対する重大な侵害となりうる。しかし，この点については，解散宣告が，公的自由の伝統的な守護者である司法機関によって行われることで正当化されているようである[3]。

　なお，司法解散の判決が下されたにもかかわらず，当該団体を維持し又は再結成すること，並びに解散した団体の構成員の集会に施設を使用させる行為は，刑事罰の対象となる（法8条2項，3項。何れも3年以内の懲役および45,000ユーロ以内の罰金）。

　この司法解散は，実体法上は，違法な原因に基づく契約の無効として扱われるため，私法の論理に従ったものである。また手続上も，解散宣告は非行政機関である司法裁判所が行うことから，契約の解除などと同様，団体の解散もあくまで一般法に基づく通常の手続で処理されることになる。このため，司法解散制度は，後述の行政解散と比較して，「自由主義の精神（esprit libéral）[4]」

---

(2) 従来，規約の届出および変更の手続に瑕疵があることが解散事由とされていたが（法旧7条2項），法の簡素化に関する2012年2月29日法律により，同事由は削除された。

(3) Jean Morange, *La liberté d'association en droit public français*, 1977, PUF, p. 186.

190

第 2 章　団体に対する公的規制

に基づく制度であると考えられている。

　また，2001 年 6 月 12 日のセクト規制法（人権及び基本的権利に対する侵害を引き起こすセクト団体の予防及び抑制の強化に関する法律）は，セクト団体に対する司法解散を定めている（同法 1 条）。すなわち，団体又はその指導者が構成員に対して，人の生命・身体に対する侵害，未成年者を危険に曝す犯罪などで処罰された場合，裁判所は，検察官又は関係者の請求に基づいて，団体の解散を宣告できる。宗教団体の解散は，本来，信仰の自由に対する重大な制約である。同法で司法解散が採用されたのは，自由の守護者である司法機関の関与が望ましいと考えられたからであろう。

2　共和政体に対する攻撃を目的とする団体の解散

　前記の解散事由の中で注目すべきは，団体特有の事由を定める(c)であろう。とりわけ，後段の「共和政体に対する攻撃を目的とする」団体の解散は，特定の政治体制の防衛を図るものであり，本来，私法上の制度としては異質である。この規定は，共和政体が憲法改正の対象になりえないことを定めた 1884 年 8 月 14 日憲法的法律 2 条（1875 年 2 月 25 日法律 8 条）の原則を踏襲したものと考えられている[5]。こうした，反共和主義者に対する敵対は，第 3 共和制期に確立した「フランス法の伝統[6]」というべきもので，1901 年法にも，共和主義への敵対者を抑圧することで，共和政体を保持しようという強い姿勢がうかがわれる。

　その後，1936 年の戦闘団体等禁止法（後述）において，「領土保全に対する侵害をもたらすこと，又は武力により共和政体に攻撃を加えることを目的とする」（同法 1 条 1 項 3 号。後記解散事由③）団体が行政解散の対象になることが定められた。同法は，共和政体に対する攻撃が「武力により」行われることを要求する点で 1901 年法 3 条の要件と少し異なっているものの，内容的にはほぼ同じ解散事由が重ねて定められている。このことは，フランス

---

(4)　Robert Brichet, *Associations et syndicats*, 6ᵉ éd., Litec, 1992, p. 377.
(5)　Alain-Serge Mescheriakoff, Marc Frangi et Moncef Kdhir, *Droit des associations*, PUF, 1996, p. 88. また，この原則は，現行の第 5 共和制憲法 89 条 4 項（「共和政体は憲法改正の対象とすることができない。」）に引き継がれている。
(6)　Mescheriakoff et al., *op.cit,* (n. 5), p.88.

政治社会にとって，共和政体の防衛がいかに大きな課題であるかを示すものであるが，反面，法的観点からは，同じ解散事由を定めた1901年法と1936年法との競合関係が問題となる。この点については，1936年法が制定されたことにより，1901年法が定めている，領土保全および共和政体に対する攻撃を目的とする団体の司法解散は，「今日では歴史的な意味しか持たない[7]」，との評価がなされることがある。

しかし，最近になって，1901年法3条の適用が問題となった事件が生じた。王政を支持する暫定的団体「フランス君主制（Groupement provisoire de la monarchie française, GPMF）」（その後，同じイニシャルを維持して改名）は，その規約において，フランスは見かけ上は空位であるが現在でも君主国家である，と定めていた。そこで，この規約の定めが同法3条の定める「共和政体に対する攻撃」にあたるとして，検察官によって同団体に対する解散請求が裁判所に提起された。原審の控訴院（ポー控訴院2006年1月23日判決）は，上記規約が1901年法3条に違反するとして，団体の解散を認容したが，破毀院（2007年10月2日判決）は，規約の当該言明からは，「当該団体が共和制を転覆する目的を有するとは言えない」として，原審判決を破毀している[8]。

第2節　戦闘団体等禁止法（1936年）に基づく行政解散

行政解散は，本来，司法解散を原則とする1901年法の理念に反するものである。しかし，公共の安全や治安を脅かす危険な団体に対して，行政機関が緊急かつ迅速に対処する必要性は無視できない。そして，そのためには，従来の司法解散とは異なる仕組みが整備されなければならない。それが，行政機関が行う行政解散である。

フランスでは，1936年に行政解散制度が導入されて以来，団体解散における行政解散の比重が高まっている。そこで，本節では，フランス行政解散の制度とその適用例を具体的に示し，さらに，同制度が結社の自由との関係

---

(7) Stéphanie Damarey et al., *Code des associations et fondations, commenté: Édition 2014*, 6ᵉ éd., Dalloz, 2013, p. 47.

(8) Cass civ., 2 octobre 2007, *D.* 2007, p. 2671.

でどのように正当化されるのかについても，検討することにしたい。

現行の主要な行政解散制度としては，1936年の戦闘団体等禁止法に基づく制度と，2006年のフーリガン禁止法に基づく制度の2つがある[9]。2006年法については第3節で検討することにして，ここではまず，伝統的な行政解散制度を定めた1936年法を取り上げることにしよう。

1　1936年法の概要
(1)　解散の要件

1936年1月10日の「戦闘団体及び私兵に関する法律」は，1901年法の特別法として行政解散を導入した法律である。同法はもともと，戦間期における暴力的な極右勢力の台頭に対して政府が迅速に対処する目的で制定されたものであるが，その後は，その時々の政治情勢に応じて解散事由が追加されることで，規制領域を拡大してきた。そして，同法は現在，2012年に新設された国内治安法典の中に，若干の修正が加えられたうえで編入されている[10]。

同法典L212-1条によると，以下に該当する非営利社団（association）又は事実上の団体（groupement de fait）は，大統領令（デクレ）によって解散される。

① 道路において武装示威を引き起こすもの
② 軍事的な形態及び組織により戦闘団体又は私兵としての性格を有するもの
③ 領土保全に対する侵害をもたらすこと，又は武力により共和政体に攻撃を加えることを目的とするもの
④ 共和政的合法性の回復に関する措置を著しく妨げるおそれのある活動を行うもの（1944年に付加）
⑤ 敵国協力首謀者として処罰対象となった個人を再び糾合し又はこの協力を賛美することを目的とするもの（1951年に付加）

---

(9) 青少年団体（associations de jeunesse）も行政解散の対象となっている（1943年10月2日オルドナンス7条）。同団体は，10歳以下の未成年で構成される非営利社団である。
(10) 国内治安法典法律の部に関する2012年3月12日オルドナンス351号による。

第3部　フランス非営利団体法の制度と理論

⑥　出身又は特定の種族，国民，人種若しくは宗教に属し若しくは属していないことを理由としてある人又は人の集団に対する差別，憎悪若しくは暴力を引き起こし，又はこのような差別，憎悪若しくは暴力を正統化し若しくは助長することを企てる思想又は理論を宣伝するもの（1972年に付加）

⑦　フランス又は外国においてテロ行為を引き起こすため，フランス領土で又はフランス領土から謀略に従事するもの（1986年に付加）

1936年法に基づく行政解散制度には，次の2つの特徴がある。第1は，規制目的に一貫性がないことである。解散事由①から⑤までを見ればわかるように，この法律は当初，共和政体の防衛を目的としていたが（原規定は前記解散事由①から③である）[11]，その後，憎悪・差別助長の禁止（同⑥）やテロ行為の抑圧（同⑦）といった公の秩序の維持を目的とする解散事由が付加されている。同法は，もともと特定の政治的・社会的問題に対処するために制定された「事情立法（loi de circonstance）」[12]としての意味を有していたが，この性格はその後の展開においても継承されているといえるであろう。

第2の特徴は，規制対象にも一貫性が見られないことである。1936年法の解散事由には，団体の「性格・目的」を対象とするもの（前記解散事由②③⑤）と，団体の「活動」を対象とするもの（同①④⑥⑦）とが混在している。前者は，団体存在そのものの潜在的な危険性を根拠とするものであり，それゆえ，団体解散は将来の行為の危険に対する予防措置としての意味をもつ。これに対して，後者は，団体が実際に惹起した危険を根拠とするもので

---

(11) Pascal Mbongo, « Actualité et renouveau de la loi du 10 janvier 1936 sur les groupes de combat et les milices privées », RDP, 1998, p. 715 et s. 1936年法をフランス型「体制防衛」構想の一環と見る，大石眞「結社の自由の限界問題——立憲民主制の自己防衛か自己破壊か」京都大学法学部百周年記念論文集刊行委員会編『京都大学法学部創立百周年記念論文集・第2巻』（有斐閣，1999年）175頁以下を参照。また同法を団体規制の1つとして位置づける，大石眞「フランスの団体法制と結社の自由」佐藤幸治＝平松毅＝初宿正典＝服部高宏編『阿部照哉先生喜寿記念論文集』（成文堂，2007年）505頁以下も参照。

(12) Bertrand Mathieu, « Étude de la loi du 10 janvier 1936 relative aux groupes de combat et de milices privées », Revue de l'actualité juridique française, 6 juin, 1999 (http://www.rajf.org/spip.php?article38).

あり，このため，団体解散には過去の違法行為に対する事後的制裁としての意味がある。このように，2つの類型間では解散を基礎づける事情が異なっている。しかし，同じ処分を適用する以上，両類型を整合的に説明できる理論的な根拠が必要であろう。

(2) 解散の手続

団体解散のデクレは，閣議を経て大統領によって宣告される。1979年の理由付記法（正しくは「行政行為の理由付記及び行政と国民の関係の改善に関する1979年7月11日法律587号」）の制定以降，同デクレに解散理由を付すことが義務づけられた（同法1条）。理由には，当該決定の根拠となる事実と法が明示される必要がある（同3条）。また，理由付記が要求される行政処分については，当該処分前に，当事者の書面での陳述，場合によっては，当事者の請求に基づいて，口頭での陳述が行われなければならない（行政との関係における市民の権利に関する2000年4月12日法律321号24条）。このように，行政解散の手続については，制定当初と比べて，大幅な改善が見られる。

解散命令を受けた団体は，同命令の執行停止を求める訴えをコンセイユ・デタに提起できる[13]。これは，急速審理手続（référé-liberté）で行われる（行政裁判法典L521-1条）。同手続によると，急速審理の裁判官（juge des référés）は，緊急性が認められる場合や当該決定の適法性に重大な問題が認められる場合，その行政処分の執行停止を宣告することができる。停止の効果は，当該行政処分が裁判で取り消されるか，再度の処分が下されるまで及ぶ。

ここでもコンセイユ・デタは，解散それ自体の妥当性を審査することはできず，解散手続の適法性のみ審査することができる。もっとも，コンセイユ・デタは，明白な過誤がある場合にしか，手続の違法性を認めていない。実際，2012年までで105件の解散が命じられたが，このうちコンセイユ・デタで取り消されたのはわずか5件のようである（後述2(3)参照）[14]。

---

(13) 提訴によって解散の効力は中断しない。この点でも，行政解散は，司法裁判所の判決確定時点で解散の効力が生じる司法解散と異なっている。

(14) Stéphanie Damarey, « La liberté d'association à l'épreuve de la dissolution administrative », *AJDA*, 2012, p. 924.

第3部　フランス非営利団体法の制度と理論

(3) 解散命令の効果

解散命令が下された場合，解散団体を維持又は再建する行為は刑事制裁を受ける（国内治安法典 L212-1 条 2 項）。これを受けて，刑法典は「戦闘団体及び解散団体」と題する節を設けて，具体的な刑罰規定を置いている。

ここではまず，「公然と又は偽装によって，解散団体の維持又は再建に加担する行為」（刑法典 431-15 条），あるいは「公然と又は偽装によって，解散団体の維持又は再建を主導する行為」（同 431-17 条）に，それぞれ刑事罰が科される。前者では3年以下の懲役と 45,000 ユーロの罰金が，後者では 7 年以下の懲役と 10 万ユーロ以下の罰金が科せられる。

上記の罪にあたる行為を行った場合，当該団体に帰属していた又は当該団体が使用していた動産・不動産や，ユニフォーム，標章，記章，紋章など当該団体のために使用されるあらゆる物品が没収される（同 431-21 条）。

また，「戦闘団体 (groupe de combat)」については，特別の定めがある。すなわち，刑法典は，戦闘団体を「階層的で公の秩序を侵害しうる組織形態を有し，武器を保持している又は武器へ接近することのできるすべての団体」と定義する1カ条を置いた上で（同 431-13 条），同団体を設立する行為，および同団体に加担する行為を禁止している（同 431-16 条，431-14 条。それぞれ，5年以下の懲役および 75,000 ユーロ以下の罰金，3年以下の懲役および 45,000 ユーロ以下の罰金）。これらは，伝統的な結社罪と見るべきもので，戦闘団体については，今日でも，結社すること自体が禁止されている。

さらに，解散命令を受けた戦闘団体の維持又は再建に加担した場合には，5 年以下の懲役と 75,000 ユーロ以下の罰金が科され，他の団体の場合と比較して，刑が加重されている（同 431-15 条 2 項）。

2　1936 年法の適用例

前記のように，1936 年法が定める解散事由は簡明であるため，人権規制立法としては，過度に広汎で，不明確であるとも考えられる。以下では，実際に適用された解散事例と裁判所での取消例をいくつか紹介することで，同法の実相の一端を示すことにしたい。

第 2 章　団体に対する公的規制

(1) 解散命令と理由付記

1979年の理由付記法以前では，解散命令には参照法令と主文だけが記されるだけであり，解散の理由はもちろん，具体的な適用法文が示されることもなかった[15]。同法の施行以降，解散命令には理由（considérant）が掲記され，適用法文も項や号に至るまで具体的に示されるようになり，手続面で一定の進展が認められる。もっとも，当初においては，「理由」とはいいながら結論しか示さない簡略的なものが多く見られたが[16]，2000年代以降は，法令適用の根拠となる事実が具体的に示されるようになっている。そして，この傾向は，次項で見る2006年フーリガン禁止法に基づく行政解散についてもあてはまる。

また，最近の解散命令では，解散処分が「公の秩序の諸要求から導かれる理由に基づき」行われるとの一節が理由の末尾に付されており（下記で紹介するデクレを参照），行政解散が「公の秩序」の維持のためであることが強調されている。

(2) 具体的な解散事例

㈠　団体の活動を理由とする解散

前記解散事由のうち，①武装示威行為を引き起こす行為，⑥憎悪・暴力を宣伝する行為，⑦テロ行為を引き起こす行為を要件とするものは，団体解散の理由を団体が現実に行った具体的活動に求めるものである。

まず，①について，武装示威行為を引き起こす行為として，コンセイユ・デタによって認められたのは，略奪・建物の破壊・火器の噴射[17]，暴力的行為を行う旨の犯行声明[18]のほか，パンフレット・ビラ・機関誌の配布行

---

(15) 一例として，「共産主義者連盟（Ligue communiste）」と「新秩序（Ordre nouveau）」の解散を宣告する1973年7月28日デクレを参照。
(16) たとえば，1987年6月26日の解散命令（「アル・エルバイト」事件）では，1936年法1条7号（前記解散事由⑦）に基づく解散の理由として，当該団体が「フランス又は外国においてテロ行為を引き起こすために，フランス領土で又はフランス領土から謀略に専従した」と条文に即して記すのみで，実質的な理由は何も示されていない。
(17) Conseil d'État, 8 septembre 1995, n° 155161, 155162, Comité du Kurdistan.
(18) Conseil d'État, 13 janvier 1971, n° 81087, La Gauche Proletarienne et La Nouvelle Résistance Populaire.

為[19]などの平穏な行為も含まれる。
　⑥が問題となった例としては，国粋主義的な極右団体「急進派同盟 (Unité radicale)」が，その機関誌においてフランス国内の外国人およびフランス人移民に対する憎悪や差別を助長する宣伝を行ったほか，反ユダヤ主義を称揚していることを理由として，解散を命じられた事案がある（2002年8月6日デクレ）。また，最近でも，黒人至上主義を標榜する団体が，非黒人に対する憎悪や差別を助長する言明をプレス発表やインターネットを通じて拡散したこと，また，反ユダヤ主義を称揚し，ユダヤ人やユダヤ教徒を畏怖する活動を組織したことを理由に，解散を命じられた（2006年7月28日デクレ）。「Tribu Ka」事件[20]。さらに，同団体の指導者であったケミ・セバ (Kémi Séba, 1981-) が2007年に再結成した団体「ケミ・セバ青年団 (Jeunesse Kémi Séba)」も，ビラやインターネットを通じた声明文によって，「シオニズム運動」に加わる者に対して憎悪や差別を助長したこと，また，反ユダヤ主義を称賛し，構成員が上記声明に従ってユダヤ系の人々に暴力行為を行ったことを理由として，解散命令を受けている（2009年7月15日デクレ）。
　⑦に基づく解散は，同解散事由が導入された1986年直後の1987年に2件，1993年に2件の合計4件行われている。しかし，何れの解散命令も，具体的な事実を摘示することなく，簡単に解散を認めている[21]。

　(二) 団体の目的・性格を理由とする解散
　1936年法に基づく行政解散制度では，団体の具体的活動ではなく，団体の性格や目的それ自体を理由とする解散が認められている（前記解散事由②③⑤）。この解散事由の問題性については，後ほど述べることにして（後記「3　結社の自由との関係」参照），ここでは具体的な適用例を紹介することにしよう。
　前記②の団体の軍事的性格を理由とする解散例は少なくない。たとえば，

---

(19) Conseil d'État, 9 avril 1975, n° 92656; Conseil d'Etat, 13 janvier 1971, n° 81087
(20) コンセイユ・デタは，同デクレの取消の請求を棄却した。Conseil d'État, 17 novembre 2006, n° 296214.
(21) それぞれ，1987年6月26日 (Ahl Elbeit)，1987年7月17日 (Iparretarak)，1993年12月2日 (Comité du Kurdistan)，1993年12月2日 (Fédération des associations culturelles et des travailleurs patriotes du Kurdistan en France Yekkom Kurdistan) のデクレによる。

「クルド人委員会（Comité du Kurdistan）」事件では，同団体の訓練キャンプにおける軍隊的機能，構成員の規律と服従，構成員をゲリラ行為へと駆り立てる扇動的意図を理由として，同団体の解散が認められた（1993年12月2日デクレ[22]）。また，最近でも，イスラム原理主義団体「Forsane Alizza」が解散されたが，その理由として，同団体の階層的な性格，構成員に対する宗教的教化策，他人あるいは拘束した人質との戦闘訓練の実践などの事実が挙げられている（2012年3月1日デクレ）。

他方，目的を対象とする解散事由のうち，領土保全に対する侵害をもたらすもの（前記解散事由③前段）については，バスク地方の独立を目的とする団体が解散されたほか（1974年1月30日デクレ），コルシカの自決を標榜する団体が領土保全への侵害を理由として解散命令を受けた（1987年1月22日デクレ）。これらの解散命令の取消訴訟において，コンセイユ・デタは，団体の掲げる目的が「領土保全に対する侵害をもたらす性質を有する」ことを理由に，「当該団体は1936年法1条3号〔当時〕の適用を受ける」と判断している[23]。

武力による共和政体への攻撃を加える目的の団体（前記解散事由③後段）については，理由付記法以前において，暴力でもって共和政を国粋主義・独裁主義国家へと転換しようとする国粋主義団体「Parti nationaliste」が解散命令を受けた例がある（1959年2月13日）。また，前記イスラム原理主義に基づく事実上の団体「Forsane Alizza」の解散命令では，同団体の軍事的性格が問題となったほか（前記），同団体がカリフの設置とフランスでのシャリーア（イスラム法）の適用を呼びかけることで，民主制と共和国フランスの基本的諸原理（ライシテと個人の自由の尊重）を問題視したこと，さらに，イスラム教徒に上記内紛への参加を呼びかけ，団体構成員に戦闘および武器を伴う戦いの準備をさせたことが，「武力によって共和政体に攻撃を加えること」にあたるとされた。

---

[22] コンセイユ・デタも同じ認定を行っている。Conseil d'État, 8 septembre 1995, n° 155161, 155162, Comité du Kurdistan.
[23] それぞれ，Conseil d'État, 8 octobre 1975, n° 94477, Association Enbata, *Lebon*, p. 494. Conseil d'État, 16 octobre 1992, n° 85957, Battesti, *Lebon*, p. 371.

第3部　フランス非営利団体法の制度と理論

(三) 他の団体が行う違法行為を支援・助長したことを理由とする解散

2013年7月12日デクレによって，3つの団体（1つの非営利団体と，2つの事実上の団体）の解散が宣告されたが，そこで示された解散理由は，従来の例とは少し異なっている。

上記解散の契機となったのは，2013年6月5日，極左団体に所属する若者がパリで殺害された事件である（クレモン・メリック事件[24]）。同事件では，5人の容疑者が取り調べを受けたが，そのうちの1人が極右セクト団体「第3の道（Troisième Voie）」の支持者であった。同団体は，あらゆる手段と勢力を結集して，フランスで国粋主義を促進することを目的とする団体で，2010年に設立されている。

この事件を受けて，政府は，団体関係者に対する解散手続の開始の通知と，陳述手続を行った上で，関連する3つの極右団体，すなわち，上記(ア)非営利団体「第3の道」，(イ)事実上の団体「革命的国粋主義者青年団（Jeunesses Nationalists Révolutionnaires）」，(ウ)事実上の団体「Envie de Rêver」の解散を宣告した。その際，同解散命令は，(イ)の団体については，組織の階級制などを理由に団体の軍隊的性格（前記解散事由②）を個別的に認定したが，(ア)の団体については，(イ)の団体と代表者が同一人物であること，同一の本拠およびインターネット・サイトを使用している事実を摘示したうえで，両者が「緊密に連携しており，かつ，1つの実体を構成している」と評価した。また，(ウ)は，居酒屋を経営する団体であるが，(ア)と同一の本拠と住所を申告し，かつ，(ア)の代表者および幹事によって運営されていたこと，さらに，同居酒屋では(イ)の団体の会員の入会儀式が行われ，また，(イ)の団体の構成員が同居酒屋の警護を担当していたという事実から，同団体が，(ア)および(イ)の団体に

---

(24) *Libération*, 8 juin 2013. また，同事件を引き金として，さらに2つの極右団体「Œuvre française」（1968年創立）と「Jeunesses Nationalistes」（前者の青年団体）の解散が宣告された（2013年7月25日デクレ）。解散命令では何れも，これらの団体が，人種差別的な言動を行ったこと（前記解散事由⑥），並びに対独協力者を賛美する目的を有していること（同⑤）がその理由として挙げられている（前者については，組織の私兵性・戦闘団体性（前記解散事由②）も認定されている）。なお，両団体は，解散宣告の執行停止を求めたが，コンセイユ・デタは何れの請求も棄却した（Conseil d'État, 25 octobre 2013, n° 372319, Association Jeunesses Nationalistes et M. C.; n° 372321, Association Œuvre française et M. B.）。

集会の開催場所を提供することを唯一の活動としていること，そして，「他の活動を行わなくとも，他の2つの団体と一体となっており，そして，それらの団体の行う違法な活動に対する実質的な手段となっている」ことを指摘した。このような事実認定に基づき，上記デクレは，緊密に連携する3つの団体が一体として軍隊的性格を示していること（前記解散事由②），外国人・移民に対する差別を助長したこと（同⑥）を理由に，3つの団体の解散を宣告した。

このうち，問題となるのは，(ウ)の団体の解散である。同団体は，他の2つの団体に集会場を提供したことが唯一の解散理由となっており，デクレ自体も「他の団体の解散の結果として解散される」と述べている[25]。このように，近時では，法律が掲げる解散事由に直接該当しなくても，他の団体の違法な活動を支援したことを理由として団体の解散が認められた。これは，行政解散制度の運用に新たな段階を画するものであろう。それゆえ，上記の事情が団体の強制解散（行政解散）という重大な処分を基礎づけうるものかどうかが慎重に検討されなければならない。何れにせよ，このような拡張的な運用が今後も行われるかどうか，注目されるところである。

(3) 解散の取消

解散命令を受けた団体はその取消しを求めてコンセイユ・デタに提訴できる。しかし，前記のように，コンセイユ・デタは解散命令の妥当性に踏み込むことはできず，手続の適法性しか判断できない。現在までに取消判決は3件（5つの解散命令）出されている。

このうち，「国際共産主義組織」，「反逆者団体」，「革命主義学生連盟」に対する3つの解散命令（1968年6月12日）の取消を認めた1970年7月21日判決では，コンセイユ・デタに提出された書類からでは解散事由となる事実を認定できないため，当該解散命令は「法律上の基礎を欠く」と判断された[26]。

---

(25) 同団体は，急速審理手続で解散命令の停止を求めたが，コンセイユ・デタは同請求を棄却した。Conseil d'État, 23 juillet 2013, Association Envie de rêver et M.C., n° 370305.

(26) Conseil d'État, 21 juillet 1970, n° 76230, 76231, 76235.

第3部　フランス非営利団体法の制度と理論

残りの2件は，極右団体「仏欧行動連盟（FANE)」に関するものである。同団体は，人種差別（前記解散事由⑥）を理由として解散命令を受けたが（1980年9月3日），同命令は，コンセイユ・デタによって，理由付記法（1979年）によって要求される理由の不備によって取消された[27]。その後，内務大臣は，詳細な理由を具備したデクレによって再度解散命令を下したが（1985年1月24日），提訴を受けたコンセイユ・デタは，緊急性が認められるなど特別の場合を除き，対審の原則を定めるデクレ（1983年11月28日デクレ。但し，2001年6月6日デクレにより廃止された。）に基づき要請される，書面での陳述が行われなかったことを理由に，当該解散命令を取消した[28]。もっとも，その後，同団体の事務局長の陳述を経た上で，同団体は3度目の解散命令を受けている（1987年9月17日デクレ）。

3　結社の自由との関係
(1) 1936年法の合憲性

行政解散は，当然，憲法上の結社の自由を大きく制約するものである。しかし，コンセイユ・デタは，前記解散事由①②⑦を理由とする解散が結社の自由に対する制約であるとしながらも，「問題となる団体の活動から生じる公の秩序及び公の安全にもたらす危険の重大性によって正当化される」と述べて，解散を宣告するデクレが欧州人権条約11条に違反しないと判断した[29]。

一方，学説では一般に，1936年法に該当する結社は，憲法上の結社の自由保障を享受できない例外的な結社として位置づけられている[30]。憲法院

---

[27] Conseil d'État, 31 octobre 1984, n° 28070, Fédération d'action nationale et européenne〔FANE〕.
[28] Conseil d'État, 26 juin 1987, n° 67077, FANE.
[29] Conseil d'État, 8 septembre 1995, Comité du Kurdistan, *RTDciv.*, 1995, p. 812. また，同じ理由で，コンセイユ・デタは，同解散命令が欧州人権条約10条の表現の自由を侵害しないと判断している。Conseil d'État, 17 novembre 2006, n° 296214, Capo Chichi, *Lebon*, p. 471.
[30] 代表的なものとして，Jacques Robert et Jean Duffar, *Droits de l'homme et libertés fondamentales*, 8ᵉ éd., Montchrestien, 2009, p. 860 et s. Patrick Wachsmann, *Libertés publiques*, 6ᵉ éd., Dalloz, 2009, p. 682 et s.;Jean Rivero et Hugues Moutouh, *Libertés publiques*, tome II, 7ᵉ éd., PUF, 2003, p. 260 et s.

1971年判決（いわゆる結社の自由判決）は，結社の自由原理に憲法的効力を認めたが，同原理は「特別のカテゴリーに属する結社」には適用されないとされていた。それゆえ，1936年に該当する結社は，修道会（congrégations religieuses），外国結社（associations étrangères）と並び，結社の自由保障の及ばない団体としての扱いを受けている[31]。これは，日本との関連で言えば，当該団体がそもそも憲法21条の「結社」に含まれないとする議論に等しいと考えられる。

しかし，1901年法に基づき適法に設立された団体が，事後的な行為によって別カテゴリーの団体に移行するというのは，いかにも便宜的な説明である。そうではなく，1936年法が結社の自由原理に対する制約であると正面から受けとめて，その合憲・違憲を議論する方が憲法論として適切であろう。

この点について，憲法学のB・マチュ教授は，1936年法に基づく行政解散制度の合憲性は，公の秩序（ordre public），共和政体（forme républicaine du gouvernement），共和国の不可分性（indivisibilité de la République），人間の尊厳（dignité de la personne humaine）などの憲法上の諸要求から正当化されると述べている[32]。もっとも，同教授は同時に，個人的自由の重要性の観点から，1936年法の限定解釈の必要を指摘していることにも注意が必要である。

(2) 1936年法の合理性

他方で，1936年法に基づく行政解散については，合憲性の問題とは別に，法律の規定の仕方に関して異論が提起されている。公法学のG・ルブルトン教授は，1936年法の解散事由のうち，③の領土保全への侵害又は武力による共和政体への攻撃を目的とするもの，および⑤の敵国首謀者への協力を目的とするものは，団体の「活動」ではなく，もっぱら「目的」を対象とする点に注意を促している。その上で，これらの解散事由によれば，平和的な手段で目的を追求しようとする団体まで対象に含まれること，また，公共の安

---

(31) Gilles Lebreton, *Libertés publiques et droits de l'Homme*, 8ᵉ éd., Sirey, 2009, p. 544.
(32) Mathieu, *op.cit.* (n. 12).

寧（salut public）に対する現実的な危険がない場合にも団体の解散が認められてしまうことになり（前記2(2)「具体的な解散事例」を参照），このことは同法の行政解散制度の合理的な根拠を喪失させてしまうことから，前記2つの事由はリストから削除するか，少なくとも明確化されるべきであると指摘する[33]。

たしかに，もっぱら目的を対象とする行政解散は，第1に，結社の活動に対する事前抑制的な措置であること，第2に，実際の活動を対象とするものでないために，政府の政治的判断を招くおそれがあることを勘案すれば，結社の自由の観点からは望ましいとは言えないだろう。そこで，ルブルトン教授も指摘するように，立法論としては，目的を対象とする強制解散は，行政機関ではなく，「司法裁判官の賢慮[34]」にゆだねるのが適切なのかもしれない。

第3節　フーリガン禁止法（2006年）に基づく行政解散

1　制定経緯

近年，サッカーなどのスポーツの試合やイベントの際に，一部の観客や市民が競技場の周辺や公道で暴力的破壊行為を起こす事態が発生している。そこで，スポーツ行事に端を発するこうした暴動を抑制するために，2006年，スポーツ行事の際の暴力の防止に関する法律（2006年7月5日法律784号。いわゆるフーリガン禁止法）が議員立法によって成立し，暴動・騒乱を起こしたスポーツ団体に対する行政解散制度が新たに創設された（スポーツ法典L332-18条）。

もちろん，フランスがこれまでフーリガン対策を怠ってきたわけではない。1970年代，イギリスに端を発し，その後ドイツやオランダで広がったフーリガン（暴徒集団）にどう対処するかは，ヨーロッパ諸国共通の課題であった。フランスでも，1984年7月16日法律（身体運動及びスポーツ活動の組織化と促進に関する法律。いわゆるアヴィス法（loi Avice））によって，スポーツ

---

(33) Lebreton, *op.cit.* (n. 31), p. 548.
(34) Lebreton, *op.cit.* (n. 31), p. 548.

行事の際の暴力行動に対して刑事罰が導入された。同法では，たとえば，アルコールの影響下での暴力行為，憎悪や人種差別に訴える行為，危険物や発射物の使用などが処罰対象とされた。その後も，2006 年 1 月 23 日のテロ対策法（法律 64 号）で，特定のサポーターに対する競技場への入構禁止措置や荷物検査義務が導入されている。

しかし，こうした対策は，主として個人を対象とした規制であるため，集団的・組織的な暴動行為に対処できるものではなかった。また，既存の 1936 年戦闘団体等禁止法は，テロ行為に該当せず，また必ずしも公道で行われるわけでない組織的暴力の場面を念頭に置いていないため，フーリガンの暴動行為に対処できない。そこで，スポーツ行事の際に集団的暴動行為を行った団体を解散し，その首謀者への制裁を強化する必要から，上記フーリガン禁止法が新たに制定された[35]。

2　法律の内容
(1)　解散の実体的側面

同法によれば，有料のスポーツ催事を行うスポーツ団体（association sportive）を支援する目的を掲げる非営利社団又は事実上の団体は，その構成員がスポーツ行事の際に，又はその行事に関連して，以下に掲げる行為を(ｱ)繰り返し行ったとき，あるいは(ｲ) 1 度の行為であってもそれが極めて重大なものであったとき，デクレによって，解散又は最長 12 カ月の活動停止[36]の処分を受ける（スポーツ法典 L332-18 条 1 項）[37]。

---

[35]　Proposition de loi relative à la prévention des violences lors des manifestations sportives, Assemblée nationale, n° 2999. この提案理由説明によると，2004～2005 年のサッカーのシーズンで，342 件の集団暴動事件が発生したという。

[36]　活動停止処分は，2010 年 3 月 2 日法律 201 号（集団的暴力への対策及び公共サービスを任務とする者の保護の強化に関する法律）で新設された。Voir, Jean-Baptiste Perrier, « Loi n° 2010-201 du 2 mars 2010 renforçant la lutte contre les violences de groupes et la protection des personnes chargées d'une mission de service public », *Revue de science criminelle et de droit pénal comparé*, 2010, p. 468.

[37]　国内治安法典では，1936 年に基づく行政解散が前出の L212-1 条で規定され，スポーツ団体の解散を L212-2 条で規定し（同条は，スポーツ法典 L332-18 条に詳細をゆだねている），両者を「特定の団体の活動停止又は解散」という節で包括しており，これら 2 つの解散制度には治安政策上重要な意味が与えられている。

第 3 部　フランス非営利団体法の制度と理論

(ⅰ)　財産に対する破壊行為
(ⅱ)　他人に対する暴力行為
(ⅲ)　出自，性的な指向又は同一性，性別又はその外観（真正か虚偽かを問わない），民族，国籍，人種，特定宗教を理由として，他人に対する憎悪又は差別を助長する行為

　同法については，次の 3 点に留意する必要がある。第 1 に，同法には，提案理由説明によると，行為の「集団性」，「反復性」，スポーツ行事との「関連性」の 3 つの特徴があるとされる。特に，3 番目の特徴は，法文では「スポーツ行事に関連して，あるいはスポーツ行事に際して」として結実しており，行事の最中に行われた暴動行為だけでなく，その後に行われた行為も幅広く対象としている。
　第 2 は，2006 年法では，1936 年法と異なり，もっぱら団体の過去の犯罪行為を対象としている。また，制裁についても，解散処分だけではなく，有期の活動停止処分が加わっており，事案に応じて柔軟な処分が可能となっている。これらから，2006 年法の行政解散は，過去の違法行為に対する事後的な制裁として位置づけることができるであろう。
　第 3 は，解散の要件として，財産に対する破壊などの行為「内容」に加えて，(ア)当該行為を繰り返し行ったこと（行為の反復性）や，(イ)1 度ではあっても極めて重大な行為であったこと（行為の重大性）といった，行為の「態様」が考慮されていることである。これらは，従来の行政解散制度には見られなかった要素である。こうした新たな要件の設定は，おそらく，2006 年法が制裁処分として解散と活動停止を定めていること，さらに，活動停止について最長 12 カ月という幅のある期間を設定していることと，無関係ではないであろう。つまり，2006 年法では，行為態様を要件として考慮することで，行為の違法性の程度に応じた制裁を団体に科すことができるようになった。

(2)　解散の手続的側面
　同法の解散制度には，手続の面でも特色がある。すなわち，首相が解散命令を発付するには，事前に「スポーツ行事の際の暴力行為の防止に関する中

央諮問委員会（Commission nationale consultative de prévention des violences lors des manifestations sportives）」に諮問しなければならない。同委員会は，行政から独立した機関であり，内務大臣から原案についての諮問を受けてから1カ月以内に答申する（スポーツ法典R332-11条）。

同委員会は，以下の各号が定める委員で構成される（同法典L332-18条3項1～4号）。各委員の任期は3年で，1度のみ再任が認められる（同法典R332-10条）。

一 コンセイユ・デタ構成員2名（コンセイユ・デタ副院長[38]が指名。そのうち1名は議長職を務める）
二 司法裁判官2名（破毀院長が指名）
三 フランスオリンピック＝スポーツ委員会の代表1名，スポーツ連盟の代表1名，プロリーグの代表1名（いずれもスポーツ担当大臣が指名）
四 スポーツ行事の際の暴力について権限を有する者1名（スポーツ担当大臣が指名）

委員会の構成をみると，各方面の関係者がバランスよく配置されている。とりわけ，司法裁判官が2名入っていることを見ると，立法者が権利・自由に配慮したことがうかがえる[39]。後述のように，同解散が結社の自由と緊張関係に立つことが意識されたためであろう。

解散の対象となる団体の代表者とスポーツクラブの責任者は，同委員会で意見を述べることができる（同法典L332-18条2項）。また，委員長は上記関係者に対して陳述のための出頭を要求することができる（同法典R332-12条）[40]。

なお，解散命令を受けた団体が，急速審理手続で同命令の停止を請求することができるのは，前記1936年戦闘団体等禁止法に基づく行政解散の場合と同じである。

---

(38) コンセイユ・デタ院長は首相であるため，副院長が実質的にはコンセイユ・デタのトップである。
(39) 憲法66条2項によると，司法機関は「個人の自由の守護者（gardienne de la liberté individuelle）」であるとされている。
(40) なお，この制度に基づき，2012年時点で，9件の解散が行われている。Damarey, *op.cit.* (n. 14), p. 922.

第3部　フランス非営利団体法の制度と理論

3　欧州人権条約適合性

さて，このような行政機関による団体の強制的解散は，「結社の自由に対する重大な侵害にあたる[41]」おそれがあるため，その憲法適合性あるいは条約適合性が問題となる。以下では，具体的な適用事例を紹介する意味も兼ねて，それぞれの問題について主要な事件に即して検討することにしたい。

(1)　「ブーローニュ・ボーイズ」事件
①　事件の概要

フランス各地のプロ・フットボールクラブには，当該チームを応援するために設立されるサポーター団体が多数存在する。本件で問題となった団体「ブーローニュ・ボーイズ（Association nouvelle des Boulogne Boys）」は，パリを本拠地とするフットボールクラブ「パリ・サンジェルマン（Paris Saint-Germain, PSG）」を応援する目的で1993年に設立された非営利団体（構成員約600人）である。同団体の規約には，PSGを「平穏に支援することを目的とする」とされているが，実際は，試合の際に過激な行動を起こすことで知られていた。

そして，同団体の解散の最終的な引き金となったとなったのは，2008年3月29日での出来事である。パリ郊外のフランス・スタジアム（Stade de France）で行われたフランス・リーグカップ（Coup de la ligue）決勝戦の対RCランス戦で，「ブーローニュ・ボーイズ」のメンバーが，ランス（Lens）の位置する北フランスの住民（通称「Ch'tis」と呼ばれる）を侮辱する巨大な横断幕を掲げたことが問題となった（横断幕事件。Affaire de la banderole anti-ch'tis）。この横断幕には，「小児愛者，失業者，近親愛者たちの北フランスの地へようこそ（Pédophiles, chômeurs, consanguins : bienvenue chez les Ch'tis）[42]」と書かれており，当該住民を軽蔑する内容であった。

この事態を重く見たアリヨ＝マリ内務大臣は，上記横断幕がスポーツ法典

---

(41)　Damarey et al., *op.cit.* (n. 7), p. 1120.
(42)　なお，「Bienvenue chez les Ch'tis（シュティの地へようこそ）」は，同年2月にフランスで公開され，大ヒットとなった映画（Dany Boon監督）のタイトルでもある。映画にもなっていることからもわかるように，「Ch'tis」という言葉自体には，蔑視的な意味はない。

208

第 2 章　団体に対する公的規制

L332-18 条にいう「憎悪又は差別を助長する行為」(前記解散要件(iii)) にあたると判断し，同団体の解散を中央諮問委員会に諮った。同委員会の答申を受けて，フィヨン首相は，2008 年 4 月 17 日のデクレで同団体の解散を宣告した[43]。このデクレでは，本件だけでなく，同団体が 2006 年から 2008 年にかけて，フットボールの試合の際に度々暴力行為を起こしてきた事実が指摘されており，これらが行為の「反復性」の認定につながっている。

② 解 散 手 続

行政解散については，その手続も重要な要素でもあるため，後記のコンセイユ・デタ判決が示した事実に基づいて，本件の経過についても述べておこう。

2008 年 4 月 17 日の解散命令に先立ち，諮問委員会は，2008 年 4 月 8 日，同団体の代表者に同団体に対する解散請求の申立てを書面で通知し，また同書面において 4 月 15 日正午までに書面又は口頭による陳述を認める旨を通知した。これに従い，団体代表者は 4 月 14 日に陳述書を提出し，さらに 4 月 16 日には諮問委員会で聴取を受けている。

他方，同委員会は PSG のクラブチームの責任者などフットボール関係者に本件に関する陳述を要請し，関係者らは 4 月 10 日と 14 日に陳述書を委員会に提出している。

なお，本件は，2006 年のフーリガン禁止法に基づく最初の解散事例である[44]。また，同日の別のデクレでは，FC メッスのサポーター団体である「Faction Metz」が解散された。同団体は，2008 年 2 月 23 日の試合後に，ナチスのスローガンと歌を唱和したことが問題視された。同団体はその後自主的に解散したが，その再結成を防止するために，解散命令が宣告された[45]。

---

(43) Décret du 17 avril 2008 portant dissolution d'une association, *Journaux officiels*, n° 0093 du 19 avril 2008, p. 6566, texte n° 8. 同デクレでは，適用法令と詳細な理由（後述）が述べられた後に，「第 1 条 Association nouvelle des Boulogne Boys は，解散される」という条文形式で結論が示される。

(44) Nathalie Bourzat et al., *Code du sport, commenté: Édition 2013*, 8e éd., Dalloz, 2013, p. 236.

第3部　フランス非営利団体法の制度と理論

(2)　コンセイユ・デタの判断

この処分に対し，非営利社団「ブーローニュ・ボーイズ」は，同デクレの執行停止を求める急速審理手続の申し立てを行った。その理由を詳しく掲げると次のとおりである。

(ア)　同デクレは，団体を終局的かつ不可逆的に解散させるものであり，またメンバーが団体を再結成することを禁じる点で，基本的自由としての結社の自由に対する重大な侵害である。

(イ)　解散手続において防御するための時間が十分与えられなかったことは防御権を侵害し，また，手続において対審での審理が行われなかった。

(ウ)　同デクレでは，問題となる行為が繰り返し行われたこと（反復性），および集団で行われたこと（集団性）が示されていない。

(エ)　問題となる行為の防止措置としては，スタジアムへの入構禁止（interdiction de stade）で十分であり，解散という手段は不均衡な（disproportionné）措置である。

この訴訟手続において，国側は，まず(イ)については，解散手続の過程で団体側には正規・非正規の手段で陳述をする機会が与えられていた，また，対審原則は警察やその後の行政・民事裁判との関係で妥当する原則であるため，解散手続では問題とならない，(ウ)については，同デクレの記載から団体メンバーが反復して暴力行為を行ったことが認定できる，さらに(エ)については，公の秩序を害する団体させるには解散が唯一の方法であるから手段の不均衡性はないと主張し，団体側の申し立ての棄却を要求していた。

コンセイユ・デタは2008年5月2日の決定で，基本的自由である結社の自由への重大な侵害は解散命令の停止を正当化する事由にあたるとしながらも，団体側の何れの主張にも理由がないとして，申し立てを棄却した[46]。

その後，通常の提訴を受けたコンセイユ・デタは，2008年7月25日の判決で，団体には解散手続で防御を行う機会とそのための時間が与えられてお

---

(45)　*Le Monde*, 17 avril, Banderole injurieuse : Michèle Alliot-Marie dissout les Boulogne Boys, supporters du PSG ; *Le Figaro*, 17 avril, Football: dissolution des "Boulogne Boys".

(46)　Conseil d'État, juge des référés, 2 mai 2008, n° 315724.

り，さらに，法律上，行政が保有する証拠を事前に団体に開示する義務はないとして，同解散に手続違反はないと判断した。また，実体的にも，解散宣告のデクレが示す事実に誤りはなく，かつデクレでは行為者を個別に特定する必要もないため，本件解散措置は法律の要件をみたしており，一般利益の保護に照らして「結社の自由を過度に侵害するものではない」と判断した[47]。

もっとも，コンセイユ・デタは憲法適合性を判断する権限をもたないため，ここにいう「結社の自由」が何を根拠にしているのか（あるいはその法源は何か）や，いかなる法的効力をもつのかは明らかでない。

(3) 欧州人権裁判所の判断

その後，「ブーローニュ・ボーイズ」は，自らに対する解散措置が結社の自由に対する過度の侵害にあたり，欧州人権条約11条に違反すると主張して，欧州人権裁判所に提訴した[48]。

同裁判所は，団体に対する解散措置が結社の自由を侵害しうることを確認したうえで，人権条約11条の要請から，当該措置が① 法律で定められていること，② その目的が秩序の維持や犯罪の防止など正当なものであること，③ 目的と手段が比例していることの3つの要件がみたされる場合には，団体に対する規制は許されるとした。その上で同裁判所は，「ブーローニュ・ボーイズ」の構成員がフットボールの試合の際に公の秩序に対する重大な挑戦を行ってきたこと，具体的には2006年11月23日のテル・アヴィヴ戦においてイスラエルサポータに対して集団的に暴行を加え，警察官の発砲により死者が出る惨事になったこと，さらに，本件の直接の原因となった事件

---

(47) Conseil d'État, 25 juillet 2008, n° 315723, Association nouvelle des Boulogne Boys, *AJDA*, 2008, p. 1518 ; *JCP*, 2008, IV, 2567. また，4カ月の活動停止処分の取消を求める別の事件についても，コンセイユ・デタは，事実を詳細に摘示したうえで，当該処分が行われた行為との関係で均衡を失していないとの判断を行い，団体側の請求を退けた。Conseil d'État, 9 novembre 2011, n° 347359, Association Butte Paillade 91.

(48) 団体はこのほか，解散手続において防御に十分な時間が与えられず，必要な方策をとれなかったことが，公正な裁判を定めた欧州人権条約6条1項・3項に違反すること，解散の根拠である2008年4月17日デクレの理由に不備があることが同6条に違反することも主張した。

(2008 年 3 月 29 日) で，掲げられた横断幕が特定の人々を侮辱するものであったことを認定し，本件解散措置は追求される目的と比例する手段であると判断し，団体側の訴えを棄却した[49]。

(4) その後の判決

2010 年 3 月 2 日法律によって，財産への破壊や他人への暴力が「極めて重大な行為（acte d'une particulière gravité）」によって行われた場合，その 1 度の行為のみを根拠として，団体の解散又は活動停止が認められることになった。

PSG を支援するサポーター団体である「Association Supras Auteil 91」は，2010 年 2 月 28 日の試合の際に治安当局に向かって噴射物を投擲し，さらに 1 人のサポーターを死に至らしめる暴力行為を行ったことが上記「極めて重大な行為」に該当するとされ，解散の宣告を受けた（同年 4 月 28 日デクレ[50]）。そこで，同団体は，ただ一度の行為を理由とする解散処分は，欧州人権条約 11 条に違反すると主張した。しかし，提訴を受けたコンセイユ・デタは，次のように述べて団体の主張を退けている。

> 「2010 年 2 月 28 日に起こったのは，治安当局や他のサポーターに対する重大な暴力行為であり，それは 1 人のサポーターを死に至らしめた。これらの事実は，スポーツ法典 L332-18 条の意味での極めて重大な行為にあたり，それだけで団体の解散を正当化するものである。当該解散は，特定の団体構成員の行動がもたらす公の秩序に対する危険に照らして，過度に不均衡な措置とはいえず，それゆえ，欧州人権条約 11 条の規定に違反するものではない。[51]」

---

(49) CEDH, 22 février 2011, n° 6468/09, Association nouvelle des Boulogne Boys contre la France.

(50) このほか，同日には 7 つの団体の解散が宣告された。

(51) Conseil d'État, 13 juillet 2010, n° 339293, Association Supras Auteil 91, *AJDA*, 2010, p. 1452. また，同じ日に解散宣告を受けた同種の下記事件も参照。Conseil d'État, 13 juillet 2010, n° 339257, Association Les Authentiks も参照。

第2章　団体に対する公的規制

4　憲法適合性

　これまで見てきたのは，特定の団体に対する具体的な解散措置が結社の自由に違反しないかが争われた事件である。それでは，この行政解散制度そのものは結社の自由を侵害しないのか。この点については，2010年3月から実施された新たな事後的違憲審査制の下，憲法院への付託審査を行う中で，コンセイユ・デタが判断している[52]。

　「Brigade sud de Nice」は，ニースのフットボールクラブ「OGCニース」を支援する事実上の団体で，1985年以来活動を続けている。同団体は，2010年4月28日デクレで解散処分を受けたが，同処分の適法性を争う訴訟において，スポーツ団体に対する行政解散制度を定めるスポーツ法典L332-18条が結社の自由に違反するという違憲の抗弁を提起した。

　憲法問題を受理したコンセイユ・デタは，2010年10月8日決定で次のように述べて，同条の合憲性優先問題（Question prioritaire de constitutionnalité）を憲法院に付託しなかった。

> 「スポーツ法典L332-18条の規定は，行政警察の性格を有する措置の宣告を認めるものであるが，スポーツ団体を支援する一定の集団および団体が引き起こす騒乱の重大性に鑑みると，公の秩序を保護する必要に応えるものであり，共和国の諸法律によって承認された基本的諸原理に含まれている結社の自由原理を過度に侵害するものではない。[53]」

　もちろん，これは違憲審査の最終権限を有する憲法院の判断ではないため，

---

[52]　2008年7月23日憲法改正で導入され，2010年3月1日から実施されている事後審査制では，訴訟当事者の違憲の抗弁に基づいて，適用法律の合憲性審査が行われる。当事者は訴訟（民事，刑事，行政など）のいずれの審級においても違憲の抗弁を提起することができ，その場合，裁判所は当該憲法問題を受理するかどうかを判断し，受理する場合には事件をコンセイユ・デタ（行政事件）又は破毀院（民刑事事件）に送付する。これらの最上級裁判所は，当該憲法問題の必要性，新規性，重大性を審査し，憲法院に付託するか否かを決定する。その際，コンセイユ・デタおよび破毀院は実質的な憲法判断を行うことが必然的に要求されるため，付託審査は事前の違憲審査（pré-contrôle de constitutionnalité）と言われることがある。事後審査制の概要と運用については，フランス憲法判例研究会編（辻村みよ子編集代表）『フランスの憲法判例II』（信山社，2013年）第VII章解説（南野森・池田晴奈・曽我部真裕・井上武史）を参照。

213

決定的な憲法判断ではない。しかし，コンセイユ・デタがこの判断に基づいて今後も事件を憲法院に付託しないのであれば，そもそも憲法院の判断を受ける機会は失われることになるであろう。

5　解散命令の効果
(1)　刑事制裁

解散又は活動停止とされた団体を維持又は再結成する行為は，刑事罰の対象となる（同法典 L332-19 条）。同条によると，(ｱ)当該団体の維持又は再結成を企図する行為は，2 年以下の懲役および 30,000 ユーロ以下の罰金に，また，(ｲ)団体の維持又は再結成に加担する行為は，1 年以下の懲役および 15,000 ユーロ以下の罰金に処せられる。さらに，解散の原因が性別や出自に対する差別（前記解散要件(ⅲ)）であった場合は，上記の刑罰はそれぞれ，(ｱ) 5 年以下の懲役および 75,000 ユーロ以下の罰金，(ｲ) 3 年以下の懲役および 45,000 ユーロ以下の罰金へと加重される。

上記の罪（同法典 L332-19 条）にあたる行為を行った場合，当該団体に帰属する動産・不動産のほか，ユニフォーム，標章，記章，紋章など当該団体のために使用されるあらゆる物品が没収される（同法典 L332-21 条）。

(2)　入構禁止措置（Interdiction de stades）

司法裁判所は，上記の罪を犯した者がスポーツ・イベント会場へ入構することを最大で 5 年間禁止することができる。具体的には，スポーツ・イベントの開催時に，裁判官が指定する場所への出頭を当該団体構成員に義務づけるという方法で行われる（同法典 L332-11 条）。この司法的禁止措置（interdiction judiciaire）に違反した者は，2 年以下の懲役および 30,000 ユーロ以下の罰金に処せられる（同法典 L332-13 条）。

さらに，知事（パリの場合は警視総監）は，ある者が行政解散の対象と

---

(53) Conseil d'État, 8 octobre 2010, n° 340849, Groupement de fait Brigade sud Nice et M. Zamolo, *Lebon*, 2011, *AJDA*, 2010, p. 1914; Agnès Roblot-Troizier et Thierry Rambaud, « Chronique de jurisprudence-Droit administratif et droit constitutionnel », *Revue française de droit administratif*, 2011, p.1257; Olivier Le Bot, Dissolution d'associations de supporters violents : absence de renvoi de la QPC, *Constitutions*, 2011/2, p. 253.

なった団体に所属すること，あるいは禁止された活動へ参加することによって公の秩序に対する脅威をもたらすと考えられる場合，理由を付記した命令によって，その者のスポーツ・イベント会場への入構を禁止することができる（同法典L332-16条）。この行政的禁止措置（interdiction administrative）は，原則12カ月を上限とするが，過去3年間に同様の入構禁止措置を受けた前歴を有する者については，2年まで延長することができる。また，前記司法的禁止措置と同様，知事は，禁止の対象となるスポーツ・イベント時に，居住する地域の警察署に出頭させることができる。これらの措置に従わなかった場合，違反者は1年以下の懲役および3,750ユーロ以下の罰金が科される。

一方，入構禁止措置をとる場合，知事は，対象者の氏名，禁止対象となるスポーツ・イベント，禁止期間などを，スポーツ連盟や関連するスポーツ団体に通知しなければならない（同法典R332-7条）。

第4節　フランス団体解散制度の特徴

本章では，団体に対する公的規制について，解散制度を中心に見てきた。フランスの解散制度は，任意解散と結社の自由原理に基づく司法解散を定めた1901年結社法，その例外としての行政解散を導入した1936年戦闘団体等禁止法，さらに，現代的課題に対処する2006年フーリガン禁止法という展開を見せてきた。

以上のフランスの団体解散制度の展開からは，3つの特徴を指摘することができる。

1　行政解散制度の目的の変化

第1は，行政解散制度の目的にかつてと現在との間で変化が見られることである。当初の強制解散制度とりわけ行政解散制度が「体制防衛」を主たる目的としていたのに対し，その後は，公の秩序の維持や現実的な危険の除去へと解散制度の目的が変化してきている。具体的には，1901年法および1936年法当初の規定では，反共和政的団体や極右団体など特定の思想・イデオロギーに基づく団体を念頭に置いた解散事由が掲げられていたが，第5共和制に入ってからは，人種差別主義団体（1972年改正）やテロ行為を行う

団体（1986年改正）が行政解散の対象となり，また，2006年法では，スポーツ行事に伴う破壊的・暴力的活動を行った団体に対する行政解散制度が導入された。その意味で，当初の行政解散制度が帯びていた政治性は徐々に薄められ，公の秩序の維持といった中立的な制度に変容していると言えるであろう。このことは実際にも，2012年に制定された国内治安法典において，1936年法と2006年法で導入された2つの行政解散制度が，「公の秩序と安全（ordre et sécurité publics）」と題する編で併せて規定されていること（国内治安法典L212-1条，L212-2条）に示されている。

2　司法裁判所への信頼

第2は，司法裁判官に対する信頼の高さである。自由主義に基づく1901年法が司法解散を原則としていたのはもちろんであるが，2001年セクト規制法においても，セクトが宗教団体であることに配慮して，司法解散制度が採用されている。他方，2006年のフーリガン禁止法では，行政解散には独立機関である諮問委員会の答申を経なければならないが，同委員会の8名の委員のうち2名は司法裁判官でなければならないと定められている。

このような司法裁判官への信頼は，司法裁判官が公的自由の守護者としての役割を果たしてきた伝統に由来するものであり，このことは，第5共和制憲法が司法機関を「個人の自由の守護者」（66条2項）と明記していることから，現在にも受け継がれている。このような観点からは，フランスの団体規制の実相を知るには，実体法だけではなく，規制主体である機関やその手続にも着目する必要がある。

3　司法解散回帰論の登場

これに関連して，第3の特徴は，最近の学説では，行政解散から司法解散への回帰を説く見解が見られることである。前記のように，ルブルトン教授は，1936年法が定める解散事由のうち，専ら「目的」を対象とするものは司法裁判官の判断にゆだねられるべきだとの見解を示していた。

さらに，「行政解散の試練に立ち向かう結社の自由」（2012年）と題する論文を執筆したS・ダマレ講師は，時の社会現象に対処するためにその都度行政解散の適用範囲が拡大してきたが，それは結社の自由に麻酔（anésthésie）[54]を

かけることで遂行されてきたという。同講師によると，行政解散は 1901 年法の理念そのものと矛盾するものであることを前提として，1936 年法初期の解散（前記解散事由①〜⑤）は，結社の自由の侵害ではあるが必要な制約としてかろうじて認められるが，それ以後の改正で導入された解散事由や，2006 年法で導入された行政解散は，従前の解散事由や 1901 年法で対応できるために，過剰な解散（dissolution redondante）であるとする[55]。そして，2001 年セクト規制法が行政解散を採用しなかったことや[56]，2006 年法では行政解散のメリットである迅速性（célérité）を犠牲にしてまで，独立の諮問委員会を経由する手続が導入されたことからも，どのような解散方法を採用するかはもっぱら政治的選択であることを強調する。

そして，現行法のあり方についても，「問われるべき問題は，結社の自由の例外を認める法律を今後も維持する必要があるか，さらに，行政解散の事由を増加する必要があるかどうかである」，との問題提起をしている。そのうえで，同氏は，行政解散の拡大が結社の自由を低減させることは疑いないと述べつつ，問題への具体的対処法としては，解散の判断を司法裁判所にゆだねるのが望ましいとするが，ただ，解散決定まで時間を要する従来の司法解散とは異なり，解散決定前に急速審理手続で活動停止を命じる権限を付与することを提案している[57]。これは，純粋な司法解散とは異なるが，行政解散事由の増大よりは望ましいという。ここにも，司法裁判所への信頼の高さを見て取ることができるであろう。

---

[54] Damarey, *op.cit.* (n. 14), p. 927.
[55] Damarey, *op.cit.* (n. 14), p. 925.
[56] 当初の法案では，行政解散が検討されていたようである。Voir, Damarey, *op.cit.* (n. 14), p. 927.
[57] Damarey, *op.cit.* (n. 14), p. 927.

第 3 章

その他の非営利団体制度

　本章では，1901年法に基づく非営利団体と隣接する非営利法人（社団・財団）制度を取り上げる。以下ではまず，1901年法と密接に関連する宗教団体制度を取り上げて（第1節），次いで1901年法の非営利団体の欠落を埋める目的で創設された財団制度および寄附基金制度を扱うことにする（第2節）。関連する制度を概観することで，1901年法の特色と問題点が浮かび上がるであろう。

　なお，フランスの非営利団体制度としては，1901年法に基づく制度の他に，フランス北東部のアルザス・モーゼル地方[1]における特例制度がある。同地方では，1901年法の制定当時にドイツ領だったという歴史的経緯から，非営利団体についてもドイツ法を淵源とする地方民法典（Code civil local, あるいは単に droit local）が妥当しており，1901年法は適用されない。つまり，フランス本土では，現在でも，2つの異なる非営利団体制度が存在していることになる[2]。

　しかし，本書では，この特例制度を検討の対象外とする。というのも，本書の目的は，1901年法の制度と理論を解明することにあるからである。

---

[1] 具体的には，アルザス地域圏のBas-Rhin県とHaut-Rhin県，ロレーヌ地域圏のMoselle県の3県のことを指す。

[2] 同じ事情で，同地方には後述する1905年の政教分離法も適用されない。それゆえ，現在も，カトリック，プロテスタント2派，ユダヤ教による従来からの公認宗教体制が存続している。アルザス・モーゼルの特例制度については，大石眞『憲法と宗教制度』（有斐閣，1996年）第1部第4章「アルザス=ロレーヌの特例制度」（96頁以下）に詳しい説明がある。また，フランスにおける解説としては，Patrice Macqueron et al., *Associations, fondations, congrégations, Fonds de dotation 2012-2013*, Éditions Francis Lefebvre, 2012, p. 1372 et s. を参照。

219

第3部　フランス非営利団体法の制度と理論

第1節　宗教団体 —— 修道会・信徒会

　1901年法は，一般的な非営利社団の基本法であるとともに，宗教目的の団体，すなわち修道会と信徒会の根拠法ともなっている。本節では，これら2つの宗教団体制度を概観することにしたい。

1　修道会（congrégations religieuses）
(1)　総　説
　M・オーリウが「カトリック諸国，とりわけフランスにおいて，修道会の問題は結社の自由の確立にとって常に躓きの石（pierre d'achoppement）であった[3]」と述べるように，1789年の大革命以来，修道会に敵対的な態度を示してきたフランスにとって，修道会をどう扱うかは結社法の制定に際しても立法者が避けて通れない問題であった。
　このため，1901年法は，一般的に結社の自由を認める半面，カトリック修道会に対しては厳しい規制を設けている。この点に着目して，1901年法の「両面性[4]」が指摘されることがある。しかし，既述の制定過程および制定法令（1901年法および同法施行令）で割り当てられる条文数の割合やその内容に鑑みれば，L・デュギーが「この法律〔1901年法のこと〕は，……修道会への敵対のために，ほとんど抑圧に至るほどの極めて過酷な制度を創設した[5]」と述べるように，むしろ1901年法は，「反修道会法」あるいは「修道会規制法」として捉えられるべきものである。
　修道会については，1901年法第3章（13〜18条）と同施行令第2章（16〜26条）が規律している。その後，1905年に政教分離法（正確には，「教会と国家の分離に関する1905年12月9日法律」。以下「1905年法」又は「政教分離法」という）が制定されたが，修道会は引き続き1901年法の規律に服すると規定されている（1905年法38条）。このように，修道会は，基本的に一般的な非営利社団に関する1901年法において規定されているが，両者の取り

---

[3]　Maurice Hauriou, *Principes de droit public*, 2ᵉ éd., Sirey, 1910, p. 501.
[4]　大石・前掲注(2)86頁。
[5]　Léon Duguit, *Traité de droit constitutionnel*, t. 5, 2ᵉ éd., Éditions Cujas, p. 635.

扱いは大きく異なっている。すなわち、修道会については、その結成を許可制とし（1901年法13条）、また、運営に関して国の広範な監督権限を認めるなど、特別の規制を定めている（同15条）。

1901年法および1905年法は、「修道会」の語を定義していない。しかし、判例・学説によって、今日では構成員が①誓願に服しており、②共同生活を営み、③教会が認可した規則に服従しているような団体、であるとされている[6]（1989年11月14日コンセイユ・デタ内務部意見）。このような修道会は、C＝A・コリアール教授によると、2005年段階で627団体ほど存在し、また、1987年以降は、カトリックの修道会のみならず、他の宗教の修道会も承認されている。具体的に、仏教には7団体、東方正教会には4団体、プロテスタントには2団体、ヒンドゥー教には1団体の修道会がそれぞれ許可されている[7]。

(2) 設　立

すべての修道会は、コンセイユ・デタの答申に基づいたデクレによって、法的承認を得なければならない（1901年法13条1項）。申請は、すべての設立者の署名を添えて、内務大臣に対してなされる。（結社法施行令17条）。申請書には、①規約案2部、②設立のための出資金および維持のための資金についての明細書、③修道会に属する者の氏名、年齢、出生地、国籍を記載した名簿（同18条）、④教区の司教が当該修道会および修道会構成員を自らの裁治権下に置くことを確約する旨の宣言書（同20条）を添付する必要がある。内務大臣は、修道会の設立が予定される市町村・知事や、関係各大臣の意見を聞くことができる。コンセイユ・デタは、修道会の規約案が公の秩序（ordre public）に違反しないかを判断し、首相に答申する。修道会に法的承認を与えるデクレは、官報に登載される。不承認とする場合には、内務大臣の責任で申請者に通知する（同25条）。

申請に関する④修道会およびその構成員の教区司教（évêque du diocèse）

---

(6) Jacques Robert et Jean Duffar, *Droits de l'homme et libertés fondamentales*, 8ᵉ éd., Montchrestien, 2009, p. 866.

(7) Claude-Albert Colliard et Roseline Letteron, *Libertés publiques*, 8ᵉ éd., Dalloz, 2005, p. 431-432.

への服従の要件は，元来，カトリックを念頭に置いたものである。しかし，1987年の内務大臣の答弁によって，この要件は緩和され，カトリック以外については，司教に相当する者への服従で足りるとした。これによって現在では，上述したように，仏教や東方正教会など他の宗教の修道会にも許可が与えられることになった。

(3) 法律上の能力

許可を得た修道会は法人格を取得し，あらゆる民事上の行為を行うことができる。また，修道会には，贈与・遺贈の受領および関係する不動産の取得が認められる。

なお，許可を得ていない修道会又は許可を剥奪された修道会は，一般の非営利社団に関する規定によっても法人格を取得できないとされている。それらは，法人格なき社団にとどまる。

(4) 運 営

修道会は，1901年法が定める一般の非営利社団の規制を受けるほか，会計・財務に関して特に厳しい規制に服する。修道会は，収入・支出に関する明細書を保持し，毎年，前年度の収支報告書，動産・不動産に関する財産目録，および構成員の氏名，修道会内部での呼称，国籍，年齢，出生地，入会日を記載した名簿を本部に備え付けておかなければならない（法15条1項，2項）。これらは，知事又はその代理人の要求があれば，その場で提示しなければならず（同3項），これを拒否し又は虚偽の報告をした場合には，修道会の代表者は処罰される（同4項。法8条）。

また，修道会が新たに施設を設置するには，コンセイユ・デタの許可が必要とされる（法13条2項，施行令22条以下）。

(5) 解 散

修道会の解散および施設の廃止は，コンセイユ・デタの議を経たデクレを通じてのみ行われる（法13条3項）。これは後述のように，司法解散を原則とする一般の非営利社団とは対照的である。

残余財産の帰属方法は，規約で定められる。もっとも，修道会の解散は，

通常，他の修道会との合併を意味することから，残余財産は，活動の終了に先だって合併先の修道会に移転されることが多いようである。

2　信徒会 (associations cultuelles)
(1) 総　説
① 政教分離法(1905年)の意義
　フランスでは1801年以来，特定の宗教（カトリック，プロテスタント2派〔カルヴァン派・ルター派〕，ユダヤ教）に公的な地位を与える公認宗教制（コンコルダ体制）が採用されていた。この体制を改めて政教分離制度を導入したのが，1905年の政教分離法である。同法は，「共和国は，いかなる宗教も公認せず，俸給を支給せず，補助金を与えない」（2条）と定めている。この公認宗教制の否定と宗教に対する公的助成の禁止は，「ライシテ（laïcité）」原則の中核をなすものであるが，これによると，すべての宗教は国から同等の取り扱いを受け，かつ，私的な事柄として位置づけられる。したがって，宗教団体は基本的に私法上の非営利団体としての地位が与えられ，また，その法律関係も，一般的な非営利法人制度の枠組みの中で捉えられることになる。

② 1901年法(結社法)と1905年法(政教分離法)との関係
　もっとも，宗教団体は，1901年法に基づく一般的な非営利社団として活動を行うこともできる[8]。しかし，1905年法は，特に宗教活動を行う団体について，様々な特典と規制について定めている[9]。

　1905年の政教分離法は，1901年法が定める一般的な非営利社団の仕組みを前提として，特に宗教活動を目的とする信徒会について定めるものである。

---

[8] 実際，非営利社団は，修道会や信徒会と比べて設立が容易であり，また，運営上の規制や国の監督も緩やかである。そのため，国家の介入をできるだけ避けるために，セクト団体（新宗教運動）の多くは，あえてこの形態を選択しているようである。また，イスラム教の団体は，1905年法に基づく信徒会の設立要件（特に目的要件）をみたさないために，1901年法の非営利社団の形態で活動している。

[9] 1905年政教分離法に関する包括的研究とライシテ原則のその後の展開については，それぞれ，小泉洋一『政教分離と宗教的自由』（法律文化社，1998年），同『政教分離の法――フランスにおけるライシテと法律・憲法・条約』（法律文化社，2005年）を参照。

第3部　フランス非営利団体法の制度と理論

1905年法は，信徒会の設立および法人格の取得について，1901年法の規定に従うと定めているが（1905年法18条），その目的や法律上の能力については，一般の非営利社団とは異なる取り扱いを定めている[10]。

信徒会については，1905年の政教分離法（44カ条）と1906年の政教分離法施行令（53カ条。ただし，1条から25条は削除）が規律している[11]。

(2) 設　立

宗教礼拝の経費，維持および執行のために結成される信徒会は，1901年法の非営利社団に関する規定に準拠して設立される（1905年法18条）。したがって，信徒会の設立手続は，基本的に，先に見た1901年法に基づく非営利社団と同じである。

ただし，信徒会の設立には，一般の非営利社団とは異なり，次の2つの重要な制限がある。第1は，設立の際の最低人数が法定されていることである。信徒会は，本部所在の市町村の人口に応じて，1,000人未満では7人以上，20,000人未満では15人以上，20,000人以上では25人以上の成年者で構成されなければならない（法19条2項）。この関係で，届出には，信徒会の活動区域およびその区域内に住民登録を有する又は居住している成年者の人数の一覧表を添付しなければならない（同施行令31条2項，3項）。

第2に，信徒会は，専ら宗教活動を目的としなければならないことである（法19条1項）。この目的限定規定は，判例においても厳格に解釈されており，信徒会は，宗教活動以外の公益活動や宣伝活動を行うことは一切認められないとされている。このため，慈善活動や教育活動を行うために，各宗教は，信徒会とは別に一般の非営利社団を設立していることが多い。

なお，一般の非営利社団の場合と同じく，信徒会は，中央の管理又は指導がある連合体を設立することができる（法20条）。

---

(10)　なお，カトリック教会に関しては，その聖職位階制に配慮した形態である司教区会（association diocésaine）が設立されるが，これは，基本的に信徒会と同じである。

(11)　これらの法文については，文化庁（大石眞・井上武史担当）『海外の宗教事情に関する調査報告書資料編3　フランス宗教関係法令集』（2010年）に全訳が掲載されている。

(3) 法律上の能力

　信徒会の法律上の能力は，一般の非営利社団とは異なっている。信徒会は，1901年法6条に定める会費のほか，宗教活動の費用のための献金や寄附を受領することができ，また，宗教上の儀式・役務に対する報酬を受け取ることができる（1905年法19条4項）。

　従来，信徒会の収入は，基本的に，上記の1905年法19条4項が定める事項に限定されていたのであるが（同施行令33条）。しかし，2005年の恵与・届出簡略化オルドナンスによって（2005年7月28日856号），信徒会の贈与の受領は原則として自由とされた。ただし，国は，受遺者又は受贈者の組織が規約の目的に従った使用がなされていないと判断したとき，又は受贈の前提となる法的能力の取得条件をみたさないことが確認されるときに（2009年改正），当該贈与の効果について事後的に異議を申し立てることができ，異議が認められれば当該贈与は効力を失う（事後規制。民法910条2項，3項）。この受贈手続は，受贈能力を認められた一般非営利社団，公益社団および修道会にも適用される（第2部第3章第3節参照）。

　他方で，信徒会は，ライシテ原則の要請から，形態の如何を問わず，国，県および市町村からの補助金を一切受領することができない（1905年法2条1項）。ただし，礼拝用建造物の修繕のために支給されるものは補助金とみなされないとされている（同19条7項）。

(4) 運　営

　信徒会は，非営利社団に関する規制を受けるほか，政教分離法上の特別の規制に服する。

　まず，信徒会は，規約の定めにかかわらず，理事又は管理人が行った財務管理および財産管理行為の承認のために，毎年少なくとも1度は社員総会を開催しなければならない（法19条3項，施行令42条）。また，信徒会は，収支計算書を備え付けること，並びに，毎年度，会計帳簿および財産目録を作成することが義務づけられている（法21条1項）。財産目録には，信徒会が取得したすべての動産および不動産が，物件ごとに記載されなければならない（施行令43条）。信徒会は，これらの会計帳簿・財産目録を5年間保管しなければならない（同44条）。

さらに，信徒会は，登録行政機関による会計監査および財務監査官による検査に服し（法21条2項，施行令37条），保有する財産（現金，預金，有価証券）に関する書類及び過去5年の財務に関する書類を呈示しなければならない（同45条）。

このほか，信徒会は，宗教活動の費用および維持の確保のために準備金を用意することができるが，その額は，5000フラン(旧)以上の収入がある信徒会については過去5年度の間に宗教活動の費用として支出した額の年平均の3倍，それ以外については6倍を超えてはならない（法22条）。そして，これらの規定（18～21条）に違反した場合，信徒会の理事又は管理人は，処罰される（法23条1項）。

信徒会は，収入の使途が限定されており，専ら宗教活動のために用いなければならない（施行令33条2項）。また，剰余金は，他の信徒会あてにしか払い込むことができない（法19条6項）。

(5) 解　散

信徒会には，一般非営利社団と同様の解散が認められるほか，1905年法18条から22条に違反する場合（宗教活動以外の活動，会計帳簿・財産目録の不備など）にも，司法解散が認められている（法23条3項）。残余財産の帰属方法は，一般非営利社団の場合と同じである。もちろん，それらを構成員に分配することはできない（施行令47条）。

(6) 政教分離法の改正問題

2006年6月にサルコジ内相に提出されたマシュロン委員会報告書「宗教と公権力との関係」[12]は，1905年の政教分離法から100周年を契機として，法的な側面からフランス宗教制度の現況と課題を検討するだけでなく，さらに踏み込んで具体的な改正案の提示までも行っている。論点は多岐にわたっているが，ここでは，宗教団体制度に関する重要な問題を取り上げる。具体的には，信徒会に対する規制緩和に関するもの（①），一般非営利社団と信

---

(12) Jean-Pierre Machelon, *Les relations des cultes avec les pouvoirs publics*, La documentation française, 2004.

徒会との関係に関するもの（②）である。
①　信徒会に対する規制の緩和
　同報告書は，信徒会に対する規制が過剰であるとして，その改善策を提案している。具体的には，準備金の上限の撤廃又は増額（22条の廃止又は改正），連合体の設立の簡素化（20条の改正），資金調達の容易化（19条の改正），および不動産の取得要件の緩和（1901年法6条の信徒会への適用除外）などが挙げられている。

　しかし，とりわけ重要な提案は，第19条の目的要件の緩和である。先に述べたように，信徒会は，「専ら宗教活動を目的」としなければならず，また，この要件は，判例においても厳格に解釈されている。コンセイユ・デタ判例によって，信徒会が宗教活動以外に商業活動（信仰に関する書物の販売など），政治活動，教育活動，慈善活動などを行うことは，禁止されている。したがって，「宗教」活動と「文化」活動とを区別しないイスラム教の団体は，信徒会を結成することができず，1901年結社法に基づく一般非営利社団として活動することになる。しかし，イスラム教のみならず，一般に宗教活動は，慈善活動，教育活動および社会活動と密接に関連していることが多い。

　このような問題意識から，同報告書は，まず，「専ら」宗教活動を目的とするという文言に替えて，「原則として」宗教活動を目的とするとの表現に緩和することを提案している。しかし，このような案は，1901年結社法の一般非営利社団との区別を曖昧にし，それゆえ，従来の信徒会に認められていた特典，とりわけ税制上の優遇措置を奪う結果をもたらすという点で問題があるという。

　そこで，同報告書は，①密接関連性と②付随性とを要件として，信徒会に宗教活動以外の活動を認める1997年10月24日コンセイユ・デタ意見[13]を踏まえて，第19条を「信徒会は，専ら宗教活動を目的としなければならない。但し，信徒会は，宗教活動を補完するための活動を付随的に行うことができる」と改正すべきことを提案している。こうした改革案が実現されるかどうかも含めて，今後の議論が注目されるところである。

---

(13)　Conseil d'État, Avis Assemblée, du 24 octobre 1997, n° 187122.

第3部　フランス非営利団体法の制度と理論

②　信徒会と一般非営利社団との関係

　諸宗教は，宗教活動の一貫として慈善活動，教育活動，社会活動を行おうとするのであるが，前述のように，信徒会の目的が限定されているため，それらが病院経営，学校経営，救済活動を行うために，1901年結社法に基づく一般非営利社団を別に設立している。ところが，財源に関する取扱いは，一般非営利社団と信徒会とで，大きく異なっている。すなわち，一般非営利社団は，国からの公的助成を受領することができるが（1901年法6条），ライシテの原則から，信徒会には，それは一切認められない（1905年法2条，19条7項）。他方で，信徒会は，第三者から幅広く寄附および贈与を受領することができるが，一般非営利社団の受贈能力は制限されている。そこで，信徒会が贈与および遺贈により獲得した財産を，社会活動を行う一般非営利社団に移転できることが望まれているが，現行法上，信徒会の収入は，専ら宗教活動にあてられなければならず（同施行令33条），また，剰余金がある場合にも，他の信徒会にしか払い込むことができないことになっている（1905年法19条6項）。

　ただ，信徒会から一般非営利社団への資金の還流を無条件に認めることは，信徒会が贈与・遺贈について税制上の優遇措置を受ける趣旨を没却することになる。そこで，同報告書は，少なくとも，同じく税制上の優遇措置を受ける一般非営利社団，すなわち，「慈善活動を目的とする社団又は公益認定社団，アルザス・モーゼル地方法上の非営利社団」に対しては剰余金の払い込みが認められるように，第19条6項を改正すべきことを提案している。

第2節　財団型の非営利法人

　非営利目的の活動を行う団体としては，財産の集まりとしての財団がある。さらに，近年，フランスでは非営利社団とも財団とも異なる寄附基金という新たな非営利法人が設立された。

　このような社団でない財団を取り上げることには，理由がある。というのも，それらは従来の非営利団体制度の不足または不備に基づいて設立されたものだからである。そこで本節では，1901年法に基づく非営利社団との比較を念頭に置いて，それぞれの制度の概要を見ていくことにしたい。

第3章　その他の非営利団体制度

<宗教団体制度比較表>

	修道会 Congrégations religieuses	信徒会 Associations cultuelles
根拠法令	1901年結社法(第3章) 1901年結社法施行令(第2章) 1905年政教分離法	1905年政教分離法 　(第2章・第4章) 1905年政教分離法施行令 1901年結社法
構　成 最低人数 構成員の資格	 教会裁治権に服すること	成年7・15・25人（本部所在の市町村の人口による） 1000人未満7人，2万人以上25人 自然人のみ
形　態	非許可修道会 　事実上の団体 許可修道会　法人格取得 　内務大臣への許可申請／国務院の審査	届出・公告義務 法人格取得　信徒会（司教区会）
目的要件	① 構成員の誓願 ② 共同生活 ③ 教会規則への服従	宗教礼拝の経費・維持・執行を援助すること 専ら宗教活動を行うこと
収　入 通常 公的補助 直接補助	会費・寄附金のほか，布施・献金その他 公的助成・直接補助は受けられない	会費・寄附金のほか，布施・献金その他 公的助成・直接補助は受けられない（但し，礼拝用建造物の補修費を除く）
受贈能力	自由に贈与・遺贈を受領できる（行政による事後審査）	自由に贈与・遺贈を受領できる（行政による事後審査）
運　営	会計帳簿・財産目録の毎年作成 構成員名簿の備付 上記書類の知事への呈示 新規施設設置の許可	会計帳簿・財産目録の毎年作成 会計帳簿備付・監査の義務づけ 年次総会の開催と財務・不動産管理の承認

229

第3部　フランス非営利団体法の制度と理論

1　財団法人（fondations）

　財団には，公益財団（fondations reconnues d'utilité publique）と企業財団（fondations d'entreprise）の2種類がある。前者は，1987年7月23日のメセナ振興法によって，後者は同法を改正する1990年7月4日法によって創設された。

　公益財団とは，1人又は複数の自然人又は法人が，公益事業の実施および非営利目的の実現のために，財産や金銭を拠出する行為である（1987年法18条）。公益財団は，構成員の利益，さらには公権力の利益を図る活動を行ってはならない。また，原則として，党派的な政治活動や宗教活動を行うこともできない[14]。

　同財団は，理事会（conseil d'administration）と監事会（conseil de surveillance）とに関する2つの規約を作成しなければならない。設立は，コンセイユ・デタの議を経たデクレによって許可される。公益認定非営利社団の場合と同様，公益財団の設立許可にあたって，政府は裁量権を有する。

　1901年法と同様に，1987年法は財団の内部事項について何らの指針も示していない。そこで，規約および内部規則によって組織・運営のルールが設定されるはずである。しかし，実際はそうではない[15]。規約の統制や行政の監督によって，運営の自由は大きく制約されている。

　公益財団は，完全な法的能力を有し，公金を含めてあらゆる無償贈与を受け取ることができる。また，税制面でも数々の優遇措置が認められている。

　企業財団とは，民事会社又は商事会社が設立する財団で，継続的なメセナ活動を可能とするために創設された（1987年法19条）。公益財団と同じく，企業財団も非営利・公益の活動を目的とし，その設立に行政の許可が必要とされる[16]。しかし，企業財団では設立許可後の監督が知事によって行われること，設立時に拠出金が不要であること，さらには一定の期限をもって設立されることなど，公益財団と異なる面もある。

---

　(14)　ただし，修道会構成員に対して専ら社会的支援を行うこと，宗教施設の建設・補修を行うことは認められているようである。Macqueron, *op.cit.* (n. 2), p. 1140.

　(15)　Éric Baron et Xavier Delsol, *Fondations reconnues d'utilité publique et d'entreprise*, 2e éd., 2004, p. 69.

　(16)　企業財団の設立については，1991年9月30日デクレ1005号に詳しく規定されている。

2　寄附基金法人 (fonds de dotation)

(1)　総　説

フランスでは 2008 年 8 月 4 日に制定された経済現代化法[17]（以下「2008年法」という）によって，寄附基金（fonds de dotation）という新たな法人制度が創設された。同制度は，法文上ではわずか 2 カ条（140 条・141 条）で規律されているに過ぎない。しかし，それは，これまで非営利社団（association）および財団（fondation）が担ってきた民間部門の非営利活動に新たなアクターを導入するものであり，理論的にも実務的にも重要な意義を有する[18]。実際，寄附基金制度の創設は論者によって，「非営利組織の世界における革命[19]」，あるいは「寄附者にとっての革命的手段[20]」と評されているほどである。

寄附基金とは，公益活動を行う非営利団体・組織を経済的に支援するために設立される法人である。すなわち，同基金は，個人や企業などから拠出された資産を運用・管理し，それにより得られた金銭的利益を自らが行う公益事業のために使用したり，あるいは公益活動を行う他の非営利団体・組織に提供するために設立される。他方，同基金は法的性質の観点から見れば，それ自体利益分配を行わない非営利目的の法人である。このため，2008 年法は，私法上新たな非営利法人を創設するものである。

ところで，フランスにおける民間の公益活動を支援する法的手段としては，これまで述べてきたように，すでに 1901 年 7 月 1 日法に基づく非営利社団

---

[17]　Loi n° 2008-776 du 4 août 2008 de modernisation de l'économie（LME）．同法は経済の活性化を目的に制定された法律（全 175 カ条）であり，とりわけ会社法について重要な改正が行われた（本書では扱わない）。同法において寄附基金制度は，「公益活動のための民間資金の調達」という章において定められている。

[18]　その証左として，2 年に 1 度刊行される Francis Lefebvre 社の Mémento pratique シリーズの非営利団体（Associations）の巻では，2010-2011 年版から，従来の Association, Fondations, Congrégations と並んで Fonds de dotation が副題に加えられるようになった。Patrice Macqueron et al., *Associations, fondations, congrégations, fonds de dotation 2012-2013*, Éditions francis Lefebvre, 2012.

[19]　これは C. Amblard 氏の概説書の副題である。Voir, Colas Amblard, *Fonds de dotation : Une révolution dans le monde des institutions sans but lucratif*, Éditions Lamy, 2010.

[20]　Lionel Devic, « Fonds de dotation: un outil révolutionnaire pour les mécènes », *Juris Associations*, n° 386, 15 octobre 2008, p. 29.

と1987年7月23日法に基づく財団が存在しており，それらが行う公益活動は今日でも重要な役割を果たしている。それでは，フランスにおいてなぜ寄附基金制度が創設されなければならなかったのか。この点を確認することにより，既存の制度の問題点が明らかになるとともに，新たな制度の意義や利点を見出すことができるであろう。そこで，以下では，寄附基金制度が創設されることになった背景および従来の制度の問題点についてふれた後，新制度の概要を紹介することにする。

(2) 制度創設の背景

2008年法によってフランスで寄附基金制度が創設された背景には，主として以下の2つの要因がある。

第1は，外的要因である。それは，アメリカで広く利用されている「endowment funds（寄附基金）」の影響である。2008年法の担当大臣であったC・ラガルド経済財政雇用担当大臣は，アメリカにおける有名な企業財団（Bill & Melinda Gates Foundationなど）および大学基金（Harvard Endowment Fundなど）の名とその具体的な資産総額を挙げて，アメリカでは「endowment funds」を通じて慈善活動や大学運営などの公益活動を経済的に支援するために，多額の民間資金が活用されていることを指摘する[21]。さらに，同大臣は，イギリスのオックスフォード大学およびケンブリッジ大学では1502年に，アメリカのハーヴァード大学でも既に1649年に寄附が確認されているのに対して，フランスではそうしたことが可能になるためには寄附基金制度が創設された2008年まで待たねばならなかったと述べており，英米と比べてフランスでは民間資金によって公益活動を経済的に支援する制度的基盤が欠けていることを指摘している。このように担当大臣が認めているのであるから，フランスの新しい寄附基金制度が外国の法制度，とりわけアメリカの「endowment funds」から着想を得たものであることは明らかである[22]。

---

(21) 2008年11月19日のシンポジウムにおける発言（www.minefi.gouv.fr）。

(22) もっとも，立案を担当したC・ベルギアル法務顧問は，寄附基金制度が「endowment funds」の単なるコピーではないことを強調し，「フランスはその法状況の中で，フランス固有の歩みを踏み出した」と述べる（2008年11月19日シンポジウムにおける発言）。

第 2 は, 内的要因である。上記でも見たように, 従来フランスには英米における「endowment funds」は存在しなかった。しかし, フランスでも公益活動を経済的に支援する制度がまったくなかったわけではない。たとえば, 先に見た非営利社団や財団には, その活動のために固有の財産保有が認められているだけでなく, 一定の条件のもとで会費, 寄附, 遺贈, 不動産所持などの財産取得が認められている。それにもかかわらず新たに寄附基金制度が創設されたということは, 従来の法人制度にはなお不都合があることを意味する。とりわけ, 多額の資金をもとに安定した運営基盤を有する財団は, 本来, 公益活動を経済的に支援しうるはずであるが, 過度の規制と政府の監督が及ぶため現実にはそのように機能していない。そして, この不都合さが寄附基金制度の創設を立法者に強く促したようである[23]。

(3) 従来の法人制度の問題点

それでは, 従来の法人制度にはどこに問題があったのか。この点の確認は, 新制度の創設理由とも関連するであろう。

まず, 非営利社団について見てみる。非営利社団の法的根拠は 1901 年 7 月 1 日法 (いわゆる非営利社団法) である。同法によると, 非営利社団は 2 人以上の個人が契約を締結することにより設立され (同法 1 条), さらにその設立を県庁に届出ることにより法人格を取得することができる (同法 2 条, 5 条)。非営利社団は利益分配を目的としない限り, どのような目的を掲げてもよい。環境保護や障害者支援といった公益を目的とするものもあれば, 単に構成員の親睦を図るために設立される非営利社団もある。上記の届出には定款 (規約) が必要であるが, その内容は設立者が自由に定めることができる。また, 設立後の運営も定款に基づく限り自由に行うことができ, いかなる行政機関の統制や監視にも服することはない。

---

[23] 実際, 2008 年法の審議過程で提出された上院の報告書では, 次のように指摘されていた。「現行法上存在する法的手段は大きな利点を有しているにもかかわらず, 過度に厳格であるために数々の行動を挫けさせている。それゆえ, もちろんそれらの行動を問題視しないのであれば, 公益財団が極度に硬直的な規制に縛られていることは明らかである」。Sénat, Rapport n° 413 (2007-2008) de M. Laurent Béteille, Mme Élisabeth Lamure et M. Philippe Marini, fait au nom de la commission spéciale, déposé le 24 juin 2008.

第3部　フランス非営利団体法の制度と理論

　しかしこれとは逆に，非営利社団の経済的基盤には大きな制約がある。非営利社団は届出により構成員とは区別された法人格を取得するが，構成員からの会費，国・地方公共団体からの補助金，手渡しで行われる手渡贈与 (don manuel) を除いて，寄附や遺贈など私人からの無償による財産供与を受けることができない（同法6条）。

　不動産についても，原則として，団体目的を達成するために厳に必要な範囲でしか所持することが認められていない[24]。非営利社団が無償譲与を受けるためには，行政機関の許可を得て公益認定社団になる必要があるが，それには厳しい条件をみたす必要がある[25]。また，税制上の観点からも，非営利社団は上記の手渡贈与を受け取ることができるが，寄附者（個人および企業）に対する税制上の優遇措置は認められていない。したがって，寄附者の側にも非営利社団に寄附をするインセンティヴがない。

　このように，非営利社団は設立や運営を自由に行うことができるが，その反面，そうした活動を支えるための経済的基盤は不十分である。そこで，非営利社団が私人や企業からの寄附を得やすいような法的環境（法制度および税制度）を整備することが不可欠であると考えられていた。

　他方，1987年7月23日法（いわゆるメセナ法）を根拠とする財団は，公益事業の実現を目的とする財産集合体である。非営利社団とは異なり，財団は贈与・遺贈を受領できるほか，国・地方公共団体の補助金を受けることができる。また，事業に関連する限り，不動産の取得も認められている。さらに，寄附者に対する税制上の優遇措置も認められており，財団に寄附をするインセンティヴもある。このように，財団には財産取得上の制約はなく経済的基盤は十分と言えるのであるが，他方，非営利社団と異なって，財団の設立および運営に自由が認められる余地はほとんどない。設立および定款の定立に

---

(24)　このことから，非営利社団は「小さな法人格（petite personnalité）」しかもたないと言われることがある。ただし，専ら慈善，福祉，学術・医学研究を目的とする団体に限り，一定の条件のもとで目的に直接関係しない不動産を取得することが認められている（同法6条3号後段）。

(25)　具体的な要件は法令に記されていないが，一般に，200人以上の構成員，3年以上の活動実績，毎年46,000ユーロの予算計上などが必要とされる。Voir, Journaux officiels, *Guide des associations*, Édition 2009-2010, La documentation française, 2009, p. 11. 詳しくは，第1章第3節参照。

234

は政府の許可が必要であり，その審査には6カ月から2年の期間を要するものとされる。また，その後の運営についても内務大臣を始めとする関係諸大臣の監督を受けるなど，行政機関の影響下に置かれる。このため，公益活動を行おうとする私人が財団制度を利用することは容易ではない。

　このように，非営利社団は設立・運営が容易であるが法的能力はなお不十分であり，他方で，財団は財産取得上の問題はないが設立・運営に行政の広範な監督を受けるというように，双方とも利点と難点をあわせ持っている。そうすると，目指されるべきひとつのあり方として，両者の利点を適切に取り込む法人制度，すなわち，非営利社団のように設立・運営が自由かつ容易で，財団のように経済的基盤が十分な法人制度が望まれるであろう[26]。そして，その実現がこのたび新設された寄附基金制度である。このため，同制度は，「財団と非営利社団の中間に位置づけられる手段」[27]あるいは「非営利社団のように設立され，財団のように資金を得る手段」[28]と評されている。

(4) 新制度の概要

　寄附基金制度は，2008年法および寄附基金に関する2009年2月11日デクレ[29]（以下「2009年デクレ」という）によって規律されている。そこで以下では，上記法令をもとに，新制度の概要と特徴を示すことにする。その際，従来の制度と比較する観点から，非営利社団および財団との異同にも留意したい。

　a）　基本原理（140条Ⅰ）　2008年法140条は，「寄附基金は，利益分配を目的としない私法上の法人であり，あらゆる種類の財産及び金銭を無償でかつ返還しないものとして取得し，それを運用しつつ管理し，並びに運用で得た金銭的利益を公益事業又は公益任務の実現のために用い若しくは公益事業又は公益任務を遂行する非営利の法人を支援するために金銭的利益を配分するものとする」と述べて，寄附基金を定義している。ここから，寄附基金

---

[26]　この点はとくに実務家から指摘されている。Voir, Xavier Delsol, « Les fonds de dotation » D. 2009, n° 11, p. 792.
[27]　Colas Amblard, « Fonds de dotation : encore du nouveau sur le front du mécénat ! », Bull. Actualité Lamy Associations, nov. 2008, n° 165.
[28]　前記ベルギアル法務顧問発言（注(22)）。
[29]　Décret n° 2009-158 du 11 février 2009 relatif aux fonds de dotation.

は公益活動を経済的に支援するために設立される非営利法人であることが確認される。また，金銭および財産の拠出と使用の方法が定められていることから，法人の性質としては人の団体である「社団型」ではなく，財産の集合体としての「財団型」として位置づけることができるであろう[30]。

　以上が寄附基金の目的と性格であるが，問題はこうした目的を持った法人をどのような原理に基づいて構築するかである。この点については，先のラガルド経済大臣によって「自由と責任」という2つの基本原理が示されている。まず前者の自由については，①設立の自由，②金銭受領の自由，③基金管理の自由，④ガヴァナンスの自由が挙げられ，寄附基金法人の設立・運営には広範な自由が与えられる。①④と②③を結びつけることは，非営利社団と財団の双方の利点を取り入れるものと言える。他方，後者の責任については，事後的にではあるが運営，資産額，使途について行政機関の監視が及ぶことが挙げられている。そして，これらは「大きな権限には大きな責任が伴う」という考え方によって正当化されている。

　b）設立（140条Ⅱ・Ⅲ）　寄附基金の設立方法は，非営利社団のそれに倣っている。まず，設立要件についてであるが，寄附基金は1人以上の自然人又は法人によって設立される。ここにいう法人とは，非営利社団や企業などの私法人はもちろん，国や地方公共団体などの公法人も含まれる。同基金は期限を定めてもよいし，期限の定めのない寄附基金を設立することも可能である。そして，寄附基金が法人格を取得するには，本拠地を管轄する県庁に届出ることが必要である。そして，届出が官報に掲載された日から法人格を取得し，第三者に対抗することができる。このように，設立に関して言えば，寄附基金は非営利社団と同様に自由かつ容易である[31]。

　次に目的要件についてである。寄附基金が営利を目的としないことは当然

---

[30]　弁護士のDevic氏は聞きなれない「fonds de dotation」という名称ついて，「association」ほどの親しみはなく，かつ「fondation」のほどのプレステージも持っていないとし，「fondation privée（私的財団）」と呼んではどうかと提案する（これはもちろん，通常の「fondation」が行政の公益認定を経て設立され，かつ運営についても行政の広範な監督を受けていることを前提として，それと区別する意味が込められている。）。Voir, Devic, op.cit. (n. 20), p. 29.

[31]　さらに，寄附基金は1人でも設立できる点で，2人以上を要する非営利社団よりも，設立が容易であるとも言える。

であるが，より積極的に，公益事業に対する経済的な支援を目的としなければならない。これは財団と共通する点であるが，他方，その目的に限定のない非営利社団とは異なる点である。その際，寄附基金は公益活動を行う他の団体に資金援助を行うことができることはもちろん，自ら行う公益事業のために資金を用いることもできる[32]。

さらに，経済要件であるが，2008 年法によると，「寄附基金は，資金の拠出によって設立される」（140 条Ⅲ）と定めている。しかし，立法者によると，同基金の設立には，「最低拠出額は必要でなく，また初期拠出の義務もない」とされており，実際，2010 年 1 月 1 日までに設立された寄附基金のうち，48.75％は初期拠出なしで設立されている[33]。この点も，寄附基金の設立を容易にする要因であるということができる。

　c）　財源・法的能力（140 条Ⅳ）　先の定義が示すように，寄附基金はその目的の範囲内において，「あらゆる種類の財産及び金銭」を自由に取得することができる。これには，設立時の初期拠出や設立後の活動利益から得られる金銭などの内部資金のほか，様々な外部資金が含まれる。すなわち，手渡しで行われる手渡贈与（dons manuels）はもちろん，その他の方法による贈与（dons）や遺贈（legs）などすべての無償譲与（libéralité）を受け取ることができるほか，関連する不動産を取得することもできる。これら寄附基金の財源は財団の場合と同じであり，他方，手渡贈与しか受領できない非営利社団とは大きく異なる特徴である。

ただ，外部資金の取得には 2 つの例外がある。第 1 に，寄附基金が公道などで一般的寄附募集（générosité publique）を行うには，その目的・期間・方法を記した申請書を県庁に提出した上で，事前許可を受けなければならない（2009 年デクレ 11 条）。行政庁は公の秩序などの観点から許可を与えないこともできる。

第 2 に，寄附基金は国や地方公共団体から公金（fonds public）を受けることができない。2008 年法は「寄附基金には，いかなる種類の公金も払い込まれてはならない」（140 条Ⅲ）と定めている。これは，公金の支払いを通じ

---

(32)　Journaux officiels, op. cit.（n. 25），p. 79.
(33)　Voir, Amblard, op. cit.（n. 19），p. 214.

て，公権力が私法人の運営に干渉するのを防止するためのようである[34]。なお，この公金拠出の禁止は，寄附基金制度を貫く1つの原理（principe）を構成すると言われている[35]。もっとも，同法は，活動の重要性および特殊性の観点から，特定の事業又はプログラムについて例外的な公金の拠出を認めており，それゆえ，公金拠出禁止の原理は相対化されている。

　d）　運営と監査（140条Ⅴ・Ⅵ・Ⅶ）　　寄附基金の運営は，3人以上から構成される理事会（conseil d'administration）により行われる。寄附基金にはまた，定款により同基金を法的に代表する理事長（président）が置かれ，さらに拠出金の総額が100万ユーロを超える場合には，運営委員会の構成員以外からなる諮問委員会（comité consultatif）が設置されなければならない（2009年デクレ2条）。同委員会は，理事会に対して投資の方針を提案することを任務とする。

　寄附基金は設立および運営は定款に基づいて行われる点で，基本的に自由である（先の「基金管理の自由」および「ガヴァナンスの自由」の原則）[36]。しかしそれは逆に，法令違反について自ら責任を引き受けなければならないことを意味する。これが，ラガルド大臣のいう「自由と責任」の論理である[37]。

　まず，財政面での監査については，年間収入が1万ユーロを超える寄附基金には，会計監査人（commissaire aux compte）が置かれなければならない（140条Ⅵ）。会計監査人は，寄附基金の年次収支報告書を確認し，活動報告書と一致するかどうかを審査する（2009年デクレ3条）。寄附基金法人は，毎年この年次収支報告書と活動報告書を行政機関に提出しなければならず，これにより寄附基金の財政面での統制と透明性が確保される。

　他方，行政機関は寄附基金の運営の適法性を確認するものとし，この目的

---

(34)　2008年6月10日の国民議会での審議におけるP・ゴット氏の発言。
(35)　Amblard, op.cit. (n. 19), p. 98.
(36)　さらに，設立手続を含め寄附基金制度の特徴としては「柔軟さ」や「単純さ」が指摘されている。Voir, Frédérique Perrotin, « Fonds de dotation, un dispositif qui rencontre son public », LPA, n° 147, 24 juillet 2009, p. 4.
(37)　ラガルド大臣によると，寄附基金制度は「極めて柔軟であるが，その代償として，透明性および厳格な統制の義務を伴う」（前掲2008年11月19日シンポジウムでの発言）制度であるという。

のためにあらゆる書類の提出を求めること，およびあらゆる必要な調査を行うことができる（140条Ⅶ）。また，寄附基金に目的の遂行を妨げるような重大な任務違反が認められる場合には，行政機関は，当該基金に対して6カ月以上の活動停止措置を決定することができ，さらに，当該寄附基金にもはや公益任務を行うことができないと判断される場合，裁判所に対してその解散を請求することができる。

e) **解散**（140条Ⅷ）　寄附基金の解散には，定款によるもの（期限の到来，目的の達成など），自主的決定によるもの（理事会での決定）のほか，上記で述べた裁判所によるものの3通りの方法がある。清算手続は定款の定めに基づいて行われるが，定款に定めがなければ裁判所が指名する清算人がその手続を行う。

なお，残余財産は，寄附基金の定義（前記140条Ⅰ）によって拠出者に返還することができないため，他の寄附基金又は財団に移転されなければならない。

f) **税制上の優遇措置**（140条Ⅸ，141条）　寄附基金に対する税制上の優遇措置は，寄附基金そのものに対するものと，寄附者に対するものの2つに分けられる。

さらに，後者の寄附者に対する措置については，寄附者が企業の場合と個人の場合に分かれる。まず寄附者が企業の場合，総売上高の0.5％を上限として，寄附額の60％の額について法人税が免除される（租税一般法典第238条の2）。また個人の場合，課税所得の20％を上限として，寄附額の66％について所得税が免除される（租税一般法典第200条）。

他方，寄附基金そのものに対する措置としては，同基金が営利を目的としない団体であることから，非営利社団などと同様，法人税，事業税，付加価値税が免除される。また，取得した贈与・遺贈についての贈与税も原則として免除される（2008年法141条，租税一般法典第795条14号）。

(5) **新制度の現況**

2009年2月13日にデクレが施行されて以降，2010年1月までにすでに164の寄附基金が設立されたようである[38]。その設立目的を見ると，「芸術・文化」を掲げるものが35％，次いで「社会」が26.25％，「環境・持続

第3部　フランス非営利団体法の制度と理論

<フランスの非営利法人制度比較表>

	一般非営利社団 Association	寄附基金 Fonds de dotation	公益財団 Fondation reconnue d'utilité publique
根拠法令	・1901年7月1日法律（非営利社団法） ・1901年8月16日デクレ	・2008年8月4日法律（経済現代化法） ・2009年2月11日デクレ	1987年7月23日法律（メセナ振興法）
設立	自由かつ容易 ・県庁への届出により法人格を取得する	自由かつ容易 ・県庁への届出により法人格を取得する	困難 ・行政庁の許可が必要
目的（非営利目的を除く）	限定なし	限定あり ・公益事業の遂行・支援	限定あり ・公益事業の遂行・支援
経済要件（初期拠出金）	なし	なし	80万ユーロ以上の拠出金
財源（法的能力）	限定的な法的能力 ・手渡贈与を除き、贈与・遺贈を受け取ることができない ・国および地方公共団体から補助金を受け取ることができる	大きな法的能力 ・すべての贈与・遺贈を受け取ることができる ・ただし、国・地方公共団体から公金を受け取ることができない	完全な法的能力 ・公金を含めあらゆる無償譲与を受け取ることができる
組織・運営における行政の関与	一切なし ・定款による運営	原則なし ・定款による運営 ・ただし、一定の場合における知事の内部調査権限	あり ・定款についての行政の許可 ・内務大臣の監督
寄附者に対する税制上の優遇措置	原則なし ・一定の公益目的を掲げる団体には適用される	あり	あり

---

(38) 本文の数字は，Amblard, *op.cit.* (n. 19), p. 206 以下に掲げられた統計資料による。

可能な発展」が21.25％，「教育」が20％と続いており（ただし，各寄附基金の目的は多様である以上，複数の項目にまたがっている），寄附基金が様々な公益目的のために利用されていることがうかがわれる。しかし，設立者については，個人が設立したものが50％に上るほか，非営利社団が設立したものが37.5％を占め，企業が設立したものは6.25％に過ぎない。これは，民間資金による支援を目的とした制度趣旨からすると満足のいく結果ではないであろう。そのような資金拠出者として想定されているのが主として企業だからである。また，拠出金の規模を見ても，50万ユーロ以上は約13％に過ぎず，約半数の寄附基金は1万ユーロ以下である（54.3％）。

　もっとも，フランスにおける寄附基金制度の歩みはまだ始まったばかりであり，その評価にはもう少し時間を要するであろう。しかし，そうした歩みの中で，フランスは今後どのような問題に直面し，それをどのように解決していくのか。これを知ることは，1つの制度の生成・発展史をたどる上でとても興味深い。

＊　　　＊　　　＊

(1)　第3部では，1901年法の非営利社団制度を中心に，関連する非営利法人制度について概観してきた。他の法人制度と比較することによって，1901年法が非営利法人制度の中でどのような位置づけを担っているか，また，どのような特徴があるのかを多角的・立体的に把握することができたであろう。

　今日，フランスの非営利法人制度は多様化，複雑化しており，その全容を正確に把握することは難しくなっている。しかし，そのような中にあっても，非営利団体・法人制度の基盤を形成しているのは1901年法であり，その意味で，同法は非営利団体・法人の一般法となっている。

　もっとも，第1部，第2部で確認したように，1901年法それ自体は，非営利社団の法的基礎を私法上の契約に求めており，現在でも民間からの寄附を制限しているなど，その歴史的特殊性に基づいた独特の規定を備えている。その意味で，同法を基礎とするフランスの非営利法人制度を一般化し，そこから直接的な示唆を得ることは容易ではない。

　しかし，そうであるからこそ，フランスでは結社の自由を承認し，それを

241

制度化するにあたって，何が問題とされたのか，そしてそれについてどのような立法的対応がなされているのかを観察し点検することは，比較法研究として有意義であるように思われる。

(2) 第1部から第3部で行ってきたフランス法の検討から得られた知見をもとに，最後の第4部では，日本における結社の自由保障の問題を検討することにしたい。

第 **4** 部
日本における結社の自由保障

第1章

結社の自由の憲法問題

第1節　結社の自由論の再構成

1　結社の自由論の問題構造
(1)　結社の自由の体系上の位置づけ —— 結社の「表現性」と「団体性」

　日本国憲法 21 条は，「集会，結社及び言論，出版その他一切の表現の自由は，これを保障する」と定めている。この規定の特徴は，「集会・結社の自由」と「表現の自由」とが同一の条文で保障されていることである。そこで，同条の解釈については，従来，「集会・結社の自由」と「言論，出版その他一切の表現の自由」とを保障したものと理解する分離説[1]と，「集会・結社の自由」を「表現の自由」の内容に含めて理解する一体説[2]とが，学説において主張されてきた[3]。

　もっとも，この問題については，宮沢俊義教授によって早くから「どちらにしても，実際上の違いはない[4]」とされ，また，その後においても芦部信喜教授によって「両者を『あれかこれか』という形で，カテゴリカルに分

---

(1)　宮沢俊義『憲法Ⅱ〔新版〕』（有斐閣，1971 年）362 頁，初宿正典『憲法 2・基本権〔第 3 版〕』（成文堂，2010 年）252 頁。宮沢博士は，「思想発表の自由（表現の自由）と集会・結社の自由とは，各国の人権宣言の伝統では，別個に規定されるのが例である」ことを指摘し，後者を「『表現の自由』プロパーから区別して説明することにしたい」と述べている。

(2)　伊藤正己『憲法〔第 3 版〕』（弘文堂，1995 年）293 頁，芦部信喜『憲法学Ⅲ 人権各論(1)〔増補版〕』（有斐閣，2000 年）238 頁，佐藤幸治『日本国憲法論』（成文堂，2011 年）284 頁。ただし，佐藤教授は，「『集会，結社の自由』は，『表現の自由』には代替せしめられない独自の価値（情感上の相互作用，連帯感，信奉心の醸成など）を担っていること」に留意すべきであるとする（285 頁）。この説において最も徹底しているのは，松井茂記教授である。同教授は，「集会も，結社も，言論も出版も，すべて『表現の自由』の 1 つと考えるべきであるから，結社の自由も表現の自由の枠組みの中で考察する方が妥当である」とする。松井茂記『日本国憲法〔第 3 版〕』（有斐閣，2007 年）488 頁。

245

けて考えるのは妥当でないと思う(5)」といわれているように，現在では，議論の実益そのものが疑問視されているということができるであろう。

しかし，果たしてそうであろうか。以下に見るように，この学説の対立は，結社の自由の意義や体系上の位置づけに関する理解の違いを表しているのではないか。

まず，一体説についてであるが，これは，集会・結社行為を表現の発現形態の1つであると理解するものである。その意味で，この見解は，結社の自由をその「団体性」ではなく，もっぱら「表現性」の観点から捉えるものである。これは，日本国憲法において結社の自由が表現の自由と同じ条文で規定されていること，さらに，戦後の日本憲法学が影響を受けたアメリカ合衆国において，結社の自由が表現の自由論を通じて確立されてきたことに基づいている。

しかし，結社の自由を憲法の明文で保障していないアメリカ憲法での議論ならともかく(6)，結社の自由を明文で規定している日本国憲法において，結社の自由を表現の自由論に引きつけて解釈する必然性はない。実際，同窓会や親睦団体などを想起すれば，結社行為が常に表現活動を伴うとは限らないであろう。

これに対して，分離説は，各国では伝統的に集会・結社の自由と表現の自由が別個に規定されていること，さらに自由の制約の場面においても，集会・結社の自由には，表現の自由とは異なって，集団や団体に特有の問題が含まれていことを根拠とする(7)。その意味で，この見解は，先の一体説とは異なり，結社のもつ「団体性」に着目している点で，表現の自由とは異なる存在意義を結社の自由に見出すものである(8)。

もっとも，この見解においても，結社の自由が表現の自由とは異なる構造

---

(3) 学説の分布については，初宿正典「集会の自由に関する若干の考察——とくに基本法第8条2項の成立過程を中心として」法学論叢148巻5・6号（2001年）90〜97頁を参照。また判例は，集団行動への規制を表現の自由の問題として捉えていることから，一体説的な理解を前提としていると考えられる。参照，最大判昭和35年7月20日刑集14巻9号1243頁（東京都公安条例事件）。

(4) 宮沢・前掲注(1)362頁。

(5) 芦部・前掲注(2)237頁。

(6) 参照，松井茂記『アメリカ憲法入門〔第7版〕』（有斐閣，2012年）309頁。

第1章　結社の自由の憲法問題

をもつことは強調されるものの，それを超えて結社の自由の意義が積極的に捉えられていないように思われる。実際，これまで分離説の立場から，結社の自由に固有の保障効果が説かれたわけでもない。

　それでは，どのように考えるべきだろうか。この点については，結社の自由の「団体性」に着目する分離説を基本的には妥当としつつも，さらに踏み込んで，結社の自由の承認が憲法秩序に与える意義に着目すべきである。すなわち，憲法で結社の自由を承認することは，「個人」と「国家」のほかに「結社」（団体）というアクターの存在を認めるということである。したがって，こうした「中間団体」の存在を承認する結社の自由は，「個人」と「国家」から構成されていた近代的な二極構造の秩序を，「結社」（団体）を含めた三極構造の秩序へと転換することを意味するはずである[9]。

　この点については，近代憲法秩序にとっての「結社の自由」の異質性を強調する樋口陽一教授が，フランス近代憲法史を念頭に，「近代市民革命が個人（人権の主体）と集権的国家（主権の担い手）の二極構造をつくり出すために，結社の自由でなくて結社からの自由こそが，追求されたのであった[10]」（傍点原文）と述べていることは，逆説的な意味でたいへん興味ぶかい。このことを裏返せば，「結社の自由」の承認は，かつて徹底的に解体された「中間団体」を再び認めるという点で，三極構造の秩序を招来するということになるであろう。もっとも，樋口教授のいうように，こうした議論の前提には，日本国憲法の下でもなお共同体意識が強いとされる日本社会にとって

---

(7)　例えば，集会の自由に関していえば，集会が屋内で行われるか屋外で行われるか，あるいは集会用施設で行われるか一般的な公共施設で行われるかでは公共の安全に及ぼす影響が異なるため，その保障や制約の程度は異なってくるであろう。このことから，大石眞教授は，「集会の自由は，表現の自由の場合にはみとめられないような制約に服するのであって，その間に大きな違いがあることに十分注意する必要があろう」と指摘する。大石眞『憲法講義Ⅱ〔第2版〕』（有斐閣，2012年）200頁。また，最高裁も，前出の東京都公安条例事件（最大判昭和35年7月20日）において，「群集心理の法則と現実の経験」を根拠に，いわゆる集団暴徒化論を展開した。

(8)　さらに，憲法21条の解釈として，「集会の自由と結社の自由と表現の自由の3つを便宜上まとめて書いたもの」とする読み方（三分説）も主張されている。初宿正典＝小山剛「憲法21条が保障する権利」井上典之＝小山剛＝山元一編『憲法学説に聞く』（日本評論社，2004年）98頁（初宿正典）。

(9)　詳しくは，第2部第2章第4節を参照。

(10)　樋口陽一『憲法〔第3版〕』（創文社，2007年）155頁。

247

第4部　日本における結社の自由保障

は，今でもなお，フランスのように中間団体に対する敵視をいったん貫き，個人と国家からなる二極構造モデルの意義をそのもたらす痛みとともに「追体験」[11]する必要があるのかもしれない。しかし，何れにせよ，上記のような樋口教授の認識は，憲法秩序にとっての「結社の自由」のインパクトを，適切に捉えたものであるといえるであろう。

このように，結社の自由には，本来，憲法秩序のあり方を決定する重要な位置づけが与えられるべきであり，したがって，その解釈論を展開するにあたっては，結社の自由がもつ憲法秩序上の意義が積極的に評価されなければならないであろう。

(2)　3つの緊張関係

この点に関連して，橋本基弘教授がその著書『近代憲法における団体と個人』の「はしがき」において，次のように述べていることは重要である。

「結社の自由は，国家，個人，結社の三者関係を想定しているので，結社の自由をめぐる問題は，国家と個人の結社行為，個人と形成された結社，国家と形成された結社という三つの局面で生じることになる。このことが結社の自由の問題を複雑にしている[12]」

このような理解によれば，結社の自由を論じるにあたっては，個人・結社・国家の三者関係を念頭に置く必要がある。そうすると，結社の自由論においては，次の3つの緊張関係が問題とされなければならない。

第1は，個人と国家との関係である。これは，諸個人が結社を設立することができるかどうかの問題である。これが認められることは，結社の自由のもっとも基本的な保障内容である。そして，この場面では具体的に結社設立の禁止や（結社罪），行政機関による事前許可や強制解散が許されるかどうかが問題となる[13]。

---

(11)　樋口陽一『近代国民国家の憲法構造』（東京大学出版会，1994年）68頁。
(12)　橋本基弘『近代憲法における団体と個人——結社の自由概念の再定義をめぐって』（不磨書房，2004年）「はしがき」 iii 頁。また，具体的に問題を検討した201頁以下も参照。
(13)　実際，フランスにおいても結社の自由を認めた1901年法は，事前許可制や結社罪（1810年刑法典第291条以下）を廃止している（1901年法21条）。

第2は，個人と結社との関係である。これは，厳密に言えば，①結社外部の個人と結社との関係と，②結社内部の個人と結社との関係に分けられる。このうち，問題がより先鋭化するのは，②の関係である。ここでは，結社内部における個人保護の要請と団体の自律性確保の要請とが衝突する。つまり，個人主義と団体自治という2つの原理の調整が問題となるのである。第1部第2章で見たように，フランスの「結社からの自由」論は，まさにこの場面にかかわる。

　第3は，結社と国家との関係である。ここでは，結社の側の活動要求と国家の側の規制要求とが衝突する。つまり，結社の活動の自由と国家による秩序維持という2つの原理の調整が問題となるのである。具体的には，結社の運営・活動にかかわる規制のあり方や，さらに，より積極的に，結社への法人格付与および財政的援助を通じて国家が結社活動を支援する制度についても，ここでの問題として位置づけることができるであろう。

　以上述べてきたことによると，結社の自由の憲法解釈を展開するためには，この3つの場面を視野に入れなければならないであろう。

2　結社の自由の憲法解釈
(1)　通説的見解の問題点

　現在のわが国の憲法学説は，日本国憲法21条が規定する結社の自由の保障内容について，(ｱ)個人が団体を結成する・しない，団体に加入する・しない，団体にとどまる・とどまらないことについて，公権力の干渉を受けないこと（個人の自由）と，(ｲ)団体が団体として意思を形成し，その実現のために活動することについて，公権力の干渉を受けないこと（団体の自由）の2つを挙げている。しかし，この通説的理解は，先に見たような結社の自由論の問題構造を反映していないと思われる。

　第1に，通説的理解においては，個人と結社との関係がまったく意識されていない。このことは，上記の(ｱ)(ｲ)の保障内容の何れもが，もっぱら対公権力を念頭に置いて構成されていることにあらわれている。もちろん，個人が団体を結成する場面での設立強制，あるいは団体に加入する場面での強制加入に関して，結社の自由保障の対公権力性を標榜することには意味がある。そして，従来の日本の「結社からの自由」論は，もっぱらこの側面に焦点を

あてて論じられてきた[14]。しかし，たとえば，個人が団体にとどまらない自由，すなわち脱退の自由については，本来，対公権力ではなくて，対結社においてこそ問題とされるべきものではないか。このように考えると，通説のように個人の自由（前記(ア)）をもっぱら対公権力に限定する理解は，実質的な権利保障の観点からは不十分ではないか。

　もっとも，個人と結社との関係は，本来，私人間の私的自治にゆだねられる問題であって，憲法の規律対象ではないと考えられてきたのかもしれない。しかし，個人への脅威となりうる結社の存在が日本国憲法において認められているのであるから，その意味で，結社と個人とが緊張関係に立つことは，本来，憲法が予定しているとも言いうる。また，フランスにおいて，団体による個人の侵害が結社禁止の1つの根拠となっていたことを考慮すれば，結社の自由論においてこの側面を不問に付すことは適切ではないであろう。団体と個人との関係は，結社の自由に伴う構造上の問題であるが，歴史的な問題でもある。そうすると，これを私人間の問題であるという理由のみによって憲法論の対象から除外すれば，憲法秩序における結社の自由の意義と射程を適切に捉えられないのではないか。憲法が個人と国家とのあいだに結社を認めていることは，国家との関係のみならず，個人との関係においても何らかの規律を及ぼしているはずである。このような観点からは，個人と結社との間に一定の「憲法的公序」が存すると考えるのが合理的ではないだろうか。

　第2は，団体の自由（前記(イ)）の内容についてである。これは，従来，もっぱら団体の自律性（団体自治権）を意味するものと理解されてきた。つまり，結社の内部事項に関わるものとして考えられてきたのである。たしかに，結社の組織・運営が国の干渉を受けないことは，結社の自主的な活動にとって重要な意味をもちうるであろう[15]。しかし，先に見たように，このような理解では，憲法が結社の自由を保障し，結社の存在を承認していることの積極的な意義が適切に捉えられていないように思われる。すなわち，結

---

(14) たとえば，橋本基弘「結社からの自由」（橋本・前掲注(12)第3章313頁以下）を参照。

(15) もっとも，戦後初期の憲法学が「結社」を主体とした「結社自体の活動の自由」の観念を有していなかったことについて，参照，鳥居喜代和「結社の自由の基礎過程──結社の自由論の一側面(1)」札幌学院法学15巻1号（1998年）1頁以下を参照。

社が現実に活動するには，権利能力（法的手段）や財産（物的手段）が必要となる。そこで，結社が法人として活動することを認める法人制度や結社活動の金銭的側面を支える財政制度のあり方についても，結社の自由の問題として憲法学の対象に含まれるというべきである。

　実際，従来の公益法人制度のもとで，法人格を取得できなかった多くの市民活動団体は，簡便な法人格取得を認める一般的な非営利法人制度を熱望していた。このことは，団体が活動するにあたっては，その自律性が保障されるだけでは不十分であり，活動のための能力と手段が不可欠であることを示しているであろう。しかし，結社の自由を扱う憲法学が，こうした問題状況を正面から受けとめて，積極的な政策提言を行うことは遂になかったのである。そこで，フランス公法学のように，わが国の憲法学も，結社の自由が保障されるというためには何が認められなければならないのかという，結社の自由保障の実質にまで目を向ける必要があるのではないか。

(2) 結社の自由論の再構成

　そこで，先に述べたような，結社の自由論の問題構造に照らして考えてみると，結社の自由の内容は，次のように重層的に理解されるべきであると思われる。

① 結社の設立・存続の自由

　まず，結社の自由には，基幹的原理として，「結社の設立・存続の自由」が含まれなければならない。これは，個人と国家との関係に妥当する原理である。そもそも，結社の存立が認められることは，結社の自由保障の根幹であろう。具体的な保障効果としては，少なくとも(i)結社する個人に対する刑罰の禁止（結社罪の禁止），(ii)事前規制の禁止（許可制の禁止），(iii)司法的解散の原則（あるいは行政的解散の原則禁止）が挙げられるであろう[16]。この考え方に基づくと，(i)(ii)によって，かつての治安維持法（大正14年法律46号）および改正治安維持法（昭和16年法律54号）が規定していた結社罪（1条）や，「言論，出版，集会，結社等臨時取締法（昭和16年法律97号）に

---

(16) 参照，大石眞「結社の自由」高橋和之＝大石眞編『憲法の争点〔第3版〕』（有斐閣，1999年）122頁。

おける許可制などは，到底許されないことになる。また，(iii)との関係で言えば，現在，破壊活動防止法（昭和 27 年法律 240 号）の解散指定制度（7 条）について，憲法上の疑義が提起されているのは，同制度が司法的解散ではなく，行政的解散を認めるものだからである[17]。

以上のように，これらの保障効果は，結社の自由保障の最小限の内容を成すものとして，憲法上の保護を受けると言うことができるであろう。

② 個人の結社からの自由

次に，この基幹的原理としての「結社の設立・存続の自由」からは，次の2つの派生的原理が認められる。

第 1 は，「個人の結社からの自由」である。つまり，設立された結社からの個人の保護である。これは，個人と結社との関係に妥当する原理である。その意味で，私人間関係に妥当する原理であるが，先にも述べたように憲法が結社の存在を認めており，それが個人に対する脅威となる以上，結社と個人との緊張関係は，憲法規定の構造から必然的に発生する問題である。したがって，この関係を調整する憲法原理（あるいは憲法的公序）が見出されなければならない。

もっとも，団体関係においては，むしろ結社の自律性又は団体自治の原理が優越するとも考えられないわけではない。しかし，個人の尊重（憲 13 条）を掲げる日本国憲法においては，結社の自由が認められていることから，直ちに，個人が団体の犠牲になることを許容する趣旨を読み取ることはできないであろう。この原理の内容と具体的制度のあり方については，第 2 章で詳しく検討することにする。

③ 結社の活動の自由

第 2 は，「結社の活動の自由」である。これは，結社と国家との関係にかかわる原理である。この結社の活動の自由については，さらに，2 つの内容に分けることができる。1 つは，結社の自律権，すなわち，内部関係（組織・運営）における自律性である。これは，従来の通説的理解に相当するものである。結社内部の問題について，公権力の干渉を受けないことは，結社

---

[17] この点につき，高橋和之『立憲主義と日本国憲法〔第 3 版〕』（有斐閣，2013 年）234 頁は，「違憲の疑義を回避するには，裁判所による解散命令を求める制度にする方がよいであろう」とする。

第1章　結社の自由の憲法問題

の自由の本質的内容に含まれるであろう。もう1つは，対外関係における活動の自由である。これは，結社が社員と区別される独立の取引主体として，対外的に活動する自由である。具体的には，結社が法律上の能力を取得することであるが，これが，権利能力なき社団として活動することにとどまるのか，あるいは，それを超えて法人格を取得して独自の権利主体となることまでを含むのかが問題となる。

　この点については，第2部でも見たように，結社の自由を認めたフランスの1901年法の態度が，非常に示唆的である。というのも，同法は「結社設立の自由」を認めるとともに，設立された結社が独立の権利主体として活動できるための法人格（法律上の能力）の取得をも認めているからである。

　それでは，個人と国家と並んで，結社がアクターとなることが憲法の明文で承認されている日本国憲法において，結社の法人格（法律上の能力）の取得問題は，憲法解釈論上，どのように捉えられるべきなのであろうか。この問題は，具体的にはわが国にすでに存在する非営利法人制度，とりわけ，2006年の公益法人制度改革において創設された「一般社団法人制度」を憲法上どのように位置づけるのかということと密接に関連することになるが，この点については第3章で検討することにしたい。

(3)　小　括

　以上見てきたように，本節では，個人・結社・国家の三者を含む結社の自由論の問題構造に基づいて，結社の自由に関する新たな憲法解釈を提示してきた。すなわち，①結社の設立・存続の自由が基幹的原理として保障されることを前提として，一方で設立された結社と個人との関係では②個人の結社からの自由が，他方で国家との関係では③結社の活動の自由が，それぞれ派生的原理として認められるべきではないか，というものである。

　このうち，①についてはすぐ後に取り上げることにして（本章第2節），②については第2章で，③については非営利法人制度との関係で第3章で，それぞれ詳しく検討することにしたい。

253

第2節　団体に対する公的規制の問題

1　構成員規制とその根拠

(1)　団体規制の3つの類型

憲法21条が定める結社の自由に,「結社の設立・存続の自由」が含まれることは疑いない。しかし,他の基本的人権と同様に,結社の自由保障も無制約ではなく,公共の福祉の観点から一定の制約に服することは当然である。

そこで,結社の自由の問題構造に即した規制のあり方が模索されるべきであるが,ここでも,前記のように,結社の自由が団体現象を対象とすることから,その規制についても結社の「団体性」に着目することが有益であると思われる。

そしてこの点について,大石眞教授は,団体に対する公的規制を,(i)団体の設立・解散に関するもの(存立規制),(ii)団体の活動・運営に対するもの(活動規制),(iii)団体の構成員の活動に対するもの(構成員規制)の3つに類型化している[18]。この分類によると,存立規制と活動規制が団体それ自体にする規制として捉えられるのに対して,構成員規制は団体に所属する個人の行為を対象としている。もっとも,この後者は団体の活動・運営と構成員の行為とが密接に関連していることを理由としており,その意味で,同類型論が全体として結社の「団体性」に着目した議論であることがうかがわれる。

(2)　構成員規制

構成員規制の典型は,特定の目的を有する団体の結成や,そのような団体に加入する行為に対する処罰である。この点については,適法な目的を掲げる団体の結成およびそれへの加入を刑罰で禁圧することは,結社の自由原理から当然に禁止され,それゆえ,一般的に刑法で結社罪を定めることは憲法上認められない。

問題となるのは,結社が犯罪目的を掲げる場合である。犯罪目的の結社も

---

(18)　大石・前掲注(7)212頁。

第1章　結社の自由の憲法問題

憲法21条の結社の自由の保障を受けるのか。比較法的に見れば，犯罪結社罪を有する国では，犯罪目的の結社の結成は，憲法の保障する結社の自由に含まれないことが明らかにされている。たとえば，ドイツ基本法9条2項は，「団体のうちで，目的若しくは活動が刑事法律に違反するもの，または，憲法的秩序若しくは諸国民のあいだの協調の思想に反するもの」を禁止しており，また，イタリア憲法18条は，刑法により個人に禁止されている目的を追求する団体については結社の自由が及ばない，と規定している。この問題について，日本国憲法は目的について何らの制約も定めていないが，結社の自由の内在的・本質的な制約として[19]，犯罪目的の結社は原則として許されないと考えるべきであろう[20]。もっとも，刑事政策上，実際に犯罪的結社罪を導入することの有効性については，別途検討される必要がある[21]。

現行法上，構成員規制を定めるものとして，組織犯罪処罰法（平成11年法律163号）がある。同法では，殺人などの犯罪行為が「団体の活動として」組織的に行われた場合における刑の加重が定められている（3条）。ここにいう「団体の活動」とは，「団体の意思決定に基づく行為であって，その効果又はこれによる利益が当該団体に帰属するもの」とされており[22]，ここから，同法では，犯罪行為が団体のために行われることが刑の加重根拠となっているようである。実際，たとえば，刑法199条の殺人罪の法定刑は，「死刑又は無期若しくは5年以上の懲役」であるが，組織犯罪処罰法では，「死刑又は無期若しくは6年以上の懲役」となっており，同一犯罪について刑の加重が認められている。

しかし，同じ犯罪が団体のために行われたことによって行為者個人の刑事責任が加重されることの理論的根拠は，必ずしも明らかでないように思われ

---

(19) 佐藤幸治「集会・結社の自由」芦部信喜編『憲法Ⅱ 人権(1)』（有斐閣，1978年）605頁。
(20) 芦部・前掲注(2)535頁。
(21) この点を指摘するものとして，佐伯仁志「組織犯罪への実体法的対応」岩村正彦ほか編『岩波講座現代の法6 現代社会と刑事法』（岩波書店，1998年）233頁，242〜244頁。
(22) また同法2条では，同法上の「団体」を「共同の目的を有する多数人の継続的結合体であって，その目的又は意思を実現する行為の全部又は一部が組織（指揮命令に基づき，あらかじめ定められた任務の分担に従って構成員が一体として行動する人の結合体をいう。以下同じ。）により反復して行われるもの」と定義している。

255

る。むしろ，個人の犯罪行為が「団体の意思決定」に基づいて行われたという事情は，本来，個人の刑事責任を軽減させる方向に働くはずであり，その軽減分の刑事責任は，当該危険を創出した団体それ自体に，あるいは団体の指導者にこそ帰せられるべきである。この点について，刑法学では，犯罪が団体の構成員によって組織的に行われた場合の刑の加重根拠として，行為の危険性に着目する考えと団体の危険性に着目する考えとがありうるとされている[23]。このうち，組織犯罪処罰法の制定過程では，「犯罪実行のための組織により行われた犯罪は，その目的実現の可能性が著しく高く，また，重大な結果を生じやすい[24]」とされており，組織的な犯罪行為それ自体の危険性が刑の加重根拠とされているようである[25]。

このほかには，後述の破壊活動防止法が構成員規制を定めている。公安審査委員会によって一定の活動の禁止処分を受けた団体について（破防法5条），その団体の役職員又は構成員が当該禁止を免れる行為を行うことは許されない（同6条）。また，解散指定を受けた団体についても，当該団体の役職員又は構成員であった者は，「団体のためにするいかなる行為」も禁止され（同8条），さらに，同禁止を免れる行為をしてはならない（同9条）。これらの違反行為には，何れも罰則が科される（それぞれ，同法43条，42条）。

2　破防法をめぐる憲法論議
(1)　総　説

団体規制の中で最も熱心に議論されているのは，破壊活動防止法（昭和27年法律240号。以下，単に「破防法」という。）の憲法適合性である。この問題は従来，結社の自由論のほぼ唯一の論点として，教科書や体系書でも必ず取

---

[23]　佐伯・前掲注(21)248頁。
[24]　三浦守「組織的な犯罪に対処するための刑事法整備に関する法制審議会の審議概要等」ジュリスト1122号（1997年）23頁。
[25]　それ以前の審議過程でも，「いわゆる組織性のある犯罪は，その結果の重大性等から一般に違法性が高いと考えられるが，その中でも，法人等の団体を作って実行した犯罪やこれに匹敵する程度の組織性のある犯罪は，通常計画性が強度で，これに従って多数人が統一された意思の下に犯罪を実行するという点で，その目的実現の可能性が高く，また，重大な結果を生じやすい」との指摘がなされていた。法務省刑事局刑事法制課「組織的な犯罪に対処するための刑事法整備に関する法制審議会への諮問及び事務局参考試案」ジュリスト1103号（1996年）173頁。

第1章　結社の自由の憲法問題

り上げられてきた。もっとも，その論調は，多くの場合，破防法の違憲性を糾弾するものであり，さらに学説の中には，同法の解散指定制度を槍玉に挙げて，「破防法は，どこからみても本条〔憲法21条〕に違反するとしかいいようがないであろう[26]」と言い切るものもある。

たしかに，この破防法は，もともと特定の勢力や組織を念頭に置いた治安立法として制定された経緯があり[27]，また，法文上も，同法が「国民の基本的人権に重大な関係を有するものであるから」，「これを拡張して解釈するようなことがあつてはならない」（2条）という解釈指針や，「日本国憲法の保障する国民の自由と権利を，不当に制限するようなことがあつてはならない」（3条）という注意喚起など，基本的人権との強度の緊張関係をうかがわせる規定が置かれている。その意味で，同法の違憲性に疑念を抱くこと自体は，特段に不自然なことではない。

しかし，前記論者を含めた違憲論者の多くは，結社の自由の理論枠組みを示していないため，破防法を憲法違反とする実質的根拠は必ずしも明らかでない。また，そもそも，合憲性を判断する基準も不分明である。そこで，本書では，従来の議論の問題点を指摘しつつ，また，従来とは異なる視点と分析視角を提示することで，破防法をめぐる合理的な憲法論議に寄与することにしたい。

なお，前記の論者は，「破防法のような治安立法は，たとえ直接の適用例がなくとも，その存在じたいが本条〔憲法21条〕違反の状況をつくり出すことになるのである。[28]」との意見表明を行い，破防法という法律の存在自体に否定的評価を下している。しかし，団体の活動が公の秩序や国の安全に対して重大な危険をもたらす可能性を否定できないのであれば[29]，憲法上の基本的人権に十分な配慮を示しつつ，その保障と規制との間に適切な均衡点を見出すことによって合憲的かつ合理的な規制措置を考案することも，憲法

---

(26) 樋口陽一ほか『注解法律学全集2　憲法Ⅱ〔第21条〜第40条〕』（青林書院，1997年）41頁（浦部法穂執筆）。
(27) 実際，制定直後に刊行された解説では，同法が極左・極右団体の暴力主義的破壊に対処するための，「緊急必要の法律」であることが指摘されている。関之『破壊活動防止法の解説』（文化研究社，1952年）1頁「序」。また，同法の制定過程については，神山欣治『逐条破壊活動防止法解説』（立花書房，1952年）に詳しい。
(28) 樋口陽一ほか・前掲注(26)42頁。

学説に期待された役割であると思われる。

　しかも，これまでに同法の適用事例がなく，いかに「死に体[30]」であると評価されても，破防法はいまなお効力を有する現行法であり，その適用可能性は皆無と言えない。憲法学が実定法を扱う学問であるならば，同法に治安立法というレッテルを貼って思考停止に陥るのではなく，同法に違憲の瑕疵が見出されるのであれば，当該瑕疵を治癒する具体的方策を示すことこそ，憲法学徒に課された任務なのではないか。

　上記の観点から，本書では，日本の代表的な団体規制法である破防法の分析と検討を行った上で，今後の団体規制法の方向性を示してみたい。

(2) 「事前規制」か「事後規制」かという視点

　破防法が定める団体規制には，団体活動の制限と団体の解散指定の2つがある。まず，前者について，公安審査委員会は，団体の活動として内乱（刑法77条）や外患誘致（同81条）などの暴力主義的破壊活動を行った団体に対して，当該団体が継続又は反復して将来さらに団体の活動として暴力主義的破壊活動を行う明らかなおそれがあると認めるに足りる十分な理由があるとき，6カ月以内の期間で，集団示威運動・集団行進・公開の集会の禁止，機関誌紙の印刷・頒布の禁止，暴力主義的破壊活動に関与した特定の役職員・構成員による当該団体のためにする行為の禁止を命じることができる（破防法5条1項）。次いで，後者の解散指定について，公安調査委員会は，団体の活動として暴力主義的破壊活動を行った団体が，継続又は反復して将来さらに団体の活動として暴力主義的破壊活動を行う明らかなおそれがあると認めるに足りる十分な理由があり，かつ，第5条第1項の処分（前記団体活動の制限）によっては，そのおそれを有効に除去することができないと認められるとき，当該団体に対して解散の指定を行うことができる（同7条）。

---

(29) 芦部信喜教授は，憲法秩序の基礎を暴力により破壊することを目的とする団体に対する規制について，「『憲法秩序の基礎』という過度に広汎で不明確な原則をもち出して結社の自由を規制する試み」は，「かえって憲法を支える立憲民主主義の崩壊につながる恐れが大きい」とするが，同時に，「ただ，これは，憲法ないし政府の暴力による転覆という破壊活動を目的とする結社の規制が憲法上全く許されないという趣旨ではない」とも述べている。芦部・前掲注(2)535頁。

(30) 奥平康弘『これが破防法』（花伝社，1996年）33頁。

この破防法が定める団体規制とそれに対する学説の対応については、2つの特徴がある。

第1に、破防法の構造によれば、規制措置の発動が主として将来発生する危険の可能性又は蓋然性に依拠している点である。同法によると、団体規制が行われるには、(i)団体が過去に暴力主義的破壊活動を行ったことに加えて、(ii)将来さらに暴力主義的破壊活動を行う明らかなおそれが認められること、さらに解散の指定については、(iii)団体活動の制限によってはそのおそれが有効に除去できないことが要件とされている。この団体規制の要件を見ると、団体の活動制限および解散指定を行うためには、団体が過去に暴力的破壊活動を行ったという事情だけでは足りず、当該団体が将来においても暴力主義的破壊活動を行う明らかなおそれが認められる必要がある。こうした破防法が定める実体要件は、過去の活動・行為のみを理由として団体の活動停止や解散を認めるフランス法と比較した場合（第3部第1章第4節参照）、かなり厳しいものと評価できるであろう。実際、オウム真理教に破防法が適用されなかった（1997年1月31日公安審査委員会決定[31]）のは、同教団が前記(ii)の要件を充足しなかったからである。また、憲法学説からの批判も(ii)の要件に集中しており、その一例として、同要件が示す「明らかなおそれ」では足りず、危険発生の緊迫性・即時性を要求すべきであるとの見解が提示されている[32]。

しかし、フランスのような立法例があることを知るならば、問われるべき問題は、本来、団体が行った過去の行為のみを理由として、団体活動の制限や団体の解散指定を認めることが許されるか否かであり、もし許されないとすればそれは何故なのかであろう。これを現行法の問題として見れば、上記(i)団体が過去に暴力主義的破壊活動を行ったことの要件に加えて、(ii)将来さらに暴力主義的破壊活動を行う明らかなおそれがあること、および(iii)団体活動の制限によってそのおそれが有効に除去できないことの2要件が、団体の活動制限又は解散指定にとって必要であるか否かである。前記のように、憲法学説はこの2要件の合憲性・合理性に疑問を提起するのであるが[33]、

---

(31) 朝日新聞1997年2月1日。
(32) 芹沢斉＝市川正人＝阪口正二郎編『別冊法学セミナー 新基本法コンメンタール 憲法』（日本評論社、2011年）186頁（市川正人執筆）。

結社の自由論の観点からは、それ以前の問題として、まず、団体解散にこの2要件が要求される理由又は根拠が明らかにされなければならない。学説は、(ii)および(iii)の要件が曖昧・不明確であることを非難するが、これらの要件は、そもそも過剰な要件として不必要かもしれないのである。この観点からすると、これら2要件は、逆説的にも、破防法の規制範囲を（拡張するのではなく）限定する役割を果たしていることになる。

この問題については、個人が過去の犯罪行為によって刑罰を科されることとの比較で考えても、過去に犯罪として暴力主義的破壊活動を行った団体に対して解散の指定という行政処分を下すことが、特段、不合理又は違憲であるようには思われない。さらに、組織的な犯罪行為それ自体が公共の安全に対する危険を高めることを考えれば、暴力主義的破壊活動の犯歴のある団体に対する解散指定には、将来の危険を除去する予防措置としての有効性も認められるように思われる。

こうした考えは、団体規制の根拠を、将来の行為の危険性にではなく、過去の行為の危険性に求めるものである。これによると、団体の解散は、基本的には、将来の危険を抑止する事前規制（予防）としてではなく、過去の危険行為に対する事後規制（制裁）と捉えられるべきことになる。これは、従来の団体規制法の議論に対して別様の視点を提供するであろう。

そこで、問題となるのは、どのような過去の行為が団体の解散という重大な処分を基礎づけるかである。これは、要件（行為）と効果（制裁）との間のバランスの問題であるが、この点については、後で述べることにしよう（後述「3　団体規制法への展望」参照）。

(3)　「表現規制」か「団体規制」かという視点
① 集団示威運動禁止・「団体のためにする行為」禁止の合憲性

破防法をめぐる議論の第2の特徴は、学説において破防法の憲法論議が主として表現の自由との関係で論じられることである。第1に、学説では、団体の活動制限に伴う禁止行為として掲げられる集団示威運動・集団行進・公

---

(33)　市川正人「結社の自由・適正手続の保障と破壊活動防止法」法学教室189号（1996年）20-21頁。

第1章　結社の自由の憲法問題

開の集会や，機関誌紙の印刷・配布の禁止（5条，43条）が，「表現の自由の行使をあらかじめ包括的一般的に禁止する事前抑制である[34]」と指摘されている。第2に，団体の解散指定処分に伴う措置として，当該団体の役職員又は構成員であった者の「当該団体のためにするいかなる行為」も禁止されるが（8条，42条），この文言については，「極めて広汎であると共に，何を意味するかが不明確である[35]」，又は「絶望的なまでに漠然不明確[36]」であるとされ，憲法21条の表現の自由および憲法31条の刑罰法規の明確性に違反するとの指摘がなされている。

　まず第1点については，たしかに，これらの禁止が，個人の表現行為に対する制約となりうることを考えれば，表現の自由への配慮が問題となり，さらに，その違反行為には刑罰が科されることも考慮すれば，要件の明確性も要求されるであろう。しかし，上記の禁止は，単純に表現の自由の問題に解消される性質のものではない。それは，団体が惹起した危険を前提とした措置であって，その後の禁止行為だけを取り出して批判するのは適切ではない。上記禁止行為は，団体規制の一環として捉えられるべきものである。この点を敷衍すれば，破防法は，団体が暴力主義的破壊活動によって「公共の安全」（1条）に対する危険を惹起したことを前提に，団体やその関係者が危険をさらに高める行為（活動制限処分後の団体による集団示威運動，機関誌紙の頒布など）や危険を温存しようとする行為（解散指定処分後の役職員の団体再建行為など）を抑圧の対象としているのである。したがって，この場面で考慮されるべきは，団体や個人の行為がもたらす将来の危険ではなく，すでに発生した危険の除去である。それゆえ，ここでは，表現の自由の民主主義的価値といった議論が妥当する余地はなく，結社の自由固有の観点からの考慮が必要である。そして，このような解散処分に伴う刑事制裁は，フランス団体法制でも見られるところであり（第3部第2章参照），あながち不当であるとは考えられないだろう。

　他方，第2の「団体のためにする行為」の文言が曖昧・不明確であるという点については，オウム真理教への破防法適用に際して公安調査庁が作成し

---

(34)　市川・前掲注(33)20頁。
(35)　市川・前掲注(33)20頁。
(36)　芹沢斉「『オウム』への破防法団体適用棄却」法学教室203号（1997年）26頁。

261

第4部　日本における結社の自由保障

たガイドライン素案によって、「団体のためにする行為」とは、「当該団体の活動として行われる行為」と「それには当たらないが、団体の存続・発展・再建のため、直接その効果を団体にもたらす目的で行われる行為」とされ、禁止対象行為の具体例も示された[37]。もっとも、学説ではこの説明でも満足しないものが多い[38]。しかし、破防法の団体規制の趣旨を、前記のように惹起された危険の除去であると理解すれば、「団体のためにする行為」とは、公共の安全に対する危険を高める行為や温存する行為を意味することが、容易に了解されるのではないか。また、そもそも日本の刑事実体法が抽象的・包括的であることを前提とすれば、同ガイドライン素案によって、同要件が不明確であるとの咎は相当程度払拭されたと見るべきであろう。

② 解散指定制度の合憲性

第3に、解散指定それ自体についても、芦部信喜教授が、「解散指定の要件は表現の自由の保障に十分配慮して厳格に解さなければならない[39]」との解釈準則を提示するほか、具体的要件についても、市川正人教授は、団体の解散命令が表現の自由論で問題となる「明白かつ現在の危険」の基準をみたす必要があること、また、将来破壊活動を行う「明らかなおそれ」の要件についても、「危険発生の緊迫性・即時性の要件を補充して、厳格に解さねばならない」と指摘している[40]。

この点については、まず、前記(2)で述べたように、そもそも同要件が団体の活動制限・解散の指定にとって必要かどうかが検討されなければならない。しかし、たとえ同要件が必要であるとしても、この場面でなぜ表現の自由の法理に従わなければならないのか、という基本的な疑問はなお残るであろう。

団体の行為は、社会に対する影響力や波及効果の面で、個人の行為と同一に論じられない面がある。フランスにおいて団体設立が長らく禁止されていたことや、日本でも戦前の治安維持法で結社が抑圧の対象となったことからもわかるように、団体活動は歴史的に社会や公共の秩序を脅かす存在として

---

(37) 朝日新聞1996年1月13日。
(38) 奥平康弘「なぜ、いま破防法をもちだすのか」奥平康弘編『破防法でなにが悪い！？』（日本評論社、1996年）14頁。
(39) 芦部・前掲注(2)537頁。
(40) 市川・前掲注(33)20頁。参照、松井・前掲注(2)491頁。

おそれられてきた。したがって，結社の自由によって団体活動が認められるとしても，団体は，個人の活動の場合とは異なって，団体特有の制約や規制に服すべきことが考慮されなければならない。

そこで，団体が行う表現行為についてであるが，これについては，団体活動は表現態様の1つではあるが，それだけに解消されるわけではない。むしろ，団体論の観点からは，表現行為が団体活動を通じて行われることに着目する必要がある。ここでは，表現の自由に対する配慮を怠ってはならないが，団体の行為である以上，その「団体性」に着目する観点からの検討が必要である。

この観点からすると，前記のように，破防法の解散指定は，過去の危険行為に対する制裁および発生した危険の除去を目的とするものであり，そこで考慮されるべきは，団体の将来の破壊活動の可能性（あるいは明白性・現実性）ではなく，過去に破壊活動を行った事実である。前者についてはかろうじて表現の自由論が妥当する余地があるかもしれないが，後者についてその余地はない。そこで，結社の自由論の観点から検討されるべきは，どのような過去の行為が団体の解散を基礎づけうるかなのであり，そして，この要件をめぐって，結社の自由の保障と規制との間で適切な均衡点が見出されなければならない。

この点については，現行破防法上，内乱罪，外患誘致罪などの重大犯罪を過去の行為として要求しており，保障と規制の均衡は十分に保たれていると考えられる。問題は，そこまでの重大犯罪でなくても，解散指定を基礎づけられるかどうかである。たとえば，現行法上は将来の行為について要求されている，「継続又は反復して」という行為の「態様」に関する要件は，過去の行為の違法性を高める要素として，団体の解散などの重い処分を基礎づける事情になると考えられる（行為の反復性）。さらに，ただ1度の行為であってもそれが重大，深刻なものであれば（行為の重大性），当該行為のみで団体の解散を基礎づけられるのではないか。

こうした観点は，破防法の規制を，従来の「表現規制」としてではなく，「団体規制」として捉えるものであり，同法のみならず団体規制法一般について，1つの有効な分析視角を提供するものと思われる。

第4部　日本における結社の自由保障

(4)　手続の問題

破防法の手続については，弁明・防御の手続が不十分であること，活動制限や解散指定の権限が公安審査委員会に与えられている点が問題とされている。以下では，団体に対する最も厳しい処分である解散の指定の場合について，この問題を検討する。

① 弁明手続

まず，破防法が規定する解散処分手続については，同法批判の急先鋒である奥平康弘教授が公平に指摘するように，「制定時非常に大きな反対運動があったこともあって，法律は規制手続に多く意を用い慎重な構えになっている[41]」，あるいは「1952年という時点に即してみれば，手続的にわりとよく整備されており，民主的な配慮がなされている[42]」とされる。実際，解散指定処分の請求を行う公安調査庁長官に対する弁明手続については，弁明の期日と場所の7日前の通知（12条），当事者の証拠提出・意見陳述の機会の確保（14条），立会人の傍聴（15条）など，行政手続としては防御の面でおおむね配慮がなされていると考えられる[43]。この点，学説には，上記手続では通知の期間が短く防御の機会を確保できない，あるいは団体側の出頭者が「5人以内」であることが不十分であるとの指摘もあるが[44]，これらの議論は代替案が提示されていないため公平でないことはもちろん，解散指定手続に迅速性が要求されることを失念したもので，妥当ではないであろう。

ただ，学説が批判するように，実際に処分を行う公安審査委員会に対して直接弁明を行う機会が確保されていない点は，手続的な配慮を欠くであろう。もちろん，同委員会は，任意に関係者や参考人の出頭を求めることができる。

---

(41)　奥平康弘『憲法III──憲法が保障する権利』（有斐閣，1993年）181頁。
(42)　奥平康弘「『破防法問題』をめぐって」ジュリスト1087号（1996年）100頁。また，行政法学の芝池義一教授も個別的な問題点を指摘しながらも，全体的に見れば，「そこ〔破防法〕で定められている行政手続は，1952年に制定された法律であるにもかかわらず，かなり丁寧なものであるということができる」との評価を行っている。芝池義一「破防法の行政手続上の問題点」奥平・前掲注(38)171頁。
(43)　また，破壊活動防止法施行規則（昭和27年7月21日法務府令81号）には，弁明通知について，「できる限り速やかに行い，当該団体に十分な準備をする期間を与えるように努めなければならない」と定め，当事者の防御の機会の確保に配慮する規定を置いている（同2条3項）。
(44)　奥平・前掲注(42)101頁。

第1章　結社の自由の憲法問題

しかし，解散指定が「団体に対する死刑判決[45]」であるほどの重要性をもつこと，また実質的にも，不必要な証拠の取り調べが排除される可能性がある（16条）ことを考慮すれば，公安審査委員会において団体側の弁明の機会を確保する必要があるように思われる。

② **処分権者の問題**

破防法の最大の問題点は，解散指定の権限が，行政委員会である公安審査委員会に与えられていることである。この点については，「憲法による結社の自由の保障は，団体の解散のような結社の自由に対する極めて重大な制約が，原則として，中立的であると共に慎重な手続を踏んで決定を下す裁判所によってなされることを要求していると解すべきである[46]」とされる。そして，宗教法人の解散命令が裁判所によって行われること（宗教法人法81条）は，この見解を裏付けるものとなっている。

しかし，上記見解を主張する市川教授も，公平な観点から，「破壊的団体の解散指定については，専門的な立場からの迅速な審査が必要であるので，独立行政委員会である公安審査委員会によってなされることが認められるべきである」との反論がありうることを認めている。この反論を受けとめた上で，同教授は，公安審査委員会の審査には，裁判所の審査に匹敵する公平さ・慎重さが要求されること，同委員会の決定に対する裁判所による迅速な救済を受けることが確保されていることの2つの要請が必要であるという，具体的かつ建設的な提案を行っている。

本書も，基本的には市川教授の提案に賛意を示すものである。ただ，解散指定手続が国民の基本的人権にかかわることを考慮すれば，もう一歩踏み込んで，公安審査委員会の構成についても一定の要求をすることが可能であるように思われる。すなわち，同委員会を構成する7名の委員（委員長と6名の委員）の中に，弁護士および現職の裁判官を義務的に割り当てるなどして，公安審査委員会の正統性を高める方法である。もちろん，現行制度上，公安審査委員会の委員は，両議院の同意を経て内閣総理大臣が任命するものとされており（公安審査委員会設置法5条），一定の民主的正統性を有している。

---

(45)　市川・前掲注(33)22頁。
(46)　市川・前掲注(33)21頁。

265

しかし，基本的人権の制限を伴う権限を与えられている機関としては，人権保護の観点から，法律家としての専門性も要求されるのではないか。とりわけ，基本的人権の擁護を使命とする弁護士（弁護士法1条）と，本務で違憲審査権を行使する裁判官を解散指定手続に加えることは，人権保護の観点から一定の意味があるように思われる。

3　団体規制法への展望
(1)　破防法の今後

ここまで，破防法をめぐる従来の憲法論議の問題点と，結社の自由論からの新たな視点の提示を行ってきた。もっとも，上記で紹介した一部の論者を除いて，破防法に対する従来の批判は，個別規定の違憲性の問題とは別に，破防法の治安立法としての性質に対する拒否反応にあるように思われる。

たしかに，破防法は，戦前の治安維持法，占領期の団体規制令に連なる治安立法として制定された経緯があり，また，同法制定時には特定の勢力・組織が念頭に置かれていたことも事実であろう。しかし，これについては，以下の2点を指摘することができる。第1は，制定の経緯がどのようなものであれ，法文の規定それ自体は中立的であり，特定の団体を標的にしている意図は読み取れない。そもそも，制定時代の政治社会状況に対処するための法律であるとすれば，時代の変化とともに同法はその役割を終えたはずである。第2は，たとえ，同法が制定当時に特定の団体を標的としたものであっても，その後の改正や運用次第で，「公共の安全の確保」（破防法1条）のために機能することもありうる。フランスの1936年法に基づく行政解散制度は，当初「体制防衛」の制度として導入されたものであるが，その後の改正や運用によってテロ行為や人種差別行為に対処するなど，公の秩序を維持する一般的な役割を担うようになってきた（第3部第2章第2節参照）。

もっとも，このような期待は，破防法が定める団体の解散指定が制定時から一度も適用されなかったこと，さらに，1996年のオウム真理教への適用が公安審査委員会によって棄却されたことで，完全に打ち破られたとみるべきであろう。つまり，破防法は事実上「適用できない法律」となっており，また，学説からも「死に体」（奥平康弘）であるとの評価が下されている。

(2) 団体規制法への視点

しかし，団体活動がもたらす危険が消滅するとは考えられない以上，今後，破防法を改正するか，それとも新たな団体規制立法を行うかによって，その危険に対処する必要は存在し続ける。そこで，以下では，今後の議論のために，団体規制法への視点を示すことにしたい。

① 事後規制という視点

まず，基本的視点として，団体規制の根拠となる主たる事情を，(a)団体が行った過去の行為の危険性に求めるのか，(b)団体の将来の行為の危険性に求めるのか，2つの考え方がありうる。この点，破防法は，団体が(i)過去の破壊活動を行ったことのほかに，(ii)将来に破壊活動を行う明らかなおそれと，(iii)団体の活動制限ではそのおそれを有効に除去できないこと（解散指定の場合）を求めており，全体の構造としては(b)の考え方に立っている。この考え方によると，団体の活動制限や団体の解散指定は，過去の犯罪行為に基づく事後規制ではなく，団体の将来の危険を抑制するための事前規制として位置づけられる。これは，表現行為の事前抑制と同形の問題であるため，ここに，従来，破防法の団体規制が表現の自由論として語られてきた理由がある。

しかし，フランス法での議論で見たように，比較法的には，団体の過去の行為を理由として規制措置を講じることも可能である。そして，個人の犯罪行為が処罰されるのと同じように，団体の犯罪行為が刑事上又は行政上の制裁を受けることには，十分な合理性が認められる。ただし，軽微な犯罪行為に基づいて，団体の活動制限や解散指定という重大な処分が下されることがあってはならない。そこで，立法論として重要なのは，これらの団体規制を基礎づける十分な事情を要件の中に盛り込むことであり，ここでは，結社の自由の視点から，その保障と規制との間に適切なバランスを確保することが求められる。

この点については，現行破防法は，刑法上の内乱罪（77条），外患誘致罪（81条）などの重大犯罪を行ったことを要求しており，重大な規制措置（活動制限，解散指定）との間にバランスを確保している。内乱罪は，国の統治機構の破壊，領土における国権の排除，憲法の定める統治の基本秩序の壊乱を対象とし，外患誘致罪は，外国と通謀して日本に対し武力を行使させる行

第4部　日本における結社の自由保障

為を対象としており，両者とも，国の存亡や秩序を脅かす行為を処罰の対象とするものである。これらは，結社の自由への制約をもたらす事情として十分なものであろう。また，上記各犯罪は，フランスで行政解散の事由とされる，「領土保全に対する侵害をもたらし，又は武力により共和政体に攻撃を加えることを目的とする」団体（国内治安法典 L212-1 条）に比肩しうる，あるいはそれを上回る重大なものである。このことは，破防法の要件設定が比較法的に見て必ずしも不合理でないことを傍証するであろう。逆に，こうした事実は，解散指定に際して，過去の行為だけでなく，将来の危険行為の「明らかなおそれ」をも要求する破防法の合理性に，再考をうながすものとなる。

　この点で興味深いのは，オウム真理教に対する破防法上の解散の指定が棄却された反面，その後の無差別大量殺人団体規制法（平成11年法律147号）によって，同団体に観察処分が下されたという事実である。同法では，観察処分の要件として，無差別大量殺人行為を行ったことは要求されるが，破防法と異なり，将来そのような行為を行う「明らかなおそれ」は要求されていない（5条）。こうした規定のあり方は破防法が適用されなかった反省を踏まえているのであろうが，他方，一連の過程で明らかになったのは，日本の法制度上，過去の無差別大量殺人行為に対する規制措置としては観察処分が限度であること（無差別大量殺人団体規制法），それ以上の規制措置（活動制限，解散指定）を行うには，将来における明白な危険の発生が要求されること（破防法）である。そこで，問われるべき問題は，こうした要件と効果のバランスが，果たして憲法上の結社の自由保障の要請と，公共の福祉に基づく公共の安全の要請とを適切に調整したものであるかである。憲法学が真に取り組まなければならないのはまさにこの点の解明なのであって，こうした重要な憲法問題の前には，法文の不明確さや曖昧さなどの論点は，重要でないとは言わないまでも，2次的意義しかもたないであろう。

　他方で，過去の行為が重大犯罪でなくても，公共の秩序や安全を脅かした団体に対する規制措置を認めることは不可能ではない。ただ，その際は，当該規制措置（活動制限，解散指定）を十分に基礎づける事情が存在するかが慎重に検討されなければならない。同じ処分を基礎づける以上，行為の危険性が低ければ，それを補う別の要件が付加される必要があるからである。

そこで問題は、どのような要件がそれに該当するかである。その例として考えられるのは、破壊活動が「継続又は反復して」行われた（行為の反復性）、あるいはただ1度の行為であってもそれが極めて重大又は深刻なものであった（行為の重大性）という行為の「態様」であろう。これらは、行為の危険性や違法性を高める指標となるものであり、解散指定などの重大な処分を基礎づける事情になりうると思われる。

② 処分機関の構成

次に、処分機関の構成についてであるが、この点については、憲法上の独立性が認められ、手続保障も確保できる裁判所に、団体規制の一切の手続をゆだねるのが手続的に望ましいことはいうまでもない[47]。しかし、団体規制措置では、決定の迅速性が求められるのも事実であろう。そこで、次善の策として、いかなる機関が解散処分の審査を行うのが望ましいか、を考える必要がある。

この点、現在の公安審査委員会は、独立行政委員会として行政機関から一定の独立性を確保しており[48]、また、委員が国会両議院の同意を経て内閣総理大臣によって任命される点で、民主的な正統性も認められる。しかし、団体の活動制限や解散指定が国民の基本的人権にかかわる重大な処分であることに鑑みれば、同委員会に基本的人権の擁護者である弁護士や、憲法保障を任務とする裁判官を委員に含めるのが望ましいように思われる。もちろん、任命によってこれら法律の専門家を委員に就任させることは可能であるが、制度的に一定の枠を確保することには、審査機関としての正統性を恒常的に維持できるメリットが認められるだろう。

③ 憲法論議のあり方

本節では、団体に対する公的規制の問題について検討してきた。この問題は、本来、結社の自由論の本丸であるにもかかわらず、従来、憲法学では結社の自由を観念的に高調するか[49]、理論的な視点を示すことなくもっぱら

---

(47) 高橋・前掲注(17)222頁、松井・前掲注(2)491頁など。
(48) 独立行政委員会の合理性を「長期的な公益の確保」に求める近時の見解も注目される。公の秩序と基本的人権との均衡の確保も、長期的な公益に資すると考えられるであろう。参照、曽我部真裕「公正取引委員会の合憲性について」伊藤眞ほか編『経済社会と法の役割 石川正先生古稀記念論文集』（商事法務、2013年）5頁以下、29頁。

第4部　日本における結社の自由保障

現行法の欠点をあげつらうかの何れかの対応に終始しており，建設的な議論が展開されてきたとは言い難い。この点については，「およそ団体に関する法制度が結社の自由との強い緊張関係に立つ[50]」ことを前提として，憲法上の結社の自由保障の要請と，公共の福祉に基づく規制の要請との間でいかに適切な均衡点を見出すかに，憲法論議の真価が問われるように思われる。

---

(49)　多くの憲法書は，破防法の憲法適合性について明確な態度を示さないにもかかわらず，その適用・運用には注意が必要である旨指摘するが，こうした言明に理論上どのような意味があるかは不明である。なお，同法の合憲性については，破防法が西洋型の「たたかう民主政」又は「体制防衛」の問題に相当するもので，その要件・手続が厳格に制限されていることを理由に，「違憲と見るべきものではないと考えられる」とする大石眞教授の見解がある（大石・前掲注(7)214頁）。また，同「結社の自由の限界問題——立憲民主制の自己防衛か自己破壊か」京都大学法学部百周年記念論文集刊行委員会編『京都大学法学部創立百周年記念論文集・第2巻』（有斐閣，1999年）175頁も参照。
(50)　大石眞「フランスの団体法制と結社の自由」佐藤幸治＝平松毅＝初宿正典＝服部高宏編『現代社会における国家と法　阿部照哉先生喜寿記念論文集』（成文堂，2007年）530頁。

第2章

「結社からの自由」の憲法問題

第1節　問題の所在

1　従来の議論の問題点

　現在のわが国の憲法学説によると，日本国憲法21条が規定する結社の自由の保障内容には，①個人が団体を結成する・しない，団体に加入する・しない，団体にとどまる・とどまらないことについて，公権力の干渉を受けないこと（個人の自由），および②団体が団体として意思を形成し，その実現のために活動することについて，公権力の干渉を受けないこと（団体の自由）の2つがあるとされている。この定式については，論者に意識されているかどうかは定かでないが，2つの特徴がある。第1は，結社の自由保障の主体には「個人」だけでなく「結社（団体）」も含まれるということ，第2は，それらを主体とする自由がもっぱら「対公権力」との関係で（のみ）確保されるべきものとされていることである。

　このように，通説の結社の自由論では，「個人」，「結社」，「国家」の3つの主体が想定されている。しかし，それにもかかわらず，上記の定式において，なぜかふれられていない関係がある。それは，「個人」と「結社」との関係である。それでは，通説によると，この両者の関係については何らの憲法上の原理やルールも及ばないことになるのだろうか。

　もちろん，「個人」と「結社」とは，団体目的の達成について共通の利益を有している。しかし，両者が互いに対立することもある。たとえば，団体の除名処分によって構成員たる地位を失った場合に，あるいは，団体活動によって構成員の基本的な権利・自由が侵害された場合に，構成員たる個人が団体の行為の当否を裁判で争うことが考えられる。そして，このような団体の内部紛争の場面で，上記通説の定式を適用すればどうなるであろうか。

　まず，結社については，②の定式によって，団体の意思形成に公権力（裁

271

判所）が介入することが禁止され，その結果，団体の自律的決定が尊重されることになる。他方で，構成員たる個人については，「対公権力」性の要件をみたさないために，結社との関係で個人の自由の保障（①の定式）を援用することができない。したがって，構成員たる個人は，結社からの権利・自由の侵害に対しては，憲法上の保障（①の帰結）も裁判上の保護（②の帰結）も受けられず，団体の自律的決定に一方的に従わなければならない。

　しかし，このような帰結は，結社の自由を認める憲法が本来予定していることなのであろうか。そもそも「個人」は，自らが憲法上の権利を行使して設立した「結社」に対して，何らの憲法上の権利主張もできないのであろうか。

　憲法が結社の自由条項によって「個人」と「国家」のあいだに「結社」の存在を認めたのであれば，「個人」と「結社」との関係についても一定の憲法上の原理やルールが妥当すべきではないか。また，通説の結社の自由解釈が「個人」，「国家」，「結社」の3者を想定する以上，憲法論においても「個人」と「結社」との関係がまったく等閑視されてよいとは言えないだろう。

　このような問題意識から，本章では，現行の法制度と裁判例の分析を通じて，「個人」と「結社」の関係を規律する法理の探求を試みたい。

2　憲法学での議論

　第1部で見たように，フランスにおいて結社の自由が認められるにあたっては，個人主義の理念に基づいて，団体関係が個人を基点として捉えられなければならなかった。そのため，1901年法では，結社の自由保障にあたって，諸個人の合意を基礎とする結社契約制度が採用された。また，同法は，結社からの脱退の自由を保障しており，さらに，その後の判例によって，結社の統制処分からの個人の保護が確保され，それらは現在，「結社内部における構成員の自由」（リヴェロ）や「結社に対する個人の自由」（ルブルトン），すなわち「結社からの自由」として，結社の自由保障の文脈で確立されるに至っている。このような，フランスにおける結社の自由保障のあり方は，わが国の憲法学にどのような示唆を与えるだろうか。

　もっとも，憲法典に結社の自由条項をもたないフランスと，それを明文で規定している日本とでは，問題状況が異なると言えるのかもしれない。しか

し，日本国憲法のもとでの結社の自由解釈のあり方について，樋口陽一教授が次のように述べていることは，あらためて注目されるべきであろう。

> 「結社の自由の憲法解釈論にとっては，近代的自由の体系の中で，結社の自由はけっして自明のものとは目されてこなかったということ，明文の結社の自由条項が置かれている場合も，それは，直接には，結社をとりむすぶ諸個人の自由として理解されなければならないこと，が重要である[1]」
> （傍点筆者）

これは，日本国憲法における結社の自由の解釈論においても，個人主義の理念が貫かれるべきことを示すものといえるであろう。そして，このように個人を基点として結社の自由を捉えるならば，それは，国家からだけではなく，さらに結社からも保障されるべきものであることが視野に入ってくる。この点について，樋口教授が「解釈論上の基本問題への視角[2]」として「結社の自由」対「結社からの自由」という視点を提示し，後者の自由を強調していることは，一貫した態度であると言える。また，同教授は以前から，「団体自体の自由としての結社の自由」（結社の自由 α）の意味が大きくなっているにもかかわらず，なお「団体に対する個人の自由としての結社の自由」（結社の自由 β）の側面が重要であることを指摘していたのだった[3]。

もっとも，こうした結社の自由における個人保護の要請は，樋口教授が理解するところの近代立憲主義の原理から導かれているように思われる。たとえば，「憲法史上の認識の問題として，人権はもともと中間団体……からの人権という課題をせおって登場してきたのだった[4]」，「結社の自由が承認されるとき，近代憲法の思考の枠組のなかでは，あくまで，諸個人の結社する自由——それは，市民革命段階で結社からの自由がいったん貫徹されるこ

---

[1] 樋口陽一『憲法〔第3版〕』（創文社，2007年）235頁。また，長谷部恭男『テレビの憲法理論』（弘文堂，1992年）36頁は，「日本国憲法の規定する結社の自由も他のいくつかの人権宣言と同様，結社する個人の自由を保障するものと考えるべきかも知れない」と述べている。
[2] 樋口・前掲注(1)157頁。
[3] 樋口陽一「社会的権力と人権」芦部信喜ほか編『岩波講座基本法学6——権力』（岩波書店，1983年）369頁。
[4] 樋口・前掲注(1)182頁。

とを通じて，はじめて成立するものだったが——のコロラリーとしてのことであった[5]」（傍点原文）という記述は，まさにそのことを示しているといえる。

しかし，こうした理解が，フランスの近代立憲主義史の文脈では正鵠を射るものであっても，日本国憲法の解釈論としてそのまま妥当するかどうかは，別途検討されなければならない。それでは，日本国憲法のもとではどう考えるべきか，拠るべき手がかりはあるのか。

この点については，日本国憲法が個人の尊重原理（13条）を定めていることが，重要であるように思われる。というのも，同原理は，日本国憲法が個人主義の理念に立脚することを宣言するものだからである。このように考えると，憲法21条が結社の自由を認めるものであったとしても，それは，個人主義の理念を定めた憲法13条に適合するように理解されなければならない。その意味で，結社からの自由，すなわち，結社内部における個人保護の要請は，日本国憲法の解釈論としても正当性をもつのではないかと思われる。

3　民法学での議論

以上のような，団体内部における個人保護の必要性については，最近，法人論を扱うなかで，民法学の大村敦志教授によっても指摘されている。

それはすなわち，「団体の権利（droit de l'association）」に対置されるものとしての「団体への権利（droit à l'association）」という視点である[6]。これはさらに，2つの権利に分けられている。第1は，「団体を作る権利（droit de s'associer）」であり，これは，結社の自由に該当するものとされている。第2は，「団体での権利（droit dans l'association）」であり，これは，団体内部の個人の権利のことである。そして，今後の法人論は，構成員の権利を重視した議論，すなわち「団体の権利」ではなく，個人の「団体への権利」の観点から再検討されるべきことが指摘されているのである[7]。これは，結社からの自由に重点を置く先の樋口教授の見解とは厳密に言えば異なるもの

---

(5) 樋口・前掲注(1)160頁。
(6) 大村敦志「法人——基礎的な検討」同『もうひとつの基本民法Ⅰ』（有斐閣，2005年，初出・2003年）148頁。
(7) 大村敦志『基本民法Ⅰ〔第3版〕』（有斐閣，2007年）327頁。

であるが，団体関係においても個人を本位として考えようとする点で，基本的には同じ方向性を示しているのではないかと思われる。

しかし，問題は，個人の「団体への権利」の根拠であろう。この点について，同じく民法学の中田裕康教授は，上記大村教授の議論を受けて，「そのような個人の自由の根拠を憲法13条の幸福追求権に求めるのか，憲法典にではなくより普遍的な理念に求めるのか[8]」，という問題提起をしている。後者は，フランスの議論を念頭に置いたものであろう。たしかに，近代的な人権の観念や近代国家の論理から個人主義の理念を導き出すことも可能である。しかし，日本では憲法13条が明文で「個人の尊重」原理を宣言している以上，上記個人の自由の実定法上の根拠は同条と理解すべきであろう[9]。

このように，近時では憲法学においても民法学においても，団体内部における個人保護の重要性が認識されるようになっている。そこで，問題となるのは，そうした保護をどのような方法で確保するのか，ということである。

第2節　脱退の自由の問題

1　総説

団体内部における個人保護は，究極的には団体から脱退することで確保されると言うことができる。そして，このような結社からの任意脱退については，憲法学においても立場を超えてその重要性が指摘されているところである。たとえば，結社の自由論において「結社からの自由」に重点を置く樋口教授が「結社する自由に論理上含まれる結社しない自由[10]」（傍点原文）があることを指摘するのは当然であるとしても，私的結社が多元的社会の基礎となると唱える阪本昌成教授も，「結社からの脱退の自由は，個人の固有権である[11]」とし，任意脱退の意義を強調している。

しかし，樋口・阪本の両教授とも，「結社からの自由」や「脱退の自由」

---

(8)　中田裕康「公益法人制度の問題の構造」NBL767号（2003年）12頁以下，15頁。
(9)　もっとも，中田教授は，同問題が「憲法と民法の関係をどう理解するのかという，より高次の問題に関わる事柄である」とも指摘している。中田・前掲注(8)15頁。
(10)　樋口陽一『国法学――人権原論〔補訂版〕』（有斐閣，2007年）12頁。
(11)　阪本昌成『憲法理論Ⅲ』（成文堂，1995年）152頁。

が一体どのような要件や手続に基づいて認められるのかについては，言及していない。そこで，以下では，具体的な法制度の検討を通じて，上記で述べられた自由との連関を考えてみることにしよう。

2 脱退の自由の法制度

(1) 組 合

① 組合契約の法的性質

この点に関しては，何より民法典が定める唯一の団体的契約である組合契約の規定が参照されなければならない。実際のところ，この組合契約は，その起草過程において，営利・非営利目的を含む団体設立の一般的法技術としての意味をもたされていたのである。たとえば，起草者の一人である富井政章は，法典調査会における「第十二節会社」（後に「組合」と改称）の審議において，「会社ト云フモノヲ営利ヲ目的トスル契約ニ限ラナイコトニ致シマスル」[12]と述べている。また，同じく起草者の一人である梅謙次郎も，組合には，① 利益配当を目的とするものと，② それに限らず共同の事業を目的とすればよいとする考え方があるが，現行民法は，②を採用しているとし，学会なども組合に含まれると述べていた[13]。それゆえ，組合契約法は，非営利団体設立の一般法たる意味を含むものであり，その限りで，組合契約は結社の自由保障の法制度としての意味をもつといえるであろう。

もっとも，組合契約は，組合員に財産的価値のあるものの出資を要求し（民667条），また，利益を分配することもできるため（民674条），営利団体を念頭に置いたものと考えられないわけではない。さらに，法人格を取得する場面においては，団体目的によって法人形式が決定されることも考えれば[14]，営利・非営利目的の双方を許容する組合契約という類型そのもののあり方が妥当であるかどうかも，それ自体一考を要する問題である。しかし，起草者の考えにもあらわれているように，組合契約から非営利目的が明示的に排除されていない以上，これを非営利団体に関する制度として位置づける

---

(12) 法典調査会『民法議事速記録・第37巻』三十七ノ二。

(13) 参照，梅謙次郎『民法要義・巻之三債権編〔第35版〕』（有斐閣，1916年）781，785頁。

(14) 後藤元伸「団体設立の自由とその制約」ジュリスト1126号（1998年）62頁。

ことも可能なのではないかと思われる。

② 強行法規としての民法678条

こうして，組合契約を非営利団体の法制度として捉える理解に立ってみると，組合員の脱退について定める第678条のもつ意味は重要である。同条は，次のように定めている。

（組合員の脱退）
第678条1項　組合契約で組合の存続期間を定めなかったとき，又はある組合員の終身の間組合が存続すべきことを定めたときは，各組合員は，いつでも脱退することができる。ただし，やむを得ない事由がある場合を除き，組合に不利な時期に脱退することができない。
同2項　組合の存続期間を定めた場合であっても，各組合員は，やむを得ない事由があるときは，脱退することができる。

この規定は，一般に，組合員に対する過度の拘束を許さない趣旨に基づいていると理解されている。つまり，ここには，フランス1901年法4条の場合と同様に，長期にわたる義務から個人を解放しようとする個人保護の原理を見出すことができる。両者が異なるのは，1901年法では，構成員はいつでも脱退できると定められているのに対して，日本民法では，「組合に不利な時期」に脱退することが「やむを得ない事由がある場合」に限定されていることである。これは，「個人の保護」と「団体の保護」との調整を図ったものとして読むことができるであろう。もっとも，「やむを得ない事由がある場合」であれば，構成員がいつでも脱退できる点は，民法が究極的には個人保護の立場を重視していることのあらわれであると考えられる。

さらに，この規定の効力については，学説において早くから，「止むを得ない事由があれば脱退しうるという点だけが強行規定[15]」であると解されていた。この点について，最高裁は，組合契約においてなされた任意脱退を制限する約定の有効性が争われた事件（ヨットクラブ組合脱退事件）で，次のように述べた。

---

(15) 我妻栄『債権各論・中巻二』（岩波書店，1962年）829頁，また，菅原菊志「民法第678条」鈴木禄彌編『新版注釈民法(17)債権(8)』（有斐閣，1993年）166頁も参照。

「民法678条は，組合員は，やむを得ない事由がある場合には，組合の存続期間の定めの有無にかかわらず，常に組合から脱退することができる旨を規定しているものと解されるところ，同条のうち右の旨を規定する部分は，強行法規であり，これに反する組合契約における約定は効力を有しないものと解するのが相当である。けだし，やむを得ない事由があっても任意の脱退を許さない旨の組合契約は，組合員の自由を著しく制限するものであり，公の秩序に反するものというべきだからである。」[16]（傍点筆者）

こうした結論そのものについては，組合員の自由を保護するという観点から，一般に学説においても支持を得ているということができる。たとえば，内田貴教授は，本件で最高裁は，「組合という団体における個人の権利を強く保護する立場を採用したのである」[17]，と述べている[18]。

③ 強行法規性の根拠

そこで，ここで問題とすべきなのは，やむを得ない事由がある場合において組合員が任意に脱退できることが「公の秩序」としての性格をもつとされたこと，そして，これを実定法上規定した民法678条に「強行法規」性が認められたことの意味を，どのように理解すべきかである。

この点について，民法学では，「どのような規定が強行規定であるかについては，当該規定の趣旨に従って判断するしかない」とされるところ，「基本的な自由を保障する規定」は強行法規であるとされ，その具体例として第

---

(16) 最3判平成11年2月23日民集53巻2号193頁。
(17) 内田貴『民法Ⅱ・債権各論〔第2版〕』（東京大学出版会，2007年）294頁。
(18) その他本件の評釈として，山田誠一「＜判批＞任意の脱退を許さない旨の組合契約における約定の効力」ジュリスト1179号（2000年）85頁，松本恒雄「＜判批＞やむを得ない事由があっても任意脱退を許さない旨の組合契約の約定の効力」私法判例リマークス20号（2000年）54頁，大村敦志「＜判批＞強行法規違反の法律行為」星野英一＝平井宜雄＝能見善久編『民法判例百選Ⅰ　総則・物権〔第5版新法対応補正版〕』（2005年）38頁，滝沢昌彦「＜判批＞やむを得ない事由があっても任意の脱退を許さない旨の組合契約における約定が無効とされた事例」法学教室228号（1999年）122頁，中舎寛樹「＜判批＞やむを得ない事由があっても任意の脱退を許さない旨の組合契約における約定の効力」民商法雑誌122巻1号（2000年）109頁，矢尾渉「＜判解＞やむを得ない事由があっても任意の脱退を許さない旨の組合契約における約定の効力」『ジュリスト増刊　最高裁・時の判例Ⅱ』（有斐閣，2003年）196頁などを参照。

678 条が挙げられている[19]。しかし，このような理解では，なぜ「基本的な自由を保障する規定」が強行法規であるのかについて，説明することはできないであろう。

それでは，どのように考えるべきか。本書の視点からすると，民法 678 条の強行法規性については，民法 2 条が定める解釈指針，すなわち，「個人の尊厳」によって認められるべきだと思われる。「個人の尊厳」には，個人を非人間的に扱ってはならないとする「人間の尊厳」の意味のほかに，個人が全体の犠牲にされてはならないとする「個人の尊重」の意味があるとされる[20]。そして，団体関係を創設する組合契約においては，個人が全体（団体）の犠牲にされるおそれがあるという点で，この後者の意味での「個人の尊厳」が妥当しなければならない。その意味で，団体的拘束から最終的に離脱することを認める民法 678 条は，この「個人の尊厳」の理念を具体化したものということができ，それゆえ，同規定には強行法規性が認められると考えるのである。

こうして，民法 678 条の強行法規性の根拠が民法 2 条の「個人の尊厳」原理にあるとするならば，それは，憲法 13 条の「個人の尊重」原理につながるのではないだろうか。実際，佐藤幸治教授は，同条の個人の尊厳原理が国政に対しての原理であるのみならず，「民法 2 条（改正前の 1 条ノ 2）を通じて解釈準則として私法秩序をも支配すべきもの」であるとし，その理由としては，同原理が「憲法上の基本原理としてすべての法秩序に対して妥当する原則規範としての意味を担っている」からであると述べている[21]。このように考えると，民法 678 条は，その深層において憲法原理に基づいているということができる。つまり，民法 678 条は，憲法原理を具体化するものとして位置づけられるのである。

以上のように，組合員の脱退の自由を定めた民法 678 条は，団体関係にお

---

(19) 四宮和夫＝能見善久『民法総則〔第 7 版〕』（弘文堂，2005 年）232 頁。
(20) 参照，高橋和之『立憲主義と日本国憲法〔第 3 版〕』（有斐閣，2013 年）73 頁，大村敦志『「民法 0・1・2・3 条」＜私＞が生きるルール』（みすず書房，2007 年）132 頁。
(21) 佐藤幸治『日本国憲法論』（成文堂，2011 年）175 頁。また，山本敬三「民法第 1 条ノ 2」谷口知平＝石田喜久夫編『新版注釈民法(1)総則(1)〔改訂版〕』（有斐閣，2002 年）227 頁も参照。

ける個人保護の必要を認めるものであり，その意味で団体法特有の規定として捉えることができる。ここには，民法の組合契約制度を通じて，憲法が要請する個人保護の原理があらわれていると見ることができるであろう。

(2) 一般社団法人

そして，この脱退の自由は，2006年の公益法人制度改革で成立した「一般社団法人及び一般財団法人に関する法律」(平成18年法律48号) においても，明文で確認されることになった。同法は，わが国で最初の一般的な非営利法人法として位置づけられるものであるが (第3章第2節参照)，社員の脱退についても次のような規定を置いている。

(任意退社)
第28条第1項　社員は，いつでも退社することができる。ただし，定款で別段の定めをすることを妨げない。
第2項　前項ただし書の規定による定款の定めがある場合であっても，やむを得ない事由があるときは，社員は，いつでも退社することができる。

一般社団法人の社員は，一方的意思表示により「いつでも」退社できることが認められている (任意退社)。これは，退社の自由を定めた規定である。立案担当者によると，この規定は，多数決原理に基づく意思決定によって受けるおそれのある拘束から，社員の離脱する自由を確保する趣旨であるとされている[22]。また，同条には，組合の場合とは異なり，一般社団法人に不利な時期における脱退制限も設けられていない。このことから，組合からの脱退の自由を定めた民法678条と比べて，より一層個人の権利利益の保護が図られたと評価できる。

そして，この規定の効力の面についても，先に見た組合契約の脱退の自由 (民678条) に関する判例法理によると，「やむを得ない事由」がある場合での任意退社を定める同条2項は，強行法規として位置づけられると考えられる。

---

[22] 新公益法人制度研究会編著『一問一答公益法人関連三法』(商事法務，2006年) 38頁。

以上の検討から，個人保護の原理を具体化する法制度としての「脱退の自由」は，いまや，わが国の非営利団体法における「公理」として，法制度上確立したといえるのではないだろうか。

3 判例における「脱退の自由」

もっとも，脱退の自由が問題となるのは，民法上の組合や一般社団・財団法人法に基づく一般社団法人に限られない。むしろ，一般的な非営利法人法が存在しなかった従来の状況においては，個別法に基づく団体や法律上の明文の根拠のない「権利能力なき社団」にまで目を向ける必要がある。

そこで以下では，そうした団体において脱退の自由が問題となった2つの最高裁判例を取り上げて，検討を加えることにしよう。

(1) 新座市県営住宅自治会脱退事件（最高裁平成17年4月26日判決）
① 事件の概要

第1に取り上げるのは，「権利能力なき社団」からの任意脱退が問題となった新座市県営住宅自治会脱退事件である[23]。県営住宅（本件団地）の入居者を会員とする自治会Xは，会員相互の親睦を図ること，快適な環境の維持管理および共同の利害に対処すること，会員相互の福祉・助け合いを行うことを目的として設立された権利能力なき社団である。Xの規約によると，Xは本件団地の入居者をもって組織することとともに，会員は①共益費として1世帯当たり月額2700円，また②自治会費として1世帯当たり月額300円を支払うものとされていた。共益費とは団地内の共用施設を維持するための費用であり，本来各入居者が個別に管理業者に支払うべきものであるが，本件団地ではX自治会が全入居者の共益費を取りまとめて，管理業者に一括して支払うことになっていた。

平成10年10月，Yは本件団地への入居の際，X自治会に入会し共益費・自治会費を支払ってきたが，平成13年5月，Xの運営に不満があることを理由として，Xに対し退会する旨の申し入れを行った。しかし，Yは平成13年3月から平成15年2月分までの共益費と自治会費を支払っていなかっ

---

(23) 最3判平成17年4月26日裁時1387号2頁，判時1897号10頁。

た。そこで，X自治会は，それらの未払い共益費と未払い自治会費の支払いをYに求めたのが本件である。もっとも，共益費については，本件団地の入居者である以上，支払義務を負うことは当然である。したがって，共益費が確実に管理業者に届けられるのであれば，X自治会が一括して徴収するからといって，それがただちに違法又は不当ということにはならないであろう。実際，最高裁も共益費については入居している限り支払義務は消滅しないとして，X自治会側の主張を認めている。他方で，自治会費は，本件自治会Xの運営のために用いられる金銭であり，いわば会費に相当するものである。

そこで，本件の実質的な争点は，退会の申し入れ以後においても，YはXに対して自治会費の支払義務を負うのかどうかであった。

第1審（さいたま地判平成16年1月27日），原審（東京高判平成16年7月15日）は共に，Yの退会の申し入れは無効であるとし，Xの請求を認容した。しかし，最高裁は，以下のように述べてYの退会の申し入れを有効とし，退会申し入れ後において，Yは自治会費の支払義務を負わないと判断した。

「X自治会は，会員相互の親ぼくを図ること，快適な環境の維持管理及び共同の利害に対処すること，会員相互の福祉・助け合いを行うことを目的として設立された権利能力のない社団であり，いわゆる強制加入団体でもなく，その規約において会員の退会を制限する規定を設けていないのであるから，X自治会の会員は，いつでもX自治会に対する一方的意思表示によりX自治会を退会することができると解するのが相当であり，本件退会の申入れは有効であるというべきである。」（傍点筆者）

② 判決の特徴

最高裁は，本件自治会を親睦団体であると位置づけた上で，会員の退会の自由を認める判断を下した[24]。この判決については，次の3つの点を指摘することができる。

第1は，本件自治会からの退会が，「一方的意思表示」により「いつでも」できるとされている点である。つまり，退会の方法と時期に関して，団体の構成員は何らの制約も受けない。このことは，先にみた組合においては「やむを得ない事由がある場合を除き，組合に不利な時期に脱退することができ

第2章 「結社からの自由」の憲法問題

ない」（民678条但書）という留保が付されていたのと比べて，権利能力なき社団の場合には脱退の自由が広く認められることを意味する。

第2に，本判決は上記のような脱退の自由が認められる根拠を規約に退会制限規定がなかったことに求めている点である。逆にいえば，退会制限規定があれば退会の自由の制限が許されるとする余地を残している[25]。この点については，先にみた一般社団法人では定款による退社制限を認めているが，「やむを得ない事由」があるときは，社員は「いつでも退社することができる」ものとされている（一般社団・財団28条2項）。本判決がこうした例外を含めた上での判断かどうかは定かでないが，もし含まないとすれば，退会に関する「自由」という側面は大きく減殺されてしまうであろう。

第3に何より重要なのは，本件で上記の脱退の自由が認められるにあたって，実定法上の根拠が示されていない点である。これについては，社団法人について「社員はいつでも社団に対する一方的意思表示によって退社し，社員たる地位にあることから受ける拘束を免れることができ」，「定款または総会の決議をもってしても，脱退を許さない旨を定めることはできないと解すべきである[26]」とする考え方が権利能力なき社団についても妥当するという見方がある。しかし，平成18年改正以前の民法において，社団法人からの退社に関する規定は置かれていなかった。その意味で，退社の自由に関す

---

(24) この点について，鎌野邦樹教授は，退会の自由が認められるかどうかは本件の「自治会」の性格をどのように認識するかにより異なるとする。すなわち，本件自治会を最高裁のいうように任意の「親睦団体」としてとらえれば退会の自由は認められるべきであるが，団体の「管理団体」としてとらえれば当然に退会の自由が認められることにはならないという。そして，同教授は，「最高裁としては……退会が認められるか否かの結論に影響を与えるものとして，本件「自治会」の性格を審理させるために原審に差し戻すべきものであったと考える」と述べている。もっとも，本書の関心からは，本件自治会の性格それ自体が重要なわけではない。その意味で，ここでは，「親睦団体」と認定された「権利能力なき社団」からの任意脱退について最高裁が判断を示した一例として，本判決を取り上げている。参照，鎌野邦樹「＜判批＞県営住宅の自治会（権利能力のない社団）における会員の退会の自由と自治会費の支払い」判例評論565号（判例時報1915号）（2006年）178頁。

(25) この点を意識するものとして，塩崎勤「＜判批＞県営住宅の自治会の会員が一方的意思表示により自治会を退会することの可否」民事法情報230号（2005年）83頁を参照。

(26) 林良平＝前田達明編『新版注釈民法(2)総則(2)』（有斐閣，1991年）418頁（藤原弘道執筆）。

る上記の考え方は，社団であることから導かれるものであり，いわば社団に関する一般法理であると言うことができるのではないか。もちろん，民法学上，ここにいう「社団」とは，「組合」と区別する意味で用いられる概念であり，必ずしも「団体」一般を示すわけではないことに注意する必要がある。

(2) 東芝労働組合事件（最高裁平成 19 年 2 月 2 日判決）
① 事件の概要

次に取り上げるのは，労働組合からの脱退の自由が問題となった東芝労働組合事件である[27]。この事件において，最高裁は脱退の自由の法的性質や効力について，より踏み込んだ判断を行っている。

事案は極めて複雑であるが，単純化すると以下のようになる。組合員Xとその勤務する会社 Y_2 とのあいだで，同社の労働組合 Y_1 に所属し続けることを X に義務づけることを内容とする合意（本件付随合意）が成立していた。しかし，X は職場での配置転換等について不満を抱き，その際の Y_1 の対応にも不満をもったことから，Y_1 に対し脱退の意思表示をしたが，Y_1 から脱退届の受理を留保された。そこで，X は，脱退により Y_1 の組合員としての地位を有しないことを前提として，① 組合 Y_1 に対しては組合員としての地位を有しないことの確認，また② 会社 Y_2 に対しては，チェック・オフ（組合費の天引き）により組合費として納付された金額に相当する不当利得の返還などを求めた。

本件の争点は，労働者 X と会社 Y_2 とのあいだで締結された，脱退の自由を制約する本件付随合意の有効性である。第 1 審（横浜地川崎支判平成 15 年 7 月 8 日労判 879 号 13 頁）では本件付随合意を認めず，脱退を有効として X の主張を認容した。ところが，原審（東京高判平成 16 年 7 月 15 日判時 1865 号 155 頁）は本件付随合意を有効として X の請求を棄却したため，X は上告受理申立てを行った。

この事件について，最高裁は，次のように述べて X の請求を認容した。

(i) 一般に，労働組合の組合員は，脱退の自由，すなわち，その意思により組合員としての地位を離れる自由を有するものと解される。

---

[27] 最 2 判平成 19 年 2 月 2 日民集 61 巻 1 号 86 頁。

(ii) 本件付随合意は，上記の脱退の自由を制限し，XがY₁から脱退する権利をおよそ行使しないことを，Y₂に対して約したものである。

(iii) 労働組合は，組合員に対する統制権の保持を法律上認められ，組合員はこれに服し，組合の決定した活動に加わり，組合費を納付するなどの義務を免れない立場に置かれるものであるが，それは，組合からの脱退の自由を前提として初めて容認されることである。そうすると，本件付随合意のうち，Y₁から脱退する権利をおよそ行使しないことをXに義務付けて，脱退の効力そのものを生じさせないとする部分は，脱退の自由という重要な権利を奪い，組合の統制への永続的な服従を強いるものであるから，公序良俗に反し，無効であるというべきである。

② 判決の意義と特徴

本判決は，労働組合からの脱退を制限する労働者・使用者間の合意を，組合員の脱退の自由を根拠に無効と判断したものである。その際，本判決は，脱退の自由の理論的根拠や法的効力について立ち入った判断を行った。その意味で，本判決は「一般的に脱退の自由に関する判例法理を検討する素材[28]」として，理論的に重要な意義を有するものである。

本判決については，その対象が「労働組合」であるために，労働法学の側から多くの評釈が出されている。しかし，労働組合はその性質において私的な任意団体であるから，それに関わる問題は，結社の自由を扱う憲法学の守備範囲でもある。そこで，本書では，憲法学の観点から分析・検討を行うことで，本判決を「労働法判例」としてのみならず，「憲法判例」として捉える可能性を探ってみたい。

以上の観点に立った場合，この判示には，次の3つの特徴が認められる。

(i) **団体法理としての脱退の自由**

第1は，労働組合の組合員に脱退の自由が認められることが，一般論として明示されたことである（前記判旨(i)）。民法や一般社団・財団法人法が明文で脱退の自由を規定しているのとは異なり，労働組合法にはそうした規定は見当たらない。しかし，本判決が引用するように，これまでも国労広島地本

---

(28) 島田陽一「＜判批＞労働組合からの脱退を制限する合意の効力」ジュリスト1354号（2008年）244頁。

事件[29]および日本鋼管鶴見製作所事件[30]では，組合員の脱退の自由が問題とされていた。ただこれらの判決では，前者が組合員が協力義務を負う前提として「脱退の自由」に言及したに過ぎず，後者も組合規約による脱退制限を無効と判断したものであって，脱退の自由が正面から取り上げられたわけではない。これに対し本判決は，「一般に，労働組合の組合員は，脱退の自由，すなわち，その意思により組合員としての地位を離れる自由を有する」とし，労働組合からの脱退の自由を一般的に認めたところに特徴がある。

(ii) 脱退の自由の理論的根拠と法的根拠

第2に，本判決では，脱退の自由の理論的な根拠が組合の統制権とそれに対する組合員の服従義務に求められている。もっとも，労働組合の統制権と脱退の自由を関連づけたのは本判決が初めてではない。先の国労広島地本事件判決では，「労働組合の組合員は，組合がその目的を達成するために行う団体活動に参加することを予定してこれに加入するものであり，また，これから脱退する自由も認められているのであるから，右目的に即した合理的な範囲において組合の統制に服すべきことは，当然である」と述べられていた。重要なのは，こうした根拠の妥当範囲が労働組合に限られるかどうかである。というのも，この点の理解は，本判決で示された脱退の自由法理の射程が労働組合を超えて任意団体一般に及ぶかどうかに影響するからである。

この点について労働法学説では，本判決の脱退の自由を「労働組合という法定の組織に内在する制約・要請のひとつ[31]」として位置づける見方や，「統制権と服従義務という優れて労働組合固有の権利義務に関わる問題[32]」と捉える見方が示されている。これらは，労働組合が通常の任意団体とは異なるものであるとの立場から，本判決があくまで「労働組合」に関するものであることを強調する。

---

(29) 最3判昭和50年11月28日民集29巻10号1634頁。
(30) 最1判平成元年12月21日裁判集民事158号659頁。
(31) 水町勇一郎「＜判批＞労働者の組合脱退の自由とそれを制限する労働者・使用者間の合意の効力——東芝労働組合小向支部・東芝事件」ジュリスト1343号（2007年）123頁。
(32) 土田道夫「＜判批＞労働組合からの脱退を制限する労働者・使用者間の合意の効力——東芝労働組合小向支部・東芝事件」判例評論595号（判例時報2008号）199頁（2008年）。

第2章 「結社からの自由」の憲法問題

　しかし，統制権とそれへの服従義務が問題となるのは，ひとり労働組合に限られない。本判決は脱退の自由の容認の前提として，組合員が統制権に服し，組合の決定した活動に加わり，組合費を納付する義務があることを例示しているが，同じことは宗教団体（憲法20条），政党（憲法21条）あるいは他の団体についても言えるであろう。その一例を示す最高裁判例として，南九州税理士会事件[33]を挙げることができる。この事件では，税理士会が政党に政治献金をするにあたり，構成員にその協力を義務づけることができるかが問題となったが，最高裁は，税理士会が強制加入の団体であり，その会員である税理士に「実質的には脱退の自由が保障されていない」ことからして，政治献金への協力を義務づけることはできないと判断している。もっとも，この判決では，団体の統制権そのものではなく構成員の協力義務との関係で脱退の自由が捉えられている。しかし，同判決は，税理士会が「多数決原理により決定された団体の意思に基づいて活動し，その構成員である会員は，これに従い協力する義務を負」うと述べており，団体意思とそれへの協力義務が表裏の関係にあることが示されている。ここでも，脱退の自由の根拠は，団体の統制権とそれへの構成員の協力義務に求められているが，これは，団体が団体としての意思を形成するものある以上，すべての団体にあてはまる論拠であろう。

　そして，こうした脱退の自由の性格は，労働組合の場合に限られず，他の任意団体にもあてはまるものと考えられる。たとえば，後でみるように，一般社団法人についても，除名といった統制処分が予定されている（一般社団・財団法29条4号，30条）。そうすると，任意団体に関する一般法理が労働組合の場合にも妥当するという方が正確なのではないだろうか。この観点によれば，本判決についての理解としても，「組合員が労働組合の統制権に服従する義務を負うのは，組合員が自由意思で組合に加入し，又は脱退できるからであるという趣旨の本判決の説示は，任意団体一般の法理から演繹できる論理である[34]」との見方の方が，説得力をもつように思われる。

　ここで注目すべきは，そうした法理の法的根拠として労働法学説では「結

---

(33)　最3判平成8年3月19日民集50巻3号615頁。
(34)　島田・前掲注(28)244頁。

社しない自由」や「消極的結社の自由」が挙げられ，条文上の根拠を結社の自由を定めた憲法21条に求めていることである。たとえば，土田道夫教授は，「労働組合は労働者の自発的意思に基づく任意団体であるから，脱退の自由は当然の帰結であると説く結社の自由説の論理はそのとおりであり，この意味で，脱退の自由の憲法上の根拠は，結社の自由を定めた憲法21条に求められる[35]」と述べている。また，本判決の調査官解説でも，「労働組合も憲法21条にいう結社の1つと解されるから……，その結成，加入に関する自由権の根拠は，端的に同条に求めておけば足りる」とし，さらに括弧書きで「むしろ，消極的な自由は，個人主義的な自由の性格の明らかなものであるから，憲法28条よりは憲法21条に根拠を求める方が実体に適うであろう[36]」と述べられている。

　もっとも，憲法上の権利としての結社の自由は，本来，公権力との関係で保障されるものであって，私人間の関係に直接的に適用されるものではない。それゆえ，本判決が憲法上の根拠を示さなかったことは，この限りで理解することができる（ただし，民集における参照条文として憲法28条のほか憲法21条が挙げられていることは注目に値する）。

(iii) 脱退の自由と「公序良俗」

　第3は，脱退の自由を制約する本件付随合意が「公序良俗」に反し無効であるとされていることである（前記判旨(iii)）。これは，当事者の合意によって脱退の自由を制約できないことを意味し，私的自治・契約自由の原則への例外にあたる。しかし，脱退の自由の制約が，なぜ公序良俗違反にあたるのか。

　この点，民法学説では，一般に公序良俗違反行為の類型として，(a)人倫に反する行為，(b)経済・取引秩序に反する行為，(c)憲法的価値・公法的政策に違反する行為が挙げられている[37]。しかし，このような類型化に対しては，その理論的な枠組みが明らかでないとの批判が向けられている。そこで，近時では，国家の基本権保護義務論に立脚して，公序良俗規範を「私人

---

(35) 土田・前掲注(32)199頁。
(36) 長屋文裕「＜判解＞従業員と使用者との間でされた従業員に対し特定の労働組合から脱退する権利を行使しないことを義務付ける合意と公序良俗違反」ジュリスト1353号（2008年）128頁。
(37) 四宮＝能見・前掲注(19)237頁以下。

間において基本権を保護するための手段」と捉える学説が有力に唱えられている[38]。ただこの場合でも，脱退の自由が憲法上の保護に値する内実を備えているか，そうであるとして憲法上の根拠をどこに求めるのかの問題はなお残されたままである。

　本判決は，当該合意が公序良俗違反となる理由を，「脱退の自由という重要な権利を奪い，組合の統制への永続的な服従を強いるもの」である点に求めている。また，ヨットクラブ組合脱退事件に関する先の平成11年判決は，やむを得ない事由があっても任意の脱退を許さない旨の組合契約を公序違反と判断するにあたって，それが「組合員の自由を著しく制限するもの」であることを理由としている。結局，ここでも脱退の自由の内実と根拠をどのように捉えるかが問題となるが，この点について調査官解説は，組合員が組合から「ある程度の人格的な支配を及ぼされる立場」に置かれていることを考慮し，脱退制限が無効とされるのは「個人の活動の自由ないし自己決定の自由」を奪うからであると説明する[39]。これは，脱退の自由の根拠として憲法13条を念頭に置いたものであろう。

　しかし，この問題の本質は，むしろ本判決も述べるように，そうした自由が奪われることにより，組合員が永続的な服従を強いられる点にあるのではないか。そしてこのように考えれば，本判決で示された脱退の自由の意義は，団体的拘束から個人を解放する点にこそ認められ，その根拠も先に示した「結社しない自由」を保障する憲法21条に求められるのではないかと思われる。

　さらに，先のヨットクラブ組合脱退事件では民法の脱退の自由規定（678条）を強行法規と性質決定する際に，当該自由が「公の秩序」を構成するとしたのであるが，本件では根拠となる規定そのものが存在しない。しかし，このことは，脱退の自由の法理が特定の明文規定を前提としたものではなく，団体法に関する一般原理として位置づけられるべきことを示しているのではないだろうか。その意味で，最高裁が明文の根拠がないにもかかわらず，脱退の自由を「公序良俗」に属するものと性格づけたことの意義は大きいであろ

---

(38)　山本敬三『公序良俗論の再構成』（有斐閣，2000年）193頁以下。
(39)　長屋・前掲注(36)128-129頁。

う。

　以上の最高裁の説示から，脱退の自由について次の2つのことを導き出すことができるであろう。第1に，脱退の自由は任意団体についての「一般法理」を形成していることであり，第2に，それは「公の秩序」としての性質を有し，当事者の合意によっても排除することができないことである。そして，こうした点は先にみた組合や一般社団法人に関する法制度と軸を同じくするものである。つまり，いまや脱退の自由の法理は，法律のみならず判例においても確立している非営利団体法の「公理」としての地位を占めていると考えられるであろう。

第3節　統制処分の限界問題

1　従来の議論の問題点 ── 「司法権の限界」から「統制処分の限界」へ

　団体内部における個人の保護が問題となるもう1つの場面としては，統制処分からの構成員の保護がある。ここでは，団体の自律権と個人の権利利益とが正面から衝突することになる。そこで，裁判所は，団体が課す統制処分に対して，個人保護の観点からどこまでのコントロールを及ぼすべきなのかが問題となる。

　ところで，わが国において，この問題は従来，団体内部の紛争に関して裁判所の司法審査が及ぶのか，という「司法権の限界」の問題として議論されてきた。この問題について，判例がいわゆる「部分社会の法理」を形成し，団体内部の紛争については，それが内部規律の問題にとどまるかぎり司法審査が及ばないという立場をとってきたことは，周知の通りである[40]。そして，学説では，判例の結論そのものには異論はないものの，同法理の「憲法超越論的性格[41]」が指摘され，とりわけ実定法上の根拠が明らかでないとして，批判的に受けとめられてきた[42]。

---

(40)　この点については，「部分社会の法理」を明瞭に展開した，富山大学単位不認定事件（最3判昭和52年3月15日民集31巻2号234頁）を参照。
(41)　佐藤幸治「人権の観念と主体」同『日本国憲法と「法の支配」』（有斐閣，2002年，初出・1999年）178頁。
(42)　参照，佐藤幸治「『部分社会』と司法権」同『現代国家と司法権』（有斐閣，1988年，初出・1983年）178頁。

第 2 章 「結社からの自由」の憲法問題

　そこで，現在の憲法学では，団体の内部問題について司法審査が及ばない根拠として，憲法 21 条の保障する「結社の自由」が挙げられるようになっている。その主唱者である佐藤幸治教授は，「国民の間で作られる様々な団体を『部分社会』……として扱い，その内部的紛争に公権力（司法権）が濫りに関与することは許されないとみるべきなのは，憲法の保障する『結社の自由』の帰結なのである[43]」としている。また，高橋和之教授は，「結社の自由は，結社内部の問題を自治的に処理する権利を含んでいるから，裁判所が内部紛争の解決を求められた場合には，結社の自由との関係でどこまで介入しうるかが問題となる[44]」と述べている。

　ここで注意すべきは，このような判例・学説の立場は，いずれも団体の自律的・自主的決定を正当化する文脈で展開されていることである。このことは，憲法 21 条の結社の自由保障に含まれる団体自律権（団体自治権）を司法的介入から保護する，という構成をとっていることにもあらわれているであろう。そして，これは，先に見た結社の自由の保障内容に関する通説的理解に適合するものである。ここでは，私人としての「結社」と公権力としての「裁判所」とが対立するものと考えられており，したがって，裁判所は，団体に対する「権利侵害者」として表れていることになる。

　しかし，このような対立図式は，紛争の本質を捉えたものとはいえないように思われる。というのも，統制処分に対する裁判所のコントロールの要否が問題となる場面で真に対立しているのは，統制処分を課する団体執行部と一般構成員，すなわち，「団体」と「個人」だからである。したがって，民事訴訟法の竹下守夫教授が指摘するように，「団体の自律的処分が，団体構成員の権利の侵害となる場合があり得る[45]」ことが正面から受けとめられなければならない。ここには，団体自律権から個人の権利利益の保護が図られなければならない，という問題意識を見て取ることができる[46]。その意

---

(43) 佐藤幸治『憲法訴訟と司法権』（日本評論社，1984 年）78 頁。
(44) 高橋・前掲注(20)234 頁。
(45) 竹下守夫「団体の自律的処分と裁判所の審判権」書研所報 36 号（1990 年）11 頁。
(46) 石井菊次郎「倶楽部法」法学協会雑誌 9 巻 5 号（1891 年）18 頁以下は，あらゆる非営利目的の団体を規律する「倶楽部法」を構想する中で，すでに統制権からの個人保護の必要を説いていた。この見解が，わが国民法典はもとより，フランス 1901 年法以前において示されていたことは注目に値するであろう。

味で，この場面では，「結社自体の自由」（団体自律権）ではなく，むしろ，個人の「結社からの自由」が問題とされなければならない。こうした見地に立ってみると，裁判所は，（団体に対する）権利侵害者としてではなく，これとは逆に，（個人にとっての）「権利救済者」として位置づけられなければならないことになる。

　もっとも，このように言うことは，団体の内部問題への裁判所の介入が団体自律権の侵害にならないということを必ずしも意味するわけではない。裁判所が団体の内部事項に過度に介入すれば，団体の自律権を侵害することになる。しかし，ここで主張したいのは，この問題を従来のように統治機構論上の「司法権の限界」として捉えるのは適切ではなく，むしろ，紛争の実態を正面から受けとめるべきだということである。つまり，団体の自律権から個人を保護するという文脈を明確に示すには，この問題は，人権保障論の観点から「統制処分の限界」として論じられるのが適切ではないかと思われるのである。

　もっとも，このような問題の捉え方は，従来の憲法学において，まったく見られなかったわけではない。芦部信喜教授は，「結社の自由や団結権に基づいて結成される団体は，内部統制権を有するが，無条件ではない[47]」と指摘し，そのような例として，労働組合の方針に反して立候補した者に対する除名処分が問題となった三井美唄事件労組事件[48]を挙げていた。また，大石眞教授もその体系書において，結社の自由の保障効果に対する例外として，個人の権利・自由の保護という見地から，「団体とその構成員という内部関係において，構成員の基本的自由・権利を強く束縛するような団体の統制権の行使は許されるべきではない[49]」とし，また，組合の統制権の行使についても，「民主政治の基礎をなす組合員個人の基本的な権利や自由・利益を脅かすような統制権の行使はみとめられず，これを超えたものは違法と判断されることになる[50]」，と指摘している。

　しかし，一般論としてはともかく，これだけでは，団体の内部統制権につ

---

　(47)　芦部信喜『憲法学Ⅲ　人権各論(1)〔増補版〕』（有斐閣，2000年）538頁。
　(48)　最大判昭和43年12月4日刑集22巻13号1425頁。
　(49)　大石眞『憲法講義Ⅱ〔第2版〕』（有斐閣，2012年）210頁。
　(50)　大石・前掲注(49)253頁。

いて，どのような場合に，いかなる基準でコントロールを及ぼすべきか明らかでない。そこで，以下では司法審査の具体的なあり方を検討することにしよう。

2　司法審査のあり方

この「統制処分の限界」という問題設定によれば，裁判所は，構成員の権利利益の保護の観点から，統制処分の適法性を積極的に審査する必要がある。そこで，具体的な審査のあり方が問題になるのであるが，この点について何よりも参考にすべきなのは，労働法での議論である。労働法では古くから，労働組合の団結権に基づく統制権の行使から構成員を保護することが重要な課題となっている。そして，これについて，従来の学説では，団結自治尊重の観点から，裁判所の司法審査は抑制的であるべきだとする議論が有力に唱えられてきた[51]。

ところが，このような状況に対して，労働法学の西谷敏教授が，「団結自治尊重の必要性という抽象的命題から直ちに司法審査の抑制を説くのは適切とは思われない」とし，一般的な司法審査の積極性・消極性を説くのではなく，「具体的な審査のあり方について基準を確立することが重要である」と述べていることが注目に値する[52]。

そこで，具体的な基準が問題となるが，西谷教授は，「統制処分が適法であるためには，処分に値する事実が存在し，それに対して適正な手続により適度な処分がなされるのでなければならない」とした上で，次の5つの項目を挙げている。すなわち，(a)処分対象の事実の存否，(b)処分事由の存否，(c)処分の種類，(d)処分の程度，(e)処分手続のそれぞれについて，裁判所の審査がなされるべきであるとされる[53]。そしてこれらは，内容的に見て手続審査を形成する(a)(b)(c)(e)と，実体審査を行う(d)とに分けることができる。

まず，手続審査についてであるが，これは組合規約の手続を遵守すること

---

(51)　たとえば，秋田成就「労働組合の内部問題の法理論的構成」ジュリスト441号（1970年）179頁，大脇雅子「司法審査の限界」日本労働法学会編『現代労働法講座2・労働組合』（総合労働研究所，1980年）268頁。
(52)　西谷敏『労働組合法〔第3版〕』（有斐閣，2012年）124頁。
(53)　西谷・前掲注(52)124頁。

であるとされる。さらに，西谷教授によると，規約において処分手続が定められていない場合においても，①組合大会による決定，②弁明の機会の提供，③二重処分の禁止が統制処分の有効要件とされている。したがって，これらは，手続審査における公理しての意味をもたされていると言えるであろう。

そして，何より注目すべきなのは，処分の程度(d)の審査において「行為と制裁の不均衡が甚だしい場合には，処分の効力は否定される[54]」とされていることである。これは，処分の妥当性又は「相当性」[55]を判断するものである。こうした「行為と制裁の均衡性」の審査は，団体規約そのものの適否にまで踏み込む点で，団体の自律性に大きく介入するものであるが，恣意的・濫用的な統制処分から個人の権利利益を保護するために必要な審査であると考えられているのであろう。

以上は，労働組合の統制処分についての議論であるが，しかし，これは，私的団体一般にもあてはまるのではないかと思われる。というのも，上記の議論は，労働法上の解釈論としての意味をもっているわけではなく，一般的な統制処分法理の問題として展開されてきたからである[56]。

3　裁判例の動向

実際，これまで裁判所は，手続的・実体的な面から統制処分について審査を行っている。以下では任意団体の除名処分の効力が争われた場合を中心として，具体的な裁判例を判断項目ごとに分けて挙げることにしよう（後の叙述の便宜上，以下の裁判例には通し番号をあてている）。

(1)　処分手続について判断したもの

① 地域連合婦人会（権利能力なき社団）の行った除名処分の効力が争われた事件。裁判所は，原告（被処分者）の行為が規約の定める除名事由

---

(54)　西谷・前掲注(52)126頁。
(55)　西谷敏『労働法〔第2版〕』（日本評論社，2013年）550頁。
(56)　参照，西谷敏「統制処分の根拠と限界」同『労働法における個人と集団』（有斐閣，1992年，初出・1988-89年）163頁，三井正信「統制処分法理の再検討(1)～(4・完)」広島法学19巻3号65頁，20巻1号17頁，20巻3号71頁，21巻2号71頁（1996-1997年）。

にあたるかどうかといった実体上の問題については，団体内部でその自律権によって決定すべき事項であるとし，裁判所が判断することはできないとした。他方で，除名処分が規約の手続を経て行われたかどうかという手続上の問題については，団体の自律権を侵害しないため裁判所は審査できるが，本件では手続上の瑕疵はないと判断した（京都地判昭和62年8月11日判時1284号127頁）。

② 政党が党員に対して行った除名処分の無効確認請求事件。最高裁は，高度の自主性と自律性が認められるべき政党であっても，自律的規範又は条理に基づき「適正な手続に則ってなされたか否か」については裁判所の審判権が及ぶとしたが，本件では手続に違法はないとした（共産党袴田事件，最3判昭和63年12月20日判時1307号113頁）。

③ 参議院（比例代表選出）議員の選挙後に政党から除名されたことによって繰上補充による当選人とならなかったことから，除名された者が当該除名処分の無効を争った事件。原審（東京高判平成6年11月29日判時1513号60頁）は，「民主的かつ公正な適正手続」によっていないことを理由に本件除名処分を無効とした。しかし，最高裁は，「政党等の結社としての自主性にかんがみると，政党等が組織内の自律的運営として党員等に対してした除名その他の処分の当否については，原則として政党等による自律的な解決にゆだねられている」として，除名処分に関する手続審査を行わなかった（日本新党事件，最1判平成7年5月25日民集49巻5号1279頁）。

(2) **弁明の機会の有無について判断したもの**

④ 事業協同組合（中小企業等協同組合法）が行った組合員に対する除名決議の効力が争われた事件。最高裁は，除名対象者に対して除名事由に該当する事実が特定・明示されなかったとして，当該決議を無効とした（最1判平成13年4月26日判時1750号94頁）[57]。

⑤ 公共嘱託登記土地家屋調査士協会（民法上の旧社団法人）が行った社

---

(57) 本件の評釈として，後藤元伸「＜判批＞事業協同組合からの除名と具体的除名事由の特定・明示」民商法雑誌125巻2号（2001年）231頁以下を参照。

員に対する除名決議の効力が争われた事件。最高裁は，除名事由が具体的に特定して示されておらず，除名対象者に必要かつ十分な弁明の機会が与えられなかったとして，当該決議を無効とした（最 3 判平成 17 年 12 月 13 日判時 1922 号 80 頁）[58]。

(3) 処分事由の存否について判断したもの

⑥　郡歯科医師会（民法上の旧社団法人）が構成員たる医師に対して行った除名決議の効力が争われた事件。裁判所は，(a)除名理由の有無および除名の当否が裁判所の審判の対象になることを確認した上で，(b)本件除名手続は適法に行われたとしながらも，(c)構成員たる医師の行為が定款所定の「会の綱紀を乱した者」という除名事由にあたらないことから，除名決議は無効であるとした（長野地判昭和 35 年 10 月 8 日下民集 11 巻 10 号 2086 頁）。

⑦　県歯科医師会（民法上の旧社団法人）が会員に対して行った除名処分の効力が争われた事件。裁判所は，除名手続規定が除名決議の当日に制定されたために，被処分者に弁明の機会が与えられなかったこと（手続面），さらに，被処分者の行為が「会の体面をけがした」，「会の綱紀を乱した」という除名処分にあたらないとして（実体面），除名決議は無効であるとした（広島地判昭和 50 年 6 月 18 日判時 811 号 87 頁）。

⑧　愛犬クラブ（権利能力なき社団）が会員に行った 1 年間の権利停止処分に対する損害賠償請求事件。裁判所は，処分が規約の手続に従って行われたか，被処分者の行為が懲戒事由に該当するかどうかについて審査したが，ともに違法性は認められないとした（東京地判平成 5 年 2 月 2 日判時 1493 号 102 頁）。

(4) 処分の程度にまで踏み込んで判断したもの

⑨　アマチュア無線連盟（民法上の旧社団法人）の行った除名処分に対し，会員が当該処分の無効確認を求めた事件。裁判所は，除名処分の裁量は

---

[58]　本件の評釈として，後藤元伸「＜判批＞公共嘱託登記土地家屋調査士協会の除名決議の有効性」民商法雑誌 134 巻 4・5 号（2006 年）732 頁以下を参照。

無限定でなく，除名をすることが「社団の目的，性格，処分事由の内容，手続等に照らして著しく不合理で，裁量の範囲を逸脱したと認められる場合には，除名処分は裁量権の濫用として無効となる」との一般論を展開した上で，約14万人もの会員を擁する本件連盟のような大規模な団体にあっては，「条理上，会員の利益を公正な手続によって擁護することが要請される」べきであるとし，本件での除名処分は，実質的に同一の理由により重ねて懲戒するものであるから，裁量権の範囲を逸脱して無効であると判断した（東京地判平成5年6月24日判タ838号234頁）。

　これらの裁判例を見ると，裁判所は，任意団体が行った除名処分の効力について，少なくとも除名手続や弁明の機会の提供といった手続面について審査を行っていることがうかがわれる（①〜⑤，⑦）。このことは，憲法上の結社の自由を根拠とする政党にも妥当するものとされている（②，③の原審）。
　他方，実体面については，判決①が「団体内部の自律権を尊重す」る観点から，裁判所の審査は及ばないと述べているのに対し，判決⑥は，団体自治のみならず会員の権利・利益の保護の観点から，実体審査を行っている。もっとも，その後の裁判例によって，処分事由の有無の判断に関する下級審の立場は，ほぼ確立していると言ってよいと思われる（⑥〜⑧）。
　さらに，判決⑨は，会員の利益保護が「条理上」認められるとした上で，問題となった除名処分が裁量権の範囲を逸脱したと判断している。これは，処分の妥当性にまで裁判所が判断した例として注目されるものである。
　こうして，これまで裁判所は，構成員の権利利益の保護の観点から，任意団体の統制処分につき司法審査を行っており，しかも最近では，より一層踏み込んだ審査を行っていることが確認できたであろう。

4　法律の規定

　もっとも，除名処分について法律が定めていないわけではない。特別法上の団体については，各法律が除名の実体要件や手続要件を定めているが（例：中小企業等協同組合法19条2項・3項，水産業協同組合法27条2項・3項），民法などの一般法上の団体についても除名について定めた規定が見られる。法規定の変遷を確認するという意味もあるので，以下では関連する条

第 4 部　日本における結社の自由保障

規を挙げておこう（以下傍点筆者）。

(i) 民法 680 条（組合員の除名）
　　組合員の除名は，正当な事由がある場合に限り，他の組合員の一致によってすることができる。ただし，除名した組合員にその旨を通知しなければ，これをもってその組合員に対抗することができない。

(ii) 旧中間法人法 26 条（有限責任中間法人の社員の除名）[59]
　　第 1 項　社員の除名は，正当な事由があるときに限り，社員総会の決議によってすることができる。この場合において，有限責任中間法人は，当該社員総会の日から一週間前までに当該社員に対しその旨を通知し，かつ，社員総会において弁明する機会を与えなければならない。
　　第 2 項　前項前段の決議をするには，総社員の半数以上であって，総社員の議決権の 4 分の 3 以上の議決権を有する者の賛成がなければならない。
　　第 3 項　除名は，除名した社員にその旨を通知しなければ，これをもって当該社員に対抗することができない。

(iii) 旧中間法人法 100 条（無限責任中間法人の社員の除名）
　　社員の除名は，正当な事由があるときに限り，他の社員の一致によってすることができる。ただし，除名した社員にその旨を通知しなければ，これをもって当該社員に対抗することができない。

(iv) 一般社団・財団法人法 30 条（一般社団法人の社員の除名）
　　第 1 項　社員の除名は，正当な事由があるときに限り，社員総会の決議によってすることができる。この場合において，一般社団法人は，当該社員に対し，当該社員総会の日から一週間前までにその旨を通知し，かつ，社員総会において弁明する機会を与えなければならない。
　　第 2 項　除名は，除名した社員にその旨を通知しなければ，これをもって当該社員に対抗することができない。

これらの規定を概括すると，旧中間法人法および一般社団・財団法人法で

---

[59] 中間法人法（平成 13 年法律 49 号）は，公益法人制度改革関連 3 法の 1 つとして成立したいわゆる整備法（平成 18 年法律 50 号）によって廃止された（1 条）。

は，処分機関の権限（社員総会），防御権の尊重（本人への事前通知と社員総会における弁明の機会の提供）という手続要件が挙げられている。さらに，社員総会による除名決議には，社員総会の特別決議が要求されている。立案担当者によると，除名については，法人による内部自治を尊重するという観点から，裁判所の事前審査を不要とするとともに，除名決議の重大性に照らして，前記の手続要件が置かれたものとされている[60]。したがって，この規定は，団体の自律権に一定程度制約を加えるものであるということができる。

しかし，より重要なのは，何れの規定においても，組合員および社員の除名が「正当な事由があるときに限り」でなければならないと定められていることである。これによって，裁判所は，「正当な事由」の有無を判断できることになる。これは，処分対象事実・処分該当事由の存否のみならず，行為と処分との均衡性（比例性）の判断を含むものであるから，団体の自律権への大幅な介入を認めるものであろう。逆に言えば，ここには，団体の自律権に踏み込んでまでも，構成員の権利利益の保護を図ろうとする態度を見出すことができるのではないだろうか。

もっとも，この規定は，すでに民法や旧中間法人法においても見られたのであり，それゆえ，わが国の非営利団体法にとって珍しい規定ではない。しかし，構成員の資格を奪う最も重大な処分である除名について，裁判所の妥当性判断を可能とする規定が，一般的な非営利法人法として新たに制定された一般社団・財団法人法においても引き継がれたこと，そのことにより，団体自律権と個人の保護との調整規定が再度置かれたことの意義は，強調されてよいのではないかと思われる。というのも，一般的な非営利法人法たる同法に組み込まれたことにより，脱退の自由の法理と同様に，統制処分の法理が非営利団体法の「公理」として法律上確立されたと見ることができるからである。

---

(60) 新公益法人制度研究会編著・前掲注(22)38-39頁。また，旧中間法人法の解説においても同様の趣旨が述べられている。参照，相澤哲＝杉浦正典編著『一問一答中間法人法』（商事法務研究会，2002年）86頁。

第4節　団体の活動と構成員の協力義務

1　問題の所在

団体とその構成員との関係が問題となる場面としては、上記で取り上げた統制処分のほか、構成員は団体活動にどこまで協力義務を負うのかという問題がある。団体に加入している以上、その目的達成に必要な団体活動につき、構成員は原則として協力義務を負う。しかし、適法な手続きに従いさえすれば、団体は必ずしも目的達成に必要でない活動についても、構成員に協力を強制することはできるのか。

ここでも、国家との関係では、憲法上、結社には自律権が保障されることから（結社自体の自由）、本来、結社の自主的な決定が尊重されるべきであり、国（裁判所）の統制は及ばないはずである。

しかし、裁判所はこの紛争類型についても判断枠組みや問題解決の基準を提示し、事案の解決を行ってきた。

2　国労広島事件の先例的意義
(1)　事案と判旨

この問題のリーディングケースは、労働組合の統制権と組合員の協力義務との関係が問われた、昭和50年の国労広島地本事件最高裁判決[61]である。同判決は、問題解決の枠組み、並びに比較考量に基づく判断方法とその基準を提示しており、その後の同種の事案の解決に影響を与えることになった。

本件は、国鉄労働組合Xが、昭和35年から36年にかけて国鉄労組広島地方本部から脱退した元組合員Yらに対して、未払いの一般組合費と臨時組合費の支払いを求めた事件である。そのうち、本判決で問題となったのは、臨時組合費として徴収される①炭労資金（350円）、②安保資金（50円）、③政治意識昂揚資金（20円）である。これらはそれぞれ、①他の労働組合の闘争支援のための資金、②労働組合が実施した安保反対闘争により民事上又は刑事上の不利益処分を受けた組合員を救援する費用、③総選挙の際に

---

[61]　最3判昭和50年11月28日民集29巻10号1698頁。

組合出身の立候補者の選挙運動を支援するためにその所属政党に寄付するための資金として，その都度の組合決議によって徴収が決定された。本判決では，組合員がこれらの臨時組合費の納付義務を負うかどうかが争点となった。

第1審の広島地裁[62]，第2審の広島高裁[63]は共に，上記臨時組合費が対象とする活動は労働組合の目的の範囲外の行為であり，Yらは納付義務を負わないと判断した。これに対し最高裁は，③について納付義務を否定したが，①と②については納付義務を肯定した。

最高裁判決の概略を示すと，以下のようになる。

(i) 労働組合の活動の範囲は，本来の経済的活動の域を超えて政治的活動，社会的活動，文化的活動など広く組合員の生活利益の擁護と向上に直接間接に関係する事項に及び，しかも更に拡大の傾向を示している。

(ii) このように労働組合の活動の範囲が広く，かつ弾力的であるとしても，そのことから，労働組合がその目的の範囲内においてするすべての活動につき当然かつ一様に組合員に対して統制力を及ぼし，組合員の協力を強制することができるものと速断することはできない。

(iii) 組合に加入していることが労働者にとって重要な利益で，組合脱退の自由も事実上大きな制約を受けていることを考えると，問題とされている具体的な組合活動の内容・性質，これについて組合員に求める協力義務の内容・程度・態様等を比較考量し，多数決原理に基づく組合活動の実効性と組合員個人の基本的利益の調和という観点から，組合の統制力とその反面としての組合員の協力義務の範囲に合理的な限定を加えることが必要である。

(2) 検　討

本判決の意義は，審査枠組みとして2段階審査を採用したこと，構成員の協力義務の範囲の画定にあたって比較考量の方法に依拠することを示した点にある。以下では，それぞれの点について検討を加えることにする。

---

[62]　広島地判昭和42年2月20日判時486号72頁。
[63]　広島高判昭和48年1月25日判時710号102頁。

第4部　日本における結社の自由保障

① 審査枠組みの設定 ── 2段階審査

本判決は，同種の事案が問題となった昭和43年の三井美唄事件最高裁判決[64]に従い，まず(a)問題となる活動が組合の目的の範囲に含まれるかどうか（目的の範囲の審査），次に(b)目的の範囲内であっても，その協力を組合員に義務づけられるかどうか（協力義務の範囲の審査），という枠組みで判断を行っている[65]。この2段階の審査枠組みは，その後，司法書士会の活動と会員の思想信条の自由との衝突が問題となった群馬司法書士会事件（平成14年）[66]に受け継がれたが，南九州税理士会事件（平成8年）[67]では，目的の範囲の審査のみで事案が処理されている（1段階審査）。このため，審査枠組みに関する判例の立場は未だ確立していない[68]。

この2段階審査説は，団体の事情と構成員の事情とを独立に判断できるという利点を有するが，他方で，団体の活動範囲と構成員の協力義務の範囲が必ずしも一致しない事態を認めることにもなる。つまり，団体の活動自体は目的の範囲内であるにもかかわらず，その協力を構成員に義務づけられない場合が生じる。そして，このような最高裁の立場に対しては，団体の活動の自由と構成員の権利との調整を図る「1つの見識」であると評価する見方がある[69]。

他方，こうした見方に対しては，「法人の決議自体は『目的の範囲内』であるにも拘わらず，その構成員に協力義務を要請し得ないという思考は混乱を招きかねない」[70]との批判が向けられている。たしかに，原則論からすれば，目的の範囲内の団体活動は法的に許されたものであるので，構成員は当

---

(64) 最大判昭和43年12月4日刑集22巻13号1425頁。
(65) 参照，小島慎司「判例の流れ　5思想・良心の自由」憲法判例研究会編『判例プラクティス憲法』（信山社，2012年）72頁。
(66) 最1判平成14年4月25日判時1785号31頁。
(67) 最3判平成8年3月19日民集50巻3号615頁。
(68) 上田健介「人権享有主体性」曽我部真裕＝赤坂幸一＝新井誠＝尾形健編『憲法論点教室』（日本評論社，2012年）76頁以下，84頁注(17)。
(69) 渡辺康行「団体の活動と構成員の自由 ── 八幡製鉄事件最高裁判決の射程」戸波江二編著『企業の憲法的基礎』（早稲田大学21世紀COE叢書：企業社会の変容と法創造第2巻）』（日本評論社，2010年）79頁以下，91頁注(21)。
(70) 田中祥貴「法人の『目的の範囲』と構成員の協力義務」六甲台論集法学政治学篇50巻1号（2003年）141頁以下，153頁。

302

該活動に対する一切の協力義務を負うとも考えられる。しかし，構成員が法的に拘束されないからといって，構成員が当該団体活動について無関係なわけではない。構成員は団体にとどまっている限り，たとえ当該活動に対して特別の費用負担を負わないとしても，団体が行う当該活動に対して一定の責任を負っていると考えられる[71]。そうすると，構成員に協力義務があるかどうかは程度の問題であり，このため，第2段階の協力義務の範囲の審査は，団体が構成員に具体的な協力を義務づけられるかどうかを審査する意味を持つであろう[72]。

② **目的の範囲の審査（第1段階）**

本判決は，組合の活動が労働条件の維持改善等に限定されず，それに「直接間接に関係する事項」にも及ぶとし，社会の変化に応じて組合の活動の範囲を広く許容する立場を示した。

最高裁は八幡製鉄事件最高裁判決[73]において，会社の目的の範囲内の行為を広く捉えたが，その根拠になっていたのは会社の「社会的実在性」である。本判決においても，労働組合が「法以前の社会的存在」[74]であるという認識があり，このことから，法の規制がない限り，組合がいかなる活動を行うかは「放任行為」[75]として組合の自由であるべきとされている。こうした理解によれば，労働組合に関する限り，目的の範囲の審査は事実上機能しないであろう。実際，八幡製鉄事件判決と異なり，本判決は，目的の範囲内かどうかを判断する基準を示していない。このため，問題となった各行為は当然に目的の範囲に含まれると考えられている。

しかし，団体の社会的実在性を前提とするこのような議論は，団体法の視

---

[71] もっとも，こうした論理では一般組合費からの協力の強制を排除できないとされる。蟻川恒正「思想の自由と団体紀律」ジュリスト1089号（1996年）199頁以下，203頁。

[72] このため，本判決や三井美唄事件判決が示すように，「労働組合が……組織として支持政党又はいわゆる統一候補を決定し，その選挙運動を推進すること自体は自由であるが，組合員に対してこれへの協力を強制することは許されない」，という場合が生じる。

[73] 最大判昭和45年6月24日民集24巻6号625頁。

[74] 佐藤繁「判解」『最高裁判所判例解説民事篇・昭和50年度』（法曹会，1979年）582頁以下，588頁。

[75] 佐藤・前掲注(74)588頁。

点からは妥当とはいえないように思われる。第1に，自然人たる人間とは異なり，団体は自然的・自生的に存在するのではない。それは，人々が一定の目的実現のために設立したものである。しかも，第2に，歴史的に見れば，いかなる団体でも自由に設立できたわけではない。団体は法の承認により設立が許され，かつ法が認める範囲内でしか活動が許されなかった。さらに，第3に，構成員との関係でも，法や規約が定める目的への賛同は，団体への参加や協力の根拠（あるいは制約）になる。それゆえ，判例の「社会的実在性論」は，団体法の歴史と理論を考慮しないものといわざるを得ないであろう。本件の労働組合も，法によって設立が許された人為的団体なのであり，その目的も法定されている。したがって，たとえ最高裁が労働組合に幅広い活動範囲を認める場合であっても，少なくとも理論構成上は，問題となる活動と労働組合の目的との関係を示す必要があったのではないか。

③　協力義務の範囲の審査（第2段階）

本判決は，上記のように組合の活動が多様化していることや，組合員の脱退が事実上困難であることを考慮すれば，組合の活動が目的の範囲内にあるというだけで，そこから直ちに組合員の協力義務を肯定できないとした（前記判旨(ii)）。そこで，組合活動の内容・性質と，組合員の協力の内容・程度・態様などの諸要素を比較考量することによって，具体的な協力義務の範囲を画定すべきとしている（同(iii)）。調査官解説によると，比較衡量にあたっては，組合の目的と関連する活動については，できるだけ組合の自主的判断を尊重し，それが組合員個人の基本的な権利・利益を著しく侵害するものでない限り，多数決原理を優先させるという考え方が基本となっているようである[76]。実際の判断でも，他組合の闘争支援や被処分者の救援については，労働組合の本来の目的と「関連性」を持つことを理由に，組合員の協力義務が肯定された（炭労資金，安保資金）。他方，特定政党又は候補者のための選挙運動に関しては，組合員個人が1人の市民として自主的に決定すべき事柄であるとして，その協力義務が否定されている（政治意識高揚資金）。

このように見ると，最高裁は，構成員に協力義務を強制できるかは，問題となる活動が多数決で決めるべき事柄か，個人の自主的判断にゆだねられる

---

[76]　佐藤・前掲注(74)575頁。

べき事柄かに依存すること，そして，当該判断にあたっては，団体の本来の目的との近接性が考慮されるべきとの理解に立っているように思われる[77]。それゆえ，団体の本来の目的は，構成員の協力義務の範囲を画定する際に，一定の役割を果たしている。これは，結社の自由の観点からすれば，団体の自律性に尊重するものであるといえよう。

(3) 本判決の意義・射程
① 他の団体への影響

本件は，憲法上の団結権が保障され（憲28条），一般の団体より強い統制権が認められる労働組合についての事案であるため，本判決の射程は労働組合に限定されるとも考えられる。たしかに，三井美唄事件最高裁判決では，組合の統制権が「一般の組織的団体のそれとは異なり，労働組合の団結権を確保するために必要であ」るとされており，労働組合の特殊性をうかがわせる説示が見られた。

しかし，本判決が示した上記の比較考量やその基本的な考え方は，必ずしも労働組合特有の事情を反映するものではない。このため，本判決の法理は，組合以外の団体についても適用が可能であるように思われる。事実，前記のように，本判決はその後，公益目的団体である税理士会や司法書士会の事案についての裁判に影響を与えている。

② 団体自律権と裁判所の審査権

また，本件は，団体の内部紛争であるにもかかわらず，裁判所は躊躇することなく介入し，団体決定に統制を及ぼしている。このような裁判所のコントロールは，統制処分の場合と同様，本来，結社の自由から導かれる団体自律権と緊張関係に立つ。しかし，この点については，大石眞教授が，結社の

---

[77] 本件でも，炭労資金（他組合の闘争に対する支援資金）について，組合の「目的と関連性をもつ」ことを理由に，構成員の権利・自由を考慮することなく協力義務が肯定されている。また，最高裁は，政治的活動に対する協力義務についての一般的説示を述べる際に，労働者の権利利益に直接関係する立法や行政措置の促進又は反対のために活動を政治的活動としつつも，「労働組合本来の目的を達成するための広い意味における経済的活動ないしこれに付随する活動」（傍点筆者）であることを理由として，それに対する構成員の協力義務が組合の自主的な政策決定にゆだねられると述べている。

第4部　日本における結社の自由保障

自由の制約事由として，公共の安全と他の者の権利・自由の保護があることを指摘し，「他の者の権利・自由の保護という見地からは，団体とその構成員という内部関係において，構成員の基本的自由・権利を強く束縛するような団体の統制権の行使は許されるべきでない[78]」との見解を示している。

さらに，宍戸常寿教授は，憲法28条により契約関係よりも強い保護が及ぶ労働組合の内部問題について裁判所が統制を及ぼした理論的根拠を，表現の自由の尊重や投票の自由の尊重という民主制の維持に関わる憲法的要請を裁判所が重視した点に求めている（宍戸教授はこれを「憲法的公序」と呼んでいる）[79]。この「憲法的公序」が民主制の維持に関するものに限定されるかどうかはともかく[80]，構成員の協力義務が問題となる場面でも，構成員の権利利益の保護の観点から，裁判所は団体自律権に介入し，具体的な団体決定に対して実体的審査を行うことが認められている。

以上，本章では，わが国における結社の自由解釈の再構成を試み，そのなかでも個人と結社との関係を取り上げて検討を加えてきた。ここから，まず，憲法論として「結社からの自由」がわが国でも主張可能なのではないかということ，そして，法制度レベルにおいて，「結社からの自由」の内実をなす「脱退の自由の法理」，「統制処分の法理」，さらには「協力義務の法理」が，わが国でも法律や判例を通じて確立されていることが，確認できたのではないかと思われる[81]。

---

[78]　大石・前掲注(49)210頁。
[79]　宍戸常寿『憲法：解釈論の応用と展開』（日本評論社，2011年）102頁。
[80]　たとえば，南九州税理士会事件や群馬司法書士会事件などのように，思想・信条の自由も保護される権利利益として考慮されるべきであるように思われる。また，地方自治法上の地縁団体（地方自治法260条の2）において，赤い羽根共同募金など他団体への寄附金を自治会費に上乗せして徴収するとした決議が，思想信条の自由を侵害するとして，民法90条の公序良俗に反して無効とされた裁判例がある。大阪高判平成19年8月24日判時1992号72頁。

第 2 章 「結社からの自由」の憲法問題

(81) 法社会学の吾妻聡准教授は，本章の初出論文（井上武史「『結社からの自由』の憲法問題——結社の自由原理のもうひとつの側面」岡山大学法学会雑誌 58 巻 4 号（2009 年）429 頁以下）に対して，筆者の結社の自由論の再構築の試みを，Roberto Unger の「制度構想の法学」と関連づけて評価している。すなわち，上記試みは，「具体的な立法・制度構想に方向付けを与える，日本国憲法というわが国のかたち（constitution）に明文化された「結社の自由」に，個人主義の徹底化という"精神"……を読み込んだ上で，この精神に沿った具体的制度構想の方向性を，結社の規律権力への憲法的統制というかたちで明確に表現しているということができる」，という。そして，筆者の議論が，私的組織である結社に公的機関と同じ手続原則を要求する点を捉えて，「結社の自由は，"私法と公法を媒介する権原 hybrid entitlements"として新しい法制度領域 —— 結社法 —— を形成する可能性を持っている」ことを指摘し，筆者の試みが，「古典的自由主義以来の理念である個の確立という理念を，公私二分論もしくは＜国家＞－＜個人＞という二元構造に基づく制度構想を超えて，＜公＞と＜私＞を媒介する＜共＞という領域もしくは＜国家＞と＜個人＞のあいだに加えられるべき＜結社＞という第 3 項を適切に位置付ける制度構想によって実現しようとしている」という。吾妻聡「Roberto Unger の制度構想の法学についての一試論 —— わが国の文脈（公私の協働・交錯論）へと接続する試み」岡山大学法学会雑誌 62 巻 4 号（2013 年）661 頁以下，689-690 頁。

第 3 章

憲法と非営利法人制度

第 1 節　問題の所在

　2006 年 5 月 26 日，公益法人制度改革関連法として，「一般社団法人及び一般財団法人に関する法律」（平成 18 年法律 48 号，以下「一般法人法」という），「公益社団法人及び公益財団法人の認定等に関する法律」（同 49 号，以下「公益認定法」という），「一般社団法人及び一般財団法人に関する法律及び公益社団法人及び公益財団法人の認定等に関する法律の施行に伴う関係法律の整備等に関する法律」（同 50 号，以下「整備法」という）の 3 法が成立し，同年 6 月 2 日に公布された[1]。

　これらの法律によって，従来の民法上の公益法人制度と中間法人制度が廃止され（整備法），これにかわって①一般社団法人・一般財団法人（一般法人法）と②公益社団法人・公益財団法人（公益認定法）からなる新たな法人制度が設けられることになった。その意味で，同改革は，単なる民法上の公益法人制度の見直しにとどまらない，非営利法人制度の再編を企図した抜本的な改革であると評価できる[2]。

　そのなかでも，本書がとくに注目するのは，一般法人法によって創設された一般社団法人制度である[3]。というのも，剰余金の分配を目的としない非営利団体について，公益性の有無にかかわらず，準則主義（登記）による簡便な法人格取得を認める一般社団法人制度は，非営利団体の活動を支援し促進するという点で，日本国憲法 21 条が保障する「結社の自由」を推進す

---

(1) これらは，平成 20 年 12 月 1 日から施行されている（一般社団法人及び一般財団法人に関する法律の施行期日を定める政令〔平成 19 年政令 275 号〕）。

(2) 新制度の意義と概要を簡潔に示すものとして，とりわけ梅澤敦「公益法人制度改革関連 3 法」ジュリスト 1323 号（2006 年）88 頁以下，范揚恭「法令解説・行政改革関連法③——民間非営利部門の健全な発達を促す『公益法人制度改革三法』」時の法令 1772 号（2006 年）27 頁以下を参照。

309

第 4 部　日本における結社の自由保障

る法制度としての意味をもつのではないか，と考えられるからである。

　ところが，改革論議においては，新たな非営利法人制度のあり方や税制上の優遇措置などの問題について，私法学者や行政法学者によって多くの議論が交わされたものの，一般社団法人制度を導入するにあたり，憲法論の視点からその意義や問題点が論じられることは，ほとんどなかったように思われる。実際の立案過程においても，2003 年 11 月に行政改革推進事務局に設置された「公益法人制度改革に関する有識者会議」およびその下に設けられた「非営利法人ワーキング・グループ」のメンバーのなかに，憲法学者は 1 人も入っていなかったのである[4]。

　他方で，憲法学の側からも，公益法人制度改革を憲法上の結社の自由の問題として自ら受けとめた上で，積極的に問題提起や政策提言が行われたわけでもない。そもそも，一部の論者を除いて，同改革が憲法にかかわる改革であるとは，まったく認識されていなかった[5]。このことは，同じく非営利団体に法人格取得の途を開いた 1998 年の特定非営利活動促進法（いわゆる NPO 法）および 2001 年の中間法人法の制定についても言えるであろう[6]。それゆえ，非営利法人制度の問題について，憲法学はこれまでのところ一貫して無関心であったということができるのである[7]。

　このような態度の背後には，おそらく，日本憲法学における結社の自由解釈についての通説的理解，すなわち，結社の自由保障は「結社の法人格取得」については及ばないという理解があるように思われる[8]。この考え方

---

(3)　一般社団法人について詳しくは，山田誠一「一般社団法人及び一般財団法人に関する法律について」みんけん（民事研修）590 号（2006 年）11 頁以下，中田裕康「一般社団・財団法人法の概要」ジュリスト 1328 号（2007 年）2 頁以下，吉永一行「平成 18 年法人法改正・新旧制度の対照」産大法学 40 巻 2 号（2006 年）1 頁以下を参照。

(4)　総務省編『平成 18 年版公益法人白書』（2006 年）270-271 頁。

(5)　同改革の有識者会議では，民法学の大村敦志教授が「『結社の自由』と『非営利団体』——フランスの場合を中心に」と題する報告を行っている（公益法人制度改革に関する有識者会議・第 3 回会議平成 16 年 1 月 23 日）。

(6)　わずかに，鳥居喜代和「NPO 法と結社の自由」法学セミナー 523 号（1998 年）10 頁以下が問題提起をしていた。

(7)　最近，憲法学の立場から，大隈義和教授が「公益法人改革が『結社の自由』の構造的理解の仕方に及ぼす影響如何を探ること」を目的とする論稿を公表された。大隈義和「『公益性』概念と結社の自由（1）」京女法学 1 号（2011 年）185 頁。

310

に基づくならば，非営利団体の法人格取得の是非が憲法上の問題であると認識されないのは，ある意味当然のことである。

しかし，非営利法人制度は，果たして本当に憲法と無関係なのだろうか。そこには，憲法学から見て論じるべきことはないのだろうか。そこで，本章では，2006年の公益法人制度改革を，より広い観点から「非営利法人制度」の改革であったと捉えた上で，とりわけ新たに創設された一般社団法人制度を取り上げて，憲法論の視点からその意義と問題点を検討することにする。

以下ではまず，このたびの公益法人制度改革の位置づけを確認したうえで（第2節），その後，同改革で創設された一般社団法人制度について，その憲法的意義（第3節）と問題点（第4節）を検討することにしよう。

第2節　公益法人制度改革の位置づけ

1　従来の非営利団体制度

わが国では，会社法（平成17年法律86号）およびそれ以前の商法において，営利法人制度については早くから整備されてきたが，一般的なかたちで非営利法人法制を定めたものは存在しなかった。したがって，一般社団法人制度を定める一般法人法は，わが国で最初の一般非営利法人法として画期的な意味をもつ法律ということになる。

そこで，ここではまず，このたびの公益法人制度改革の位置を確認するために，これまでのわが国の非営利法人法制を簡単に振り返ることにしたい。

わが国の非営利法人法制の歩みは，次の3つの時期に区分することができる。

(1) **公益法人制度の時代：民法典制定から NPO 法制定まで（1896年〜1998年）**

最初の時期は，1896年（明治29年）に民法典が制定されてから，1998年に特定非営利活動促進法（NPO法）が制定されるまでの約100年間である。この時期の特徴をひと言で表すならば，それは「非営利団体への敵視の時

---

(8) 佐藤幸治『憲法〔第3版〕』（青林書院，1995年）550頁。

代」であるということができる。実際，民法典には，公益法人の規定しか存在せず，非営利目的の団体を広くカヴァーする一般的な非営利法人制度は存在しなかった。公益法人の設立には許可主義がとられ（民旧34条），許可するかどうかは主務官庁の裁量にゆだねられていた。そして，安定的・継続的な公益活動の必要から，公益法人の設立には多額の基本財産が要求されたため[9]，公益法人の設立は極めて困難であった。さらに，設立後においても，公益法人は，業務および財務状況について，主務官庁の監督権限に服するものとされていたのである（民旧67条）。他方で，構成員の私益を目的とする営利法人については，商法や有限会社法などによってその設立が広汎に認められていた（民旧35条）。

このように，一般的な法人制度としては，公益法人と営利法人の2つの法人類型しか認められていなかった。しかし，「公益」と「営利」は，本来，対概念ではない[10]。能見善久教授によると，このような理解は，「公益と営利とをいわば同一軸の両端に位置するものとし，その中間に公益でも営利でもない領域がある，と考えているかのようである[11]」とされる。このため，公益も営利も目的としない団体，すなわち，構成員に共通の利益（共益）を図る目的を掲げる「中間的な法人」は，特別法がある場合のほかは，法人となることができなかった[12]。

この公益法人制度の背後には，星野英一教授によると，公益活動は国家が行うべきだという「公益国家独占主義」の考え方があるとされる[13]。すなわち，私益に関することは私人に委ねてよいが，公益に関することは国家が行うべきで，私人に委ねるのは弊害があるという考え方である[14]。また，憲法の観点からも，佐藤幸治教授の類型化によると，こうした制度は，結社

---

(9) 四宮和夫＝能見善久『民法総則〔第7版〕』（弘文堂，2005年）94頁。
(10) もっとも，後藤元伸教授によると，民法起草者は，「公益」概念をほぼ非営利の意味で捉えていたようであるが，その後，社会全般の利益を積極的に図るものと解されるようになったようである。後藤元伸「団体目的における営利概念」法律時報67巻2号（1995年）87頁。
(11) 能見善久「公益的団体における公益性と非営利性」ジュリスト1105号（1997年）50頁。
(12) 我妻栄『新訂民法総則（民法講義Ⅰ）』（岩波書店，1965年）138頁。
(13) 星野英一『民法のすすめ』（岩波新書，1998年）96頁。

第3章　憲法と非営利法人制度

を国家の強い統制下におく点で,「反結社主義」に分類されることになるであろう[15]。

　他方で, 公益でも営利でもない事業を目的とする中間的団体は, 特別法に基づいて設立される法人（労働組合, 各種共済組合・協同組合, 信用金庫等）を除いて, 法人となることができなかった。したがって, 多くの非営利団体は, 法律上の存在ではない「任意団体」として活動するほかなかった。しかし, このような団体に法的規律を及ぼす実際上の必要から, 判例によって「権利能力なき社団」というカテゴリーが承認され, これが多くの公益活動や非営利活動を行う団体の受け皿としての役割を果たしてきたのである[16][17]。

(2) 非営利法人立法の黎明期：特定非営利活動促進法(NPO法)と中間法人法の制定（1998年～2006年）

　フィランソロピー元年と呼ばれる1990年以降, 市民による慈善活動が次第に広がりを見せ始めるが, この傾向は1995年の阪神大震災におけるヴォランティア団体の活躍により決定的なものとなる。このような社会の要請に応えて, 1998年に特定非営利活動促進法（平成10年法律7号, いわゆるNPO法）が制定された。同法は, 従来, 法人格を取得できなかった市民活動団体にとっての悲願であり, かつ, 議員立法でもあったために, 非常に象徴的な意味をもつことになった[18]。

---

[14]　中田裕康「公益法人・中間法人・NPO」ジュリスト1126号（1998年）53頁も参照。また, 参照, 雨宮孝子「民法100年と公益法人制度——なぜ公益法人の設立は許可制なのか」公益法人27巻8号（1998年）10頁以下, 特に12頁。
[15]　佐藤幸治「集会・結社の自由」芦部信喜編『憲法Ⅱ　人権(1)』（有斐閣, 1978年）563頁。
[16]　「権利能力なき社団」の理論については, 河内宏『権利能力なき社団・財団の判例総合解説』（信山社, 2004年）を参照。
[17]　我妻博士は, 中間的な団体も一般に法人格を認める途を開くべきだとする文脈で,「民法・商法上の法人の目的による区別を, 公益と営利とせずに, 営利と非営利（中間的なものも含む）とにすべきであろうと思われる」と述べていた。我妻・前掲注(12)139頁。
[18]　こうした状況を伝えるものとして, 読売新聞政治部『法律はこうして生まれた』（中公新書ラクレ, 2003年）21頁以下を参照。なお, 同法はもともと「市民活動促進法案」として国会に提出された。

313

第4部　日本における結社の自由保障

　この法律は,「不特定かつ多数の者の利益の増進に寄与すること」(特定非営利活動2条)を目的とする団体に, 認証による法人格取得を認めたことにより, 多くの公益的団体に法人格取得の道を開いた。ただし, この法律は, 民法の公益法人規定の特別法として制定されたため, NPO法人の活動分野は, 同法の列挙する項目(制定当初は12項目, 現在は20項目)に限定された。このような方法は, 公益・非営利活動を行う団体のうち一部だけを民法から取り出して規定するものであるため,「棲み分け」論[19]と呼ばれている。このため, NPO法は, わが国で初めて市民活動を積極的に認めたという点で象徴的な意味をもつ法律であるが, 従来の非営利法人制度のあり方を抜本的に変革するものとはなり得なかったのである。

　NPO法から3年後の2001年には, 中間法人法(平成13年法律49号)が制定される。これは,「社員に共通する利益を図ることを目的とし, かつ, 剰余金を社員に分配することを目的としない社団」(旧中間法人2条)に準則主義による法人格取得を認めるものである。つまり, 従来, 法人格取得の一般的な法制度がなかった公益も営利も目的としない団体, すなわち, 非公益・非営利の団体について, 広く法人格取得の道を開くものである。

　もっとも, この中間法人法においても, 社員が有限責任を享受することのできる有限責任中間法人を設立するには, 300万円の基金が必要とされていた(同12条)。これは, 法人と取引する第三者や法人に対して不法行為債権を取得する者などの利益のために, 法人として最低限必要な財産を確保しようという考えに基づいているとされる[20]。しかし, 法人化の最大のメリットである有限責任の効果を享受するのに, 一定の財産要件が課されていたことには注意を要する。

　このように, 中間法人の目的が「共益」に限定され, かつ, その設立に一定の資金が必要とされており, この点において, 中間法人制度もなお一般的な非営利法人制度とは言えないものであった。

---

(19)　参照, 橘幸信『知っておきたいNPO法〔改訂版〕』(財務省印刷局, 2002年)28頁以下。
(20)　四宮＝能見・前掲注(9)85頁。

(3) 一般的な非営利法人制度の創設：公益法人制度改革以降（2006年～）

　2006年6月に公益法人制度改革関連3法が制定され，「一般社団・社団法人制度」と「公益社団・財団法人制度」が新たに創設された。2004年の公益法人制度改革に関する有識者会議「報告書」（平成16年11月19日）によると，公益法人制度改革は，政府部門や民間営利部門では対応できない活動領域の重要性を指摘し，その活動を促進するために「民間非営利部門を社会・経済システムの中に積極的に位置付ける」ことを基本方針としている。この基本方針の下，人々の自発的で多様な法人活動を認めるため，準則主義により簡便に設立できる「一般的な非営利法人制度」の創設と，その中でとくに公益的活動を促進するため，一定の要件をみたすものを「公益性を有する非営利法人」として認定する仕組みの創設が提案されていた。これらが上記それぞれの法人類型に該当する。

　公益法人制度改革関連3法は，2008年12月1日に施行された。また，上記関連3法の附帯決議において，一般社団・財団法人については，「法人の多様性に配慮した適切な税制の導入」が，公益社団・財団法人については公益活動および寄附文化の醸成を図る観点から「適正な税制上の措置」が取られるべきことが定められた[21]。これを受けて，平成20年税制改正によって公益法人税制が改められ，上記関連3法と同時に施行された（詳しくは，本章第4節参照）。

　同制度改革では，民法の公益法人規定と中間法人法が廃止された。まず，従来の民法上の公益法人は，新制度のもとで改めて公益認定を受けなければ，公益社団・財団法人となることができない。5年の移行期間内（平成20年12月1日から平成25年11月30日まで）は，「特例民法法人」として従来通り活動することができるが，期間内に公益認定を受けられず，かつ一般社団・財団法人への移行申請を行わなければ，解散したものとみなされる（整備法46条1項）。また，有限責任中間法人は，一般社団・財団法人法の施行日（平成20年12月1日）に，何らの手続きも要せず，当然に一般社団法人となり，同法の適用を受ける（整備法2条1項）。

---

(21) 衆参両院の行革特別委員会における附帯決議（平成18年4月19日，同年5月25日）を参照。衆参ともほぼ同じ内容である。

他方，同制度改革において，特定非営利活動促進法（NPO）は廃止されなかった。その理由として，前記「報告書」では，1998 年の制度発足以来，NPO 法人は大幅に増加しており抜本的に見直すべきとの社会的要請がないことが挙げられている(22)。また，同法は議員立法として成立した経緯があること，さらには，同法が日本における NPO 活動の幕開けを告げる象徴的意味をもっていることも，無関係ではないであろう。

　しかし，NPO 法人制度の存置は，非営利法人・公益法人制度を複雑化する要因にもなっており，一貫した制度設計を困難にしている(23)。現に，その後の改正で，認定 NPO 法人制度の導入（平成 13 年），活動分野の拡大（20 項目へ）や仮認定制度の創設（平成 23 年）が行われるなど独自の展開を遂げてきているが(24)，これらの NPO 法人の諸制度が，次に見る新たな公益法人制度および税制との関係でどう位置づけられるべきかは，明らかでない。

2　公益法人制度改革の意義

　平成 18 年（2006 年）の公益法人制度改革により，わが国の非営利法人法制は，抜本的に再編されることになった。

　同改革でもたらされた新たな非営利法人制度の特徴は，公益法人制度改革

---

(22)　実際，平成 25 年 6 月 24 日時点で，47,771 の認証法人が存在している（内閣府 NPO ホームページ「特定非営利活動法人の認定数の推移」）。

(23)　この点，公益法人制度改革 3 法の立案者は，「一般社団・財団法人制度と既存の個別的立法による法人制度とは，相並ぶ制度であって，一般社団・財団法人法が既存の個別的立法やそれに基づく法人制度に影響を与えるものではない」といいながら，同法は「固有の政策目的に従って制定される個別的立法に比して，剰余金の分配を目的としない社団・財団についてのより一般的な法人制度について定めた法律である」という苦しい説明をしている。新公益法人制度研究会編著『一問一答公益法人関連三法』（商事法務，2006 年）18 頁。

　また，太田達男氏（財団法人公益法人協会理事長）は，各種の公益活動を目的とすることができる法人に 2 つの類型が存在することは「異例だ」とし，「遠からぬ将来に新公益法人と特定非営利活動法人は両者の制度上の優れた点をとって統合することを考えるべき」であるとする。太田達男「公益法人制度改革の概要と今後の課題」税研 141 号（2008 年）24 頁，29-30 頁。

(24)　これらの展開については，特定非営利活動法人制度研究会編『解説特定非営利活動法人制度』（商事法務，2013 年）第 1 章法律の概要（1-3 頁）および第 6 章法律の背景（191-199 頁）を参照。

第3章 憲法と非営利法人制度

に関する有識者会議「報告書」（平成 16 年 11 月 19 日，前掲）が示すように，数々の弊害が指摘されてきた従来の公益法人制度の反省に基づいて，「法人格の取得」と「公益性の判断」とを分離したことにある。そして，公益性の有無にかかわらず準則主義（登記）によって設立できる① 一般的な非営利法人（一般社団法人等）を一階部分とし，その中から行政庁の公益認定を受けて成立する② 公益性を有する非営利法人（公益社団法人等）を二階部分とする，いわゆる「二階建て構造」の非営利法人制度が導入された[25]。これにより，営利を目的としない団体に広く法人格取得の道が開かれるとともに，公益認定に関しても，従来の主務官庁制・設立許可制にかわる透明性の高い仕組みが構築されることになった[26]。

この新しい制度のなかで本書が着目するのは，本章の冒頭でも指摘したとおり，非営利目的の団体に広く法人格取得を認める「一般社団法人制度」である。公益性や基金の有無にかかわりなく，ただ準則主義（登記）による簡便な法人設立を認める点において，同制度は，一般的な非営利法人制度としての性格をもつものである[27]。したがって，同制度を創設する一般法人法は，その限りにおいて，わが国で初めての一般非営利法人法として位置づけられることになる[28][29]。

しかし，一般法人法は，ひとり私法上の非営利法人法としての意味をもつ

---

[25] 従来の非営利法人制度が公益法人，NPO 法人，中間法人の 3 つが横並びで存在する並立的法人制度であったことと比較すれば，新しい非営利法人制度は，階層的（重層的）法人制度と評価することもできる。参照，大村敦志「法人 —— 基礎的な検討」同『もうひとつの基本民法 I』（有斐閣，2005 年，初出 2003 年）143 頁。

[26] 一般法人法は，財団にも幅広く法人格取得を認めているが，これは比較法的に珍しい制度であり，この点については団体関係者からも疑問が呈されている。勝又英子ほか「座談会・公益法人制度改革（新制度の概要）をめぐって」公益法人 35 巻 3 号（2006 年）3 頁（堀田力発言）。

[27] 後藤元伸「非営利法人制度」内田貴＝大村敦志編『民法の争点（ジュリスト増刊）』（有斐閣，2007 年）56 頁は，「営利法人・非営利法人の法人二分体系をになう一般法人法の成立は，単なる公益法人制度改革の枠を超えるもの」とする。

[28] もっとも，改革論議の途中で NPO 法人および特別法による法人が対象から除外されたため（2003 年 6 月 27 日閣議決定「公益法人制度の抜本的改革に関する基本方針」），非営利法人の一般法としては一般法人法と NPO 法が並存することになった。このため，今般の改革はいまだ不徹底であるということができるが，ここではこれ以上立ち入らない。

317

だけではない。この法律は同時に，憲法的観点からも重要な意義が認められる。そこで，次に節を改めてこの点を詳しく見てみよう。

第3節　一般社団法人制度の憲法的意義

1　法人格取得の憲法問題
(1)　通説的見解の問題点
①　学説の状況

　第1章でも見たように，日本憲法学においては従来，憲法21条が保障する結社の自由には，①個人の結社する・しない自由（個人的自由の側面）と，②設立された結社自体が活動する自由（団体的自由の側面）の2つの側面が含まれると理解されてきた。しかし，第2部で見たフランス公法学説とは異なり，この後者は，もっぱら団体の組織・運営が国の干渉を受けないという団体自治権（結社の自律性）の保障を意味するものとされ，これに法人格取得の保障が含まれるとは考えられてこなかった。それは，法人格が取引の安全のための法技術に過ぎないこと，また，「法人格の否定即団体の否定を意味するものではない[30]」ことを理由としている。それゆえ，憲法学ではこれまで，結社の法人格取得の是非又は具体的な非営利法人制度のあり方が，結社の自由の問題として論じられることはなかったのである。むしろ，憲法学は，法人格に関する問題を立法政策に属するものと見て，もっぱら民法学の議論にゆだねてきたのであった[31]。

　もっとも，現在の憲法学は，もう少しアンビヴァレントな態度をとっている。

---

(29)　法の名称としてはもともと「非営利法人法」が予定されていたが，「非」というネガティヴな文字を頭にいただく名称は好ましくないという考え方により，一般社団・財団法人法とされたようである。参照，太田・前掲注(23)26頁。また，公益法人制度改革に関する有識者会議がまとめた「報告書」（平成16年11月）も，新たに創設される法人の名称を「非営利法人」としていた。

(30)　佐藤・前掲注(8)550頁。また，民法学の観点から，後藤元伸「団体設立の自由とその制約」ジュリスト1126号（1998年）60頁は，「団体の設立の段階」と「法人格取得の段階」を区別し，前者には結社の自由が，後者には法人法定主義が妥当するという。

第3章　憲法と非営利法人制度

　松井茂記教授は，一方において，結社の自由は「私法上の『法人』格とは関係がない」と明言するが，他方で「環境保護や一定の政治目的を広めたり支援するために公益法人を設立することは明らかに21条の結社の自由に含まれ，民法上の法人格の取得はその活動にとって重要である。はたして許可主義，さらにはその適用が，21条に反しないか多大な疑問が残る」と述べている[32]。

　また，渋谷秀樹教授も，「法人格の取得の可否は，直接的には結社の自由と関係しないが，その取得に当たって過大な要件を設定し，またその剥奪によって著しい不利益を与えるような場合には，結社の自由そのものの侵害となる場合がある」という[33]。

　さらに，阪本昌成教授は，法人設立の法定要件は取引安全確保のための法技術上の問題であり，人的結合体の実体を規制するものでなく，「結社が法人格を得るための法的規制を受けることは，結社設立の自由とは無関係である」としながらも，「設立段階での許認可主義は，結社の自由（設立の自由）の観点からすれば，重大な疑義を残す」と指摘する[34]。

　これらの見解は，一方において，団体に法人格を付与するかどうかはもっぱら立法政策の問題であり，それゆえ，憲法上の「結社の自由」保障に法人格取得は含まれないとするものの，他方で，民法上の公益法人の許可主義（旧34条）には，憲法上問題があるというのである[35]。しかし，上記の諸学

---

(31)　参照，大石眞『憲法と宗教制度』（有斐閣，1996年）259頁，田近肇「アメリカ合衆国における宗教団体制度——憲法的視点からの検討(1)」法学論叢145巻5号（1999年）57頁。また，民法学の側もこのような認識を共有している。たとえば，雨宮孝子「非営利法人の立法論」NBL767号（2003年）34頁は，「団体を作ることは，憲法21条の結社の自由で保障されているが，その団体に権利義務の主体である法人格をどのように与えるかは国の政策の問題である」と述べている。

(32)　松井茂記『日本国憲法〔第3版〕』（有斐閣，2007年）489-490頁。

(33)　渋谷秀樹『憲法〔第2版〕』（有斐閣，2013年）459頁。

(34)　阪本昌成『憲法理論Ⅲ』（成文堂，1995年）149-150頁。

(35)　民法学の観点から山本敬三教授は，法人法定主義が「結社の自由を過度に制約するものとはいえない」としながらも，旧公益法人設立の際の許可制について，「法人格を取得するためにここまでの介入を甘受しなければならない制度は，結社の自由に対する過度の制約といわざるを得ない。公益法人制度については，抜本的な見なおしが必要である。」と述べていた。山本敬三『民法講義Ⅰ・総則〔第2版〕』（有斐閣，2005年）394-395頁。

319

説において，その理論的根拠が明らかにされているとは言い難い。むしろ，この2つの命題は，原理的に矛盾した内容を示しているとさえ言えるであろう。ただ，敢えて言うならば，このような学説のアンビヴァレントな態度は，非営利団体が法人格を取得することは「憲法上」の要求とまでは言えないが，「社会生活上」の必要からは望ましい，という悩ましさを示すものではある。

② 従来の議論の問題点

しかし，理論的な観点から見た場合，結社設立の自由を認めておきながら，設立された結社が法の世界において権利主体として活動することを認めないという通説の「結社の自由」理解は，果たして整合的かつ説得的な憲法解釈なのであろうか。また，法人格取得の実際上の必要性を示しておきながら，具体的な法人制度のあり方については憲法学の関知するところではなく，立法政策にゆだねるとすることは，責任ある解釈態度なのだろうか。

この点についてフランス法の理論と制度に照らしてみれば（第2部第2章・第3章），法人格取得の問題を結社の自由論から切り離すこうした日本憲法学の態度は，少なくとも再考されなければならないように思われる。というのも，フランスでの結社の自由論は，必ずしも特殊フランス的なものではなく，そこで考慮されていた事情は，日本においてもあてはまると考えられるからである。

この問題について日本の憲法学に通底しているのは，「法人格の付与は取引の安全等の確保からなされるものであり，法人格が付与されなくても結社として活動できる[36]」，という理解である。しかし，法人格がないために対外的な取引を制約された団体に，十分な活動を期待できるかは疑問である。すなわち，日本においても，小規模又は短期間の団体ならばともかく，継続的に何らかの社会的活動をしようとすれば，運営費（会費又は寄付）の確保，活動のための施設・設備の保有および第三者との取引などの必要から，フランス公法学のJ・モランジュ教授のいうように，団体自体が現実に活動するための物的手段や法の世界で活動するための法的手段といった活動手段，つまり法人格（法的能力）をもつことが不可欠であろう。実際，こうした活動

---

(36) 芹沢斉＝市川正人＝阪口正二郎編『別冊法学セミナー 新基本法コンメンタール 憲法』（日本評論社，2011年）185頁（市川正人執筆）。

手段が必要なことは，一般的な非営利法人制度が整備されていなかった状況下で，多くの市民活動団体が法人格の取得を切望していたこと，また，学説（主に民法学説）がそうした法人制度の不在を告発していた[37]ことからすれば，明らかであるように思われる。むしろ，そうした状況においてこそ，憲法学は，非営利法人制度の不備が結社の実質的かつ円滑な活動を妨げていることを指摘して，早期の法整備を促さなければならなかったはずである。

③ 「権利能力なき社団」論の功罪

もっとも，わが国ではこれまで「権利能力なき社団」論で対処してきたのであるから，あえて「法人格」取得を強調する必要はないとも考えられる。

しかし，判例により認められたこの「権利能力なき社団」なるカテゴリー[38]は，公益も営利も目的としない中間的団体の法人格取得の途が閉ざされていた状況下において，裁判所が与えた一種の救済措置として捉えられるべきであろう。

もちろん，このような裁判所の営み自体は評価されるものである。しかし，大村敦志教授が原則論の立場から，「法人という制度があり，法人格のあるものとないものとを分けているのに，この区別をなきがごときものとするのは本当に望ましいことだろうか[39]」と指摘するように，「権利能力なき社団」のカテゴリーは，法制度上，あくまで特例としての位置づけしか与えられないはずである。したがって，結社に活動手段を認めるのであれば，立法を通じて法人格を付与するのが本来のプロセスであるように思われる。

ただ，見方を変えてみれば，法律に規定のない「権利能力なき社団」が必要とされ，かつ，裁判所がそれを認定せざるを得なかったことは，わが国の団体活動にとっても，法律上の能力がいかに重要であるかを図らずも示しているであろう。

こうして，団体活動にとって法人格のもつ重要性を考えてみると，憲法学もこの側面を適切に捉える結社の自由論を展開しなければならないのではな

---

(37) 主として民法学者の手になる代表的なものとして，総合研究開発機構（NIRA）『ボランティア等の支援方策に関する総合的研究——ボランティア活動の支援とボランティア団体の法人化』（1996年）がある。
(38) 最1判昭和39年10月15日民集18巻8号1671頁。
(39) 大村敦志『基本民法Ⅰ〔第3版〕』（有斐閣，2007年）351頁。

いか。すなわち，第1章でも指摘したように，「結社自体の活動の自由」を実効的に保障するためには，従来のように結社の自律権を保障するだけではなく，結社の活動手段の保障，すなわち法人格取得の保障の側面も考慮に入れる必要があるのではないだろうか。

(2) 結社の自由と法人格取得権

そこで，最近では，このような問題状況を受けとめて，法人制度を立法政策の問題としてきた従来の結社の自由論に反省を迫る立場があらわれている。

たとえば，樋口陽一教授は，「諸個人が法人をつくる場面での憲法上の保障[40]」が論じられるべきことを早くから指摘しており，さらに，大石眞教授は，法人格付与の問題が，本来「憲法21条で保障されている結社の自由との関係で議論すべきもの[41]」であるとし，法人格取得の問題を結社の自由論において正面から取り上げるべきことを示唆している。

そこで，結社の自由と法人格取得（法人制度）との憲法上の関係が問題となるが，これについては，現在のところ，次の2つの対応が見られるように思われる。

第1は，日本国憲法の採用する自由主義原理の下では，法人設立の要件は，必ず認可主義又は準則主義へと緩和されるとする大石眞教授の見解である[42]。これは，実質的には「団体の適切な管理・運営のために，独立した法人格をもつことができるようにすることが結社の自由を保障した趣旨に適う[43]」という考え方に基づいている。このことは，実際，NPO法やその後の中間法人法の制定が，「憲法上の結社の自由を実質化するもの[44]」として評価されていることからもうかがうことができる。

この見解は，結社の自由の解釈論そのものを展開するものではないが，結社の自由が法人に関する立法政策に一定の方向性を与えることを示唆するも

---

(40) 樋口陽一『憲法〔第3版〕』（創文社，2007年）236頁。
(41) 大石眞『憲法講義Ⅱ〔第2版〕』（有斐閣，2012年）29頁。
(42) 大石・前掲注(41)208頁。また，大石眞『日本国憲法』（放送大学教育振興会，2005年）245頁も参照。
(43) 大石・前掲注(41)29頁。また，大石眞「結社の自由」高橋和之＝大石眞編『憲法の争点〔第3版〕』（有斐閣，1999年）123頁も参照。
(44) 大石・前掲注(41)209頁。

第 3 章　憲法と非営利法人制度

のであると言うことができる。その例証として，大石教授は，明治憲法下で許可制であった労働組合や宗教団体の設立が，現行憲法の下で準則主義や認証主義に変更されたことを挙げており，「法人格の付与という問題は，憲法上の原理と密接に関係していること[45]」を指摘している。

　これに対して，第 2 の対応は，法人格取得の効果を直接的に結社の自由の内容として理解するものである。行政法学の磯部力教授は，「『結社の自由』という憲法規範の問題から，直接的に『法人格取得の自由』というところまで，憲法的な自由の問題として議論する」必要性を指摘する。そして，団体としての活動を十分に実質的に展開するためには，法人格の取得は「必然の条理」であるとして，これを「法人格を獲得する自由」として捉えることを試みている[46]。

　また，民法学の大村敦志教授が，「『結社の自由』を出発点として，その延長線上に『法人格の付与』の問題を位置づけよう[47]」とすること，同じく民法学の能見善久教授が，「結社・団体設立の自由と法人設立の自由とは完全には同じではないが，前者から後者を導くことはおかしなことではない[48]」と述べられるのも，基本的に同じ趣旨と受けとることができるであろう。

　この見解に対しては，たしかに，法人格の取得が国家に妨げられないことを重視すれば，それを「自由」と呼ぶことができるかもしれない[49]。「法人設立の自由」という用語は，まさにそのことを端的に示すものであろう。しかし，現実に結社が法人格を取得するには，要件や手続を定めた具体的な法人制度が整備されなければならないこと，さらに，その付与に際しては国の何らかの関与が必要であることを考慮すれば，それを文字通りの「自由」と

---

(45)　大石・前掲注(41)208 頁。
(46)　雨宮孝子ほか「＜座談会＞ NPO 法の検討——市民活動団体の法人化について」ジュリスト 1105 号（1997 年）17-18 頁（磯部力発言）。
(47)　大村敦志「『結社の自由』の民法学的再検討・序説」NBL767 号（2003 年）54-55 頁。
(48)　四宮＝能見・前掲注(9)93 頁。
(49)　樋口教授は，フランス 1901 年法についても，「非営利社団が県庁への届出だけによって法人格を取得できる，ということまでを，この法律は『国家からの自由』の内容としたのである」とする。樋口陽一「『からの自由』をあらためて考える——1901 年結社法（フランス）100 周年の機会に」法律時報 73 巻 10 号（2001 年）94 頁。

捉えることには無理がある。

そこで，こうした事情を勘案すれば，結社の自由と法人格取得の関係については，「国家に対して結社が法人格の取得を求めることができること」，すなわち，「結社の法人格取得権」として構成するのが適切であるように思われる。そして，これを憲法解釈論としていえば，結社の自由の保障効果には，法人格取得権が含まれると理解することになるであろう。

もっとも，この「法人格取得権」という考え方に対しては，消極的自由としての結社の自由と相容れないのではないか，という批判が直ちに向けられるであろう。しかし，ある憲法上の権利（自由）が一定のカテゴリーに位置づけられるからといって，その内容を固定的に捉える必然性はないであろう。実際，伝統的に消極的自由として理解されてきた表現の自由でさえ，現在では請求権的性格を有する「知る権利」を含むと考えられている[50]。これは，表現の「受け手」を考慮する必要から提示された「表現の自由」の新たな解釈である。そして，こうした理解の仕方が，結社の自由の憲法解釈に際して否定される理由は，見あたらないように思われる。

2 一般社団法人制度の憲法上の位置づけ
(1) 法人格取得権の具体化としての一般社団法人制度

一般法人法は，法人格の取得と公益性の判断が一体となっていた従来の公益法人制度を改めて，剰余金の分配を目的としない社団又は財団について，公益性の有無にかかわらず，準則主義（登記）により簡便に法人格を取得することができる一般的な法人制度を創設し，その設立，組織，運営，管理について定めるものである[51]。

同法によると，一般社団法人は，社員になろうとする者（2人以上）が定款を作成し（10条），公証人による認証を受けたうえで（13条），主たる事務所の所在地において設立登記を行うことによって成立する（22条）。一般社団法人は，法人とされることから（3条），この設立登記によって非営利団体は法人格を取得することができる。

---

(50) 佐藤・前掲注(8)516頁。
(51) 新公益法人制度研究会編著・前掲注(23)13頁。

324

ここでは，一般社団法人の設立に際して，かつての民法上の公益法人のような許可主義（民法旧34条）がとられていないことはもちろん，NPO法人における活動制限（特定非営利活動2条および別表）や有限責任中間法人の最低基金制度（旧中間法人法12条）などの実質要件は，一切設けられていない。つまり，非営利団体は，前記の目的要件をみたしていれば，設立の申請および行政庁による審査・確認を必要とすることなく，法人格を取得できる。

このように，準則主義によって非営利団体が簡便に法人格を取得できることが認められる点において，一般社団法人制度は，先に見た結社の法人格取得権を具体化するものである。そうすると，一般社団法人制度を規定する一般法人法は，憲法論の視点から見た場合，結社の自由保障立法と位置づけることができる。

(2) 結社の自由保障法としての位置づけの明確化

こうした観点からすれば，一般法人法は，単に私法上の非営利法人法としてではなく，人権保障立法としての性格をも併せもつことになる。ところが，本章冒頭でも述べたように，立案・制定過程から現在に至るまで，この法律に対してそうした意味が与えられることはなかった。そこで，同法が法人格取得権を具体化する結社の自由保障立法であることを明確にするためには，他の法人法に倣って，同法の法文において憲法との関係を明確に示す必要があるのではないか。

たとえば，宗教団体に法人格を付与する宗教法人法（昭和26年法律126号）は，宗教団体が「礼拝の施設その他の財産を保有し，これを維持運用し，その他その目的達成のための業務及び事業を運営することに資するため」（1条1項）に法律上の能力を与える旨規定している。さらに，同法は，「憲法で保障された信教の自由」が「すべての国政において尊重されなければならない」（同条2項前段）ことを確認し，同法のいかなる規定も「宗教上の行為を行うことを制限するものと解釈してはならない」（同後段）ことに注意を促している（85条も参照）。宗教法人法のこれらの諸規定は，同法が「信教の自由を実質的に確保するもの[52]」であることを強く意識させる効果を

---

(52) 渡部蓊『最新逐条解説宗教法人法』（ぎょうせい，2001年）27頁。

もっているであろう。

　また，政党に法人格を付与するいわゆる法人格付与法（正しくは「政党交付金の交付を受ける政党等に対する法人格の付与に関する法律」〔平成6年法律106号〕）も，「政党の政治活動の健全な発達の促進を図り，もって民主政治の健全な発達に寄与する」という目的規定（1条）を置くとともに，同法の規定が「政党の政治活動の自由を制限するものと解釈してはならない」という解釈指針（2条）を与えている。これらも，同法が憲法21条の保障する「政党の政治活動の自由」と密接に関係することを示しているであろう[53]。

　そうすると，一般法人法においても，結社の自由との関係を明確にするために，上記の法人法に倣い，同法が「民間非営利活動の健全な発達」を図るものであること，あるいはより直接的に，「憲法が保障する結社の自由に資する」旨の目的規定，また，同法の諸規定が「結社の自由を制限するものと解釈してはならない」旨の解釈規定が，独立の法文として置かれるべきであったように思われる。

　もっとも，こうした考え方に対しては，宗教団体や政党の場合，その基礎にある宗教活動や政治活動それ自体が憲法で保障されているため，それらの法人法では，明文で注意を促す必要があったのだという批判が向けられるかもしれない。しかし，結社の自由は，何らかの特定の目的をもった団体を対象とするのではなく，違法な目的を追求しない限り，いかなる目的の団体であってもその活動の自由を等しく保障することに最大の意義がある。すなわち，結社の自由が保障されるということは，あらゆる「結社活動（団体活動）」が憲法上保障されることなのである。したがって，一般法人法は，結社に法人格を付与することによって，憲法の保障する「結社活動」を促進する重要な法律ということになる。その意味で，上記のような批判は，この法律の意義を適切に評価するものではない。しかし，そうした批判に答える意味でも，一般法人法の法文において，憲法との位置関係を明確にしておく必要があったのではないだろうか。

---

(53)　参照，自治省選挙部政党助成室編『逐条解説政党助成法・法人格付与法』（ぎょうせい，1997年）187頁。

(3) 一般法人法の憲法上の効力

最後に，法人格取得権の具体化としての一般法人法が，憲法上どのような効力をもつのかも問題となる。これは，立法者は，何らの憲法上の制約も受けることなく，一般法人法を随意に改廃することができるのかということである。第2部で見たように，フランスでは1971年の憲法院判決によって，1901年法の定める法人格取得手続が憲法化されたのであるが，これと同じことは，わが国についてもいえるだろうか。

もちろん，一般法人法は「法律」であるため，通常，立法者は，その改廃を自由に行うことができると考えられるであろう。しかし，この点について，長谷部恭男教授が「知る権利」を例に挙げて，「国の積極的な制度創設が要求される権利についても，いったん具体的法令の体系が創設されれば，裁判所はその解釈を通じて憲法の要請を貫くことができるし，また，制度の中核と考えられる部分が法令によって縮減されている場合には，それを違憲と判断することができる[54]」と述べていることは，注目に値する。この考えによると，情報公開法（平成11年5月14日法律42号）の廃止はもちろん，又は開示請求を困難にする方向での法改正は，基本的に許されないことになるであろう。

こうした考え方は，具体的な法人制度を必要とする法人格取得権についても，基本的に妥当するのではないか。そうであるならば，一般法人法が成立した現在では，この法律を廃止することはもちろん，また，先に見た大石教授の理解に従うならば，もはや準則主義を後退させる方向での改正でさえ，憲法上許されないというべきであろう。その限りで，一般法人法における準則主義による法人格取得を定めた部分（22条）は，憲法上の効力をもつと評価できるのではないか。そして，このような帰結の妥当性は，憲法で保障される他の団体と比較した場合に，より明らかになる。すなわち，宗教法人や法人格付与法の廃止は，憲法20条および21条との関係でもはや不可能であろう。

---

[54] 長谷部恭男『憲法〔第5版〕』（新世社，2011年）209頁。

第4部　日本における結社の自由保障

(4) 小　括

　本節では，公益法人制度改革によって新たに創設された一般社団法人制度について，憲法論の視点から検討を試みてきた。そこから得られた結論は，日本国憲法の結社の自由保障には法人格取得権が含まれるのではないかということ，そして，一般社団法人制度はこの権利を具体化する制度として位置づけられるのではないかということである。

　このように，一般法人法により創設された一般社団法人制度は憲法上重要な意義を有しているにもかかわらず，冒頭でも述べたように，その立案・制定過程において憲法論が展開されることはなかった。つまり，このたびの制度改革において，憲法学は，まったくもって蚊帳の外に置かれていたのである。

　もっとも，このような結果は，1998年にNPO法が制定される以前において，「わが国には未だ非営利法人制度に関する一般法がなく，結社の自由を強調する憲法学も，その点に関してとくに痛痒を感じていないかのようである[55]」と指摘されていたにもかかわらず，これを自らの問題として受けとめてこなかった憲法学にも責任があるだろう。

　しかし，こうした態度が問題なのは，ただ単に，本節で指摘したように，一般社団法人制度のもつ憲法的な意義や価値を適切に捉えきれないことにあるのではない。より深刻なのは，憲法論と切り離されることによって，同制度に含まれている憲法上の問題点が隠蔽されてしまうことである。そこで，次節では一般社団法人制度の問題点を検討することにしよう。

第4節　一般社団法人制度の問題点

　前節では，立案過程や改革論議においては見られなかった憲法論の視点から，一般法人法を捉えることを試み，同法の創設する一般社団法人制度が憲法上の「結社の自由」保障に資する制度であることを指摘した。

　しかし，同じ憲法論の視点から見た場合，同法には「結社の自由」保障に悖る点も見受けられる。それゆえ，議論の公平さを保つためには，一般社団

---

[55]　大石・前掲注(31)300頁。

法人制度の負の側面も等しく指摘することが必要であろう。

そこで，本節では，「結社の自由」の観点から見た場合の，一般法人法の問題点を摘示することにする。まず，一般社団法人の「非営利性」にかかわる個別的課題について検討したうえで（→1），その後，一般法人法の「自律性」にかかわる問題点を指摘することにする（→2）。

1 「非営利性」の問題

(1) **結社の自由と「非営利性」：「非営利性」は結社の自由保障の前提なのか**

まず議論の前提として，そもそも構成員に利益分配をしないという「非営利性」が，憲法21条の「結社」の要件であるのかどうかが問題となる。この点について，従来の学説では，「経済的目的」を掲げる団体も憲法21条の結社の自由保障に含まれるとされてきた[56]。この「経済的目的」が具体的に何を意味するのかは明らかでないが，これが「営利目的」を意味するのだとすれば，妥当ではないように思われる。というのも，「株式会社のような資本団体の設立は，一般に結社の自由の保障に先行する形で経済的活動の一環として確保されてきた歴史をふまえ[57]」るならば，営利団体の設立・営業の自由は，経済的自由として憲法22条1項で保障すれば足りるからである[58]。

---

[56] 芦部信喜（高橋和之補訂）『憲法〔第5版〕』（岩波書店，2011年）211頁，佐藤幸治『日本国憲法論』（成文堂，2011年）292頁。初宿正典『憲法2・基本権〔第3版〕』（成文堂，2010年）321頁。佐藤教授は，憲法21条の「結社」は，「およそ人の共同的結合行為を包摂しているものと解すべきであろう」とする（292頁）。また，初宿教授は，「結成された企業その他の団体の行う経済活動が，個人の経済活動とともに，憲法第22条や第29条の保障の対象となることは当然としても，かかる団体を結成する自由自体の憲法上の根拠は，やはりこれを第21条1項の『結社の自由』条項に求めるのが自然であるように思われる」と述べた上で，新聞社や放送会社など会社として表現活動をすることを主たる目的とする団体を例に，「これらの結社については，具体的には会社法等の法令によって規律されているが，憲法第21条1項の『結社の自由』条項がその根拠規定をなし，国民はこうした会社を起こし，これを維持し，営業活動を行い，あるいはこれを解散することについて，原則として自由を保障されている」という理解を示している。

[57] 大石・前掲注(43)「結社の自由」122頁。

[58] 樋口陽一ほか『注解法律学全集2・憲法Ⅱ（第21条～40条）』（青林書院，1997年）39頁（浦部法穂執筆）。

また，日本国憲法の解釈としても，「解釈論は，一般に，当該規定に独自の存在理由を見出す解釈の方が，そうでない解釈よりも優れているといえる[59]」とするならば，この見方は，憲法21条の結社の自由条項に独自性を認めない点で，解釈論としても妥当であるとは言い難いように思われる。

　以上から，結社の自由にいう「結社」の意味は，実質上も解釈論上も，非営利目的の団体と理解するのが適切である[60]。そうすると，一般社団法人の「非営利性」の問題は，憲法と一般法人法を接続する重要な論点となる。

　そこで，以下では，「非営利性」の明確化（→(2)）と徹底化（→(3)）という2つの視角から，一般社団法人制度の問題点を検討することにしよう。

(2) 「一般社団法人」の定義 ── 「非営利性」を明確化する必要

　第1に問題となるのは，一般法人法の規律対象である「一般社団法人」そのものの概念が，法律上明記されていないことである。つまり，同法には，「一般社団法人」を直接的に定義する規定が存在しない。これでは，どのような団体が同法の適用対象となるのかが，一見したところ明らかでない。おそらく，この規定方法は，同じく「会社」の定義規定を置かない会社法に倣ったものであろう。

　しかし，この点については，わが国の従来の非営利法人法においては，対象となる団体の定義規定が置かれていたことが重要である。たとえば，NPO法は，特定非営利活動法人を「不特定かつ多数のものの利益の増進に寄与すること」（特定非営利活動2条1項）を目的とする法人と定義しているが，さらに現実の制度設計で重要な鍵となる営利・非営利の区別についても，「営利を目的としないもの」（同条2項）との規定を置いている。また，中間法人法でさえも，中間法人を「剰余金を社員に分配することを目的としない社団」（旧中間法人2条）と定義する規定を，法律の冒頭に置いていたのだった。

---

(59) 内田貴『民法Ⅳ（親族・相続）』（東京大学出版会，2002年）113頁。
(60) 同様の理解を示すものとして，大石・前掲注(41)207頁，長谷部・前掲注(54)218頁，高橋和之『立憲主義と日本国憲法〔第3版〕』（有斐閣，2013年）233頁，小野善康「結社の憲法上の権利の享有について──『法人の人権』論の再検討」アルテス・リベラレス（岩手大学人文社会科学部紀要）72号（2003年）91-92頁を参照。

また，このたびの公益法人制度改革の立案過程においても，先述の公益法人制度改革に関する有識者会議「報告書」（平成16年11月19日）では，一般的な非営利法人を「営利（剰余金の分配）を目的としない団体」と定義しており，さらに，「行政改革の重要方針」の閣議決定後に内閣官房行政改革推進事務局から出された「公益法人制度改革（新制度の概要）」（平成17年12月26日）においても，対象となる法人を「剰余金を社員又は設立者に分配することを目的としないもの」と規定していた。こうした規定がなぜ法案化の段階で削除されたのかは不明であるが，以上のような経緯を考えると，一般法人法においても，法人の性質決定の必要から，せめて中間法人法と同程度の定義規定を設置して，一般社団法人が「非営利」法人であることを法文で明確に示すことが必須であったように思われる。

　もっとも，一般社団法人の性質を推知させる規定が存在しないわけではない。一般社団法人の定款に「社員に剰余金又は残余財産の分配を受ける権利を与える旨」を定めても，その効力を有しないとされている（一般法人11条2項）[61]。また，社員総会において，社員に剰余金を分配する旨の決議をすることはできないことになっている（同35条3項）。ここから，一般社団法人とは利益を分配しない法人，すなわち，「非営利」の法人であることが間接的にわかるのである[62]。

　しかし，新しい法人類型を導入する以上，一般法人法には，その冒頭において「一般社団法人」を定義する規定が置かれるべきであったように思われる。しかも，同法がわが国で初めての一般非営利法人法であることを考えると，その意義を明確にするためにも定義規定は必要だったのではないか。

(3) 残余財産の帰属問題 ――「非営利性」を徹底化する必要
① 「非営利性」要件の徹底
　第2は，解散・清算時における残余財産の帰属方法の問題である。この問

---

(61) これが一般社団法人の「非営利性を確保するための規定」であるとする，中田・前掲注(3) 7頁を参照。

(62) この2つの規定を根拠として，一般社団法人が非営利法人であると明確に説くものとして，山田誠一「これからの法人制度〔第1回〕」法学教室321号（2007年）16頁を参照。

題は，利益分配と密接にかかわるために，法人の「非営利性」をテストする上で重要である。

　一般法人法は，残余財産について3段階の帰属方法を定めている（一般法人239条）。すなわち，①第1次的には定款の定めるところに従うが（定款指定方式），これによって帰属先が決まらないときは，②清算法人の社員総会の決議によって決定する（総会決議方式）。そして，これらのいずれの方法によっても帰属先が定まらない残余財産は，③国庫に帰属するものとされる（国庫帰属方式）。この3段階の帰属方法は，おそらく，中間法人の規定をそのまま踏襲したものであろう（旧中間法人86条，113条）。

　これらのなかで，非営利法人制度のあり方としてみた場合，②の帰属方法に問題がないわけではない。というのも，この方法では，社員総会において残余財産を社員又は設立者に帰属する可能性を排除することができないからである。つまり，一般社団法人は，収益事業をして得られた利益を内部に留保した後，自発的に解散することによって，実質的に社員に利益を分配することができることになる。このことは，一般社団法人が寄附および補助金などの無償の資金援助を受けているときは，その出捐者の期待を裏切ることにもなろう[63]。

　この総会決議方式の問題点は，すでに中間法人法の段階でも指摘されていた[64]。にもかかわらず，今回の一般法人法においても，同方式が継承されることになった。この方式が採用された理由は，第1に，公益性を要件としない法人における残余財産の帰属については「法人の自律的な意思決定に委ねることが相当」であること[65]，あるいは第2に，中間法人と同様，一般社団法人は共益的事業を目的とすることも可能であるから，このような共益的団体の残余財産を社員又は設立者に分配することの禁止が合理的でない場合があること[66]，にあるといわれている。

　しかし，こうした理解は，法人の「公益性」や「共益性」には注意を払う

---

(63)　参照，神作裕之「非営利法人と営利法人」内田＝大村・前掲注(27)60頁。
(64)　中田裕康「中間法人法の展望」法律のひろば54巻11号（2001年11月号）27頁。
(65)　平成16年11月19日の公益法人制度改革に関する有識者会議「報告書」（以下，「有識者会議報告書」という）で示された考え方である。
(66)　范・前掲注(2)38頁。

ものの,「非営利性」の視点を没却しているように思われる。とりわけ, 社員への利益分配を実質的に認める②総会決議方式には,「非営利性」の観点から明らかに問題がある。というのも,「非営利」とは, 団体の事業から得られる収益が, いかなる方法によっても社員に行き渡ってはならないことだからである。その意味で, 残余財産の分配可能性を認める一般社団法人制度は,「非営利性」に関して未だ不徹底であると評価せざるを得ないだろう。

この点に関して, フランス 1901 年結社法は, 非営利社団 (結社) の「非営利性」を徹底している。まず, 結社は「利益を分配すること以外の目的」(同1条)を掲げるのであるから, 剰余金の分配が禁止されるのは当然である。そして, 1901 年結社法は, 残余財産の帰属方法について, ① 定款指定方式と② 総会決議方式を定めているが (同9条), 同法施行令によって, 出資の返還の場合を除き, 残余財産を構成員に分配することが禁止されている (1901 年法施行令 15 条)。これは, 残余財産の一構成員への帰属又は構成員間での分配禁止を意味するものと理解されている[67]。つまり, フランス非営利団体法では, 構成員へのいかなる利益分配も禁止されているのである[68]。

このように見ると, わが国でも一般社団法人の「非営利性」を徹底しようとすれば, 残余財産に対する社員の「権利」を禁止するだけではなく, 残余財産の「分配」それじたいが禁止されなければならない[69]。

② 税制上の扱いとの関係
（ⅰ） 基本的枠組み　そして, この残余財産の帰属問題は, 法人の税制上の措置とも関係している。たとえば, 残余財産の分配可能性を認めない民法上の旧公益法人 (民旧 72 条) および NPO 法人 (特定非営利活動 32 条) の法

---

(67) Alain-Serge Mescheriakoff, Marc Frangi et Moncef Kdhir, *Droit des associations*, PUF, 1996, pp. 208-209.
(68) 総合研究開発機構・前掲注(37)118 頁, 120 頁（山田誠一執筆）も参照。
(69) 先に見た, 一般法人法第 11 条 2 項は, その法文だけ見ると, 剰余金についても社員の「権利」を禁止するのみで,「分配」それじたいを禁止していないようにも読める。しかし, 立案過程では, 一貫して同法の対象を「営利（剰余金の分配）を目的としない団体」（有識者会議「報告書」）, あるいは,「剰余金を社員または設立者に分配することを目的としないもの」（「新制度の概要」）としており, こうした考え方が立法化段階で最終的に変更されたとは考えられないであろう。もちろん, 立法の不備であることに違いないが, しかし, このような問題も, 前記のように同法が一般社団法人の定義規定を置かなかったことに起因するであろう。

人税が原則非課税とされているのに対して[70]，残余財産の分配可能性を認めていた中間法人（旧中間法人法 113 条）は，普通法人として原則課税とされていた（法人税法 2 条）。

そこで，このような税制上の特例措置がいかなる根拠に基づいているのかが問題となる。法人税法 4 条によると，内国法人は法人税を納める義務を負うが，「公益法人等」又は「人格のない社団等」については，収益事業から生じた所得についてのみ納税義務を負う[71]。この特例措置については，「公益性にかかる収益は非課税を原則として，営利法人と競合する事業から生ずる収益については課税するというのが立法の趣旨であると考えられる[72]」と述べられることから，事業の「公益性」が根拠となっているようである[73]。

しかし，「公益法人等」が具体的に列挙されている法人税法別表第 2（公益法人等の表）を見てみると，そこには，公共法人（法人税法 2 条 5 号，別表第 1）に類似したものから，宗教法人や労働組合など必ずしも公益を目的としない法人まで含まれているため，非課税の根拠を「公益性」に求める理解は必ずしも適切ではないであろう。むしろ，上記のように残余財産の分配可能性の有無に着目する視点から，特例措置の根拠を団体の「非営利性」に求める理解[74]の方が正鵠を射たものではないかと思われる[75][76]。

---

(70) NPO 法人は，税法上は「公益法人等」として扱われるため（特定非営利活動 70 条 1 項），収益事業以外から生じた所得については原則非課税となる。

(71) 収益事業とは，「販売業，製造業その他の政令で定める事業で，継続して事業場を設けて行われるもの」（法人税法 2 条 13 号）とされており，その範囲は政令（法人税法施行令 5 条 1 項）で規定されている。

(72) 水野忠恒「公益法人課税の方向」金子宏編『租税法の基本問題』（有斐閣，2007 年）437 頁以下，442 頁。

(73) 参照，兼平裕子「非営利法人制度改革と NPO 法人・宗教法人──収益事業課税と寄付金税制の検討」税法学 553 号（2005 年）51 頁以下，54 頁。

(74) 雨宮孝子「日本の非営利法人制度の現状」塚本一郎ほか編著『NPO と新しい社会デザイン』（同文舘出版，2004 年）91 頁。

(75) フランスでも非営利社団（結社）の法人税は原則非課税とされているが，その根拠が結社の「非営利性」にあることは法律で明らかにされている（租税一般法典 206 条）。本書第 3 部第 1 章第 4 節を参照。

(76) 大石眞教授は，宗教法人が法人税法上「公益法人等」と位置づけられている点をとらえて，同観念が「せいぜい営利を目的としない団体（非営利法人）を漠然と包括的に指すにとどまる」，と指摘している。大石・前掲注(31)256 頁。

実際，非営利性を基準とするこうした考え方は，公益法人制度の税制論議でも見られた。平成17年（2005年）6月，税制調査会基礎問題小委員会・非営利法人課税ワーキング・グループ（水野忠恒座長）の「新たな非営利法人に関する課税及び寄附金税制についての基本的考え方」では，新たに創設される一般的な非営利法人については「営利法人と同等の課税」にすべきことが提言されており，その実質的根拠が「解散時に残余財産の帰属という方法により利益を分配したりすることが可能である」ことに求められていた。

　これを受けて，平成20年の税制改正では，一般社団法人に対する課税は，次のように定められた。一般社団法人は，通常，普通法人として株式会社と同様に課税される（法人税法4条）。ただし，法人税法2条9号の2が定める「非営利型法人」（後述）の要件をみたす場合には，「公益法人等」として位置づけられ，公益社団・財団法人と同じく[77]収益事業から生じる所得に対してのみ課税される[78]。

　このように，租税立法政策の観点から一般社団法人に区別が設けられたのは，租税法学の金子宏教授によると，「一般社団法人……は，非営利法人であるとはいっても，その行う事業の範囲に制約がなく，非営利性を担保する仕組みも設けられていない[79]」ことにあるという。このように，法人法上の「非営利性」の徹底度合いは，実際の税制上の措置に反映されることになった。

　(ⅱ)　「非営利型法人」という類型　　一般社団法人のうち，法人税の特例を受けられる「非営利型法人」は，次の何れかの要件をみたすものである（法人税法2条9号の2）。

---

(77)　公益性を有する非営利法人（公益社団法人）について，政府税調の報告書「基本的考え方」（前掲）は，「基本的にすべての収益を非課税とすることが適当」であると結論づけている。同報告書はその根拠を，「事業活動の公益性」に求めており，また，法律においても，「公益法人が行なう公益目的事業に係る活動が果たす役割の重要性」（公益認定58条）が税制上の措置を講ずるにあたって考慮されるべきであると明記されている。しかし，一般社団法人の場合と異なり，公益認定法は，公益社団法人の残余財産の分配を厳格に禁じている（同5条18号）のであるから，「非営利性」を根拠とする見方も十分成り立つのではないかと思われる。

(78)　平成20年の公益法人税制改革については，水野忠恒「公益法人制度改革と税制改正」税研141号（2008年）31頁以下参照。

(79)　金子宏『租税法〔第18版〕』（弘文堂，2013年）380頁。

（α）その行う事業により利益を得ること又はその得た利益を分配することを目的としない法人であって，その事業を運営するための組織が適正であるものとして政令で定めるもの（同条同号イ）
（β）その会員から受け入れる会費により当該会員に共通する利益を図るための事業を行う法人であって，その事業を運営するための組織が適正であるものとして政令で定めるもの（同条同号ロ）

　租税法学において，これら2つの「非営利型法人」は，それぞれ「公益的非営利型法人」（α），「共益的非営利型法人」（β）と呼ばれているようである。しかし，前記（α）の類型の一般社団法人が公益活動を行うことは法律上義務づけられていないため，それを「公益型」と名付けることは法人の実体を反映していないであろう。むしろ，実務家が用いるように，前者を「非営利型一般社団法人」，後者を「共益活動型一般社団法人」と呼ぶのが適切ではないか[80]。

　さて，この特例措置については，次の2点を指摘することができる。
　第1に，上記定義が委任している法人税法施行令3条1項によると，公益的非営利型法人は，その定款に剰余金の分配を行わない旨の定めがあること，および解散時に残余財産が国若しくは地方公共団体などに帰属する旨が定款で定められていることを要件としている。これらは，法人の目的要件を定めた委任元の法律規定と相まって，一般社団法人の非営利性を徹底させるものである。それゆえ，これらの要件は，株式会社などの営利法人とは異なる課税措置を一般社団法人が享受できる正当な根拠となりうるように思われる。
　他方，第2に，共益的非営利型法人には，公益的非営利型法人のような非営利性が厳格に要求されていないにもかかわらず，法人税法の非課税措置が認められている。委任先の法人税法施行令3条2項によると，会員相互の支援，交流，連絡その他の会員に共通する利益を図る活動を行うことを主たる目的としていること，定款に会費に関する規定を置くべきこと，主たる事業

---

(80)　石下貴大『図解でわかるNPO法人・一般社団法人：いちばん最初に読む本』（アニモ出版，2012年）186頁。また，公益法人協会の太田達男理事長は，本文中の（α）を「非営利徹底型」，同じく（β）を「共益型」，それ以外の一般社団法人を「普通法人型」と名付けている。太田達男『非営利法人設立・運営ガイドブック――社会貢献を志す人たちへ』（公益法人協会，2012年）18頁。

として収益事業を行っていないことを要件としていることなどから，共益的非営利型法人とは会員からの会費を収入として活動する団体が想定されている。その意味で，同法人に営利法人と同様の課税を要求すべきではないのかもしれない。租税法学上も，「会費のような，いわば，公益性はないが営利性もない収入については，収入と支出とのタイムラグにすぎず，このような余剰に対する課税は好ましくないとされた[81]」と説明されている。

しかし，性質の異なる法人に同じ法的効果を付与することには，政策の一貫性の面で問題があるというべきであろう[82]。すなわち，「非営利性」を根拠とする非課税措置（公益社団法人，公益的非営利型法人）と，「共益性」を根拠とする非課税措置（共益的非営利型法人）とが，「公益法人等」（法人税法4条）という文言を媒介として同一法文から導かれることになる。このことを，理論的にどのように説明するかは今後の検討課題であろう。本書は租税立法政策の当否を判断する立場にないが，こうした問題は，少なくとも，一般社団法人の残余財産の分配可能性を禁止し，同法人の「非営利性」を徹底させていれば起こらなかったのではないか，と指摘することは許されるであろう[83]。

2　「自律性」の問題

(1)　詳細な内部規律

一般法人法は，全部で344カ条からなる大きな法律である。しかし，団体が法人化するにあたって，これほどまでに多くの規定が本当に必要なのか。ここでは，法人の組織・運営に関する規定と社員に関する規定を例にとって，検討することにしよう。

---

[81]　水野忠恒『租税法〔第4版〕』（有斐閣，2009年）325頁。
[82]　この点，同法人が「共益的であるにもかかわらず，公益法人等としての扱いを受けることについて注意を要する」との指摘がなされている。岡村忠生＝渡辺徹也＝高橋祐介『ベーシック税法〔第7版〕』（有斐閣，2013年）213-214頁。
[83]　平成20年（2008年）の税制改正で公益法人税制が定められる前の段階で，水野忠恒教授は，「非営利法人に対する課税に係る具体的な課税ベースについては，各々の非営利法人に関する私法上の仕組み（残余財産の帰属の態様等）や事業目的，活動の実態等を総合的に勘案して適切に設定する必要がある」（傍点筆者），と述べていた。水野忠恒「新たな非営利法人制度の課税及び寄附金税制の検討」税研125号（2006年）22頁以下，23-24頁。

第4部　日本における結社の自由保障

　第1に，一般法人法は，法人の組織や運営方法について多くの規定を置いている。たとえば，毎事業年度に一度，定時社員総会が招集されなければならないとされており（35条，36条），ここから社員総会が必置とされる。これに関連して，招集手続（37条～47条），決議および議決権行使の方法（48条～52条），議長の権限（54条），並びに議事録の作成義務（57条）等が法定されている。また，役員についても，理事の設置義務（60条）のほか，選任・解任の方法（63条，70条），任期（66条），業務執行方法（76条），忠実義務（83条），競業・利益相反取引の制限（84条），社員総会への説明義務（53条）および社員への報告義務（85条）等の規定が置かれている。

　第2に，社員に関するものとして，一般法人法は，社員の経費負担義務（27条），社員の退社規定（28条，29条），除名事由とその手続（30条）について規定している。また，一般社団法人は，社員名簿作成義務を負い（31条），これを主たる事務所に備え置かなければならない（32条）とされている。

　このような詳細な内部規律が設けられたのは，立案者によれば，法人の「自律的なガバナンス」を確保するためであるという[84]。つまり，以前の民法上の公益法人とは異なり，一般社団法人には監督官庁がないため，そのかわりに法律によって「法人の自律的な運営を確保する」必要があるという。このため，一般法人法においては，会社法と同程度の規律が用意されることになった。

　しかし，法人の自律的運営を，法律という他律規範によって確保するというのは，本来，矛盾するのではないか。さらに，憲法の視点から見た場合，一般社団法人という非営利団体の内部運営に法が介入することは，「結社の自由」との関係で問題はないのか。

(2)　フランス法の視点

　この問題についても，フランス法のあり方が有益な示唆を与えてくれるように思われる。フランス1901年法において，法人格に関する規定は僅か2カ条しかない。このうち，結社の法人格取得の要件を定めているのは第5条

---

[84]　平成16年12月24日閣議決定「公益法人制度改革の基本的枠組み」。

の1カ条である。同条によると，結社が法人格を取得するためには県庁等へ届出ることが必要であるが，この届出には，結社の名称，目的および所在地，並びに責任者の氏名，職業，住所および国籍だけを記載すればよい。つまり，結社が法人格を取得するには，「結社の公示」と「責任者の明示」で十分であるとされているのである。

　それでは，内部事項についてはどうなのかといえば，これは完全に結社の自律的決定にゆだねられている。結社は諸個人の合意（契約）であると法律構成されていることから，結社の内部事項については私法の一般原理である「契約自由の原則」が，そして，ここから派生した「規約自由の原則」が妥当し，これが結社の自律性を基礎づけている。これにより，結社の内部組織，運営方法および構成員の資格・権利義務等はすべて，結社が自律的に決定できることになっている。実際，総会ですら必置機関とはされていない。もちろん，より広い法律上の能力を有する公益社団については，内部組織や財政規律の準則がデクレ（政令）で定められるが，通常の非営利社団については，そうした規律はほとんど存在しない。

　このように，フランス法では，① 結社の内部事項は法人格の問題とは直接関係のないものとされていること，そして，② 内部事項については「規約の自由」の原理が妥当し，結社の自律性に任された領域であるが，しかし，③ それにもかかわらず，脱退の自由（フランス1901年法4条）を定める規定が強行法規として認められている。ここには，結社の活動領域を対外関係と内部関係とに区分し，それぞれ異なる原理と規律が妥当するといった考え方が見られる。すなわち，一方で，結社の対外関係を規律する法人法（法人制度）があり，他方，結社の組織や運営方法などの内部事項に関する団体法（団体制度）が存在する。そして，後者においては，団体の自律性を原則としつつも，一定の個人保護制度が公序として認められているのである。

(3)　一般法人法の場合

　このような区分は，わが国にとっても決して無意味なものではない。というのも，日本憲法学の文脈に照らしてみれば，結社（団体）の内部事項は，本来的に「結社の自由」保障が及ぶ領域だからである。つまり，わが国において結社の自律性は，憲法上の要請なのである。したがって，法律で結社の

第 4 部　日本における結社の自由保障

内部事項を必要以上に規律することは，少なくとも，憲法原理たる結社の自律性を侵害するおそれがある。このように考えれば，上記のように内部事項を詳細に規律する一般法人法の諸規定は，憲法の視点からは，「結社の自由」との関係で問題があるように思われる。

　もっとも，法人となって有限責任の効果を享受することになれば，内部運営に関するガバナンスや透明性の要請から，会社法に匹敵するほど十分な規定が必要であるとも考えられる[85]。また，取引関係における債権者保護の要請も，実務上重要なものなのであろう。事実，立案者はこのように考えていた。

　しかし，先に見たフランス法に倣うとするならば，法人格を付与する際に必要なのは，公示のための登記に関するもの（一般法人 22 条）と法人の代表者となる理事（又は代表理事）の設置と明示に関するもの（同 60 条，77 条，301 条）で十分なはずであり，法人内部の機関設置や意思決定などの運営方法については，本来，「法人」固有の問題ではない。このことは，日本における他の法人格付与法と比べることによって明らかになると思われる。

　たとえば，政党に法人格を付与する政党法人化法は，僅か 16 カ条しかない。そして，当然のことながら，同法には総会の設置を義務づける規定は存在せず，ただ公示手段である登記に関する規定（同 4 条，7 条），代表権を有する者に関する規定（同 5 条，9 条，9 条の 2）のほか，第三者の取引安全や運営管理のための必要最小限の規定を置いているだけである（同 9 条の 3 〜 9 条の 6）。もし，法人化した政党に必置機関を設けてその決議方法まで法定するとしたら，政党の政治活動の自由の侵害として憲法違反と判断されるのではないだろうか[86]。

　また，宗教法人法は，内部運営に関して，宗教法人を代表する代表役員および法人の事務を決定する責任役員の設置を定める規定しか置いていない（同 18 条）。そして，その員数，任期，職務権限，任免方法および事務の決定方法は規則で定めることになっている（同 12 条，19 条）。試みに内部の意思決定方法や各種役員に関する上記の事項が法定されることになれば，おそ

---

(85)　参照，落合誠一「会社の営利性について」黒沼悦郎＝藤田友敬編『江頭憲治郎先生還暦記念・企業法の理論　上巻』（商事法務，2007 年）18 頁。

らく，宗教活動の自由を侵害するとの謗りを免れないであろう。

　同じことは，「結社活動の自由」が問題となる一般社団法人にとってもあてはまるであろう。つまり，上記の法人格付与法に照らしてみれば，一般法人法にあっても，登記に関する規定を除けば，法人を代表する理事に関する規定を置けば十分であり，その他の内部規律を「法律」で定める必要性はないことになる。

(4) 内部規律の問題 ──「法人法」と「団体法」の区別

　ところで，このように言ったからといって，前記のような内部規律が一切不要であるというわけではない。ここで指摘したいのは，それらの内部規律が「法人」であることに基づくものではないということである。したがって，一般法人法の問題は，同法の規定が「法人」であることに起因する規定を超えて，本来「団体」の自律的決定にゆだねられる領域にまで踏み込んでいることにある。

　実は，こうした問題は，民法学において以前から指摘されていた。我妻栄博士は，民法の旧公益法人規定について，「民法の社団法人の内部関係に関する規定は，その社団たることに基づくものであって，法人たることに基づくものではない[87]」と述べていた。このような認識から，権利能力のない社団の内部関係には，民法の社団法人の規定が適用されるとされていたのである。ここには，我妻博士においても，民法の法人規定には，本来，「法人」であることに基づかない規定が含まれているという問題意識があったことがうかがわれるであろう[88]。そこで，非営利団体（結社）の内部関係を適切に規整するためには，団体の対外関係にかかわる「法人法」とは別に，内部

---

(86) 同法の解説によると，「民法の準用に際しては，民法の規定は，民法法人の公益性の確保，取引の安全の確保という観点から，その組織，管理，運営等について種々の規定を置いて規律していることから，これらの民法の規定を，そのまま法人である政党について当てはめることは，政党の政治活動の自由の見地から適切でないため，本法においては，代表権を有する者に関する規定等政党の行う経済取引についての必要最小限の規定のみを準用することとし，その他の法人の組織，管理，運営に関する規定は，原則として準用しないか，又は準用する場合でも政党の在り方に干渉することとならないよう必要な読替えを行っている。」とされる。参照，自治省選挙部政党助成室編・前掲注(53)201頁。

(87) 我妻・前掲注(12)133頁。

事項にかかわる「団体法」なる法領域が措定される必要があるように思われる。

このような「団体法」という視点が，わが国においてまったく存在しないわけではない。最近の民法学では，従来の「社団・組合峻別論」への反省から，現行民法の「組合」の意義を再検討する試みがなされている。内田貴教授は，「共通の目的をもって形成された団体は原則的に広い意味で組合であり，そのうち一定の要件を充たしたものが社団法人になる[89]」としており，従来峻別されていた組合と法人（社団）を連続的に捉える理解を示している。つまり，「組合」の中のあるものが「法人」となるのである。そうすると，組合は，いまだ法人化していない団体の「法的な『受け皿』[90]」としての意味をもつことになる。その1つの例証として，内田教授が，権利能力なき社団の内部関係について，「その団体の性格に応じて組合の規定を参考に処理することで対処できる」とし，「法人格が意味を持つのは対外関係に関してである」と述べている[91]。こうした理解によれば，民法上の組合契約は，団体関係の一般的な法技術として位置づけられるであろう。

また，債権法改正を念頭において，より積極的な観点から，「団体契約」という類型を典型契約の1つとして民法典に新設すべきであると主張する見解も存在する。北川善太郎博士は，「数人が共同の目的を達成するために結合する団体に関するもの」として，「団体設立契約・団体加入契約・団体規範設定契約・団体構成員との契約」を総称する「団体契約」という未開拓の分野があることを指摘している[92]。今後の議論の行方は定かでないが，「一般社団法人」制度が創設された現在では，これに対応する「一般社団契約」

---

(88) 法人法を専門とする森泉章教授も，民法の旧公益法人の内部関係の規定は，「法人であることに基づくものではなく，社団たることに基づくもの」であるとする。森泉章『新・法人法入門』（有斐閣，2004年）192頁も参照。
(89) 内田貴『民法Ⅰ（総則・物権総論）〔第3版〕』（東京大学出版会，2005年）221頁。また，大村・前掲注(39)351頁も参照。
(90) 大村敦志『生活民法入門』（東京大学出版会，2003年）272頁。
(91) 内田・前掲注(89)227頁。
(92) 北川善太郎『債権各論〔第3版〕』（有斐閣，2003年）140頁。また，同『現代契約法Ⅰ』（商事法務研究会，1973年）61-63頁，山本敬三「契約法の改正と典型契約の役割」別冊NBL51号『債権法改正の課題と方向——民法100周年を契機として』（商事法務研究会，1998年）16頁も参照。

第3章　憲法と非営利法人制度

という新たな団体契約を創設することも考えられる。そうすれば、一般法人法の内部事項に関する規定の大部分は、団体の内部事項を定める「任意規定」というかたちで再定位することも可能になるであろう。

　こうした一般社団契約制度の考え方によると、一般社団の自律性は、私法上の契約制度に基礎づけられることになる。ところで、先に見たように、団体の自律性は、憲法の視点からすると、「結社の自由」保障の本質的内容を構成している。このような理解によれば、一般社団契約制度は、「結社の自由」を保障する法制度、すなわち人権保障制度としての意味をもつことになる。したがって、仮に上記の新たな制度を構想するにあたっては、憲法論からの検討も併せて行われなければならないであろう。

　その一例として、わが国でもフランスにおけるのと同様、団体内部における個人保護をどのように確保するのかが問題となる。この点について、一般法人法28条は、「やむを得ない事由」がある場合にはいつでも退社できる旨を定めているが、第2章で指摘したように、こうした規範は、憲法上の「結社からの自由」を制度化する「憲法的公序」として、本来、法人制度（法人法）の中にではなく、団体制度（団体法）の中に位置づけられるべきではないか。

　　　　　　　　　＊　　　　　＊　　　　　＊

(1)　第4部では、第1部から第3部までで得たフランス法の知見をもとに、日本における結社の自由の問題を検討した。

　日本では従来、団体活動が表現の発現形態の1つと見る観点から、結社の自由の問題は主として表現の自由の観点から論じられてきた。しかし、団体関係を対象とする結社の自由論には、本来、表現の自由には解消されない独自の意義が見出されるはずである。このような問題意識に立ち、第4部では、個人・結社・国家の3つのアクターが登場する結社の自由は他の基本的人権とは異なる問題構造を有するとの観点から、結社の自由の憲法解釈を、①「結社の設立・存続の自由」（個人と国家との関係）、②「個人の結社からの自由」（個人と結社との関係）、③「結社の活動の自由」（結社と国家との関係）へと再構成する試論を展開した（第1章第1節）。

第 4 部　日本における結社の自由保障

(2)　このような問題構造の把握と結社の自由の再構成によって，結社の自由論に新たな地平が開かれる。第 1 に，従来，もっぱら表現の自由の観点から論じられてきた団体規制法をめぐる議論を，結社の自由固有の構造から読み解くことが可能となった（第 1 章第 2 節）。第 2 に，これまでわが国の憲法学が取り上げてこなかった「個人」と「結社」との関係については，「結社からの自由」の視点を導入することで，従来，私法の領域に属すると考えられていた脱退の自由，統制処分の限界，協力義務の限界などの論点を，憲法上の結社の自由の問題として（も）論じることが可能となった（第 2 章）。第 3 に，従来もっぱら団体の自律性の意味しか与えられなかった「結社自体の自由」についても，団体の対外的活動を視野に入れることで，結社の法人格取得の場面や非営利法人制度のあり方についてまで，結社の自由論の対象となる途が拓かれた（第 3 章）。

おわりに ── 「結社法」の可能性

1 フランスの結社の自由論から

　本書では，フランスの1901年結社法の検討を通じて結社の自由の法理の内実を明らかにし，それに基づき日本における結社の自由保障のあり方について，憲法論と制度論の両面にわたって分析・検討を加え，さらにいくつかの論点については立法論的な提言も行った。

　ところで，「はじめに」でも指摘したように，憲法典に結社の自由条項をもたないフランスでの議論が，日本国憲法下での結社の自由論に示唆を与えるというのは，本来，奇妙なことなのかもしれない。しかし，ここには，「結社の自由」観念の形成に関する日仏の対照的なあり方が示されているように思われる。

　本書で詳しく見てきたように，フランスにおける結社の自由論は，憲法規範としての結社の自由条項に依拠するのではなく，1901年法に基づいて展開されてきた。同法は1789年のフランス革命以来続く結社の禁止体制から結社の自由体制への転換を企図した法律である。それゆえ，1901年法の制定過程では，「結社の自由とは何か」という問題が起草者や立法者に自ずと意識されることになった。

　さらにいえば，そもそも1901年法は私法としての側面が強く，法文に「結社の自由」という言葉は出てこない。それゆえ，起草者や立法者は，上記の問題意識について，より事の本質に迫るかたちで，結社の自由を認めるにはいかなる設立方法をとればよいか（設立主義の問題），設立された結社が自立して活動するには何が認められる必要があるか（法律上の能力の有無），あるいは，設立された結社から個人をどのように保護すべきか（個人保護制度の存否）などの具体的な問題に対処しなければならなかった。1901年法が結社の自由の問題構造を押さえた規定を備えているのは，同法が実質的かつ具体的な問題思考に基づいて制定されたからである。

　そして，このような事情は，1901年法制定後においても基本的には変わ

おわりに

らないであろう。本書で詳しく見たように、脱退の自由および統制処分に関する判例法理の展開（第1部）、そして、法律上の能力の質量両面にわたる拡充の過程（第2部）は、それぞれが問題となった場面において、「結社の自由」が保障されるには何を認める必要があり、何が失われてはならないかについて、立法者や裁判所さらにはそれらに理論を提供する学説がその都度の状況下で示した具体的思考の軌跡である。

このような歩みを考えてみれば、フランスでは、1901年法により創設された法制度とその後の100年以上にもわたる実践の積み重ねの中で、「結社の自由」の内容は徐々に充填されていったと見ることができるのではないか。つまり、フランスにおいて「結社の自由」は、単数形の自由としてではなく、設立の自由、脱退の自由あるいは法人格取得権などが含まれるように、1901年法とその後の解釈・運用を通じて確立された諸々の権利・自由の総体として観念される。そして、憲法院がそれらの中で特に重要なものに憲法上の効力を付与することによって、すなわち、法律上の権利・自由を憲法化（constitutionnalisation）することによって、結社の自由の憲法原理は形成されたのだった。これは、すでに憲法典で規定されている人権条項から、解釈という方法を通じて具体的な保障内容を導き出そうとする成文憲法の論理とは、大きく異なるであろう。

以上のように、法律レベルでの具体的議論が活発に展開されたことにより、フランスでは憲法典に「結社の自由条項」がないにもかかわらず、実に豊かな結社の自由論が展開されることになった。

これに対して、日本では憲法典に結社の自由条項が置かれているにもかかわらず、現在に至るまで結社の自由論は低調である。このため、「結社の自由」の観念とその射程は、日仏において大きく異なっている。たとえば、フランスでは上記1971年憲法院判決が法人設立段階での事前審査が結社の自由に違反すると判断したのに対して、日本ではそもそも非営利法人制度が結社の自由論の対象から除外されている。このように、これまで日本憲法学は、団体制度や法人制度を目のあたりにしても、それを自らの問題として引き受けた上で、憲法論の視点から批判的に分析・検討することはなかった。このため、本来結社の自由のもとで論じられるべき重要な問題が、憲法論から見落とされる結果となっている。このような状況に照らしてみると、日本では、

明治憲法以来憲法典に規定されているにもかかわらず,「結社の自由」にはいまだふさわしい内容を与えられていないのではないか。その意味で,これまで憲法学は,文字通り「結社の自由を観念的に高調するだけ[1]」だったのかもしれない。

2 日本の結社の自由論へ

それでは,結社の自由の憲法規定を有する日本において,その保障はどうあるべきなのか。これについては,フランスのあり方とは逆の方向,すなわち,憲法原理の制度化(institutionnalisation)のアプローチが有効であるように思われる。これは,結社の自由の保障内容を憲法条文の解釈によって引き出し,それらを法令を通じて実現するという方法である。先のフランスにおいて結社の自由観念が1901年法に基づいていわば「下から」形成されたのとは異なり,結社の自由条項をもつ日本において,その観念は憲法規範から出発していわば「上から」具体化される必要がある。このアプローチによると,団体・法人に関する諸制度を結社の自由保障に資する「結社制度」として把握した上で,それらを「結社法」(あるいは「非営利団体法」)として理論化・体系化することが目指されることになる。こうした結社制度を「基本権保護制度」として位置づけるか,「基本権支援制度」と捉えるかについてはさらなる検討が必要であるが[2],いずれにせよ,「結社法」が人権保障立法の1つとして憲法論・人権論の対象となるべきことに変わりはない。

もっとも,こうした「結社法」を構想するにあたっては,いくつか留意すべき点がある。

第1は,用語の問題である。わが国では,「結社」という語は憲法上の概念であるにもかかわらず,法律レベルではほとんど用いられていない。このため,憲法上の結社の自由論と民法上の非営利団体・法人論との連関が見えにくくなっている。実際,非営利目的の団体を指し示す用語として,私法上,

---

(1) 大石眞「フランスの団体法制と結社の自由」佐藤幸治＝平松毅＝初宿正典＝服部高宏編『現代社会における国家と法 阿部照哉先生喜寿記念論文集』(成文堂,2007年)530頁。

(2) この点については,山本敬三「基本法としての民法」ジュリスト1126号(1998年)264-265頁を参照。

おわりに

「社団法人」（旧民法），「中間法人」（旧中間法人法），「特定非営利活動法人」（NPO 法）などがあるが，これらと憲法上の「結社」との異同はこれまでほとんど明らかにされていない。また，2006 年の公益法人制度改革によって新設された一般社団法人制度についても，それが結社（私的団体）の活動を促進・支援する制度であるにもかかわらず，憲法学は結社の自由の問題であるとは考えてこなかった[3]。

このように，わが国の結社の自由論では，憲法論と制度論とのあいだに深い断絶が見られる。本書で検討した脱退の自由の法理や統制処分の法理の理論的な位置づけについても，フランスではそれらが「結社の自由」の問題として捉えられているにもかかわらず，日本においてそうでないのは，日本では用語の面から憲法上の結社の自由論と私法上の非営利団体論との関連性が意識されにくいからである。そして，こうした問題性は，「association」の訳語について，憲法論の視点からは「結社」の語があてられるのに対して，私法の観点から検討する際には「非営利社団」（あるいは「非営利団体」）と呼ばれることに自ずとあらわれているであろう。

第 2 に，「結社法」を構想するにあたって，憲法学は，民法をはじめとする他の法分野をも視野に入れなければならない。結社の自由は団体に関する基本権であり，このため，同自由が関係する法領域は憲法だけでなく，行政法（行政解散などの公法的規制），民法（団体・法人制度），刑法（構成員に対する処罰など），税法（法人税，寄附税制）など多岐にわたる。これらは従来，もっぱら非営利団体・法人論に関わるものとして憲法学の結社の自由論が見落としてきた法分野であるが，憲法上の結社の自由に関わる規範として，「結社法」の一部を構成すると見るべきであろう。

以上のように，結社の自由の実効的保障のために，憲法学は，憲法規範を出発点としつつも，他のさまざまな法制度や法分野との緊密な連関を意識する必要がある。結社の自由に関する限り，憲法（あるいは憲法論）は，具体的な法制度との連絡を欠いた「孤高の聖域[4]」ではないのである。そして，この点についても，大石眞教授が以前から，「憲法原理又は憲法的保障の実

---

(3) 結社の自由との関係で一般社団・財団法人法にふれるものとして，樋口陽一『憲法〔第 3 版〕』（創文社，2007 年）236 頁，大石眞『憲法講義Ⅱ〔第 2 版〕』（有斐閣，2012 年）29 頁および 209 頁。

おわりに

質を考えることの必要，つまり具体的な法制度にまで目を向けた各論的研究の大切さ[5]」を指摘していたことに思いを致すべきであろう。

　本書は，その1つのささやかな試みである。

---

(4)　この点について逆に，現代の憲法システムのもとでは，もはや私法が「孤高の聖域」であることは許されないとする，山本敬三『公序良俗論の再構成』（有斐閣，2000年）293頁を参照。
(5)　大石眞「結社の自由の限界問題——立憲民主制の自己防衛か自己破壊か」京都大学百周年記念論文集刊行委員会編『京都大学法学部創立百周年記念論文集・第2巻』（有斐閣，1999年）201頁。

資　料

1 結社法（非営利社団契約に関する1901年7月1日法律）

目　次
第1章〔総則〕（1条～9条）
第2章〔公益認定非営利社団〕（10条～12条）
第3章〔修道会〕（13条～21条の2）
第4章〔外国非営利社団〕（22～35条）（削除）

第1章〔総則〕

第1条〔定義〕　非営利社団は，2人以上の者が，利益を分配すること以外の目的で，知識及び活動を恒常的に共有しようとする約定である。非営利社団は，その効力について，契約及び債権債務に適用される法の一般原則によって規律する。

第2条〔設立〕　諸個人からなる非営利社団は，事前の許可も届出も要することなく，自由に設立することができる。ただし，非営利社団は，第5条の規定に従う場合にのみ，法的能力を享受する。

第2条の2〔未成年者による設立〕　①　満16歳以上の未成年者は，非営利社団を自由に設立することができる。
②　法定代理人の事前の書面による同意を条件として，未成年者は，処分行為を除いて，非営利社団の運営に有用なすべての行為を行うことができる。

第3条〔非営利社団の無効〕　不法な動機から若しくは不法な目的のために設立される非営利社団，法令若しくは善良な風俗に反するもの，又は領土保全及び共和政体に対する攻撃を目的とするものは，無効とする。

第4条〔退会〕　非営利社団の構成員はすべて，過年度及び当該年度の会費を支払った後は，契約条項の如何にかかわらず，いつでも退会することができる。

第5条〔届出〕　①　第6条に規定する法的能力を取得しようとする非営利社団はすべて，設立者の責任で公にされなければならない。
②　この事前の届出は，当該非営利社団が本部を置く県の県庁又は群の群庁に対して行う。届出には，非営利社団の名称と目的，施設の所在地，並びにいかなる資格であれ管理責任を負う者の氏名，職業，住所及び国籍を含むものとする。届出には，規約を一通添える。届出の受領証は，5日以内に発行される。
③　非営利社団が外国に本部を置く場合，前項が定める事前の届出は，当該社団の主たる施設が所在する県の県庁に対して行う。
④　非営利社団は，上記受領証の内容が官報に登載されることによって，公示されたものとする。
⑤　非営利社団は，管理に関して生じた変更及び規約の改正のすべてを，3カ月以内に通知しなければならない。
⑥　この改正及び変更は，届け出た日からでなければ，第三者に対抗することができない。

資　料

⑦　さらに，この改正及び変更は，特別の記録簿に記載するものとし，この記録簿は，要求がある場合はいつでも，行政官庁又は裁判所に提示しなければならない。

第6条〔届出の効果〕①　適法に届出のなされた非営利社団はすべて，特別の許可を得ることなく，訴訟上の当事者能力を有し，手渡贈与及び公施設法人からの寄附を受け，国，地域圏，県，市町村及びその公施設法人からの補助金以外に，以下に掲げるものを有償で取得し，所有し及び管理することができる。
一　構成員の会費
二　当該非営利社団の管理及び構成員の集会に供される施設
三　当該非営利社団が定める目的を遂行するための必要最小限度の不動産
②　専ら救援，慈善，科学又は医学研究を目的とする届出非営利社団は，コンセイユ・デタの議を経たデクレが定める要件に基づき，生前贈与又は遺贈を受けることができる。

第7条〔解散手続〕①　第3条の規定により無効となった場合，非営利社団の解散は，関係者の申立て又は検察官の請求により，大審裁判所が宣告する。検察官は，指定の期日に出頭することができ，裁判所は，あらゆる不服申し立てにかかわらず，第8条が定める制裁の下に，暫定的に，施設の閉鎖及び当該非営利社団の構成員によるあらゆる集会の禁止を命じることができる。

第8条〔罰則〕①　第5条の規定に違反した者は，初犯及び再犯の場合，第5級違警罪に関する刑法典第131-13条第5号が定める罰金に処する。
②　解散判決の後，非営利社団を違法に維持し又は再建した設立者，理事又は管理者は，3年以内の禁固及び45,000ユーロの罰金に処する。
③　自らが所有する施設の利用に同意することにより，解散させられた非営利社団の構成員の集会に便宜を図った者はすべて，前項と同じ刑に処する。

第9条〔残余財産の帰属〕　任意解散，規約に基づく解散又は裁判所の宣告による解散の場合，当該非営利社団の財産は，規約に従って帰属し，規約に規定がないときは総会で決定した規則に従って帰属する。

第2章〔公益認定非営利社団〕

第10条〔公益認定手続〕①　非営利社団は，最低3年以上の運営観察期間の経過後，コンセイユ・デタの議を経たデクレにより公益認定を受けることができる。
②　公益認定は，同じ手続で取り消すことができる。
③　ただし，この認定を申請する非営利社団の3年間に見込まれる資産が収支の均衡を確保できるものであるときは，運営観察期間は要求されない。

第11条〔公益認定非営利社団の能力〕①　公益認定非営利社団は，その規約が禁じていないあらゆる民事上の行為を行うことができるが，自ら定める目的に必要な不動産以外の不動産を所有し又は取得することができない。ただし，公益認定非営利社団は，有償又は無償で，森林又は植林用地を取得することができる。公益認定非営利社団のすべての有価証券は，記名証券，貯蓄に関する1987年6月17日法律第416号第55条所定の記名保証明細書が作成された証券，又はフランス銀行が認めた優先権ある証券の形態で預託されなければならない。

資　料

②　公益認定非営利社団は，民法典第910条が定める要件により，贈与又は遺贈を受けることができる。

第12条（削除）

第3章〔修道会〕

第13条〔修道会の認定〕　①　すべての修道会は，コンセイユ・デタの拘束力ある答申に基づくデクレにより，法律上の承認を得ることができる。以前に許可された修道会に関する規定は，それらに適用することができる。

②　法律上の承認は，コンセイユ・デタの議を経たデクレにより，修道会のすべての新規施設に与えることができる。

③　修道会の解散又はあらゆる施設の廃止は，コンセイユ・デタの拘束力ある答申に基づくデクレによらなければ，宣告することができない。

第14条（削除）

第15条〔修道会の財産〕　①　すべての修道会は，その収入及び支出の明細書を保持するものとする。修道会は，毎年，前年度の収支計算書並びに動産及び不動産に関する財産目録を作成するものとする。

②　修道会は，構成員の氏名，修道会内部での呼称，国籍，年齢，出生地及び入会日を記した完全な構成員名簿を，その本部に備えておかなければならない。

③　修道会は，知事又はその代理人の請求により，前項の計算書，財産目録及び名簿を，その場で提示しなければならない。

④　本条に定める場合において，知事の求めに対して虚偽の事項を伝え又はそれに従うことを拒否した修道会の代表者又は指導者は，第8条第2項に規定する刑に処する。

第16条（削除）

第17条〔無効〕　①　直接又は仲介者その他あらゆる間接的な方法によりなされた有償又は無償の，生前の又は遺言による行為であって，合法又は不法に設立された非営利社団が第2条，第6条，第9条，第11条，第13条，第14条，第16条の規定を免れることを可能とする目的を持つものはすべて，無効とする。

②　当該行為の無効は，検察官の請求又は関係者の申立てにより宣告する。

第18条〔解散及び清算〕　①　本法の公布時に存在する修道会であって，それ以前に許可又は承認を受けていないものは，3カ月以内に，当該修道会が必要な申立てを行った上で本法の諸規定に従うことを証明しなければならない。

②　この証明のないとき，当該修道会は，当然に解散したものとみなす。許可が拒否された修道会についても，同様とする。

③　当該修道会の保有する財産の清算は，裁判手続により行う。裁判所は，清算に着手するために，検察官の請求に基づき，清算の全期間を通じて供託財産管理者が有する全ての権限を行使する清算人を指名する。

④　清算人を指名した裁判所は，民事事件につき，清算人が提起した訴訟又は清算人に対する訴訟について専属管轄権を有する。

⑤　清算人は，未成年者の財産の売却に関して定める手続に従って，不動産の売却を行う。

資　料

⑥　清算を命ずる裁判は，法律上の公告に関して定める形式で公にする。
⑦　修道会入会前に修道会構成員に帰属していた資産，又は修道会入会以後に直系若しくは傍系の者からの遺言なしの相続によって，あるいは直系の者からの贈与若しくは遺贈によって修道会構成員に帰属した資産は，当該修道会構成員に返還する。
⑧　直系以外の者から修道会構成員に対してなされた贈与及び遺贈についても同様に，返還を請求することができる。ただし，この場合，返還を請求する者は，第17条所定の仲介者でなかったことを証明しなければならない。
⑨　無償で取得され，かつ，贈与により特に救援事業に充てられなかった資産について，寄附者，その相続人若しくは承継人又は遺言者の相続人若しくは承継人は，その返還を請求することができる。この場合，それらの者に対し，清算を宣告する裁判の前に経過した時間を理由に時効を援用することはできない。
⑩　資産が修道会構成員に供するためでなく救援事業に供するために贈与又は遺贈された場合には，贈与に定める目的の達成に供するという条件においてのみ，当該資産の返還を請求することができる。
⑪　資産の回復又は返還の訴えはすべて，清算の裁判の公示の日から6カ月以内に清算人に対して行わなければならず，これを行わない場合には権利を失う。対審手続による清算人を伴った裁判であって既判力を有するものは，すべての利害関係者に対抗することができる。
⑫　清算人は，6カ月の経過後，返還がなされなかった不動産又は救援事業に充てられない不動産のすべてを裁判所の関与の下に売却する。
⑬　売却益及びすべての有価証券は，預託供託公庫に寄託する。
⑭　入院中の貧民の扶養費は，清算が完了するまで，優先的清算経費とみなす。
⑮　異議申立てがないとき又は定められた期間内に提起されたすべての訴訟に対する裁判が行われたとき，純積極財産は，権利保有者間で分配する。
⑯　本法第20条が規定するデクレは，前項所定の先取りの後の残余積極財産について，解散した修道会の構成員であって，確実な生計費を持たない者又は分配される資産の取得にその個人的な労働の成果によって貢献したと証明しうる者に対して，現金又は終身定期金の形態による支給について定めるものとする。

第19条　(削除)
第20条　本法の執行を確保するための措置は，デクレで定める。
第21条〔廃止法令等〕　①　刑法典第291条，第292条，第293条及び刑法典第294条の非営利社団に関する規定，1820年7月5-8日オルドナンス第20条，1834年4月10日法律，1848年7月28日デクレ第13条，1881年6月30日法律第7条，1872年3月14日法律，1825年5月24日法律第2条第2項，1852年1月31日デクレ，並びにおよそ本法に反するすべての規定は，廃止する。
　②　職業組合，商事会社及び共済組合に関する特別法は，引き続き効力を有する。
第21条の2〔海外領土への適用〕　略

第4章〔外国非営利社団〕(削除)

第22条から第35条まで(削除)

資 料

2 　結社法施行令（非営利社団契約に関する1901年7月1日法律の執行のための行政規則を定める1901年8月16日デクレ）

目　次
第1章　非営利社団
　第1節　届出非営利社団（1条〜7条）
　第2節　公益認定非営利社団（8条〜13-1条）
　第3節　届出非営利社団及び公益認定非営利社団に共通する規定（14条〜15条）
第2章　修道会及びその施設
　第1節　修道会
　　第1款　許可の申請（16条〜20条）
　　第2款　申請の予備審査（21条）
　第2節　許可された修道会に属する施設
　　第1款　許可の申請（22条〜23条）
　　第2款　申請の予備審査（24条）
　第3節　修道会及びその施設に共通する規定（25条〜26条）
第3章　一般規定及び経過規定（27条〜33条）

第1章　非営利社団

第1節　届出非営利社団

第1条〔届出〕　①　1901年7月1日法律第5条第2項所定の届出は，いかなる資格であれ当該非営利社団の管理に責任を負う者が行う。
　②　非営利社団は，1カ月以内に，届出の日付，当該社団の名称及び目的並びにその本部の表示を含む抄本を官報に登載することによって，上記の者の責任で公にされる。
第2条〔規約等の閲覧権〕　何人も，県庁又は郡庁の事務局において，規約及び届出書，並びに規約の改正及び管理に関して生じた変更を示す書類を，その場で閲覧する権利を有する。何人も，手数料を支払ってその謄本又は抄本の交付を受けることができる。
第3条〔管理の変更〕　非営利社団の管理に関して生じた変更に関する届出書は，以下の項目を記載するものとする。
　一　管理の責任を負う者の変更
　二　新規に設立した施設
　三　本部の住所の変更
　四　1901年7月1日法律第6条所定の施設及び不動産の取得又は譲渡。届出書には，取得価格又は譲渡価格を示す書類及び取得の場合には明細書も添付しなければならない。
第4条〔パリに本部を置く非営利社団の特例〕　パリに本部を置く非営利社団に関しては，届出及び附属書類の提出は，警視庁に対して行う。

資　料

第5条〔受領証〕　いかなる届出の受領証には，附属書類の一覧表が含まれる。当該受領証には，日付を記入し，県知事，副知事又はその代理人が署名する。

第6条〔記録簿〕　①　規約に対してなされた改正，及び非営利社団の管理に関して生じた変更は，すべての届出非営利社団の本部に保管される記録簿に転記する。改正及び変更に関する受領証の日付は，記録簿に記載する。

②　行政当局又は司法当局の求めに基づく上記の記録簿の提示は，本部においてその場で行う。

第7条〔連合体〕　中央管理機関を有する非営利社団の連合体は，上記の諸規定に従う。連合体は，これに加えて，連合体を構成する非営利社団の名称，目的及び所在地を届け出る。連合体は，新規に加盟した非営利社団を3カ月以内に通知するものとする。

第2節　公益認定非営利社団

第8条〔公益認定の申請〕　公益認定を申請する非営利社団は，届出非営利社団に課せられる手続を事前に踏まなければならない。

第9条〔申請書への署名〕　公益認定の申請書には，総会によって特に委任されたすべての者が署名する。

第10条〔添付書類〕　①　申請書には以下のものを添付する。

　一　届出の抄本を含む官報1部
　二　事業の起源，経過及び公益目的を示す説明書
　三　当該非営利社団の規約2部
　四　所在地を示した施設の一覧表
　五　構成員の年齢，国籍，職業及び住所を示した当該非営利社団の構成員の名簿，又は，連合体の場合には，名称，目的及び所在地を示した連合体を構成する非営利社団の一覧表
　六　前年度の収支計算書
　七　動産及び不動産の積極財産並びに消極財産の一覧表
　八　公益認定の申請を認めた総会の議事要録

②　これらの書類は，この申請書の署名者が真正かつ真実であることを保証する。

第11条〔規約〕　規約は以下の事項を含む。

　一　当該非営利社団の名称，目的，存続期間及び本部の表示
　二　構成員の入会及び退会の要件
　三　当該非営利社団及びその施設の組織及び運営に関する規則，管理に責任を負う構成員に与えられた権限に関する決定，並びに定款の改正及び当該杜団の解散の要件
　四　管理に関して生じたすべての変更を3カ月以内に県庁又は郡庁に通知し，知事又はその代理人の求めに応じ，会計に関する帳簿及び書類をその場で提示する義務
　五　任意解散，規約に基づく解散，裁判で宣告された解散又はデクレによる解散の場合における財産の帰属を定める規則
　六　名目の如何を問わず，一部有料の非営利社団の施設で受領する報酬の限度額

第12条〔内務大臣の権限〕　①　申請は，内務大臣に提出する。内務大臣は，附属書類の表示のある，日付を記載し署名した申請受領証を交付する。

資　料

　②　内務大臣は，必要な場合には，申請に関する予備審査を行う。内務大臣は，非営利社団が本部を置く市町村の市町村会の意見を求め，県知事に報告を要求することができる。
　③　内務大臣は，関係各大臣に諮った後，一件書類をコンセイユ・デタに送付する。
第13条〔公益認定デクレの送付〕　公益認定のデクレの写しは，県知事又は副知事に送付し，届出の一件書類に添付する。デクレの謄本は，県知事又は副知事の責任で公益認定を受けた非営利社団に送達する。
第13-1条〔規約の改正等〕　①　公益認定非営利社団の規約に対してなされた改正又は任意解散は，内務大臣の報告に基づいてなされたコンセイユ・デタの議を経たデクレによって認可された後に，効力を生ずる。
　②　ただし，この認可は，内務大臣の命令によって付与することができる。この内務大臣の命令は，コンセイユ・デタの意見に従って発しなければならない。
　③　前2項にかかわらず，フランス領土内での公益認定非営利社団の本部の移転に関する規約の改正は，内務大臣の認可の後に効力を生ずる。

　　第3節　届出非営利社団及び公益認定非営利社団に共通する規定

第14条〔残余財産の帰属〕　方式の如何にかかわらず，解散の際の非営利社団の財産の清算及び帰属の要件を規約が定めていなかったとき，又は任意解散を表明した総会がこの点に関して決定をしなかったときは，裁判所は，検察官の請求に基づき保佐人を指名する。保佐人は，裁判所の定める期間内に，財産の帰属について決定を下すことのみを任務とする総会を招集し，民法典第813条により相続人が存在しない場合に保佐人に付与される権限を行使する。
第15条〔財産分与の禁止〕　総会は，財産帰属の方式の如何にかかわらず，財産の帰属を決定するために招集されたとき，1901年7月1日法律第1条の規定に従い，出資の回復を除き，非営利社団の財産のいかなる部分も構成員に分与することができない。

　第2章　修道会及びその施設

　　第1節　修道会

　　　第1款　許可の申請

第16条〔許可の申請〕　①　許可を受けていない既存の修道会又は新規の修道会の設立を望む者によって，1901年7月1日法律の審署から3カ月以内に政府に対してなされた許可の申請は，上記1901年7月1日大臣命令に従うものとする。
　②　その3カ月の経過後に新規の修道会の設立のために政府に対してなされた許可の申請は，以下の条項に規定された要件に従うものとする。
第17条〔申請書の提出〕　①　申請書の提出は，内務大臣に対して行うものとする。申請書には，設立者全員が署名し，署名者が本人であることを証明する書類を添付する。
　②　内務大臣は，附属書類の表示のある，日付を記載し署名した受領証を交付する。

359

資　料

第 18 条〔添付書類〕　①　申請書には，以下のものを添付する。
　一　修道会の規約案 2 部
　二　修道会の設立に充てられる出資金及び修道会の維持に充てられる資金の明細書
　三　資格の如何を問わず，修道会及びその施設に所属すべき者の名簿であって，氏名，年齢，出生地及び国籍を示すもの。その中に以前に他の修道会に所属していた者がある場合には，その名簿に，その修道会の名称，目的及び所在地，入会及び退会の日付，並びにその修道会内でのその者の呼称を記載するものとする。
　②　これらの書類は，特に他の者の委任を受けた，申請書の署名者の 1 人が真正かつ真実であることを保証する。

第 19 条〔必要的記載事項〕　①　規約案は，公益認定非営利社団の場合と同様の記載事項及び義務条項を含むものとする。ただし，解散の場合の財産の帰属に関する 1825 年 5 月 24 日法律第 7 条の規定は留保する。
　②　年齢，国籍，修道期間及び，寄附金，会費，寄宿料又は寄贈の名目で要求される分担金の限度額は，修道会構成員が満たさなければならない入会要件に示すものとする。
　③　規約は，さらに以下の事項を含むものとする。
　一　修道会及び修道会員が教会裁治権者の裁治権に従うこと
　二　修道会が許可を受け又は許可を受けずになしうる民事上の行為の表示。但し，1825 年 5 月 24 日法律第 4 条の規定は留保する。
　三　修道会の収入及び支出の種類の表示，並びにそれを超過した場合に手元にある金銭を記名証券として運用しなければならない金額及び運用がなされるべき期間に関する定め

第 20 条〔司教の届出書〕　申請書には，教区の司教が当該修道会及び修道会構成員を自らの裁治権下に置くことを確約する旨の届出書を添付しなければならない。

　　第 2 款　申請の予備審査

第 21 条〔内務大臣の申請〕　①　内務大臣は，当該修道会が既に設立され又は設立される予定の市町村の市町村会の意見及び知事の報告を特に求めることにより，このデクレの第 16 条に定める申請の審査を行う。
　②　内務大臣は，関係各大臣に諮った後，修道会の申請書を両議院のいずれかに提出する。

　第 2 節　許可された修道会に属する施設

　　第 1 款　許可の申請

第 22 条〔申請書の提出〕　①　一又は複数の施設の設置を既に適法に許可された修道会であって，新たな施設を設置しようとするものはすべて，当該修道会の管理又は監督の責任を負う者が署名した申請書を提出しなければならない。
　②　この申請は，内務大臣に対して行う。内務大臣は，附属書類の表示のある，日付を記載し署名した受領証を交付する。

資　料

第23条〔添付書類〕　①　申請書には，以下のものを添付する。
　一　修道会の規約2部
　二　その動産及び不動産並びに消極財産の一覧表
　三　当該施設の設置に充てられる資金及びその運営に充てられる資産の一覧表
　四　資格の如何を問わず，施設に所属すべき者の名簿（名簿は第18条〔第1項〕第3号の規定に従い作成されるものとする。）
　五　施設及び施設の構成員がその地の教会裁治権者の裁治権に従うという確約
　②　これらの書類は，特に他の者から委任を受けた，申請書の署名者の1人が真正かつ真実であることを保証する。
　③　申請書には，当該施設が置かれる教区の司教が当該施設及びその構成員を自らの裁治権下に置くことを確約する旨の届出書を添付する。

　　　第2款　申請の予備審査

第24条〔予備審査〕　①　内務大臣は，必要な場合には，当該施設が開設されるべき市町村の市町村会の意見並びに当該修道会が本部を置く県及び当該施設が置かれるべき県の知事の報告を特に求めることにより，予備審査を行う。
　②　許可のデクレは，当該施設の運営に関する特別な条件を定める。

　　　第3節　修道会及びその施設に共通する規定

第25条〔申請の許可及び不許可〕　①　修道会又は施設の許可を拒否する場合には，当該決定は，内務大臣の責任で事務を通じて申請者に通知する。
　②　修道会を許可する場合，一件書類は，当該修道会が本部を置く県の知事に返付する。
　③　施設を許可する場合，一件書類は，当該施設が置かれる県の知事に送付する。内務大臣は，当該施設が属する修道会が本部を置く県の知事に対し，許可に関する意見を与える。
　④　許可の法律又はデクレの謄本は，知事が申請者に送付する。
第26条〔記録簿への記載〕　修道会は，1901年7月1日法律第15条の規定に従い保管を義務付けられる計算書，財産目録及び名簿を別個の記録簿に記入するものとする。

　　第3章　一般規定及び経過規定

第27条〔知事の権限〕　各知事は，後見の許可又は通知する責任を負わない後見の許可をすべて，日付順に特別な記録簿に記録する。これらの許可がその監視及び統制の下に与えられた場合には，それが与えられた経緯をその記録簿に明記するものとする。
第28条〔解散請求〕　①　1901年7月1日法律に基づき検察官が職権で提起する無効又は解散の訴えは，非営利社団又は修道会の監督若しくは管理の責任を負う者に対する呼出の方法により提起する。
　②　非営利社団又は修道会の関係者は，当該団体に所属するか否かにかかわらず，訴訟手続に参加することができる。
第29条（削除）

資　料

第30条〔適用範囲〕　このデクレの第2条から第6条までの規定は，公益認定非営利社団及び修道会に適用する。

第31条〔記録簿の記載方法〕　第6条及び第26条所定の記録簿は，最初から最後まで番号を付し，非営利社団又は修道会を代表する資格のある者が各頁に略署し，第29条所定の記録簿は，大学区長又はその代理人の委任に基づいて行為する大学区国民教育局長が各頁に略署する。これらの記録簿には，連続して空白のないように記入する。

第32条〔起算日〕　1901年7月1日法律の公布後に届け出た非営利社団については，このデクレの第1条所定の1カ月の期間は，このデクレの公布の日から起算する。

第33条〔書類の補完〕　①　1901年7月1日より前に公益認定の申請書を提出した非営利社団は，第10条及び第11条の規定に従って一件書類を補完しなければならない。

②　ただし，この非営利社団は，届出及び官報への公告の手続を要しない。

〈文献一覧〉

【資料】

Archives parlementaires de 1787 à 1860. Recueil complet des débats législatifs et politiques des chambres françaises (*Archives parlementaires* と表記).

L'avènment de la loi de 1901 sur le droit d'association : genèse et évolution de la loi au fil des Journaux Officiels, Les éditions des Journaux Officiels, 2000 (*Avènement* と表記).

Duvergier, *Collection complète des lois, décrets, ordonnances, règlements, et avis du Conseil-d'État*

Journal Officiel (*J.O.* と表記).

【外国語文献】

Alfandari (Élie), « L'adhésion force à une association de chasse est condamnée par la Cour européenne des droits de l'homme », D. 2000, p. 141-145.

――, « Les liaisons dangereuses du droit associatif et du droit immobilier. L'issue : la liberté », D. 2001, jur., pp. 1493-1495.

――, Rapport de synthèse, in *L'association, 7èmes Journées René Savatier*, PUF, 2002, pp. 203-214.

――, « La liberté d'association au regard de l'adhésion des mineurs », *Agora débats/jeunesse*, n 47, 2008, pp. 4-12.

――, « La liberté d'association », in Cabrillac, Rémy (dir.), *Libertés et droits fondamentaux*, 19e éd., Dalloz, 2013, pp. 511-533.

Alfandari (Élie) (dir.), *Associations*, Dalloz action, 2000.

Amblard (Colas), « Fonds de dotation : encore du nouveau sur le front du mécénat », *Bull. Actualité Lamy Associations*, nov. 2008, n° 165.

――, *Fonds de dotation : Une révolution dans le monde des institutions sans but lucratif*, Éditions Lamy, 2010.

Arnaud (André-Jean), *Les juristes face à la société du XIXe siècle à nos jours*, PUF, 1975.

Atias (Christian), « La controverse et l'enseignement du droit », *Annales d'histoire des facultés de droit et de la science juridique*, 1985, n° 2, pp. 107-123.

――, *Droit civil : Les personnes, les incapacités*, PUF, 1985.

Aubin (Gérard) et Bouveresse (Jacques), *Introduction historique au droit du travail*, PUF, 1995.

Bardout (Jean-Claude), *L'histoire étonnante de la loi 1901 : Le droit des associations avant et après Pierre WALDECK-ROUSSEAU*, Editions Juris

363

Service, 2001.
Baron (Éric) et Delsol (Xavier), *Fondations reconnues d'utilité publique et d'entreprise*, 2e éd., Juris Associations, 2004.
Baruchel (Nathalie), *La personnalité morale en droit privé : Éléments pour une théorie*, LGDJ, 2004.
Bioy (Xavier), *Droits fondamentaux et libertés publiques*, LMD Édition 2011, Montchrestien, 2011.
——, *Droits fondamentaux et libertés publiques*, LMD Édition 2013, Montchrestien, 2013.
Boistel (Alphonse), *Cours de philosophie du droit*, t. 2, Fontemoing, 1899.
——, « Conception des personnes morales », in *Congrès international de philosophie : IIme session : tenue à Genève, du 4 au 8 septembre 1904*, 1905, pp. 185-219.
Brichet (Robert), *Associations et syndicats*, 6e éd., Litec, 1992.
Burdeau (Georges), *Les libertés publiques*, 4e éd., LGDJ, 1972.
Carbonnier (Jean), « Un tribunal peut-il ordonner la réintégration d'un membre exclu à tort par l'association ? », note sous Trib. civ. Seine, 1 juin 1939, *RTDciv.*, 1942, p. 212.
——, *Droit civil : Les personnes*, 21e éd., PUF, 2000.
——, *Droit civil : Introduction, Les personnes, la famille, l'enfant, le couple*, Quadrige, vol. 1, PUF, 2004.
Carré de Malberg (Raymond), *Contribution à la théorie générale de l'État*, t. 1, Dalloz, 1920-22.
Chartier (Yves), « La liberté d'association dans la jurisprudence de la Cour de cassation », in *Rapport de la Cour de Cassation 2001 : Les libertés*, La documentation française, 2002, pp. 65-81.
——, « Exclusion d'une association et droits de la défense », note sous Cass. civ. 1re, 19 mars 2002, *Rev. Soc.*, 2002. p. 737.
Colliard (Claude-Albert), *Libertés publiques*, 7^{e}éd, Dalloz, 1989.
Colliard (Claude-Albert) et Letteron (Roseline), *Libertés publiques*, 8e éd., Dalloz, 2005.
Conseil d'État, « Réflexions sur les associations et la loi de 1901, cent ans après », *Rapport public 2000*, La documentation française, 2000.
——, *Les associations reconnues d'utilité publique*, La documentation française, 2000.
Cornu (Gérard), « Contrôle judiciare des mesures disciplinaires prises à l'encontre d'un membre d'une association », *RTDciv.*, 1973, pp. 144-145.
Cozian (Maurice), Viandier (Alain) et Deboissy (Florence), *Droits des sociétés*, 14e éd.,

Litec, 2001.

Damarey (Stéphanie), « La liberté d'association à l'épreuve de la dissolution administrative », *AJDA*, 2012, pp. 921-927.

Damarey (Stéphanie) et al., *Code des associations et fondations, commenté*, Édition 2014, 6e éd., Dalloz, 2013.

Debbasch (Charles) et Bourdon (Jacques), *Les associations*, 8e éd, PUF, 2002.

Delsol (Xavier), « Les fonds de dotation », *D.* 2009, n° 11, p. 792.

Delsol (Xavier) (dir.), *Code des associations*, Éditions Groupe Juris, 1998.

Demogue (René), « Effets de l'expulsion irrégulière d'un membre d'une association », *RTDciv.*, 1914, p. 657.

Devic (Lionel), « Fonds de dotation: un outil révolutionnaire pour les mécènes », *Juris Associations*, n° 386, 15 octobre 2008, p. 29.

Doucin (Michel) (dir.), *Guide de la liberté associative dans le monde : 183 législations analysées*, La documentation française, 2007.

Ducomte (Jean-Michel) et Roirant (Jean-Marc), *La liberté de s'associer*, Éditions Privat, 2011.

Ducrocq (Auguste), *Cours de droit administratif*, t. 6, 7e éd., Fontemoing, 1905.

Duguit (Léon), « Collective acts as distinguished from contracts », Yale Law journal 27, 1918, pp. 753ff.

――, *Les transformations générales du Droit privé depuis le Code Napoléon*, 2e éd., Librairie Félix Alcan, 1920.

――, *Traité de droit constitutionnel*, t. 5, 2e éd., Éditions Cujas, 1925.

――, *Leçons de droit public général*, 1926, réimpression, La Mémoire du Droit, 2000.〔赤坂幸一＝曽我部真裕訳「レオン・デュギー『一般公法講義』(1926年)(1)〜(7・完)」金沢法学47巻1号369-399頁，同2号187-234頁，48巻1号109-147頁，同2号115-158頁，49巻1号171-223頁，同2号419-456頁，50巻1号67-95頁（2004-2007年）〕

――, *Traité de droit constitutionnel*, t. 1, 3e éd., Boccard, 1927.

Eliachevitch (Basile), « La personnalité juridique d'après la conception romaine et les théories modernes », in *La personnalité juridique en droit privé romain*, Sirey, 1942, pp. 350-373.

Favoreu (Louis), « Destin d'une décision fondatrice », in Conseil Constitutionnel, *La liberté d'association et le droit*, Conseil Constitutionnel, 2001, pp. 27-35.

Favoreu (Louis) et Philip (Loïc), *Les grandes décisions du Conseil constitutionnel*, 13e éd., Dalloz, 2005.

Fombeur (Pascale), « La jurisprudence du Conseil d'État et la liberté d'association », in Conseil Constitutionnel, *La liberté d'association et le droit*, Conseil Constitutionnel, 2001, pp. 63-75.

文 献 一 覧

Gaudemet (Jean), *Droit privé romain*, 2ᵉ éd., Montchrestien, 2000.
Gaudemet (Yves), « L'association vue de la Constitution », *LPA*, n° 50, 24 avril 1996, pp. 25-27.
Gény (François), *Méthode d'interprétation et sources en droit privé positif*, t. 1, LGDJ, 2ᵉ éd., 1919, reprint, 1996.
Granger (Roger), note sous Cass. com., 17 janv. 1956, *JCP*, 1956, II, 9601.
Guillien (Raymond) et Vincent (Jean) (dir.), *Lexique des termes juridiques*, 15ᵉ éd., Dalloz, 2005.
Guyon (Yves), « Le contrôle judiciaire du pouvoir disciplinaire des associations », note sous Cass. civ. 1ʳᵉ, 3 déc. 1996, 22 avr. 1997, *Rev. Soc.*, 1997, p. 552.
——, « La liberté de se retirer d'une association gérant le club sportif d'un lotissement », note sous l'Assemblée plénière, 9 février 2001, *Rev. Soc.*, 2001, pp. 357-360.
——, « Respect des droits de la défense dans les procédures disciplinaires », *Rev. Soc.*, 2002, p. 335.
——, Note sous Paris 9 déc. 2002, *Rev. Soc.*, 2003, p. 163.
Hauriou (Maurice), *Principes de droit public*, 2ᵉ éd., Sirey, 1916.
——, « Notice sur les œuvres de Léon Michoud : Liste chronologique des œuvres de Léon Michoud », *RDP*, 1916, pp. 483-530.
——, *Précis de droit administratif et de droit public*, 12ᵉ éd, Sirey, 1933.
Jellinek (Georg), *System der subjektiven öffentlichen Rechte*, 2 Aufl, 1905.
Jhering (Rudolph von), *Geist des römischen Rechts auf den verschiedenen Stufen seiner Entwicklung*, Teil III 〔*L'esprit du droit romain*, t.IV, trad. franç. par O. Meulenaere, 1878〕.
Journaux officiels, *Guide des associations; Édition 2009-2010*, La documentation française, 2009.
Laurent (François), *Principes de droit civil français*, t. 1, 5ᵉ éd., 1893.
Leader (Sheldon), *Freedom of association: A Study in Labor Law and Political Theory*, Yale University Press, 1992.
Le Bot (Olivier), « Dissolution d'associations de supporters violents : absence de renvoi de la QPC », *Constitutions*, 2011, pp. 253-254.
Lebreton (Gilles), *Libertés publiques & droits de l'Homme*, 8ᵉ éd., Armand Colin, 2009.
Lefebvre-Teillard (Anne), *Introduction historique au droit des personnes et de la famille*, PUF, 1996.
Lemeunier (Francis), *Associations*, 10ᵉ éd., Delmas, 2003.
Letteron (Roseline), *Libertés publiques*, 9ᵉ éd., Dalloz, 2012.
Machelon (Jean-Pierre), *Les relations des cultes avec les pouvoirs publics*, La

documentation française, 2004.
Macqueron (Patrice) et al., *Associations, fondations, congrégations : 2006-2007*, Éditions Francis Lefebvre, 2006.
Macqueron (Patrice) et al., *Associations, fondations, congrégations, fonds de dotation: 2012-2013*, Éditions Francis Lefebvre, 2012.
Malaurie (Philippe), « Nature juridique de la personnalité morale », in *Répertoire du notariat defrénois*, 1990, pp. 1068-1075.
Margat (R.), « De la condition juridique des associations non déclarées », *RTDciv.*, 1905, pp. 235-260.
Marot (Yves), « La loi du 1er juillet 1901 sur les associations : un principe de liberté ou un principe de démocratie? l'association : un contrat ou une personne juridique? », *D.* 2001, p. 3106
Mathieu (Bertrand), « Étude de la loi du 10 Janvier 1936 relative aux groupes de combat et de milices privées », *Revue de l'actualité juridique française*, 6 juin, 1999 〔HP〕.
Mazeaud (Henri, Léon, Jean) et Chabas (François), *Leçon de droit civil : Les personnes, la personnalité, les incapacités*, t. 1, vol. 2, 8e éd., Montchrestien, 1997.
Mbongo (Pascal), « Actualité et renouveau de la loi du 10 janvier 1936 sur les groupes de combat et les milices privées », *RDP*, 1998, pp. 715-744.
Menjucq (Michel), « Personne morale », in *Dictionnaire de la justice*, sous la direction de Loïc Cadiet, PUF, 2004, pp. 978-981.
Merlet (Jean-François), « L'abrogation du délit d'association suffit-elle à établir la liberté d'association? », in *L'avènement de la loi de 1901 sur le droit d'association : genèse et évolution de la loi au fil des Journaux Officiels*, Les éditions des Journaux Officiels, 2000, p. 3.
——, *Une grande loi de la Troisième République : La loi du 1er juillet 1901*, LGDJ, 2001.
——, « Hommage à Waldeck-Rousseau », in CSA, *L'image de la vie associative en France 1901-2001*, Sondage exclusif, INGEP, 2001, pp. 12-15.
——, « La jurisprudence : clef de lecture de la loi de 1901 », in Andrieu (Claire), Le Béguec (Gilles) et Tartakowsky (Danielle) (dir.), *Association et champ politique : la loi de 1901 à l'épreuve du siècle*, Publications de la Sorbonne, 2001, pp. 211-229.
Mescheriakoff (Alain-Serge), Frangi (Marc) et Kdhir (Moncef), *Droit des associations*, PUF, 1996.
Messner (Francis), Prélot (Pierre-Henri) et Woehrling (Jean-Marie), *Traité de droit français des religions*, Litec, 2003.

Mestre (Jacques) et Bertrand (Fages), « Liberté mais aussi, nécessairement, loi contractuelle: l'exemple du contrat d'association », note sous Cass. civ.1re , 25 juin 2002, *RTDciv.*, 2003, p. 289.

Meterfi (Stéphane), « Raymond Marcellin », in Confédération nationale du crédit mutual, *Cent ans de liberté d'association*, Éditions Coprur, 2001, pp. 68-69.

Michoud (Léon), « La notion de personnalité morale », *RDP*, 1899, pp. 5-32 et pp. 193-228.

——, « La création des personnes morales », *Annales de l'Université de Grenoble*, 1900, pp. 1-45.

——, « Étude de droit comparé sur la personnalité morale des associations », *Annales de l'Université de Grenoble*, 1901, pp. 27-54.

——, « La classification des personnes morales », *Annales de l'Université de Grenoble*, 1904, pp. 329-365.

——, « Personnes morales », *Répertoire du droit administratif*, t. 21, 1904, pp. 166-177.

——, *La théorie de la personnalité morale et son application au droit français*, LGDJ, t. 1, 1906 ; t. 2, 1909.

——, « Rapports sur la personnalité morale des associations », in *Procès verbaux des séances et documents : Congrès international de droit comparé Tenu à Paris du 31 juillet au 4 août 1900* , t. 2, 1907, pp. 1-27.

——, « La personnalité et les droits subjectifs de l'État dans la doctrine française contemporaine », in *Festschrift Otto Gierke zum siebzigsten Geburtstag*, 1911, pp. 493-524.

——, « La théorie de la personnalité morale dans l'œuvre de Raymond SALEILLES », in *L'Œuvre juridique de Raymond Saleilles*, 1914, pp. 299-337.

——, *La théorie de la personnalité morale et son application au droit français*, LGDJ, t. 1, 2e éd., par Trotabas, 1924, reprint, 1998.

Ministère de l'Intérieur, « Notes de jurisprudence », *Révue générale d'administration*, 1893, t. 3, pp. 21-31.

Morange (Jean), *La liberté d'association en droit public français*, PUF, 1977

——, *Droits de l'homme et libertés publiques*, 5e éd., PUF, 2000.

Paynot-Rouvillois (Anne), « Personnalité morale et volonté », *Droits*, n° 28, 1999, pp. 17-28.

——, « Personne morale », in Denis Alland et Stéphane Rials (dir.), *Dictionnaire de la culture juridique*, PUF, 2003, pp. 1153-1157.

——, « Sujet de droit », in Denis Alland et Stéphane Rials (dir.), *Dictionnaire de la culture juridique*, PUF, 2003, pp. 1452-1456.

Pellissier (Gilles), « L'esprit de la loi », in Jérôme Pellissier et al., À *but non lucratif 1901-2001 : cent ans de liberté d'association*, Éditions Fischbacher, 2001, pp. 61-91.

Perrier (Jean-Baptiste), « Loi n° 2010-201 du 2 mars 2010 renforçant la lutte contre les violences de groupes et la protection des personnes chargées d'une mission de service public », *Revue de science criminelle et de droit pénal comparé*, 2010, pp. 468-471.

Perrotin (Frédérique), « Fonds de dotation, un dispositif qui rencontre son public », *LPA*, n° 147, 24 juillet 2009, p. 4

Pichat (Georges), *Le contrat d'association*, Arthur Rousseau, 1908.

Plaisant (Robert), note sous Cass. civ. 1re , 14 févr. 1979, *Rev. Soc.*, 1980, p. 141.

Réglade (Marc), *De la nature juridique de l'acte d'association*, Bordeaux Imprimerie de l'université, 1920.

Rivero (Jean), Note sous CC 16 juillet 1971, *AJDA*, 1971, pp. 537-542.

Rivero (Jean) et Moutouh (Hugues), *Libertés publiques*, t. 1, 9e éd. PUF , 2003.

――, *Libertés publiques*, t. 2, 7e éd. PUF , 2003.

Robert (Jacques), « Propos sur le sauvetage d'une liberté », *RDP*, 1971, pp. 1171-1205.

Robert (Jacques) et Duffar (Jean), *Droits de l'homme et libertés fondamentales*, 8e èd, Montchrestien, 2009.

Roblot-Troizier (Agnès) et Rambaud (Thierry), « Chronique de jurisprudence-Droit administratif et droit constitutionnel », *Revue française de droit administratif*, 2011, p. 1257

Rodriguez (Karine), *Le droit des associations*, Harmattan, 2004.

Rostand (Eugène), « La loi sur les associations: au point de vue des associations ordinaires laïques », *Revue politique et parlementaire*, t. 28, 1901, pp. 259-271.

Rousseau, (Dominique), *Droit du contentieux constitutionnel*, 10e éd., Montchrestien, 2013.

Rousseau (Jean-Jacques), *Du contrat social*, Le livre de poche, 1992.〔桑原武夫＝前川貞次郎訳『社会契約論』（岩波文庫, 1954 年）〕

Saleilles (Raymond), « Les associations dans le nouveau droit allemand », in É. Lamy (dir.), *Le droit d'association*, 1899, pp. 229-246.

――, *De la personnalité juridique : Histoire et théories*, 1910, réimpression, Librairie Nouvelle de Droit et de Jurisprudence, 2003.

Savigny (Friedrich Carl von), *System des heutigen Römanischen Rechts*, Bd. 1, 1840; Bd. 2, 1840.（サヴィニー（小橋一郎訳）『現代ローマ法体系』（成文堂, 第 1 巻・1993 年, 第 2 巻・1996 年））

Sénat, *Waldeck-Rousseau et la liberté d'association, 1901-2001*, Sénat, 2001.

文 献 一 覧

Sorlin (Pierre), *Waldeck-Rousseau*, Armand Colin, 1966.
Sousi (Gérard), note, sous Cass. civ. 1re, 28 oct. 1981, *D*. 1982, p. 382.
──, « Le pouvoir disciplinaire dans les associations », *Juris-Associations*, 1983, n° 6, pp. 4-9.
──, *Les associations*, Dalloz, 1985.
──, Note sous Lyon, 2 juillet 1985, *Rev. Soc.*, 1985, p. 661.
Tchernonog (Viviane), *Le paysage associatif français 2007 : Mesures et évolutions*, Juris associations, Dalloz, 2007, p. 25.
Terré (François) et Fenouillet (Dominique), *Droit civil : Les personnes, la famille, les incapacités*, 7e éd., Dalloz, 2005.
Thévenet (Bernard), *La fiscalité des associations événementielles*, Lamy, 2011.
Trouillot (Georges), « La loi sur les associations : Réponse à l'article de M. Rostand », *Revue politique et parlementaire*, t. 28, 1901, pp. 272-279.
Trouillot (Georges) et Chapsal (Fernand), *Du contrat d'association : Commentaire de la loi du 1er juillet 1901 et des règlements d'administration publique du 16 août suivant*, Bureaux des lois nouvelles, 1902.
Turpin (Dominique), *Libertés publiques & droits fondamentaux*, Seuil, 2004.
Wachsmann (Patrick), *Libertés publiques*, 6e éd., Dalloz, 2009.
Waldeck-Rousseau (Pierre), *Associations et congrégations*, Bibliothèque-Charpentier, 1901.
Worms (René), *Organisme et société*, Giard et Brière, 1896.
Zitelmann (Ernst), *Begriff und Wesen der sogenannten juristischen Person*, Duncker & Humblot, 1873.

【日本語文献】
相澤哲＝杉浦正典編著『一問一答中間法人法』（商事法務研究会，2002年）
相本宏「法人論」星野英一編集代表『民法講座第1巻・民法総則』（有斐閣，1984年）131-175頁
吾妻聡「Roberto Ungerの制度構想の法学についての一試論──わが国の文脈（公私の協働・交錯論）へと接続する試み」岡山大学法学会雑誌62巻4号（2013年）661-706頁
秋田成就「労働組合の内部問題の法理論的構成」ジュリスト441号（1970年）173-184頁
浅野有紀『法と社会的権力──「私法」の再編成』（岩波書店，2002年）
芦部信喜『憲法学Ⅲ 人権各論(1)〔増補版〕』（有斐閣，2000年）
芦部信喜（高橋和之補訂）『憲法〔第5版〕』（岩波書店，2011年）
雨宮孝子「民法100年と公益法人制度──なぜ公益法人の設立は許可制なのか」公益法人27巻8号（1998年）10-15頁

―――「非営利法人の立法論」NBL767 号（2003 年）34-42 頁
―――「日本の非営利法人制度の現状」塚本一郎ほか編著『NPO と新しい社会デザイン』（同文舘出版，2004 年）73-92 頁
雨宮孝子ほか「〈座談会〉NPO 法の検討 ―― 市民活動団体の法人化について」ジュリスト 1105 号（1997 年）4-29 頁
蟻川恒正「思想の自由と団体紀律」ジュリスト 1089 号（1996 年）199-204 頁
石井菊次郎「倶楽部法」法学協会雑誌 9 巻 5 号（1891 年）18-32 頁
石川健治『自由と特権の距離』（日本評論社，1999 年）
石下貴大『図解でわかる NPO 法人・一般社団法人：いちばん最初に読む本』（アニモ出版，2012 年）
石原司「ワルデック=ルソー内閣の教会政策」山本桂一編『フランス第三共和政の研究 ―― その法律・政治・歴史』（有信堂，1966 年）3-143 頁
市川正人「結社の自由・適正手続の保障と破壊活動防止法」法学教室 189 号（1996 年）19-23 頁
伊藤正己『憲法〔第 3 版〕』（弘文堂，1995 年）
上田健介「人権享有主体性」曽我部真裕=赤坂幸一=新井誠=尾形健編『憲法論点教室』（日本評論社，2012 年）76-86 頁
右崎正博「破防法団体規制条項をめぐる憲法問題」奥平康弘編『破防法でなにが悪い？』（日本評論社，1996 年）136-146 頁
内田貴『民法Ⅳ（親族・相続）』（東京大学出版会，2002 年）
―――『民法Ⅰ（総則・物権総論）〔第 3 版〕』（東京大学出版会，2005 年）
―――『民法Ⅱ（債権各論）〔第 2 版〕』（東京大学出版会，2007 年）
梅謙次郎『民法要義・巻之三債権編〔第 35 版〕』（有斐閣，1916 年）
梅澤敦「公益法人制度改革関連 3 法」ジュリスト 1323 号（2006 年）88-98 頁
海老原明夫「ドイツ法学継受史余滴・法人の本質論その 2」ジュリスト 952 号（1990 年）10-11 頁
大石眞『憲法と宗教制度』（有斐閣，1996 年）
―――「結社の自由の限界問題 ―― 立憲民主制の自己防衛か自己破壊か」京都大学百周年記念論文集刊行委員会編『京都大学法学部創立百周年記念論文集・第 2 巻』（有斐閣，1999 年）175-203 頁
―――「結社の自由」高橋和之=大石眞編『憲法の争点〔第 3 版〕』（有斐閣，1999 年）122-123 頁
―――『日本国憲法』（放送大学教育振興会，2005 年）
―――「フランスの団体法制と結社の自由」佐藤幸治=平松毅=初宿正典=服部高宏編『現代社会における国家と法・阿部照哉先生喜寿記念論文集』（成文堂，2007 年）505-530 頁
―――『憲法講義Ⅱ〔第 2 版〕』（有斐閣，2012 年）
大隈義和「『公益性』概念と結社の自由(1) ――『公益法人』制度改革を素材として」

文献一覧

　　　　京女法学1号（2011年）181-199頁
太田達男「公益法人制度改革の概要と今後の課題」税研141号（2008年）24-30頁
―― 『非営利法人設立・運営ガイドブック ―― 社会貢献を志す人たちへ』（公益法人協会，2012年）
大村敦志『フランスの社交と法』（有斐閣，2002年）
―― 「『結社の自由』の民法学的再検討・序説」NBL767号（2003年）54-63頁
―― 「法人 ―― 基礎的な検討」（初出2003年）同『もうひとつの基本民法Ⅰ』（有斐閣，2005年）139-150頁
―― 『生活民法入門』（東京大学出版会，2003年）
―― 「ベルエポックの法人論争 ―― 憲法学と民法学の対話のために」藤田宙靖＝高橋和之編『憲法論集・樋口陽一先生古稀記念』（創文社，2004年）35-59頁
―― 「共和国の民法学 ―― フランス科学学派を中心に(1)」法学協会雑誌121巻12号（2004年）116-146頁
―― 「〈シンポジウム〉団体論・法人論の現代的課題」私法66号（2004年）3-55頁
―― 「〈判批〉強行法規違反の法律行為（最3判平成11年2月23日）」星野英一＝平井宜雄＝能見善久編『民法判例百選Ⅰ　総則・物権〔第5版新法対応補正版〕』（有斐閣，2005年）38-39頁
―― 「無償行為論の再検討へ ―― 現代におけるその位置づけを中心に」林信夫＝佐藤岩夫編『法の生成と民法の体系』（創文社，2006年）33-58頁
―― 『基本民法Ⅰ〔第3版〕』（有斐閣，2007年）
―― 『民法0・1・2・3条　〈私〉が生きるルール』（みすず書房，2007年）
大脇雅子「司法審査の限界」『現代労働法講座2・労働組合』（総合労働研究所，1980年）254-273頁
岡田順太「アメリカ合衆国における『表現的結社の自由』」法学政治学論究54号（2002年）119-143頁
岡田順太「結社の自由の過去・現在・未来 ―― アメリカ憲法裁判の視点から」大沢秀介＝小山剛編著『東アジアにおけるアメリカ憲法 ―― 憲法裁判の影響を中心に』（慶應義塾大学出版会，2006年）255-291頁
岡村忠生＝渡辺徹也＝高橋祐介『ベーシック税法〔第7版〕』（有斐閣，2013年）
奥平康弘『憲法Ⅲ ―― 憲法が保障する権利』（有斐閣，1993年）
―― 『これが破防法』（花伝社，1996年）
―― 「なぜ，いま破防法をもちだすのか」奥平康弘編『破防法でなにが悪い！？』（日本評論社，1996年）2-24頁
―― 「『破防法問題』をめぐって」ジュリスト1087号（1996年）96-103頁
奥平康弘編『破防法でなにが悪い！？』（日本評論社，1996年）
落合誠一「会社の営利性について」黒沼悦郎＝藤田友敬編『江頭憲治郎先生還暦記

念・企業法の理論　上巻』（商事法務，2007年）1-26頁
小野善康「フランス憲法における政党の地位(1)」北大法学論集27巻1号（1976年）1-58頁
——「結社の憲法上の権利の享有について——『法人の人権』論の再検討」アルテス・リベラレス（岩手大学人文社会科学部紀要）72号（2003年）79-98頁
カーザー，マックス（柴田光蔵訳）『ローマ私法概説』（創文社，1979年）
勝又英子ほか「座談会・公益法人制度改革（新制度の概要）をめぐって」公益法人35巻3号（2006年）2-19頁
加藤雅信『新民法大系Ⅰ・民法総則〔第2版〕』（有斐閣，2005年）
金子宏『租税法〔第18版〕』（弘文堂，2013年）
兼平裕子「非営利法人制度改革とNPO法人・宗教法人——収益事業課税と寄付金税制の検討」税法学553号（2005年）51-68頁
鎌野邦樹「〈判批〉県営住宅の自治会（権利能力のない社団）における会員の退会の自由と自治会費の支払い」判例評論565号（判例時報1915号）（2006年）173-178頁
川崎英明＝三島聡「団体規制法の違憲性——いわゆる『オウム対策法』の問題性」法律時報72巻3号（2000年）52-58頁
川島武宜『民法総則』（有斐閣，1965年）
神作裕之「非営利法人と営利法人」内田貴＝大村敦志編『民法の争点（ジュリスト増刊）』（有斐閣，2007年）59-60頁
北川善太郎『現代契約法Ⅰ』（商事法務研究会，1973年）
——『債権各論〔第3版〕』（有斐閣，2003年）
小泉洋一『政教分離と宗教的自由』（法律文化社，1998年）
——『政教分離の法——フランスにおけるライシテと法律・憲法・条約』（法律文化社，2005年）
河内宏『権利能力なき社団・財団の判例総合解説』（信山社，2004年）
河野健二編『資料フランス革命』（岩波書店，1989年）
神山欣治『逐条破壊活動防止法解説』（立花書房，1952年）
小島慎司「判例の流れ　5　思想・良心の自由」憲法判例研究会編『判例プラクティス憲法』（信山社，2012年）72頁
後藤元伸「団体設立の自由とその制約」ジュリスト1126号（1998年）60-65頁
——「〈判批〉事業協同組合からの除名と具体的除名事由の特定・明示」民商法雑誌125巻2号（2001年）231-235頁
——「〈判批〉公共嘱託登記土地家屋調査士協会の除名決議の有効性」民商法雑誌134巻4・5号（2006年）732-736頁
——「非営利法人制度」内田貴＝大村敦志編『民法の争点（ジュリスト増刊）』（有斐閣，2007年）56-60頁

文 献 一 覧

小西美典「フランス法人論序説」大阪市立大学法学雑誌6巻4号（1960年）116-146頁
コリン・コバヤシ「フランス・アソシエーション活動の歴史的変遷――大革命から今日まで」同編著『市民のアソシエーション――フランスNPO法の100年』（太田出版, 2003年）13-89頁.
斎藤千加子『行政争訟と行政裁判権』（成文堂, 2004年）
佐伯仁志「組織犯罪への実体法的対応」『岩波講座現代の法6　現代社会と刑事法』（岩波書店, 1998年）233-262頁
阪本昌成『憲法理論Ⅲ』（成文堂, 1995年）
佐藤岩夫「国家・社会関係――市民セクターの発展と民間非営利法制」東京大学社会科学研究所『「失われた10年」を超えてⅡ：小泉改革への時代』（東京大学出版会, 2006年）107-141頁
佐藤幸治「集会・結社の自由」芦部信喜編『憲法Ⅱ　人権(1)』（有斐閣, 1978年）553-633頁
――「法における新しい人間像――憲法学の領域からの管見」芦部信喜ほか編『岩波講座・基本法学1――人』（岩波書店, 1983年）281-321頁
――「『部分社会』と司法権」（1983年）同『現代国家と司法権』（有斐閣, 1988年）147-206頁
――『憲法訴訟と司法権』（日本評論社, 1984年）
――『憲法〔第3版〕』（青林書院, 1995年）
――『国家と人間――憲法の基本問題』（放送大学教育振興会, 1997年）
――「人権の観念と主体」（1999年）同『日本国憲法と「法の支配」』（有斐閣, 2002年）152-187頁
――『日本国憲法論』（成文堂, 2011年）
佐藤繁「判解」『最高裁判所判例解説民事篇・昭和50年度』（法曹会, 1979年）566-581頁, 582-595頁
塩崎勤「〈判批〉県営住宅の自治会の会員が一方的意思表示により自治会を退会することの可否」民事法情報230号（2005年）82-85頁
宍戸常寿『憲法：解釈論の応用と展開』（日本評論社, 2011年）
自治省選挙部政党助成室編『逐条解説政党助成法・法人格付与法』（ぎょうせい, 1997年）
四宮和夫＝能見善久『民法総則〔第7版〕』（弘文堂, 2005年）
芝池義一「破防法の行政手続上の問題点」奥平康弘編『破防法でなにが悪い！？』（日本評論社, 1996年）158-172頁
渋谷秀樹『憲法〔第2版〕』（有斐閣, 2013年）
初宿正典『憲法2・基本権〔第3版〕』（成文堂, 2010年）
――「集会の自由に関する若干の考察――とくに基本法第8条2項の成立過程を中心として」法学論叢148巻5・6号（2001年）90-120頁

―― 「社会的権力と内心の自由」ジュリスト1222号（2002年）52-59頁
初宿正典＝小山剛「憲法21条が保障する権利」井上典之＝小山剛＝山元一編『憲法学説に聞く』（日本評論社，2004年）96-112頁
島田陽一「〈判批〉労働組合からの脱退を制限する合意の効力」ジュリスト1354号（2008年）243-245頁
新公益法人制度研究会編著『一問一答公益法人関連三法』（商事法務，2006年）
末川博「サヴィニーの権利論」（1927年）同『不法行為並に権利濫用の研究』（岩波書店，1933年）145-162頁
―― 「イェーリングの権利論」（1928年）同『不法行為並に権利濫用の研究』（岩波書店，1933年）163-187頁
菅原菊志「民法第678条」鈴木禄彌編『新版注釈民法(17) 債権(8)』（有斐閣，1993年）162-167頁
関之『破壊活動防止法の解説』（文化研究社，1952年）
芹沢斉「『オウム』への破防法団体適用棄却」法学教室203号（1997年）26-31頁
芹沢斉＝市川正人＝阪口正二郎編『別冊法学セミナー 新基本法コンメンタール憲法』（日本評論社，2011年）
総合研究開発機構（NIRA）『ボランティア等の支援方策に関する総合的研究――ボランティア活動の支援とボランティア団体の法人化』（1996年）
総務省編『平成18年版公益法人白書』（2006年）
曽我部真裕「公正取引委員会の合憲性について」伊藤眞ほか編『経済社会と法の役割（石川正先生古稀記念論文集）』（商事法務，2013年）5-35頁
高作正博「フランスにおける〈association〉の〈pouvoir〉(2)(3)」琉大法学69号（2003年）39-71頁，71号（2004年）1-32頁
高橋和之『立憲主義と日本国憲法〔第3版〕』（有斐閣，2013年）
高村学人「フランス革命期における反結社法の社会像――ル・シャプリエによる諸立法を中心に」早稲田法学会誌48巻（1998年）105-160頁
―― 「ナポレオン期における中間団体政策の変容――『ポリスの法制度』の視点から」社会科学研究50巻6号（1999年）101-127頁
―― 『アソシアシオンへの自由――〈共和国〉の論理』（勁草書房，2007年）
滝沢昌彦「〈判批〉やむを得ない事由があっても任意の脱退を許さない旨の組合契約における約定が無効とされた事例」法学教室228号（1999年）122-123頁
竹下守夫「団体の自律的処分と裁判所の審判権」書研所報36号（1990年）1-60頁
田近肇「アメリカ合衆国における宗教団体制度――憲法的視点からの検討(1)」法学論叢145巻5号（1999年）55-76頁
―― 「結社の自由」大石眞＝石川健治編『憲法の争点』（有斐閣，2008年）140-141頁
橘幸信『知っておきたいNPO法〔改訂版〕』（財務省印刷局，2002年）

文 献 一 覧

田中祥貴「法人の『目的の範囲』と構成員の協力義務」六甲台論集法学政治学篇50巻1号（2003年）137-153頁

土田道夫「〈判批〉労働組合からの脱退を制限する労働者・使用者間の合意の効力——東芝労働組合小向支部・東芝事件」判例評論595号（判例時報2008号）（2008年）196-201頁

時本義昭『国民主権と法人理論』（成文堂，2011年）

特定非営利活動法人制度研究会編『解説特定非営利活動法人制度』（商事法務，2013年）

徳永千加子「修道会規制法の発展と結社の自由——ライシテ成立をめぐる問題その四」早稲田政治公法研究36号（1991年）185-219頁

戸松秀典＝初宿正典『憲法判例〔第6版〕』（有斐閣，2010年）

富永茂樹「中間集団の声と沈黙——1971年春－秋」同『理性の使用——ひとはいかにして市民となるのか』（みすず書房，2005年）70-154頁

鳥居喜代和「結社の自由の基礎過程——結社の自由論の一側面(1)」札幌学院法学15巻1号（1998年）1-54頁

——「NPO法と結社の自由」法学セミナー523号（1998年）10-13頁

中田裕康「公益法人・中間法人・NPO」ジュリスト1126号（1998年）53-59頁

——「中間法人法の展望」法律のひろば54巻11号（2001年）25-31頁

——「公益法人制度の問題の構造」NBL767号（2003年）12-22頁

——「一般社団・財団法人法の概要」ジュリスト1328号（2007年）2-11頁

仲野武志『公権力の行使概念の研究』（有斐閣，2007年）

中村紘一「ル・シャプリエ法研究試論」早稲田法学会誌20号（1970年）1-44頁

中村義孝編訳『フランス憲法史集成』（法律文化社，2003年）

——『ナポレオン刑事法典史料集成』（法律文化社，2006年）

中舎寛樹「〈判批〉やむを得ない事由があっても任意の脱退を許さない旨の組合契約における約定の効力」民商法雑誌122巻1号（2000年）109-127頁

長屋文裕「〈判解〉従業員と使用者との間でされた従業員に対し特定の労働組合から脱退する権利を行使しないことを義務付ける合意と公序良俗違反」ジュリスト1353号（2008年）127-130頁

西谷敏「統制処分の根拠と限界」（1988-89年）同『労働法における個人と集団』（有斐閣，1992年）163-251頁

——『労働組合法〔第3版〕』（有斐閣，2012年）

——『労働法〔第2版〕』（日本評論社，2013年）

糠塚康江「第三共和制の確立と共和主義的改革（5・完）」関東学院法学11巻下巻（2002年）1-33頁

能見善久「公益的団体における公益性と非営利性」ジュリスト1105号（1997年）50-55頁

野田良之「註釈学派と自由法」尾高朝雄編集代表『法哲学講座 第3巻』（有斐閣，

1956 年）199-240 頁

野中俊彦＝中村睦男＝高橋和之＝高見勝利『憲法 I〔第 5 版〕』（有斐閣，2012 年）

野村敬造「第五共和国憲法と結社の自由」金沢法学 18 巻 1 - 2 号（1973 年）57-76 頁

橋本基弘『近代憲法における団体と個人――結社の自由概念の再定義をめぐって』（不磨書房，2004 年）

長谷部恭男『テレビの憲法理論』（弘文堂，1992 年）

――『憲法〔第 5 版〕』（新世社，2011 年）

長谷部恭男＝石川健治＝宍戸常寿編『憲法判例百選 I・II〔第 6 版〕』（有斐閣，2013 年）

鳩山秀夫「法人論」（1908 年）同『民法研究 第 1 巻（総則）』（岩波書店，1925 年）437-489 頁

林良平＝前田達明編『新版注釈民法(2)総則(2)』（有斐閣，1991 年）

范揚恭「法令解説・行政改革関連法③――民間非営利部門の健全な発達を促す『公益法人制度改革三法』」時の法令 1772 号（2006 年）27-54 頁

樋口陽一「社会的権力と人権」芦部信喜ほか編『岩波講座・基本法学 6 ――権力』（岩波書店，1983 年）345-372 頁

――『比較憲法〔全訂第 3 版〕』（青林書院，1992 年）

――『近代国民国家の憲法構造』（東京大学出版会，1994 年）

――「『からの自由』をあらためて考える――1901 年結社法（フランス）100 周年の機会に」法律時報 73 巻 10 号（2001 年）93-95 頁。

――『国法学――人権原論〔補訂版〕』（有斐閣，2007 年）

――『憲法〔第 3 版〕』（創文社，2007 年）

樋口陽一＝佐藤幸治＝中村睦男＝浦部法穂『注解法律学全集 2 憲法 II〔第 21 条～第 40 条〕』（青林書院，1997 年）

福地俊雄「サヴィニーの法人理論について」（1956 年）同『法人法の理論』（信山社，1998 年）53-113 頁

――「イェーリングの法人理論について」（1957-58 年）同『法人法の理論』（信山社，1998 年）115-179 頁

船田享二『ローマ法・第 2 巻〔改版〕』（岩波書店，1969 年）

文化庁『海外の宗教事情に関する調査報告書資料編 3・フランス宗教関係法令集』（2010 年）

法典調査会『民法議事速記録・第 37 巻』（1894 年）

法務省刑事局刑事法制課「組織的な犯罪に対処するための刑事法整備に関する法制審議会への諮問及び事務局参考試案」ジュリスト 1103 号（1996 年）165-179 頁

星野英一『民法のすすめ』（岩波新書，1998 年）

松井茂記『日本国憲法〔第 3 版〕』（有斐閣，2007 年）

377

文 献 一 覧

―― 『アメリカ憲法入門〔第7版〕』（有斐閣，2012年）
松本烝治『人，法人及物』（巌松堂書店，1910年）
―― 「法人学説」（1911年）同『商法解釈の諸問題』（有斐閣，1955年）113-140頁
松本恒雄「〈判批〉やむを得ない事由があっても任意脱退を許さない旨の組合契約の約定の効力（最3判平成11年2月23日）」私法判例リマークス20号（2000年）54-57頁
三浦守「組織的な犯罪に対処するための刑事法整備に関する法制審議会の審議概要等」ジュリスト1122号（1997年）22-28頁
水野忠恒「新たな非営利法人制度の課税及び寄附金税制の検討」税研125号（2006年）22-32頁
―― 「公益法人課税の方向」金子宏編『租税法の基本問題』（有斐閣，2007年）437-453頁
―― 「公益法人制度改革と税制改正」税研141号（2008年）31-41頁
―― 『租税法〔第4版〕』（有斐閣，2009年）
水町勇一郎「〈判批〉労働者の組合脱退の自由とそれを制限する労働者・使用者間の合意の効力 ―― 東芝労働組合小向支部・東芝事件」ジュリスト1343号（2007年）121-124頁
三井正信「統制処分法理の再検討(1)～（4・完）」広島法学19巻3号（1996年）65-98頁，20巻1号（1996年）17-54頁，20巻3号（1997年）71-111頁，21巻2号（1997年）71-120頁
宮沢俊義『憲法Ⅱ〔新版〕』（有斐閣，1971年）
村田尚紀「フランスにおける結社の自由史試論」関西大学法学論集49巻1号（1999年）53-71頁
―― 「フランスにおけるアソシアシオンの自由 ―― 1901年7月1日法とそれから」日仏法学23号（2004年）25-58頁
毛利透「結社の自由，または『ウォーレン・コート』の終焉と誕生」（2004年）同『表現の自由』（岩波書店，2008年）73-104頁
森泉章『新・法人法入門』（有斐閣，2004年）
森泉章＝大野秀夫「法人論史 ―― 法人本質論を中心に」水本浩＝平井一雄編『日本民法学史・各論』（信山社，1997年）1-40頁
矢尾渉「〈判解〉やむを得ない事由があっても任意の脱退を許さない旨の組合契約における約定の効力（最3判平成11年2月23日）」ジュリスト増刊『最高裁・時の判例Ⅱ』（有斐閣，2003年）196-197頁
山口俊夫「フランス法学」碧海純一＝伊藤正己＝村上純一編『法学史』（東京大学出版会，1976年）175-213頁
―― 『概説フランス法・上』（東京大学出版会，1978年）
―― 『フランス債権法』（東京大学出版会，1986年）

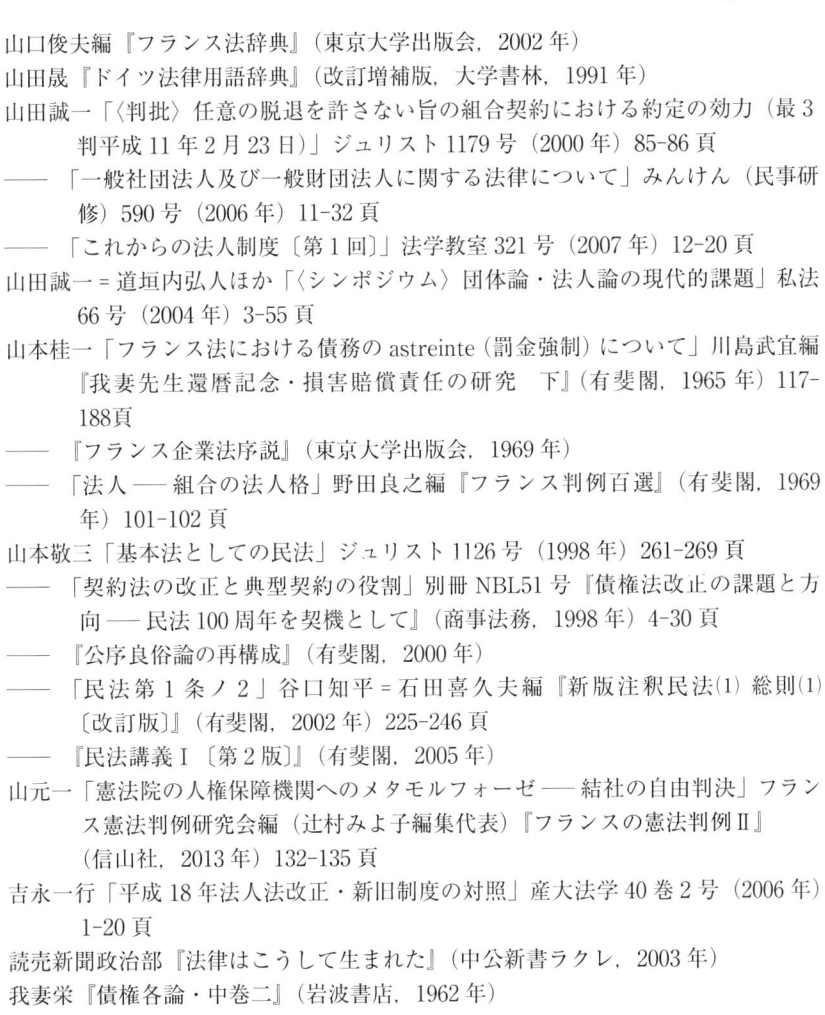

山口俊夫編『フランス法辞典』（東京大学出版会，2002年）
山田晟『ドイツ法律用語辞典』（改訂増補版，大学書林，1991年）
山田誠一「〈判批〉任意の脱退を許さない旨の組合契約における約定の効力（最3判平成11年2月23日）」ジュリスト1179号（2000年）85-86頁
── 「一般社団法人及び一般財団法人に関する法律について」みんけん（民事研修）590号（2006年）11-32頁
── 「これからの法人制度〔第1回〕」法学教室321号（2007年）12-20頁
山田誠一＝道垣内弘人ほか「〈シンポジウム〉団体論・法人論の現代的課題」私法66号（2004年）3-55頁
山本桂一「フランス法における債務のastreinte（罰金強制）について」川島武宜編『我妻先生還暦記念・損害賠償責任の研究　下』（有斐閣，1965年）117-188頁
── 『フランス企業法序説』（東京大学出版会，1969年）
── 「法人 ── 組合の法人格」野田良之編『フランス判例百選』（有斐閣，1969年）101-102頁
山本敬三「基本法としての民法」ジュリスト1126号（1998年）261-269頁
── 「契約法の改正と典型契約の役割」別冊NBL51号『債権法改正の課題と方向 ── 民法100周年を契機として』（商事法務，1998年）4-30頁
── 『公序良俗論の再構成』（有斐閣，2000年）
── 「民法第1条ノ2」谷口知平＝石田喜久夫編『新版注釈民法(1) 総則(1)〔改訂版〕』（有斐閣，2002年）225-246頁
── 『民法講義Ⅰ〔第2版〕』（有斐閣，2005年）
山元一「憲法院の人権保障機関へのメタモルフォーゼ ── 結社の自由判決」フランス憲法判例研究会編（辻村みよ子編集代表）『フランスの憲法判例Ⅱ』（信山社，2013年）132-135頁
吉永一行「平成18年法人法改正・新旧制度の対照」産大法学40巻2号（2006年）1-20頁
読売新聞政治部『法律はこうして生まれた』（中公新書ラクレ，2003年）
我妻栄『債権各論・中巻二』（岩波書店，1962年）
── 『新訂民法総則』（岩波書店，1965年）
渡部蓊『最新逐条解説宗教法人法』（ぎょうせい，2001年）
渡辺康行「団体の活動と構成員の自由 ── 八幡製鉄事件最高裁判決の射程」戸波江二編著『企業の憲法的基礎（早稲田大学21世紀COE叢書：企業社会の変容と法創造第2巻）』（日本評論社，2010年）79-101頁

【その他】

「公益法人制度の抜本的改革に関する基本方針」（平成15年6月27日閣議決定）
公益法人制度改革に関する有識者会議「報告書」（平成16年11月19日）

文献一覧

政府税制調査会基礎問題小委員会（非営利法人課税ワーキング・グループ）「新たな非営利法人に関する課税及び寄附金税制についての基本的考え方」（平成17年6月）
内閣官房行政改革推進事務局「公益法人制度改革（新制度の概要）」（平成17年12月26日）

索引

あ 行

アヴィス法 …………………………… 204
芦部信喜 …………………………… 262, 292
アストラント →罰金強制
アルファンダリ，E …………… 11, 65, 68, 80
イェーリング，R. von ………………… 119
意思説 ………………………………… 94
磯部力 ……………………………… 323
市川正人 …………………………… 262
一体説 ……………………………… 245
一般社団法人（制度） ………… 309, 317, 324
インノケンティウス 4 世 ……………… 92
ヴェルデイユ（Verdeille）法 ………… 170
ウォルムス，R ……………………… 101
内田貴 ……………………………… 278, 342
梅謙次郎 …………………………… 276
運営の自由 ………………………… 174
オウム真理教 ……………………… 259
「オウム真理教」解散命令事件 ………… 6
大石眞 ………………… 5, 254, 292, 305, 322
大きな法人格 …………………… 141, 173
大村敦志 ……………………… 274, 321, 323
公の秩序 …………………………… 278
奥平康弘 …………………………… 264
オーリウ，M ……………………… 53, 220

か 行

科学学派 …………………………… 111
金子宏 ……………………………… 335
企業財団 …………………………… 230
技術的実在説 …………………… 87, 107, 125
擬制説 ……………………………… 95
北川善太郎 ………………………… 342
寄附基金法人 ……………………… 231
寄附についての優遇税制 ……………… 186
規約の自由 ……………………… 36, 167
急速審理手続 …………………… 195, 207
共益的非営利型法人 ………………… 336
行政解散 …………………………… 50, 192
強制加入団体 ……………………… 170
協力義務の範囲の審査 ………………… 304

協力義務の法理 ……………………… 306
共和国の諸法律により承認された基本的
　諸原理 …………………………… 44
ギヨン，Y ………………………… 63, 77
組合契約 …………………………… 276, 342
グルシエ，A ……………………… 42, 142
グルシエ修正 ……………………… 141
クレモン・メリック事件 …………… 200
群馬司法書士会事件 ………………… 302
経済的自由主義 ……………………… 22
契約自由の原則 …………………… 36, 167
結　社
　―― からの自由 ………………… 79, 252
　―― しない自由 ………………… 170
　―― に加入しない自由 …………… 57, 58
　―― に加入する自由 ……………… 57
　―― の活動の自由 ……………… 252
　―― の死 ………………………… 49
　―― の自由原理 …………… 45, 58, 146
　―― の自由と「非営利性」 ………… 329
　―― の自由の構造 ………………… 27
　―― の自由の制約 ………………… 47
　―― の自由の内容 ………………… 41
　―― の自律性 …………………… 339
　―― の設立・存続の自由 ………… 251
　―― の団体性 ………………… 246, 254
　―― の法形式 …………………… 35
　―― の目的 ……………………… 38
　―― への復帰 …………………… 78
　未成年者の ―― …………………… 168
結社＝契約構成 ……………………… 41
結社観 ……………………………… 3
結社契約 ………………………… 29, 98, 167
結社契約（非営利社団契約）に関する法律
　→結社法
結社契約制度 ……………………… 35
結社権 ……………………………… 134
結社罪 ……………………………… 196
「結社の自由」判決 ………………… 43, 144
結社法 …… 9, 10, 33, 139, 149, 163, 164, 355, 357
結社法施行令 …………………… 33, 166
憲法化（constitutionnalisation） ……… 356

381

索　引

憲法原理の制度化（institutionnalisation）… *357*
憲法の公序 ………………… *250, 252, 306, 343*
権利能力なき社団 ……………………… *313, 321*
公安審査委員会 ………………………… *265, 269*
行為の「態様」 …………………………… *263, 269*
公益国家独占主義 …………………………… *312*
公益財団 …………………………………… *230*
公益的非営利型法人 ………………………… *336*
公益認定非営利社団 ………………………… *176*
公益法人制度改革 …………………………… *316*
公益法人制度改革関連3法 ………………… *315*
公益法人制度改革に関する有識者会議「報
　告書」……………………………… *315, 331*
構成員規制 ………………………………… *254*
構成員選択の自由 ……………………………… *55*
合同行為 ……………………………………… *40*
公認宗教 …………………………………… *223*
国労広島地本事件 …………………… *285, 300*
「個人の尊重」原理 …………………… *275, 279*
固定資産税 ………………………………… *186*
ゴドメ，Y ……………………………………… *46*
コリアール，C＝A ………………… *40, 49, 221*
コンセイユ・デタ報告書 ………………… *149*

◆ さ 行 ◆

サヴィニー，F．C．von ……………………… *93*
阪本昌成 ……………………………… *275, 319, 329*
佐藤幸治 ………………………………… *4, 279, 291*
サレイユ，R …………………… *102, 108, 134, 154*
三極構造の法秩序 ………………………… *135*
残余財産の帰属 ……………………… *39, 175, 331*
ジェニー，F ………………………………… *111*
事業所得 …………………………………… *182*
資産所得 …………………………………… *184*
事実上の恵与 ……………………………… *155*
宍戸常寿 …………………………………… *306*
死手財産 …………………………… *22, 91, 152, 174*
事情立法 …………………………………… *194*
渋谷秀樹 …………………………………… *319*
司法解散 ………………………………… *48, 189*
司法解散回帰論 …………………………… *216*
射撃クラブ事件 ……………………………… *56*
初宿正典 …………………………………… *329*
社団・組合峻別論 ………………………… *342*
シャルティエ，Y ……………………………… *76*
宗教法人法 ………………………… *325, 340*
住居税 ……………………………………… *186*

終身義務の禁止の原則 ………………………… *60*
集団的利益 ………………………………… *122, 126*
修道会 ……………………………………… *25, 220*
出　資 …………………………… *39, 155, 175*
狩猟団体 …………………………………… *170*
準則主義 ………………………… *96, 130, 317, 324*
消極的結社の自由 ………………………… *169*
申告納税制 ………………………………… *185*
真正な判例上の革命 ……………………… *132*
信徒会 ……………………………………… *223*
スーズィ，G ………………………………… *76*
スポーツ行事の際の暴力行為の防止に関する
　中央諮問委員会 ………………………… *206*
「棲み分け」論 …………………………… *314*
政教分離法 ………………………………… *223*
制裁のコントロール ………………………… *74*
税制上の特例措置 ………………………… *334*
政党法人化法　→法人格付与法
セクト規制法 ……………………………… *191*
戦闘団体及び私兵に関する法律（戦闘団体
　等禁止法）
　………………………………………… *50, 193*
総会決議方式 ……………………………… *332*
組織体 ……………………………………… *129*
組織犯罪処罰法 …………………………… *255*
組織編成の自由 …………………………… *174*

◆ た 行 ◆

竹下守夫 …………………………………… *291*
脱退する権利 ………………………………… *62*
脱退の自由 …………………………… *169, 275*
──の法理 …………………………………… *59*
ダマレ，S …………………………………… *216*
ダラルド法 ……………………………… *18, 91*
団体契約 …………………………………… *342*
団体への権利 ……………………………… *274*
団体性　→結社の団体性
地域経済税 ………………………………… *184*
小さな法人格 ……………………………… *140, 173*
中間法人法 ………………………………… *314*
注釈学派 ……………………………………… *94*
ツィーテルマン，E ………………………… *103*
デュギー，L ………………… *22, 40, 112, 153, 220*
デュクロック，A ……………………………… *95, 97*
デュフォール法案 ……………………………… *38, 42*
テロ対策法 ………………………………… *205*
手渡贈与 …………………………………… *156*

索　引

東芝労働組合事件 …………………… 284
統制権 ………………………………… 69
統制処分の限界 ……………………… 292
統制処分の法理 ………………… 69, 299
ドゥニ事件 …………………………… 75
ドゥバシュ，C ……………………… 76
トゥルイヨ，G ……………………… 142
特定非営利活動促進法 ………… 313, 316
特別のカテゴリーに属する結社 …… 203
特許主義 ……………………………… 95
届出非営利社団 ……………………… 172
ド・ボーヴォワール，S …………… 144
富井政章 ……………………………… 276

◆ な 行 ◆

中田裕康 ……………………………… 275
為す債務 ……………………………… 78
ナポレオン刑法典 …………………… 19
新座市県営住宅自治会脱退事件 …… 281
「二階建て構造」の非営利法人制度 … 317
西谷敏 ………………………………… 293
2段階審査 …………………………… 302
入構禁止措置 ………………………… 214
任意解散 ……………………………… 189
農業協同組合事件 …………………… 57
能見善久 ………………………… 312, 323

◆ は 行 ◆

破壊活動防止法 ……………………… 256
橋本基弘 ……………………………… 248
長谷部恭男 …………………………… 327
罰金強制（アストラント） ………… 78
鳩山秀夫 ……………………………… 107
バルトルス …………………………… 92
反教権主義政策 ……………………… 25
非営利型法人 ………………………… 335
非営利社団契約　→結社契約
非営利性の判断方法 ………………… 183
非営利団体法　→結社法
樋口陽一 ……………… 4, 247, 273, 322
ビュルドー，G ……………………… 22
フーリガン禁止法 …………………… 204
「ブーローニュ・ボーイズ」事件 … 208
付加価値税 …………………………… 184
付随的な収益活動 …………………… 184
ブルドン，J ………………………… 76
分離説 ………………………………… 245

ベルギー憲法20条 …………………… 97
ボーヴォワール事件 ………………… 145
防御権の尊重 ………………………… 73
法人格取得権 …………………… 143, 324
法人格付与法 …………………… 326, 340
法人実在説 …………………………… 101
法人税 ………………………………… 182
法的構築 ……………………………… 113
法の一般原理 ………………………… 73
ポエール，A ………………………… 146
星野英一 ……………………………… 312
ボワステル，B ……………………… 103

◆ ま 行 ◆

マシュロン委員会報告書 …………… 226
マチゥ，B …………………………… 203
松井茂記 ……………………………… 319
松本烝治 ……………………………… 108
マルセラン内相 ……………………… 145
ミシュー，L …………… 87, 95, 107, 154
三井美唄事件 ………………………… 302
南九州税理士会事件 …………… 287, 302
宮沢俊義 ……………………………… 245
無差別大量殺人団体規制法 ………… 268
無償譲渡税 …………………………… 185
無届非営利社団 ……………………… 172
メセナ法 ……………………………… 156
メルレ，J = F ……………… 37, 53, 155
免許主義 ……………………………… 95
目的の範囲の審査 …………………… 303
モランジュ，J …… 21, 69, 77, 148, 150, 158, 320

◆ や 行 ◆

山本桂一 ……………………………… 41
ユーリウス法 ………………………… 89
ヨットクラブ組合脱退事件 …… 277, 289

◆ ら 行 ◆

ライシテ原則 ………………………… 223
ラガルド，C ………………………… 232
ランベルリュー・スポーツクラブ事件 … 64
リヴェロ，J ……………… 49, 68, 80, 149
利益の対立 …………………………… 126
理由付記法 …………………………… 195
ル・シャプリエ法 ………………… 18, 91
ルソー，D …………………………… 147
ルソー，J.-J ………………………… 102

383

索　引

ルブルトン，G ……………………… 68, 80, 143, 204
ロスタン＝トゥルイヨ論争 ………………… 153
ロラン，F ………………………………… 94, 97

◆わ行◆

我妻栄 …………………………………………… 341
ワルデック＝ルソー，P ………… 19, 23, 98, 142

〈著者紹介〉

井 上 武 史（いのうえ・たけし）

1977年　大阪府生まれ
2001年　京都大学法学部卒業
2006年　京都大学大学院法学研究科博士後期課程研究指導認定退学
　　　　同研究科助手，助教を経て
2008年　岡山大学法学部准教授（現職）
　　　　京都大学博士（法学）

学術選書
131
憲　法

結社の自由の法理
La théorie de la liberté d'association
et son application au droit japonais

2014（平成26）年3月15日　第1版第1刷発行

著　者　　井　上　武　史
発行者　　今井　貴　渡辺左近
発行所　　株式会社　信山社

〒113-0033　東京都文京区本郷 6-2-9-102
Tel 03-3818-1019　Fax 03-3818-0344
info@shinzansha.co.jp
笠間才木支店　〒309-1600　茨城県笠間市才木 515-3
笠間来栖支店　〒309-1625　茨城県笠間市来栖 2345-1
Tel 0296-71-0215　Fax 0296-72-5410
出版契約 2014-6731-0-01010　Printed in Japan

Ⓒ井上武史, 2014 印刷・製本／亜細亜印刷・牧製本
ISBN978-4-7972-6731-0 323.340-b017 憲法
6731-01011 : 012-035-015 : p.408 《禁無断複写》

JCOPY　〈(社)出版者著作権管理機構　委託出版物〉

本書の無断複写は著作権法上での例外を除き禁じられています。複写される場合は、
そのつど事前に、(社)出版者著作権管理機構（電話 03-3513-6969、FAX 03-3513-6979、
e-mail:info@jcopy.or.jp）の許諾を得てください。また、本書を代行業者等の第三者に
依頼してスキャニング等の行為によりデジタル化することは、個人の家庭内利用で
あっても、一切認められておりません。

◆フランスの憲法判例
　　フランス憲法判例研究会 編　辻村みよ子 編集代表
◆フランスの憲法判例Ⅱ〈2013年最新刊〉
　　フランス憲法判例研究会 編　辻村みよ子 編集代表
◆ドイツの憲法判例〔第2版〕
　　ドイツ憲法判例研究会 編　栗城壽夫・戸波江二・根森健 編集代表
◆ドイツの憲法判例Ⅱ〔第2版〕
　　ドイツ憲法判例研究会 編　栗城壽夫・戸波江二・石村修 編集代表
◆ドイツの憲法判例Ⅲ
　　ドイツ憲法判例研究会 編　栗城壽夫・戸波江二・嶋崎健太郎 編集代表
◆ヨーロッパ人権裁判所の判例
　　戸波江二・北村泰三・建石真公子・小畑郁・江島晶子 編集代表

議事解説
〔翻刻版〕
昭和17年4月帝国議会衆議院事務局 編集
解題：原田一明

(衆議院ノ)議事解説
〔復刻版〕
昭和17年4月帝国議会衆議院事務局 編集

信山社

大石眞先生還暦記念
憲法改革の理念と展開 (上・下)
曽我部真裕・赤坂幸一 編

学界、実務界から第一線の執筆者が集った、研究・実務に必読の論文集。憲法と憲法典を取り巻く諸々の成文法規（憲法附属法）の重要性と、それらの改革（「憲法改革」）の意義を、信頼の執筆陣が、理論的かつ実践的に検討。全51章（上巻1～23章、下巻24～51章）を収載。

判例プラクティスシリーズ
判例プラクティス憲法
憲法判例研究会 編
淺野博宣・尾形健・小島慎司・宍戸常寿・曽我部真裕・中林暁生・山本龍彦

信山社

大石 眞 編著
日本立法資料全集
議院法［明治22年］
わが国議会制度成立史の定本資料集

芦部信喜・髙橋和之・髙見勝利・日比野勤 編著
日本立法資料全集
日本国憲法制定資料全集

(1) 憲法問題調査委員会関係資料等
(2) 憲法問題調査委員会参考資料
(4)-Ⅰ 憲法改正草案・要綱の世論調査資料
(4)-Ⅱ 憲法改正草案・要綱の世論調査資料
(6) 法制局参考資料・民間の修正意見

続 刊

信山社